Wolf Schneider

HOTTENTOTTENSTOTTERTROTTEL

Mein langes, wunderliches Leben

Rowohlt

1. Auflage Mai 2015
Copyright © 2015 by Rowohlt Verlag GmbH,
Reinbek bei Hamburg
Lektorat Frank Strickstrock
Satz Plantin PostScript (InDesign) bei
Pinkuin Satz und Datentechnik, Berlin
Druck und Bindung CPI books GmbH, Leck, Germany
ISBN 978 3 498 06435 8

Für Horst, Susanne, Curt und Max

sowie für jene jungen Journalisten, denen ich vielleicht ein bisschen helfen konnte.

Wieso das denn!

Ein Stottertrottel? Der war ich fast, mit 10: Da wollte ich etwas sagen unter lauter Vierzehnjährigen – und brachte kein Wort heraus, wieder mal. Panik! Mutwillig versuchte ich das äußerste Gegenteil: Überwinde deine Angst, verblüffe sie alle, indem du den großen Zungenbrecher von 29 Silben meisterst, mit dem sie sich abends am Lagerfeuer lachend plagten! Ich trainierte heimlich, provozierte den nächsten Wettstreit im fehlerfreien Herunterrattern – und siegte! Das war der Durchbruch. Den Gewinn dieser kühnen Tat streiche ich seit achtzig Jahren ein.

Mit dem Wortbandwurm (in Kapitel 33 wird er in voller Länge vorgestellt, nebst seiner etwas albernen Begründung) habe ich mir die Zunge geschmiert mein Leben lang – vor jedem Fernsehauftritt, jedem Vortrag, jedem Seminar. Hören sollte das keiner; manchmal also auf der Herrentoilette. Und mit weiteren Klassikern des Sprechtrainings: dem Cottbuser Postkutscher in vielen Variationen, dem Erzdiözesanpräses, dem höllisch schweren «Blaukraut bleibt Blaukraut und Brautkleid bleibt Brautkleid» und dem Hochseilakt der Zungenakrobatik: «Un chasseur sachant chasser sans son chien sait chasser».

Über die Wörter darf man nicht stolpern, wenn die Rede fließen soll. Reden können! Jeder Lebenslage rhetorisch gewachsen sein! Das hat mir hundertfach den Umgang erleichtert: mit Lehrern und mit Schülern, mit Chefredakteuren und Politikern. Ja, manchmal auch erschwert.

Wenn's nun aber ans Erzählen gehen soll am Abend eines langen Lebens, dann stellt sich die Frage: *Wen* kann eigentlich *was* interessieren? Da muss man grübeln, sortieren, verwerfen, es auch an den Enkeln testen. Wie es war, den Hitler noch leibhaftig gesehen zu haben, das wollten sie schon wissen. Wie ich mich 1943 den Fängern der Waffen-SS entwand, das interessiert auch andere. Wie ich es schaffte, diesen Krieg zu überleben.

Wie ich dann mitmischen durfte bei der Wiedergeburt der deutschen Presse nach 1945. Dass ich 1956 im «Platzl» gegenüber dem Hofbräuhaus den Herzog von Windsor maßkrugschwingend auf dem Tisch stehen sah unter rasendem Applaus – den, der mal Kaiser von Indien gewesen war! Wie ich mich mit Henri Nannen hakelte, dem großen Zampano. Wie Axel Springer mich erst umwarb, dann hofierte, dann in den Hintern treten ließ.

Auch warum ich Milliardären misstraue, kann ich erzählen. (Wie denn nicht, wenn man vieren von denen über den Weg gelaufen ist?) Warum ich mich auf den Montblanc geplagt habe. Wie ich fünf Bundeskanzlern und zwei US-Präsidenten begegnete, auch Leni Riefenstahl und Gina Lollobrigida, und wie ich in die Hütte der letzten Feuerland-Indianerin geriet, mehr Katzen hatte sie in der Küche als Zähne im Mund, 1983 ist sie gestorben. Und wie ich 1997 im gepanzerten Geländewagen ins beklemmende Srebrenica fuhr.

War ich denn ein rasender Reporter auf zwanzig Kriegsschauplätzen? Nein. Oder einer der Vernetzten, der von den Feuilletons Verwöhnten, der auf jeder Hochzeit Tanzenden, die die Mode machen und den Zeitgeist definieren? Nein. Ein Einzelgänger, ein Querdenker war ich mein Leben lang, auf Widerspruch gebürstet und vor jeder Mode auf der Hut. In diesem Geist habe ich meine Bücher geschrieben, und das schafft auch Feinde. Aber spannend war es schon. Und zu verbergen habe ich nichts.

Habe ich Rezepte fürs Alter und für ein langes Leben? Eher keine. Wie sollte ich denn *das* zur Nachahmung empfehlen: Hart arbeiten – fröhlich essen – fröhlich trinken – und nicht zum Arzt gehen, wenn's nicht piekt? Einen Menschen suchen, der ähnlich tickt auf fünfzig Jahre – unbedingt. Und dann: Nicht aufhören –

anfangen! Wenn die Beine lahmen, kann man immer noch einen Husarenritt riskieren. Wir taten das mit 60 und 70: Wir wanderten aus. Nach Mallorca nur, aber in die Wildnis, mit selbsterzeugtem Strom, das schiere Abenteuer, zehn Jahre lang.

Schließlich: Nicht vererben – verjubeln! Unsere Finca auf Mallorca haben wir verkauft, und nach meinen 68 Jahren im Beruf haben wir heiter und entspannt begonnen, sie zu verzehren. Die Kinder wissen das und finden es richtig. Und was ruft man ihnen zu zu guter Letzt, ihnen und den Enkeln? Frei nach Theodor Herzl: Macht keine Dummheiten, während wir tot sind!

Inhalt

1. **1945, 7. Mai**
   Leben oder Tod? — 15

2. **Der Marsch ins Leben** — 1945
   Und jede Woche frische Wäsche! — 24

3. **Bei den Amis** — 1945–1947
   Vergnügen und Verwirrung — 31

4. **Neue Zeitung!** — 1947–1950
   Einübung in einen schönen Beruf — 36

5. **Kerenski?** — 1950–1956
   Sechs Jahre an der Nachrichtenfront — 46

6. **Friedmann** — 1956–1964
   Das Erlebnis *Süddeutsche Zeitung* — 54
   Churchill, letzter Akt — 64

7. **Babylon** — 1960–1964
   Drei kühne Bücher — 66

8. **Washington** — 1965
   Für die *Süddeutsche* am Nabel der Welt — 76

9. **Todestal** — 1965
   12 000 Kilometer durch die USA — 87

10. **Aufbruch** — 1966
    … nach Hamburg in den Haifischteich — 96

11. **Nannen** — 1966–1968
    Beim «Wirtschaftswunder-Siegfried» — 103

12. **Die eine Stimme** — 1969–1971
    Zwischen *Stern* und Axel Springer — 115

13. **Im Tollhaus** — 1971–1973
    Zweieinhalb verrückte Jahre — 125

14. **Auf dem Vulkan** — 1973–1974
    Dreizehn Monate lang Chefredakteur der *Welt* — 139

15	**Die Wörter**	**1974–1978**
	Vier kuriose Jahre	154
	Listige Worte in der Neujahrsnacht	*162*
16	**Der Aufruhr**	**1978–1980**
	Die Nachhut der 68er trumpft auf	165
17	**Auf der Himmelsleiter**	**1979**
	Vier Kilometer über Hamburg	175
18	**Die «Fledermaus» – von Richard Strauss**	**1979–1994**
	«Bescheid wissen? Das ist von gestern!»	184
19	**Feuerland**	**1981**
	Für *Geo* am Zeh der Erde	192
20	**Die «Hitler-Tagebücher»**	**1983**
	Eine Pleite – und eine schlimme Erfahrung	204
21	**Wie man Genies diszipliniert**	**1979–1984**
	«Motive sind Luxus» und «Qualität kommt von Qual»	212
22	**Wenn Kommunisten weinen**	**1984–1989**
	Sechs denkwürdige Kontakte mit der DDR	220
23	**Talkshow**	**1979–1992**
	Das «Ekel vom Dienst» – und zwei künftige Bundeskanzler	226
24	**Internet? Überflüssig!**	**1984–1988**
	Was die Experten 1985 meinten	235
	Der Tod des Axel Springer	*241*
25	**Als die Mauer fiel**	**1989/1990**
	Triumphe und Enttäuschungen	243
26	**«Die Sieger»**	**1990–1992**
	Das Buch nach fünfzig Jahren	252
27	**Endspurt**	**1993–1995**
	Dank für gestern – Angst vor morgen	259

28	**Warum denn Mallorca!** Wie man sich auf einer kuriosen Insel etabliert	**1995–2000** 263
29	**Srebrenica** Besuch in der Stadt des Völkermords *Der Völkermord vor Gericht*	**1997** 271 279
30	**Das Cabrio** Ein bisschen später Luxus	**2001–2005** 281
31	**In den Sielen** Die letzten von 68 Jahren im Beruf	**2006–2013** 290

DIE ERSTEN 20 JAHRE   301

32	**«Ärrfort»** Ein paar Fetzen Erinnerung	**1925–1931** 303
33	**Berlin** In die Weltstadt mit Begeisterung	**1931–1937** 308
34	**Hitler** Wie wir jubelten	**1938–1941** 318
35	**Die Freiheit** Ein Sabbatjahr im Krieg	**1941/1942** 329
36	**Die Hölle** Beim «Reichsarbeitsdienst»	**1943** 340
37	**Die Ratten** Mit der Luftwaffe am Boden	**1943/1944** 352
38	**Stalin ante Portas!** Schmählich dem Ende entgegen	**1945** 366
39	**Kriegsbilanz** Hitlers Ende. Der Holocaust	**1945** 376

NACHLESE

40 Ein Herz für Ladendiebe
Von der Tugend, Vorurteile zu zerstückeln   389

41 Mit Goethe und «Bild» im Bunde
Der mühsame Weg zu lesbarem Deutsch   396
Ich habe einen Traum   *404*

42 Von Emotionen gepudert
Der Anglomanie auf den Fersen –
bis nach Schanghai   407

43 Ein Vater
Porträt eines Gescheiterten   414

44 Zwei Schwestern
Vom Schicksal gebeutelt   422

45 Vier Kinder
Wer keine hat, verpasst das halbe Leben   427

46 Abenddämmerung
Der Tunnel am Ende des Lichts   432

Anhang
Register der Personen und Publikationen   439
Bücher von Wolf Schneider   447
Bildnachweis   448

1

1945, 7. Mai
Leben oder Tod?

Es lag an mir, ob ich diesen Tag überleben wollte. Es war mein 20. Geburtstag, und Deutschland hatte unterschrieben: Kapitulation an allen Fronten! Für morgen war der Einmarsch der kanadischen Truppen in die holländische Hafenstadt Ijmuiden zu erwarten, das letzte Quartier unserer sogenannten 20. Fallschirmjägerdivision, kein Fallschirm weit und breit – von den Alliierten bis dahin einfach liegengelassen, weit hinter der Front.

Ich stand im Mondlicht an einem Teich bei der alten Villa, die als «Bataillonsgefechtsstand» diente; am Koppel die Dienstpistole 38, die mir als Unteroffizier zustand, dazu im Fallschirmjäger-«Knochensack» eine Pistole 08, die ein Hauptfeldwebel mir vor ein paar Tagen zugesteckt hatte – «für alle Fälle», wie er sagte.

Und der Fall war da. Ich grübelte: Sollst du dich erschießen? Die Frage «Warum denn das???», die sich heute aufdrängt, beantwortete sich am 7. Mai 1945, wen wundert es, anders als im Nachhinein. Als Bundespräsident Richard von Weizsäcker 40 Jahre später den vier Siegermächten für die «Befreiung» dankte (in Kapitel 39 werde ich die berühmte Rede beleuchten), hatte er viel Zeit gehabt; ich hatte sie nicht. Ich hatte Angst.

Angst zum einen, weil sich im Bataillon das Gerücht verbreitet hatte, die deutschen Soldaten in Holland würden Jahre, wenn nicht Jahrzehnte bleiben müssen, um das von ihnen überschwemmte Land trockenzulegen – und um die Hunderttausende von Minen zu räumen, die deutsche Pioniere gelegt hatten; das Minenräumen (mit natürlich unzulänglichen Mitteln) führte ja oft zu Verstümmelung oder zum Tod, und wer es überlebte, dem drohten vielleicht immer noch zehn Jahre Zwangsarbeit.

Angst zum andern, die Sieger könnten uns so behandeln, wie wir die Polen behandelt hatten. Dass sie vollständig unterjocht werden sollten, war ja jedem deutschen Zeitungsleser klar – aber als «Arbeitsmann» im Städtchen Exin im sogenannten Warthegau hatte ich es zwei Jahre zuvor schmerzlich und widerlich erlebt: Wenn ein polnischer Passant vor unserer vorbeimarschierenden Abteilung nicht die Mütze zog, erging der Befehl «runterschlagen!», und stets fand sich ein Arbeitsmann, der das mit dem Spaten tat.

Angst zu haben gab es also gute Gründe. Im Tümpel quakten die Frösche. Ich schließe nicht aus, dass das Melodramatische dieser unwiederholbaren Stunde mich fasziniert haben könnte: Meine Welt geht unter, das Schicksal bin ich selbst! In den Mund sollte man sich schießen. Ein Kumpel neben mir, vielleicht ein Spintisierer wie ich, eine wechselseitige Ermutigung – und wer weiß? Doch ich war allein mit dem Lärm der Frösche, und Eisen schmeckt ja schlecht. So schleuderte ich ihnen die 08 entgegen; erst später durch Tucholskys schönes Wort bestätigt: Ich hätte mir doch sehr gefehlt.

Vermutlich war mein Entschluss, auf die Große Oper zu verzichten, durch einen unvermuteten Anprall von Lebenslust erleichtert worden: Die Wehrmacht hatte in Ijmuiden für den Fall einer Belagerung große Mengen an Konserven, Schokolade, Panzerverpflegung eingelagert, und der Festungskommandant ließ an diesem 7. Mai die Vorratskeller öffnen. Wir stürmten hin und rafften in Panik (denn morgen würden die Sieger kommen!) zusammen, was wir tragen konnten an unvorstellbarem Luxus – Konserven mit Corned Beef und jungem Aal in Öl, Zehntausende von Beuteln mit der berühmten Panzerverpflegung: Schokolade und Früchtebrot, mit Koffein und Cola versetzt. Ein Panzerfahrer sollte davon 24 Stunden wach bleiben.

Mit Gebrüll stürzten wir uns auf die kaum noch erinnerten Genüsse, drei Beutel in der Stunde – zappelnd zahlten wir den Preis dafür: einen Kaffeerausch, ein Heckmeck der Sprunghaftigkeit, eine überwache Müdigkeit mit entzündeten Augen. Da mussten Gänseleberwurst und Aal in Öl die Nerven trösten, und beim Gelage erbrochen hatten sich schließlich schon die Römer.

Am 9. Mai erschien dann die kanadische – ja, wie soll man sagen: Delegation in unserer Villa, zwei Offiziere und ein paar Mann, und befahl uns, die Gewehre und die Pistolen niederzulegen. Ich fungierte als Dolmetscher, sie verstanden mich sogar, doch sie zu verstehen war mühsam. Auf der Schule hatte ich eine andere Aussprache gelernt.

Tags darauf, am 10. Mai, verlas der Bataillonsadjutant die schier endlose Liste jener Taten und Unterlassungen, die die sofortige Erschießung nach sich ziehen würden. In den Zimmern des Bataillonsstabs verbrannten wir, im Teich ersäuften wir, was wir nicht mehr brauchten, und beim Packen des Rucksacks war zu entscheiden: Wie viel Wäsche zu wie viel Aal und wie vielen Kilodosen Schmalz?

Banges Warten, und keiner wusste, worauf.

Um 18 Uhr begann der Marsch in die Gefangenschaft. Zwischen kanadischen Panzern und johlenden Holländern marschierten wir zu einem Ruinenfeld am Rand der Stadt, vermutlich eine Flächensprengung, die der Festungsartillerie ein Schussfeld hatte verschaffen sollen; warum, wohin, wie lange? Keine Auskunft, kein Befehl. Zwölf Tage lang blieben wir zwischen Kalkstaub und Dreck uns selbst überlassen, quartierten uns in den Ruinen ein – und wurden, hurra, von deutschen Feldküchen, wer immer sie organisiert hatte, so fett wie seit Jahren nicht mehr verpflegt. Am 20. Mai: Pfingsten – die Sonne schien – und drei Mann mit Ziehharmonika, Geige und Gitarre stapften fröhlich durch den Schutt. Mein Gott: Das Leben geht ja weiter!

Am 22. Mai beginnt der große Treck, und niemand weiß, wohin. Fünfzehn Tagesmärsche von 24 bis 42 Kilometern, mit Blutblasen an den Füßen, quälendem Durst und quälender Verstopfung, unterbrochen von schrecklichen Nächten im Sumpf, die ersten drei Tage begleitet von holländischen Flüchen und auf unsere Köpfe entleerten Nachtgeschirren, von den Brücken herab.

Dabei eine Hoffnung: Wir ziehen nach Norden, offenbar dem Großen Deich vor der Zuidersee entgegen, über den der Weg nach Deutschland führen könnte. Als wir ihn erreicht haben, am 24. Mai, müssen wir antreten in Reih und Glied und bekommen von einem kanadischen Offizier und seinem Dolmetscher vorgelesen, wofür wir hier mit dem sofortigen Erschießen zu rechnen hätten: für das Verlassen der Formation, für jede plötzliche Bewegung, für die Nichtbeantwortung von Fragen, umgekehrt für das Sprechen, ohne gefragt zu sein.

Dann kommen Gruppen aus einem Offizier und drei Mann, die sämtliche Rucksäcke durchwühlen; dann andere Gruppen zur Leibesvisitation. Dann hinkt, einen Fuß im Strohschuh, ein kleiner, schwarzhaariger Offizier heran und stellt in akzentfreiem Deutsch jedem ein paar Fragen.

Mich fragt er – was sage ich: Mir befiehlt er mit schneidender Stimme von unten nach oben: «Sie waren Hitlerjugendführer!» Nein, antworte ich mit unbewegtem Kopf, nur die Augen abwärts gerichtet. «Sie waren *doch* Hitlerjugendführer!» Nein! Im Abgehen mustert er mich angewidert und sagt: «Sie haben ein impertinentes Gesicht.» Ich nahm mir die Freiheit, seines für impertinenter zu halten.

Ein paar nehmen sie mit, die Entlarvten und die Verdächtigen offenbar. Wir ziehen am nächsten Tag weiter, die 42 Kilometer über den Großen Deich nach Osten, Brandung auf der Zuidersee. Am Abend erwartet uns eine schlimme Überraschung: Stacheldraht. Die ersten drei Nächte hatten wir neben der Straße kampiert, auf nackter, aber trockener Erde, und mit drei Decken war es mir gelungen, ziemlich gut zu schlafen, nicht ohne romantische Gefühle; denn zum erstenmal lag ich direkt unter den Sternen, ohne die Zwangsvorstellung, man brauche ein Zelt – wie ich dies in Patagonien wieder genoss, 36 Jahre später.

Nun hat irgendein Vorauskommando eine Wiese eingezäunt für 20 000 Mann und dazu eine riesige Freiluftlatrine angelegt, bestehend aus etwa dreihundert rechteckigen Gräben von der Größe eines Kindersargs – für die jeweils etwa zweihundert Benutzer eine erstaunliche Perspektive. Papier gibt es nicht, Seife gibt es nicht, auch kein Wasser; zu trinken pro Tag nicht mehr als ein Kochgeschirr voll bräunlicher Plempe aus dem Sumpf, gut ein Liter.

Braun ist auch die Brühe, die unter dem Druck der liegenden Körper im Lauf der Nacht aus der Sumpfwiese tritt. Da wälzt man sich zitternd und verzweifelt, oder man versucht, möglichst regungslos mit hohlem Kreuz zu liegen, oder man steht auf – und sieht sich vor der Wahl, die nächsten fünf Stunden fröstelnd und übermüdet im Stehen zu verbringen oder sich wieder in die Pfütze zu legen mit den zentnerschweren Decken. Und dann wieder dreißig Kilometer oder mehr durch Sonne und Staub, mit bleiernen Knien, stechenden Augen, gequollenem Darm und einer Zunge wie Löschpapier.

Seit meine Kinder mit allem Komfort aufgewachsen sind, habe ich mich oft gefragt, ob dieses Dilemma sich zerbrechen lässt: Einerseits gönnt man ihnen die Freiheit von Not. Andrerseits sind Entbehrungen, die man übersteht, charakterbildend und ein Beitrag zum späteren Lebensgenuss. Wenn ich in ein heißes Vollbad sinke oder mir die Butter dick aufstreiche, habe ich ein lebendiges Gefühl von Luxus, von Rache für erlittene Not – seit fast siebzig Jahren.

Einmal in den 18 Tagen konnten wir uns waschen in einem braunen Fluss. Am 4. Juni verließen wir Holland bei Neuschanz südlich des Dollarts, begleitet von Rufen wie «Ihr Nazischweine» und «Als Nazis zieht ihr ab, mit den Russen kommt ihr wieder».

Das beeindruckte uns weniger als die ungeheure Erleichterung, wieder in Deutschland zu sein, also der Zwangsarbeit offenbar entronnen. Und dann Bunderneuland, das erste deutsche Dorf! Hunderte standen auf der Straße, Pappschilder «Willkommen!» waren über sie gespannt, Jung und Alt klatschte und rief; sie steckten uns Brot zu und setzten uns Becher mit Tee an die Lippen. Wer außen ging, bekam auch mal einen Kuss auf die schmutzigen Stoppeln. So schön ist der Frieden? Wären wir als Sieger gekommen, sie hätten nicht lauter jubeln können.

Am Abend dieses köstlichen 4. Juli freilich wieder Stacheldraht. Irgendwoher die ersten Zeitungen, mit Fotos von ausgemergelten oder verhungerten KZ-Häftlingen und ungeheuerlichen Behauptungen über einen Massenmord an den Juden. Dass Goebbels uns belogen hatte, war ja jedem klar – aber warum logen nun auch die Sieger? Ekelhaft! (So dachten wir. Es klingt schrecklich. In Kapitel 39 werde ich es erklären.)

Dann nochmals drei Tage Marsch – über den Ems-Jade-Kanal, nur den bewachten die Kanadier, in den Nordwestzipfel Deutschlands abgeschoben und bei Bauern in reetgedeckten Einzelhöfen einquartiert. Zum Torfstechen wollten deutsche Offiziere (wer bitte?) uns abkommandieren – viel Erfolg hatten sie nicht. Den Bauern halfen wir beim Heu-Einfahren, mit fettem Essen belohnt.

Und langsam wurden wir weniger. Schon am 25. Juni waren die Österreicher entlassen worden – denn Österreich verstand es schamloserweise, sich als «befreite Nation» einstufen zu lassen. Für die Deutschen gab es eine Prioritätsliste von 95 Rängen; Rang 1: Bergleute und Landarbeiter; Rang 95: Abiturienten und Sonstige. Daneben stand die Vermutung, dass Entlassungen in die englische Besatzungszone am schnellsten gehen würden, während solche in die russische Zone nicht vorgesehen waren. In der englischen hatte ich als Verwandte die Familie meines Schwagers Eberhard Dorls in Büren bei Paderborn; die gab ich dreist als Heimatadresse an.

In Berlin zogen zwar am 11. Juli Amerikaner, Engländer und Franzosen ein, doch brachte mich das nicht auf den Gedanken, dorthin zu gehen, zu den Eltern. In einer dieser Zeitungen, in denen die Sieger uns – so sahen wir es – mit Füßen traten, las ich in jenen Tagen: «Berlin ist eine tote Stadt, von der nichts mehr existiert als der Name. Unter ihren Trümmern ist der Traum von der Weltmacht begraben, den ein Wahnsinniger in ihr träumte.» Außerdem war Berlin vom Teufel, von Stalin eingeschlossen – und hatte der nicht gerade am 1. Juli ganz Thüringen und Teile von Sachsen und Mecklenburg kassiert? «Alle paar Tage rückt Stalin um ein paar Regierungsbezirke vor», notierte ich am 5. Juli in meinem Tagebuch. «Jetzt steht er vor Lübeck und Kassel. Ich rechne noch für dieses Jahr mit dem Ausbruch des nächsten Krieges, und die russische Dampfwalze wird durchstoßen bis Lissabon.»

Berlin war ein Alpdruck, ein Ruinenmeer, das Grab meiner Jugend, meines irdischen Besitzes, vielleicht meiner Familie, das schlechthin Entsetzliche auf Erden. Man wollte ja leben, und folglich hatte man sich auf ein Leben ohne Berlin, meine schöne alte Heimat, einzurichten.

Mühsam war noch einmal die Entlassungsprozedur (nun endlich für Abiturienten und Sonstige). Am 25. Juli auf der Bataillonsschreibstube melden, im Rucksack meine gesamte irdische Habe: Wäsche, Socken und aus Ijmuiden noch ein Schatz – eine Kilodose Schmalz. Durchgangslager Uthverdum, Hosenrunterlassen vor dem Stabsarzt zum Filzlaus-Appell, weiter zum

Durchgangslager Loppersum, in einem lähmenden Gewoge und Gedränge von Tausenden, eine Laus unter Läusen.

Am 26. Juli auf offenen Lastwagen zum Entlassungslager Emden. Dort hockten wir uns in glühender Sonne auf die Erde und warteten darauf, dass der Sergeant uns zur ersten Kontrollstation schleuste. Nach vier Stunden: Ein Offizier, der gut Deutsch sprach, prüfte mein Soldbuch und stellte eher beiläufig ein paar Fragen nach politischer Betätigung; ein Arzt suchte nach ansteckenden Krankheiten; ein grinsender, weißbestäubter Clown schoss jedem mit Pressluft weißes Pulver in Ärmel und Hosenschlitz – DDT, in Mengen, die jeder meiner Kleiderläuse tausendfachen Tod bereiteten.

Dann das Stacheldrahtgehege in der unübersehbaren Stacheldrahtlandschaft. Vier-Mann-Zelte waren darin aufgeschlagen, und fünf Tag lang passierte *nichts*. Zu essen eine Hungerration. Also 23 Stunden liegen und davon 15 Stunden schlafen. Dass einem keiner irgendetwas sagte, war dabei am schlimmsten. Am 2. August schließlich ins Massenlager Gaste, 6000 Landser in einer leeren Fabrik, von Sergeants gescheucht mit Trillerpfeife und Gebrüll; offenbar wurden sie ermuntert von den Schildern: «Don't fraternize! This ist the home of treachery.»

«In der Abendsonne singen wir die letzten Lieder», so habe ich es festgehalten, in einer Mischung aus Wehmut und Angst. Wie oft hatten die Lieder uns getröstet, und nun waren sie das Signal, dass eine *Masse* zerfiel. Dem setzen alle Massen Widerstand entgegen, und noch dazu war diese Masse das Bekannte und Gewohnte, das neue Leben aber unheimlich und rätselhaft.

Am 3. August wurden wir ins «Endlager» Künsebeck bei Bielefeld gefahren und von dort um 15 Uhr auf die Straße gesetzt. 22 Monate nach meiner Einziehung zur Luftwaffe, gut zweieinhalb Jahre nach meiner Verbannung in den Reichsarbeitsdienst war ich wieder Zivilist – in einer Uniform ohne Rangabzeichen,

Hakenkreuze und Koppel, und außer dem, was ich auf dem Leib und im Rucksack trug, besaß ich ein paar hundert Reichsmark, für die ich mir nichts kaufen konnte. Ein Mensch namens Hillebrand, der auch nach Büren wollte und den Gasthof Dorls kannte, begleitete mich und war mir ein Trost.

Ein Lieferwagen nahm uns mit nach Paderborn. Mussten uns da nicht all die Mädchen küssen, baden, laben, die uns in Bunderneuland zugejubelt hatten? Wir sahen nicht eines. Ein paar magere Gestalten mit verhärmten Gesichtern schlurften aus den Kellern. Am 28. März, vier Tage vor dem Einmarsch der Amerikaner, hatten amerikanische Bomben die alte Stadt zu drei Vierteln zerstört. Den Weltkrieg sah ich brutal wie nie zuvor. Das Entsetzen griff uns an die Kehle. *Das* also war Deutschland nach dem Krieg.

Eine halbe Stunde lang schlichen wir bleich durch die verschütteten Straßen. Dann fanden wir einen Lieferwagen, ein Nachtquartier, einen Bummelzug nach Büren. Hillebrand begleitete mich zur Briloner Straße und gab mir einen Schubs. Ich drückte die Tür auf und erkannte die jüngste Schwester meines Schwagers. «Sind Sie Else Dorls? Sie kennen mich nicht, ich bin der Bruder von Marieluise ...»

2

Der Marsch ins Leben
Und jede Woche frische Wäsche!

Ein tiefkatholisches Bauernstädtchen mit einem Jesuitenkolleg, unbeschädigt über den Krieg gekommen, wozu der Pfarrer gepredigt haben soll, das sei kein Zufall: Vielmehr liege es daran, dass die Bürener fleißiger in die Kirche gegangen seien als die Paderborner; und vor dem Mittagessen rangen meine neuen Verwandten die Hände in ergriffenem Gebet.

Das Essen war ziemlich gut und überwältigend reichlich – diese Landleute hatten die Not der Berliner und der Soldaten nie mitbekommen. Und alle waren nett zu mir: die beiden Schwestern meines Schwagers, eine verheiratet mit einem Volksschullehrer in den Vierzigern, der schon vor mir entlassen worden war; dazu ihre zwei schrillen Töchter.

Von den vier Zimmern, die der Gasthof Dorls einst zu vermieten hatte, bewohnte die Lehrerfamilie zwei, eines eine hübsche evakuierte Düsseldorferin mit kleinem Kind, das mich entmutigte, ihr Avancen zu machen; das vierte hatte, unglaublich, freigestanden und auf mich gewartet! Weißes Bett, Sofa, Tisch und Stuhl und die übliche Kommode mit steinerner Platte, Waschschüssel und Krug – mein eigenes Reich! Dazu ein Bad pro Woche, mehr war ja ohnehin nie üblich gewesen in Friedenszeiten, ob in Berlin oder Zürich. Waschtag war, nach bäuerlicher Art, alle vier Wochen; vier Garnituren Wäsche hätte ich dazu gebraucht, und was mir daran fehlte, ergänzten die Schwestern aus dem Schrank ihres Bruders.

Der war in Stalingrad «vermisst» (und kam nie wieder). Sie sprachen nicht von ihm. Sprachen wir überhaupt von Weltkrieg, Katastrophe, zerbombten Städten und Millionen Toten? Von Hitler? Ach nein. Soldaten der Sieger sahen wir nicht, Fernsehen gab es nicht, und dem Radio glaubten wir höchstens die Hälfte: Ihm zu vertrauen hatten wir uns in den zwölf Jahren Goebbels wirklich abgewöhnt. Es sei denn Nachrichten wie diesen: In Deutschland sind 2500 Eisenbahnbrücken gesprengt, zerbombt, zerschossen, und Krupp wollen sie vollständig demontieren.

Aber die Ernte – du kommst ja wie gerufen! «Landwirtschaftlicher Hilfsarbeiter» ließ ich am dritten Tag in Büren auf dem städtischen Arbeitsamt eintragen. Von der Lebensmittelkartenstelle bekam ich als Willkommen eine Zigarre geschenkt.

Anstrengend wurde er schon, mein erster Job: Bei Verwandten von Dorls, die um die Ecke wohnten, Großbauern, musste ich mich als Erstes mit gespreizten Beinen über eine Luke im Dachboden stellen, mit der Mistgabel weit unter meine Füße hinabfahren und dort die Garbe aufspießen, die ein Sohn der Familie, auf dem Leiterwagen stehend, mir auf seiner Gabel über den Kopf entgegenstreckte. Dann schwang ich die Garbe zwischen den Beinen hindurch zu mir herauf und schleuderte sie dorthin, wo die beiden kichernden mannbaren Töchter des Hauses sie verstauten. Jedes dritte oder vierte Mal misslang mir das Aufspießen, was unten ein Schnaufen hervorrief und oben meinen Schweißfluss vermehrte. Gehüllt in Staub und Häcksel, der auf der Visage kleben blieb, verdiente ich mir mein Essen.

Häufiger arbeitete ich bei anderen Verwandten im Forsthaus Hegensdorf, eine Viertelstunde mit dem Fahrrad entfernt. Der Förster war in Gefangenschaft, seine Frau hatte die kleine Landwirtschaft allein betrieben und stellte mich nun gern zum Heuwenden an, später zum Holzhacken, Äpfelpflücken und Kartoffelklauben.

Zum Lesen und zum Schreiben blieb mir reichlich Zeit. Gleich in den ersten fünf Tagen las ich «Vom Winde verweht» zum zweiten Mal; und hatte mich der weltberühmte Wälzer 1941 schon begeistert – diesmal faszinierte er mich noch dazu: Denn die Art, wie die Südstaaten unter Not und Niederlage litten und wie die Yankees sich aufführten als Besatzungsmacht, hatte die unglaublichsten Parallelen zur deutschen Gegenwart.

Und eine Kladde beschaffte ich mir und schrieb sie voll. Unbehelligt von Bomben, Granaten und Läusen unternahm ich den peniblen und ein bisschen verzweifelten Versuch, mein bisheriges Leben zu rekonstruieren, das ich ja für reich hielt. Für die Zukunft hielt ich fest: Wer gesund sei, sich beliebig oft waschen könne und ein Klo mit Wasserspülung habe, der solle sich nicht einbilden, er könne noch von ernsthaften Problemen geplagt werden. «Wem diese Grundlage gesichert ist, für den gibt es nur noch Luxussorgen – dies ist die Realität, alles andere ist Humbug. Geistige Schmerzen gehören zu den Annehmlichkeiten des Daseins.» Qual, das war 1943, als mir im unablässig rollenden Güterzug von Polen ans Mittelmeer nächtens zwischen vierzig enggedrängt auf dem Boden Schlafenden schier die Därme platzten; da bewahrheitete sich der alte Landserspruch: Durchfall ist schlimmer als Feindberührung.

Vor allem aber warf ich mich aufs Englische in Büren. Am Grunewald-Gymnasium hatte ich in den letzten drei Jahren einen brillanten Unterricht genossen – und aus meinem letzten Fronturlaub, im Mai 1944, instinktsicher mein Taschenwörterbuch mitgenommen. Das arbeitete ich nun durch, Wort für Wort, von *aback* bis *zoom*. Alle wichtigen Wörter übertrug ich in ein Heft, um sie wieder und wieder zu memorieren – für meine ersten zehn Berufsjahre nach der Landwirtschaft erwies sich das als die optimale Investition.

Wie aber sollte es weitergehen? An alle Verwandten in den Westzonen und in Westberlin hatte ich geschrieben, am 25. August hatte ich die Freudenbotschaft beisammen: Alle leben! Meine Mutter, die jüngere Schwester, ihre beiden Töchter in Westberlin; die ältere in der Nähe von München; mein Vater in amerikanischer Internierung. Denn die Wehrmacht hatte ihn, den 57-jährigen Oberleutnant des Ersten Weltkriegs, 1943 im Rang eines Hauptmanns in eine Zweigstelle des OKW in Potsdam eingezogen – und so fiel er unter den berüchtigten «automatischen Arrest».

Aus München kam am 9. September die Nachricht: Wir bewohnen ein Landhaus in Karlsfeld zwischen München und Dachau, Eberhard ist Technischer Direktor des BMW-Werks Allach, das die Amerikaner beschlagnahmt haben.

Anfang Oktober war die meiste Landarbeit getan, mein ungeheiztes Zimmer machte das Schreiben ungemütlich, in München wusste ich eine schöne Adresse, und Albert Hillebrand, der mich vom Entlassungslager zu Dorls geleitet hatte, stand im Begriff, zu seinen Eltern nach Bruchsal zu fahren – ob wir nicht den größeren Teil der Expedition gemeinsam angehen wollten? Da besorgte ich mir bei der Militärverwaltung eine Reisegenehmigung (die brauchte man) und packte in den Rucksack nur noch die Hälfte meiner stark gewachsenen Habe: zur abgetakelten Luftwaffen-Uniform und den Fallschirmspringerstiefeln besaß ich sieben Hemden, dazu zwei Pullover, ein Paar Handschuhe, sieben Bücher, zehn Zigarillos, 61 Mark und immer noch die Kilodose Schmalz aus der Festung Ijmuiden.

Die Reise von Büren nach München dauerte vom 10. bis zum 13. Oktober. Am ersten Tag schafften wir es, die meiste Zeit auf einer Leiter am Wagenende klebend, bis Kassel; da war es 22 Uhr vorbei – Ausgangssperre! Quartier hätten wir in der zu 75 Prozent zerstörten Stadt sowieso nicht gefunden, und so taten wir es wie die vielen tausend anderen auch: Wir suchten uns einen Quadratmeter Bahnsteig mit einem Dach darüber.

Im Morgengrauen fanden wir, über die Gleise stolpernd, den richtigen Zug so früh, dass wir zwei Sitzplätze eroberten. Wir fuhren durch den Schutt von Gießen (zu 65 Prozent zerstört), durch die Trümmer von Hanau nach Frankfurt-Ost, Endstation. In den Menschenhaufen, die aus den Abteilen quollen und von den Leitern und den Puffern fielen, sprach sich herum, dass und wie man durch die Ruinen (Frankfurt zu 60 Prozent zerbombt) zum Bahnhof Frankfurt-Süd marschieren könne. Dort kaperten wir Plätze auf den Puffern eines Zugs nach Ladenburg – das sei im Süden, behaupteten einige zu wissen – und da wiederum eine Straßenbahn, die uns durchs fast unversehrte Heidelberg zum Bahnhof schüttelte.

In der Bahnhofshalle die zweite Nacht, mehrmals kontrolliert von amerikanischer Militärpolizei in ihrem Operettendress mit weißem Zaumzeug wie Paradepferde. Im Morgengrauen fanden wir einen Zug, der uns zum Schutt von Bruchsal brachte (zerstört zu 70 Prozent), Hillebrands Ziel. Ich stieg um auf einen Güterzug mit offenen Waggons, der tatsächlich nach München fahren sollte. Den Wagen teilte ich mit nur fünf, sechs Leuten; die Kisten, mit denen er beladen war, konnte man heben und sich so einen Sitz mit Lehne, ja eine Schutzwand gegen den Fahrtwind bauen.

Ein paar Stunden Aufenthalt in Kornwestheim bei Stuttgart. Mild schien die Oktobersonne, eine schöne Gelassenheit regierte. Frei war ich ja nicht nur von militärischer Bevormundung, sondern auch von allen bürgerlichen Pflichten und Terminen, von niemandem erwartet, mit Wasser, Brot und Wurst zufrieden, und eine nette stupsnasige Person in Skihosen und weißem Rollkragenpullover war um mich und drückte mich ein bisschen, obwohl es kein Gedränge gab. Und wie sich dann der Zug die Geislinger Steige hinaufwand und buntes Laub unter blauem Himmel rauschte – nie war ich herrlicher gereist.

Vor Ulm wurde es dunkel und rasch ziemlich kühl. Wir kuschelten uns aneinander und froren doch. Die Silhouette des Münsterturms im Sternenlicht – Straßenbeleuchtung gab es noch nicht so kurz nach dem Krieg in der zu 63 Prozent zerstörten Stadt. Im Davonfahren läutete das Münster uns mit majestätischer Glocke in die Nacht hinaus.

In München kletterten wir im Morgengrauen über dreißig Gleise, und dann trennten wir uns. Danke, schön war's, es kommt nicht wieder. Ich fand den Zug nach Karlsfeld (vor Dachau) und versuchte mich durchzufragen nach «Rothschwaige 6». Ja, eine Streusiedlung dieses Namens gab es, aber wo die Nummer 6 zu finden sei, das wusste niemand. Geschlagene fünf Stunden lang irrte ich über Landstraßen und Feldwege, bei einem Bauern bekam ich warme Milch mit eingebrocktem Brot. Eine hübsche junge Frau am Weg zerbrach sich den Kopf sehr gründlich, gern und sofort hätte ich mein Reiseziel geändert, aber sie machte mir kein Angebot.

Schließlich entdeckte ich etwas, das ich nicht gesucht hatte: das BMW-Werk München-Allach. Ich wusste aus den Briefen, dass es von den Amis als Werkstatt zur Generalüberholung von Militärlastwagen beschlagnahmt worden war – und mein Schwager also der Technische Direktor! In den letzten Wochen des Krieges, als Ingenieur der Rüstungsindustrie vom Militärdienst befreit, war er von BMW Berlin zu BMW München versetzt worden. Dort ergriffen ihn die Amerikaner, stellten ihn unverzüglich an und versahen ihn mit zwei Luxusgütern: einem Auto – und einem Landhaus, aus dem sie zu seinen Gunsten einen Altnazi vertrieben hatten.

Er begrüßte mich überrascht und betonte, wie sehr meine Schwester sich freuen würde. Das tat sie denn auch – eine fröhliche Erscheinung mit ihrem prächtigen Blondschopf, 29 Jahre alt.

Baden! Essen! Und noch dazu hatte, wie in Büren, ein Zimmer

auf mich gewartet – die zwölf Millionen Heimatvertriebenen fielen ja großenteils erst 1946 ein, erst durch sie entstand die große Wohnungsnot, die der Bombenkrieg noch nicht dramatisch gemacht hatte. Und ich wohnte gleichsam auf der Siegerseite! Das Überleben hatte sich gelohnt.

3

Bei den Amis
Vergnügen und Verwirrung

Nach elf Ferientagen in Rothschwaige/Post Dachau (mit der schweigenden Unterstellung, ich würde nach Büren zurückkehren) fragte mich mein Schwager, ob ich mir zutraute, als Dolmetscher ins BMW-Werk einzutreten. Zwei Tage später fing ich an. Ich nannte das alles zunächst «In München überwintern», aber es wurden 21 Jahre daraus, mit den entscheidenden Weichenstellungen für ein langes Leben.

Mein Arbeitsplatz war das Büro für das Ersatzteillager, *Line Supply*, wo ich einen deutschen Techniker mit einem amerikanischen Sergeanten zu koordinieren hatte. Anfangsgehalt: 280 Mark – nicht schlecht, gemessen am Einkommen eines Hilfsarbeiters, der 90 Pfennig in der Stunde, also, bei damals 48 Wochenstunden, 186 Mark im Monat verdiente; gemessen auch an den 20 Pfennig für eine Fahrt mit der Straßenbahn und den 50 Pfennig für einen Herrenhaarschnitt; lächerlich jedoch im Vergleich zu den Preisen für begehrte Güter: 200 Mark für eine Schachtel Zigaretten, 300 Mark für ein Pfund Butter. Aber die Kantinenverpflegung mit amerikanischen Konserven war ein kleines Vermögen wert.

Mein Problem war, dass ich auch auf Deutsch eine Kurbelwelle nicht von einer Nockenwelle unterscheiden konnte. Zur Lösung trug bei, dass die «Amis» sich als überaus umgänglich erwiesen. Der einzelne Soldat war zumeist ein ganz passabler Mensch, der eine Art Traumland repräsentierte, nicht selten von seinem deutschen Großvater erzählte und mit einer Schachtel Zigaretten auch mal ein Vermögen verschenkte; und Millionen junge Deutsche liebten bald den amerikanischen Soldatensender AFN, denn er brachte den Jazz, der bei den Nazis als «Negermusik» verboten gewesen war, idiotischerweise.

Die Amerikaner ihrerseits empfanden die Deutschen in Erscheinung und Lebensstil als mindestens so verwandt wie die Engländer, dabei friedlich, lernwillig und zu jeder Zusammenarbeit bereit – keine Spur von «Werwolf» oder Partisanenkrieg, worauf die Sieger doch gefasst gewesen waren. Noch dazu wurde das Fraternisierungsverbot von den «Fräuleins» tausendfach unterlaufen. So war schon im März 1946 in *Reader's Digest* zu lesen: Vier von fünf aus Europa heimkehrende amerikanische Soldaten zögen die Deutschen allen mit Amerika verbündeten Völkern vor – so freundlich seien sie und von so verwandtem Wesen! Die Autoren hoben den Zeigefinger: Eine solche Einstellung könne den gedemütigten, rachsüchtigen Deutschen helfen, einen dritten Anlauf zur Weltherrschaft zu nehmen! Jeder Amerikaner müsse einsehen, «how deep are the roots of the evil your comrades died to free us from».

An solchen Sätzen musste mich die Syntax faszinieren. Ihr Studium war Teil meines Versuchs, mir das Englische total zu eigen zu machen. «This will be taken care of by Maj. Holmes himself», hörte ich kopfschüttelnd, und in mein schlaues Buch schrieb ich Sätze wie: «The story was too apt not to be made the most of». Redensarten speicherte ich: roar with laughter, talk in terms of averages, make a virtue out of a necessity. Witzige Formeln schrieb ich auf: «He was looking at me with the clear, innocent eyes of a used car salesman» oder den Zweizeiler:

> Remember, my darling: Careers and caresses
> Depend on your choice of Noes and of Yesses.

Und natürlich hatte die Aussprache es mir angetan, zum Beispiel die aberwitzige Betonung auf der zweiten Silbe bei *executive, catastrophe, circumference, antipodes, chrysanthemum* – nicht wiederum bei *espionage*, so gern ich ein ai auf die zweite Silbe geknallt hätte.

Gern pflegte ich den Umgang mit entlegenen und dabei saftigen Wörtern wie *recalcitrant* (widerspenstig), *flabbergasted* (verblüfft) oder *tatterdemalion* (zerlumpt). Indem ich dergleichen selbst in mündliche Rede einflocht, erregte ich Respekt und Heiterkeit und bei Sgt. McElroy aus Portland/Oregon den Wunsch, ihm eine Bewerbung aufzusetzen – ich, eine englischsprachige Bewerbung? «Yeah, you can make 'em big words!», sagte er.

Das war der schiere Spaß; das technische Englisch machte mir mehr Kopfzerbrechen, doch mit guten Nachschlagewerken gelang es mir, auch diese Hürde zu nehmen – mit rein sprachlichen Mitteln, bei strikter Meidung von technischem Verständnis. Selten war ja das Übersetzen so einfach wie bei *the bandsaw*, die Bandsäge. Der Sicherheitskoeffizient hieß eben nicht «security coefficient», sondern *safety margin*, die Schlauchmuffe «Gummi-Ärmel», *rubber sleeve*, und, meine Spitzenleistung, der funkenfrei kommutierende Einphasen-Reihenschlussmotor, *sparkless single-phase series commutator motor*.

So übersetzte ich Gebrauchsanweisungen und technische Handbücher ins Deutsche, Korrespondenz zwischen Deutschen und Amerikanern in beide Sprachen, und ich dolmetschte mit wachsendem Vergnügen an der Beherrschung der Materie und der Blitzartigkeit des Umschaltens. Nach achtzehn Monaten solchen Intensivtrainings behauptete ich von mir, der beste Englischsprecher der Welt zu sein unter allen, die noch nie in einem englischsprachigen Land gewesen waren.

Und der Flieder blühte, und natürlich schlug die Liebe zu, und die Erste lud mich sogar nach Hause ein, freilich nur, um sich mit mir auf eine Bank vor dem Haus zu setzen – und ich konnte mir zusammenreimen, dass sie damit den Nachbarn etwas demonstrieren wollte. Hat das Amiliebchen (das war sie also) mit dem Amikind (das bekam ich zu sehen) doch noch einen deutschen Freund gefunden!

Die zweite, Sekretärin nebenan, makellos, eine Schönheit fast, von einem Hauch Melancholie rätselhaft umweht: Sie schenkte mir das Erlebnis der ersten großen Liebe – nur gut ein Jahr, nachdem ich die Pistole in den Teich geworfen hatte. Ich führte noch Tagebuch und überschlug mich in Jubelschreien auf das Leben. Bis ich die Herrliche zu einem amerikanischen Leutnant ins Auto steigen sah. Das, schrieb ich außer mir, sei an einem verlorenen Krieg überhaupt das Schrecklichste.

Zu unseren Offizieren im Karlsfeld Ordnance Depot entwickelte sich, unabhängig davon, ein freundliches, zum Teil fast freundschaftliches Verhältnis. Sogar materiell profitierte ich davon: Der eine bezahlte mich mit Zigaretten (und ihrem unsinnigen Wert auf dem Schwarzmarkt) dafür, dass ich seiner deutschen Freundin ein bisschen Englisch beibrachte (schwierig: Nicht einmal die Aussprache «Militärguvernmang» war ihr auszutreiben). Ein anderer diente mir seine Dienstwohnung für eine Nacht als «sturmfreie Bude» an.

Auch lernte ich schon Ansätze jener Gesprächskultur kennen, die mir dann 1965 in Washington imponierte. Andrerseits fiel mir auf, dass über einen jüdischen Sergeant von den Amis hemmungslos gespottet wurde, wenn er nicht mehr im Zimmer war. Vollends verwirrte mich jener First Lieutenant, der 1946 bei der deutsch-amerikanischen Weihnachtsfeier nach dem dritten Glas Wein ohne erkennbaren Zusammenhang feststellte: «The best thing your Hitler did was he killed so many jews.» Hoppla! Und er setzte noch einen drauf: «The worst thing he did he let so many of them alive.» Ich schwieg entgeistert.

Das Merkwürdige war ja, dass wir von dem schrecklichen Massenmord an den Juden zwar nun wussten, jenseits aller Zweifel – aber dass er 1946 in der deutschen Presse, die amerikanische *Neue Zeitung* eingeschlossen, durchaus kein großes Thema war, und, noch erstaunlicher, nicht einmal ein Anklagepunkt im Nürnberger Prozess gegen die Hauptkriegsverbrecher. Erst der Eichmann-Prozess von 1961 rief den Holocaust breit ins öffentliche Bewusstsein; das Wort wurde sogar erst mit der amerikanischen Fernsehserie von 1979 verbreitet. (Die Frage «Was wussten wir seit wann vom Holocaust?» werde ich in Kapitel 39 beantworten.)

Nach anderthalb Dolmetscherjahren fand ich die Chance, mein Englisch als Sprungbrett in den Journalismus zu verwenden. Der schien mir erstrebenswert für einen Universalspezialisten, der 1942 eigentlich Philosophie hatte studieren wollen – und erreichbar, weil die meisten Journalisten der Nazizeit Berufsverbot erhalten hatten; die besten Chancen besaßen die deutsch-jüdischen Remigranten, die wenigen deutschen Widerständler und die ganz Jungen, die bis 1945 nicht gedruckt worden waren.

In einer Kurzbiographie für den Verlag Hodder & Stoughton, der 1963 mein erstes Buch, «Überall ist Babylon», in England und im Commonwealth herausbrachte, stellte ich meinen Berufseinstieg mit den Worten vor: «Having learned a bit of everything and nothing completely I became a journalist.»

4

Neue Zeitung!
Einübung in einen schönen Beruf

Ich hatte mich bei Radio München beworben, bei der Pressestelle des Münchner Oberbürgermeisters, bei einem frisch ins Leben gerufenen Journalistenlehrgang – vergebens. So auch bei der *Neuen Zeitung*, dem Organ der amerikanischen Militärregierung, das sich ausgerechnet im Haus des *Völkischen Beobachters* einquartiert hatte, in der Schellingstraße in München-Schwabing, denn es war unversehrt. Mein Versuch, dort Volontär zu werden, scheiterte gleich am Empfang: «So was machen wir nicht», wurde mir bedeutet – kein Wunder, bei Redakteuren wie Erich Kästner als Chef des Feuilletons und einer Auflage von mehr als zwei Millionen.

Die kam durch dreierlei zustande: durch unbegrenzte Zuteilung der Mangelware Papier, der die ersten deutschen Zeitungen nur nachhecheln konnten; durch ein Angebot an Kultur und an Auslandsberichterstattung, wie man es in Deutschland seit 1933 nicht mehr erlebt hatte – forciert durch Hans Habe aus Wien, Major der US-Army und der erste Chefredakteur; und durch Habes kühne Entscheidung: Wir bieten sauberen angelsächsischen Journalismus an, mit klarer Trennung von Nachricht und Meinung, also auch mit der Freiheit, Nachrichten zu Lasten der Militärregierung zu drucken.

Selbst die Meinungen aber, die Habe vertrat und zuließ, entsprachen nicht durchweg seinem Auftrag, die Deutschen zu «belehren» und zu «erziehen». «Fürchtet euch nicht!», rief er den von Stalin eingeschlossenen Westberlinern in einem Editorial zu. Er machte Hoffnung und betrieb Versöhnung, lange bevor der amerikanische Außenminister James Byrnes in seiner berühmten Stuttgarter Rede vom 6. September 1946 eben dies zur offiziellen amerikanischen Politik erklärte: «Das amerikanische Volk will dem deutschen Volk helfen, seinen Weg zu einem ehrenvollen Platz unter den freien und friedliebenden Nationen zu finden.» Demgemäß wurde Habe im Mai 1946 abgesetzt, und ich bekam erst 1973 – schicksalhaft – mit ihm zu tun.

Unter seinen Nachfolgern, offenbar zu weniger Nachsicht mit den Deutschen ermahnt, hatte einer Deutsch nicht als Muttersprache; ein anderer sprach es nicht einmal. Den Ruf der Zeitung konnte das nicht zerstören. Als sie im März 1947 inserierte «Übersetzer aus dem Englischen gesucht», witterte ich die Chance, bewarb mich, meisterte eine Probeübersetzung unter Aufsicht und Zeitdruck (*the League of Nations* hieß eben «Völkerbund» und nicht «Liga der Nationen») – und konnte am 1. Juni 1947 beginnen, für 350 Mark im Monat statt der 310, zu denen ich bei BMW aufgestiegen war.

Fünfzehn deutsche Angestellte der aufgeblähten «Nachrichtenredaktion» übersetzten alles, was United Press, State Department Press, die russische Nachrichtenagentur Tass und andere Agenturen englisch lieferten, zugunsten der hundert deutschen Redakteure, die offenbar nicht oder zu wenig Englisch konnten. Wir arbeiteten in drei Schichten – kurios genug in einer Zeitung, die zunächst nur zweimal in der Woche erschien, wie alle Zeitungen in den ersten Nachkriegsjahren.

Im Übersetzerstübchen saß ein fröhliches, überwiegend intellektuelles Häufchen zusammen: Studenten, eine junge Kriegerwitwe, ein kriegsversehrter Hauptmann, dem die abgeschossene Nase noch nicht wieder anoperiert worden war. Wir sprachen natürlich über das Essen: die üppige Kantine hier – zu Hause zwar Brot in Menge, Butter aber etwa in der Größe der kleinstüblichen heutigen Hotelportion einmal pro Woche; ich ließ sie mir zum Sonntagsfrühstück wie eine Praline im Mund zergehen, um wenigstens für eine Minute das Gefühl von Luxus zu haben. Mit dem Wohnen stand es noch ärger: Zunächst lebte ich mit Schwester, Schwager und meiner aus Westberlin übersiedelten Mutter in drei Zimmern – aber 1946 hatten wir das größte davon für eine vierköpfige Familie aus dem Sudetenland zu räumen. Eine Küche, ein Klo. Zwölf Millionen Deutsche waren ja aus dem neuen Polen und der alten Tschechoslowakei vertrieben worden, und weitere zwei Millionen kamen dabei um.

Und über die zwölf Nazi-Jahre sprachen wir nicht im Übersetzerzimmer, und die Nürnberger Prozesse hatten uns nicht aufgewühlt? Nicht sehr. Die Nachrichten darüber hörten und lasen die Deutschen überwiegend «ohne viel Interesse, ohne viel Hass», schrieb Golo Mann. Helmut Schmidt, Bundeskanzler von 1974 bis 1982, sagte es später drastisch (im *Spiegel*-Gespräch 2001): «Eigentlich ging es nur darum, nicht zu hungern und nicht zu erfrieren. Das andere Problem war, die fehlende Bildung nachzuholen. Was interessierte mich da, was in Nürnberg verzapft wurde?» Auch empfanden viele es als eine Farce, dass über Hitlers Schergen nun Stalins Schergen zu Gericht saßen. Dass Stalin sogar hätte angeklagt werden müssen, «zumindest für Katyn», und Churchill «zumindest als Ober-Bomber von Dresden», trauten wir uns nicht einmal zu denken – aber Rudolf Augstein schrieb es 1985 im *Spiegel*.

Es war das allgemeine Elend, das unser Denken, Fühlen, Reden beherrschte: 1947 noch kleinere Rationen, wenig oder nichts aufs Brot, Heißhunger auf Fettes und Süßes, «Hamsterfahrten» zu Bauern, um gerettete Kostbarkeiten wie Bettwäsche gegen Butter zu tauschen – und keine Perspektive, wann, wie es besser werden könnte. In den Restaurants dürftiges Essen, außer man hatte genug Fleisch- und Fettmarken übrig; in den Cafés statt Kaffee oder Tee meist nur die Wahl zwischen «Heißgetränk» und «Kaltgetränk» (eines von beiden hatte was mit Molke zu tun) und im berühmten Café Anast am Hofgarten die Karikatur darauf – wir bestellten «Kaltgetränk» und bekamen die Auskunft: «Heute haben wir nur Heißgetränk, aber das ist kalt. Der Ofen ist kaputt.»

Im Ruhrgebiet hatten Tausende nachts die Bahnhöfe gestürmt, um von vorbeirollenden Güterzügen Kartoffeln und Kohlen zu klauen – und zum populärsten Menschen in Deutschland wurde 1947 der Kölner Erzbischof Kardinal Josef Frings, weil er in seiner Silvesterpredigt die Plünderer verteidigte: «Wir leben in Zeiten», sprach er von der Kanzel, «wo in der Not der Einzelne sich das wird nehmen dürfen, was er zur Erhaltung seines Lebens und seiner Gesundheit notwendig hat und weder durch Arbeit noch durch Bitten erlangen kann.»

Das waren nicht die Zeiten, in denen man sich um «Vergangenheitsbewältigung» hätte kümmern wollen. Dieses kostbare achtsilbige Wortgefüge kam erst in den fünfziger Jahren auf. Es unterstellt, dass die Vergangenheit etwas sei, was sich «bewältigen» lasse und dringend bewältigt werden müsse (wie eigentlich?); und wer genug damit zu tun hatte, die Gegenwart zu bewältigen, hatte selbstverständlich keine Zeit, keine Kraft und keine Lust dazu. In Deutschland herrschte eine Stimmung, schrieb der Philosoph Karl Jaspers, «als ob man nach furchtbarem Leid gleichsam belohnt, jedenfalls getröstet werden müsse, aber nicht noch mit Schuld beladen werden dürfe».

Des Trostes bedurften dann die «68er» in der Tat nicht mehr, sie waren satt, ihre Väter hatten ihnen eine angenehme Umwelt aufgebaut – nun waren sie es, die die Kraft und die Zeit besaßen, diesen Vätern ihre Sünden, ihre Vergangenheitsbewältigungsverweigerung zum Vorwurf zu machen. Da liefen zwei Unterstellungen mit: Soweit die Väter gesündigt hatten, hätten sie die Kinder darüber aufklären müssen (das kann man, zugunsten der Kinder, ganz anders sehen) – und sie selbst, die 68er, würden sich unter Hitler selbstverständlich ungleich tapferer verhalten haben.

Selbstverständlich! Da 1938 nach dem ziemlich übereinstimmenden Urteil der Historiker mindestens 80 Prozent der Deutschen Hitler zugejubelt hatten (warum, versuche ich in Kapitel 34 zu analysieren) – wie wahrscheinlich ist es da, dass die 68er zu 100 Prozent *nicht* gejubelt hätten? Und was sie ganz ausblendeten: Wenn 1933 von zwei Vätern mit je zwei Kindern der eine die angestrebte Position bekam, weil er in die NSDAP eintrat – war er der schlechtere Vater? Der Vater des Hitler-Historikers Joachim Fest stellte sich 1933 öffentlich gegen die Partei, wurde als Schuldirektor abgelöst, in eine geschmälerte Pension geschickt – und von seiner Frau getadelt, schreibt der Sohn: Hatte er nicht die Chancen seiner Kinder im Dritten Reich aufs Spiel gesetzt?

All dies also bewegte uns *nicht*, die jungen Übersetzer in der Zeitung der amerikanischen Militärregierung. Ungleich mehr am 20. Juni 1948 die Währungsreform, der radikale Geldschnitt: 40 Mark in bar für jeden Westdeutschen, Anstehen unterm Regenschirm, alle «Altgeldguthaben» (Ersparnisse also!) auf ein Zehntel reduziert; Schwarzmarkt zusammengebrochen, Schaufenster voll über Nacht.

Drei Tage später, als die Westmächte die D-Mark auch in Westberlin einführten, verhängte Stalin die Blockade aller Luft- und Wasserwege dorthin, in der Absicht, die Westalliierten zum Abzug zu zwingen und diesen Pfahl im Fleisch der künftigen DDR zu beseitigen. Moskau erreichte das Gegenteil. Unter Einsatz von mehr als 400 Transportflugzeugen versorgten Amerikaner und Briten die 2,1 Millionen Westberliner mit Lebensmitteln und mit Kohle, ja mit Rohstoffen und Ersatzteilen für die Fabriken, damit die nicht stillstehen mussten – 1,6 Millionen Tonnen in den elf Monaten der Isolierung.

Da wurde uns nun vollends klar, wer der Gute und wer der Böse war, über Westberlin hinaus in Westdeutschland und ganz Westeuropa. Für uns waren die USA von der unberechenbaren Übermacht zur treusorgenden Schutzmacht aufgestiegen, und umgekehrt erfuhren die Amerikaner, welchen Verbündeten im Kalten Krieg sie da gewonnen hatten: Die Luftbrücken-Piloten wurden umjubelt, und im Dezember erbrachten die Stadtverordnetenwahlen (erstmals nur in Westberlin) 64,5 Prozent für die SPD und ihren bis nach Amerika populären Oberbürgermeister Ernst Reuter.

Unerbittlich aber blieben die Engländer: Im Dezember 1948 trat die britische Militärregierung doch wirklich mit einem Plan «zur Zerstörung und Verschrottung des deutschen Kriegspotentials» hervor. Da wurden Fabriken nicht mehr demontiert, sondern einfach demoliert. Bei Krupp in Essen waren 5000 Arbeiter mit der Vernichtung ihrer Arbeitsplätze beschäftigt, das Unternehmen sprach von der größten Verschrottungsaktion der Weltgeschichte. Adenauer und Schumacher sagten an verschiedenen Orten öffentlich, hier solle offensichtlich die deutsche Konkurrenz auf dem Weltmarkt ausgeschaltet werden.

Unsere Amis aber! Zumal wir bei der *Neuen Zeitung* konnten sagen: Wir hatten uns leidlich komfortabel eingerichtet nur drei Jahre nach der Katastrophe. Noch dazu gaben uns die Texte der amerikanischen Agenturen einen Vorgeschmack auf etwas Großartiges und fast Unglaubliches: Pressefreiheit!

Erwog ich denn kein Studium – jeden Tag mit Studenten im selben Raum? Nein. Die Meinung, dass Journalisten studiert haben sollten (egal was – was ich noch heute töricht finde), kam erst in den sechziger Jahren auf. Aber ich schrieb viel: ein bis zur Lächerlichkeit ausführliches Tagebuch und mehrere anspruchsvolle Essays, um deren Abdruck ich mich nicht einmal bemühte. Diese Selbstbezogenheit in einem Alter, in dem Rudolf Augstein den *Spiegel* gründete, lässt sich im Rückblick allenfalls dadurch relativieren, dass ich mich im Schreiben übte und in der Bewältigung schwerer Stoffe ebenso.

Immerhin, nach anderthalb Jahren, im November 1948, riskierte ich es, dem Ressortleiter Außenpolitik der *Neuen Zeitung* einen Artikel über die fortschreitende Vermassung zu schicken. «Ameise contra Individuum». Er gab sie an seinen Stellvertreter weiter, Dr. Kurt Stein. Der empfahl zwar nicht, ihn zu drucken, schrieb aber seinem Chef: «Es wäre wünschenswert, Herrn Schneider zur redaktionellen Arbeit heranzuziehen.» Als dieser Dr. Stein kurz darauf, im Februar 1949, zum Ressortleiter aufrückte (der vorige hatte sich missliebig gemacht), suchte ich ihn auf – und wurde politischer Redakteur über Nacht. Knapp vier Jahre nach Kriegsende hatte ich meinen Beruf gefunden, und angestellter Journalist blieb ich 46 Jahre lang.

Mein erster Artikel erschien in seiner siebenten Fassung – sechsmal hatte der Redakteur Hans-Joachim Netzer etwas an ihm auszusetzen, und bis heute gilt ihm meine Dankbarkeit: Ja, so arbeitet man. Ich sollte den Text irgendeines Autors redigieren, der schlecht und recht über die Moralvorstellungen der Indianer von Guatemala geschrieben hatte, und mein siebenter Anlauf begann endlich so, wie er beginnen musste: «‹Gott wollte nicht, dass er lebte. Er ist an Gift gestorben.› Mit diesen Worten verteidigte sich ein des Giftmords angeklagter …»

Bald darauf wurde mir mein Ressort zugewiesen: der Nahe Osten. Die politische Redaktion war nicht, wie sonst üblich, nach Textformen unterteilt (Nachrichten, Reportagen, Kommentare), sondern nach Regionen, in denen der Redakteur für alles zuständig war; und so hatte ich mich binnen weniger Wochen zum Experten für Israel und die arabische Welt heranzubilden. «Von unserem W.S.-Nahost-Korrespondenten» stand dann über meinen Texten, oft mit «Beirut» als Datumszeile. Am 21. April

1949 konnte ich dreispaltig berichten: «Ägypten greift nach dem Suezkanal».

Doch noch im Juni jenes Jahres schrieb ich einem alten Freund: «Ich bin natürlich alles andere als ein Journalist. Mein Stil, trotz aller Konzessionen an den Durchschnittsleser, wird vielfach als zu literarisch kritisiert.» Eben dies wurde mir gerade ausgetrieben, und etwas anderes als ein Journalist wollte ich alsbald nie mehr sein. Offenbar hatte sich da ein letztes Mal der 14-Jährige in mir aufgebäumt, der gerade die «Buddenbrooks» gelesen und daraufhin beschlossen hatte, ein großer Schriftsteller zu werden.

Die *Neue Zeitung* bot unterdessen ein Forum für viele Einfälle und Textformen. Zum 31. Dezember 1949 teilte ich den Lesern mit: Wenn sie um Mitternacht den Abschluss der ersten Jahrhunderthälfte feiern würden, sei das natürlich ein Jahr zu früh; erst am 31. Dezember 1950 werde die Hälfte komplett sein (eine ebenso korrekte wie unpopuläre Rechnung – und ein großes Thema beim angeblichen Anbruch des neuen Jahrtausends am 1. Januar 2000). Auch meine Behauptung «New York ist nicht die größte Stadt der Welt» wurde gedruckt: eine Untersuchung der *metropolitan areas*, der Ballungsräume, die längst die offiziellen Stadtgrenzen gesprengt hatten; Auftakt zu einer Artikelserie, aus der 1960 schließlich mein erstes Buch herauswuchs, «Überall ist Babylon».

Mein zweites Schlüsselerlebnis – nach dem mit dem Giftmörder von Guatemala – hatte ich im Sommer 1949, und der es mir verschaffte, war der 34-jährige stellvertretende Chefredakteur Ernst J. Cramer, in Augsburg geboren, in die USA emigriert und, wie Hans Habe, als amerikanischer Major zurückgekehrt (und 22 Jahre später in meinem Beruf ein Weichensteller).

Ich war zum Nachrichtendisponenten für die Innenpolitik aufgestiegen und fragte ihn besorgt, was wir mit dieser Nachricht machen sollten: Der SPD-Vorsitzende Kurt Schumacher, damals weit populärer als Konrad Adenauer, hatte die amerikanische Besatzungsmacht in einer Rede mit unerhörter Schärfe kritisiert – unsern Herausgeber also. Was tun? Ignorieren? Auf Seite 2 verstecken? Cramer sagte: «Einerseits wäre das ein Aufmacher. Andrerseits (er kratzte sich am Kopf). Also: Dreispaltig über den Bruch.» Die zweitgrößte Nachricht des Tages! Der Unmut der Besatzungsmacht hatte sich auf den Kommentar zu beschränken.

Das war er, der klassische angelsächsische Journalismus! Er hat mich begleitet, er hat mich begeistert, im *Spiegel* habe ich ihn jahrzehntelang vermisst – und immer wieder Cramer öffentlich gegen Augstein ins Feld geführt.

Schumacher übrigens wurde bei der ersten Wahl zum Bundestag von dem viel weniger bekannten, schwer durchschaubaren Konrad Adenauer überholt, und am 15. September wurde der mit einer Stimme Mehrheit zum Bundeskanzler gewählt. Diese Überraschung bewegte uns mehr als der Umstand, dass wir nun eine Art Staat geworden waren; die Hohen Kommissare der drei westlichen Besatzungsmächte behielten ja die Oberaufsicht. Adenauer aber machte sich rasch beliebt durch die List, mit der er diesen Kommissaren eine Zuständigkeit nach der anderen abzwackte, und zu unglaublicher Popularität stieg alsbald sein Wirtschaftsminister Ludwig Erhard auf. Der verstand es, die Westdeutschen in Wort und Tat in ihr «Wirtschaftswunder» zu führen, das sie selber und die halbe Welt verblüffte. Ich riskiere die These: So viel Glück wie in den fünfziger Jahren durch die plötzliche Chance, mit 27 PS an die Adria zu fahren, ist in Deutschland weder mit 300 PS noch durch den Urlaub in Thailand oder Florida je wieder entstanden.

Die traurige DDR, der ostdeutsche Gegenstaat, wurde am 7. Oktober 1949 gegründet. Die Mehrzahl der Ostdeutschen fühlte sich wohl betrogen, aber begann, sich im Unabwendbaren einzurichten. Wir, die Westdeutschen, waren zufrieden, dass wir das bessere Los gezogen hatten. Bald würde das halbe Deutschland reicher sein, als es das ganze je gewesen war.

1955 wurde die *Neue Zeitung* beerdigt, «einst eine der größten Zeitungen der Welt und ein bewundertes und beneidetes Vorbild der wetteifernden deutschen Journalisten», rief ihr die *Süddeutsche Zeitung* nach. Ich hatte sie schon 1950 verlassen, und zwar aus zwei Gründen: Mehrere der wechselnden Chefredakteure mochte ich nicht – *Hans Wallenberg* ausgenommen, den ich in meinen letzten Monaten erlebte; er fiel mir ein, als ich später irgendwo das Diktum des Kabarettisten Werner Finck las: «Die nettesten Menschen auf der Welt sind die alten Berliner Juden in New York.» Und nun bot die amerikanische Nachrichtenagentur *Associated Press* mir zweierlei an: den Journalismus von der anderen Seite, von der Quelle, von der Nachricht her zu erlernen – und mein Gehalt von 500 Mark auf märchenhafte 800 zu steigern.

Aus der *Neuen Zeitung*, Hans Habe hat es 1995 in der *Frankfurter Allgemeinen* vorgerechnet, sind 36 Chefredakteure hervorgegangen. An meinem Aufstieg zu einem davon, 1973, war Habe wesentlich beteiligt. An meinem Sturz auch.

5

Kerenski?
Sechs Jahre an der Nachrichtenfront

Wes Gallagher, Deutschlandchef der größten Nachrichtenagentur der Welt, ein ruppiger Fünfziger mit Bürstenhaarschnitt, empfing die Bewerber für den Posten des Münchner Korrespondenten der *Associated Press* im Hotel Vier Jahreszeiten. Ich war 25, mit flüssigem Englisch begabt und offensichtlich mit amerikanischem Segen versehen – so rief er mich ein paar Tage später aus Frankfurt an und sagte nur: «The position is open to you.» Hurra! Bei der *Neuen Zeitung* kündigte ich, Wallenberg reagierte fast beleidigt, schickte mir jedoch drei Wochen später ein Zeugnis mit einem Lob, das deutlich über das hinausging, was das deutsche Arbeitsrecht heute verlangt.

Am 1. August 1950 fing ich an – am 2. August stellte ich mich bei der monatlichen Pressekonferenz des amerikanischen Kommissars für Bayern dem Presseoffizier als der neue AP-Mann vor. Ein Kollege, den ich nicht kannte, trat hinzu und sagte, der AP-Mann sei bekanntlich er, und mich kenne er nicht. Wütend und entgeistert rief ich Gallagher an. «Was glauben Sie denn», bellte er zurück, «wie wir das mit Kündigungen machen? Seine kriegt er heute! Wir können doch nicht riskieren, dass er faul wird!» Ich bin also wirklich der alleinige Korrespondent? Ja! «Do you want me to come down and hold your hand?»

Nachrichtenagentur, das hieß: über Politik, Prominenz, Prozesse, Zwischenfälle, Verbrechen, Kuriosa berichten – über alles eben, was eine Zeitung drucken könnte. Einen Vertreter hatte ich nicht, bereit sein musste ich immer, auch Heiligabend (erst um Mitternacht wusste ich, ob er ungestört geblieben war); und wenn die Familie sonntags einen Ausflug machte, dann steuerte ich ein Lokal an, in dem ich die 13-Uhr-Nachrichten hören und in Frankfurt anrufen konnte: «Is' was?» Eine meiner ersten Nachrichten sah so aus:

> Der 52jährige Prof. Dr. rer. pol. Dr. rer. tech. Dr. hc. Henri Cusé-Cerf ist vom Landgericht München zu zwei Jahren Gefängnis verurteilt worden, weil er eigentlich Heinrich Kuse heißt und Maschinenschlosser aus Berlin-Pankow ist.

Primär hatte ich den deutschen Dienst der *Associated Press* zu bedienen (damals der zweitgrößten Nachrichtenagentur der Bundesrepublik), ebenso aber den amerikanischen – zum Beispiel Besucher zu begleiten: 1951 Eisenhower, 1955 Nixon, durchreisende Kongress-Abgeordnete, Generale, Wirtschaftsbosse und Filmstars (Gina Lollobrigida, Gregory Peck) –, die Texte möglichst gleich auf Englisch durchzugeben, per R-Gespräch nach Frankfurt. Dort setzte ein Redakteur die Kopfhörer auf und tippte den Text in die Schreibmaschine. So ging das in den fünfziger Jahren. Dass ich überhaupt ein Telefon besaß, war nur auf amerikanischen Druck möglich gewesen; 1950 musste der Durchschnittsdeutsche Monate, oft Jahre auf einen Anschluss warten.

Zuweilen kam durchaus die große deutsche Politik nach München. Im November 1950 forderte der SPD-Vorsitzende Kurt Schumacher auf einer Wahlversammlung «die Annullierung des Besatzungsregimes». Die Entmilitarisierung Deutschlands nach 1945 habe sich auf die Voraussetzung gestützt, dass ein 1000-jähriger Friede gesichert sei; nun aber müsse man, «auch mit der längsten Überseeleitung», die Bedrohlichkeit der Lage erkennen. Seit Juni tobte der Korea-Krieg – im Münchner Fasching hörte man bald darauf das Lied: «Ei ei ei Korea, der Krieg kommt immer näha!»

Bundeskanzler Adenauer prophezeite 1953 auf einer Wahlkundgebung der CSU: «Wenn es morgen in der Sowjetzone freie Wahlen gäbe – *wir* würden gewinnen und nicht die Sozialdemokraten.» (Übermorgen erwies sich das als nicht ganz falsch.) Ich registrierte am selben 14. August meinen AP-Rekord: 10 Nachrichten an einem Tag.

Bundeswirtschaftsminister Ludwig Erhard, schon als «Vater des Wirtschaftswunders» gefeiert, sagte im März 1953 vor dem Wirtschaftsbeirat der CSU: «England hat sich krank gehungert – wir haben uns gesund gearbeitet.» Die deutschen Unternehmer forderte er auf, beherzt diejenigen Preise zu verlangen, die der Markt hergebe; dass Preise nur aus Kosten resultieren sollten, sei ein Vorurteil: «Überpreise» in guten Zeiten bildeten das notwendige Polster für die schlechten.

1954 lud die berühmte, berüchtigte Leni Riefenstahl zu einer Pressekonferenz: Ihr Film «Tiefland», noch in der Nazizeit gedreht, sollte jetzt endlich aufgeführt werden, und gleichzeitig war sie angeklagt, als Statisten Roma aus dem KZ angefordert, sie aber nicht entlohnt und entgegen ihrem Versprechen nicht vor der Rückkehr ins KZ bewahrt zu haben. Sie bestritt das natürlich – eine Frau von 52 Jahren, von provokanter Selbstsicherheit, nicht ohne Charme. Ja, die Nazis hatte sie verherrlicht, Hitler 1940 nach dem Sieg über Frankreich telegraphisch gedankt «für Taten, die ohnegleichen in der Geschichte der Menschheit sind». Aber vielen Cinéasten gilt sie ja als eine der größten aller Regisseure, Jodie Foster und Quentin Tarantino nannten sie *die* größte.

So ist das eben mit den Menschen. Die für mich (und viele andere) großartigste Szene der Filmgeschichte überhaupt hat ein Träger des Lenin-Ordens gedreht, Sergej Eisenstein: Wie (im «Panzerkreuzer Potemkin» von 1925) die Soldaten mit aufgepflanztem Bajonett in provokant tänzerischem Gang die große Treppe von Odessa hinunterschreiten: Die Bürger fliehen in Panik, ein Kinderwagen poltert über die Stufen hinab.

In mir blieb haften, wie schlüssig und engagiert die Riefenstahl von der großen Kunst erzählte, die Angst eines Bergdorfs anschaulich zu machen, wenn in Vollmondnächten «Das blaue Licht», ein Unheilsbote, am Himmel böse flimmerte (in ihrem Film von 1932): in fünf verwitterte Bauerngesichter blicken, während sie angstvoll die Fensterläden schließen. Fünfmal vom Ausgreifen der Arme bis zum Verriegeln? Langweilig. Oder jeder mit einem Fünftel der Bewegung? Abgehackt. Fließen muss die Szene. Und so schnitt sie selbst, wie immer, und zwar die fünf Bilder so, dass jedes *etwas mehr* als ein Fünftel der Aktion zeigte, ineinandergreifend, vorwärtsdrängend, grandios! Ich habe es gesehen.

1955 hatte ich von dem trunkenen Jubel zu berichten, mit dem der Schah von Persien und Kaiserin Soraya, die Königin der deutschen Illustrierten, begrüßt wurden, als sie sich nicht genierten, in den Salvatorkeller einzuziehen. Aus dem Platzl konnte ich über eine «Fingerhakl-Olympiade» berichten: 18 oberbayerische Bierkutscher, Metzger, Holzfäller maßen sich in der Kunst, das Gegenüber mit Hilfe des gekrümmten Mittelfingers über den Tisch zu ziehen. Bei nichtpolitischen Meldungen erlaubte AP ein bisschen Ironie: So würdigte ich diese Sportart als gut bayerisch, «weil sie nichts als rohe Kraft erfordert und dabei im Sitzen ausgeübt werden kann».

Der originellste Bayer war der kleinwüchsige Innenminister Dr. August Geislhöringer von der Bayernpartei. Im Landtag sorgte er zuverlässig für Gelächter und Protest. So verwahrte er sich gegen eine geplante Steuer auf Schnupftabak, denn der sei «der Kaviar des Volkes». Die bayerischen Spielbanken verteidigte er gegen die Stilllegung, die die CSU erwog: Dort würden die Reichen geschröpft – wunderbar! Solange man den Armen Toto und Lotto lasse. Und als er vom Landtagspräsidenten aufgefordert wurde, sich für eine Beleidigung zu entschuldigen, wählte er die klassische Form: «Ich habe den Herrn Abgeordneten X ein Rindvieh geheißen. Ich bedaure, dass er sich dadurch beleidigt fühlte.»

Immer wieder folgte aus der Einheit des Ortes eine Wundertüte von Themen, Aufträgen und Begegnungen. 1951 hörte ich den spanischen Philosophen José Ortega y Gasset in der Universität in deutscher Sprache «die Katastrophen» loben: Ohne sie würde die Menschheit ihre schöpferischen Kräfte einbüßen. Deutschland solle die Chance nutzen, die sich aus seinem totalen Zusammenbruch ergebe: Die Deutschen seien «das einzige junge Volk des Westens».

Und immer wieder das Landgericht: Mörder, Betrüger, Hochstapler, Verrückte! Mit «Männchen, die Hitler beim Telefonieren malte», musste es sich befassen, weil Hitlers ehemalige Haushälterin im Armenrecht die Rückgabe der Andenken einklagte; das Land hatte die Kritzeleien vor drei Jahren bei ihr beschlagnahmt. Sogar in der *New York Herald Tribune* fand ich mich damit abgedruckt (*«Brownies that Hitler doodled ...»*). Nazi-Reste immer wieder:

> Joachim von Ribbentrop hat den britischen König nicht etwa bei der Übergabe seines Beglaubigungsschreibens als deutscher Botschafter in London mit «Heil Hitler» gegrüßt, sondern ihm erst zwei Jahre später «den deutschen Gruß entboten». So jedenfalls heißt es in der Klage, die die Witwe des in Nürnberg hingerichteten früheren deutschen Außenministers beim Landgericht München gegen eine Illustrierte angestrengt hat.

1953 stand eine der abenteuerlichsten Verbrecherbanden der Nachkriegszeit vor Gericht: Fünf Rowdies um die 20 hatten sich zur «Pantherbande» zusammengeschlossen, mit dem bizarren Plan, sich per Raub «auf einer höheren Stufe der Gesellschaft» zur Ruhe zu setzen. Dabei begingen sie drei Morde und erbeuteten insgesamt 350 Mark. Urteil: acht Jahre bis lebenslang. Mehr verdient hatte «Josephine Reichsgräfin Wrbna-Kaunitz-Rietberg-Questenburg», geborene Kellnberger, geschiedene Kasseneter – angeklagt, mehrere Mitglieder des bayerischen «Königshauses» um 17,5 Millionen Mark betrogen zu haben. Ein Ingenieur, der schweren Kuppelei angeklagt, weil er das Verhältnis seiner Frau zu dem «Wunderheiler» Bruno Gröning geduldet, ja gefördert habe, verteidigte sich mit dem königlichen Satz: «Wenn Gröning betrunken war, dann ging er einfach in alle Zimmer und glaubte, irgendwie heilen zu müssen.»

Und *Kerenski*! Dass er der Vorgänger Lenins war, wusste ich – und dass ich ihn 1953 in München interviewen sollte, verblüffte und faszinierte mich. Ein Fossil der Weltgeschichte! Natürlich bereitete ich mich vor: Am 15. März 1917 hatte eine provisorische Regierung, aus Generalstreik und Meuterei hervorgegangen, den Zaren zur Abdankung gezwungen. Er wurde interniert – ermordet erst im Juli 1918.

Der 35-jährige Rechtsanwalt Alexander Kerenski, als Abgeordneter in der Duma für seine Rhetorik gefürchtet und bewundert, wurde Justizminister, dann Kriegsminister und am 25. Juli 1917 Ministerpräsident des russischen Reiches. Er stützte sich auf die Sympathie der Arbeiter- und Soldatenräte (der Sowjets!) und verkündete ein gemäßigt sozialistisches Programm, eine gesetzliche Landreform vor allem. Für die Revoluzzer Lenin und Trotzki war das eine Schreckensnachricht: Revolution in Russland – und nicht die ihre! Lenin lebte in Zürich: Wie sollte er Petrograd erreichen? Da machte die kaiserliche Oberste Heeresleitung ihm das Geschenk, das oft als Treppenwitz der Weltgeschichte bezeichnet worden ist: In einem plombierten Zug der Deutschen Reichsbahn wurde er nach Finnland geschleust, damit er in Petrograd *seine* Revolution machen und, anders als dieser Kerenski es wollte, den Krieg sofort beenden könnte.

Im April 1917 kam Lenin an – und warb sogleich dafür, die falsche, die bürgerliche Revolution durch die wahre, die proletarische, zu ersetzen: Diktatur der Arbeiter – alles Land den Bauern, ohne Reform, sofort! Nehmt es euch! Im Mai 1917 trat Trotzki hinzu, aus New York herbeigeeilt – und zum zweiten Mal (nach dem plombierten Zug) hätte die Weltgeschichte eine Wende nehmen können: Kerenski, kaum Ministerpräsident, erließ gegen Lenin und Trotzki Haftbefehle. Aber Lenin konnte noch nach Finnland fliehen, und Trotzki wurde nach drei Wochen freigelassen – frei, um am 7. November das Winterpalais zu stürmen und die Regierung zu verhaften.

Kerenski hatte das Unheil geahnt und war am Vortag geflohen. Lenins Bolschewiki hatte er unterschätzt und ihnen zu viel Freiheit gelassen. Der eisigen Brutalität der beiden neuen Herren war er nicht gewachsen – nicht stark genug für diese Weltsekunde.

Und nun, am 7. Juli 1953, vier Monate nach Stalins Tod, sitzt dieser Kerenski mir gegenüber in der Wohnung eines Freundes in Nymphenburg, 71 Jahre alt – und beschwört mich, in gewaltig hinrollendem Französisch, mit Donner und Tränen in der Stimme, die Botschaft zu verbreiten: Ihr Staatsmänner des Westens – lasst euch nicht irreführen durch die Friedensbeteuerungen der neuen Herren im Kreml! «Mit Stalin und ohne Stalin strebt Moskau nach nichts als der Weltrevolution. Doch der Westen will das nicht begreifen – und kommt ein alter Mann wie ich, der es erklären könnte, dann hört man ihm nicht zu.» Nach Frankfurt telefonierte ich zur Nachricht den Kommentar: «Kerenski talks vivaciously, impressive in French and, despite his frequent lack of words, also in English – with the pathetic eloquence of the prophets of the Bible.»

Der Hauptzweck meines Besuchs, erfuhr ich nachträglich, war freilich, Kerenskis letzte Lebensstationen zu ermitteln, zur Aktualisierung des Nachrufs, der für den Todestag eines Prominenten bei den Agenturen bereitliegt. 1951 hatte er versucht, die vielen Organisationen russischer Emigranten zu koordinieren (vergeblich); abwechselnd wohnte er in New York, London, Paris und neuerdings in München. 1970 ist er gestorben, verbittert, 89 Jahre alt.

Immer wieder aber musste ich erleben, dass ganz andere Arten von Nachrichten den größten Abdruckerfolg erzielten – wie diese: «Im Müllerschen Volksbad ist einem Badegast ein Missgeschick widerfahren, das die Pointe eines uralten ‹Irrenwitzes› bildet: Er hechtete in ein Wasserbecken, aus dem leider kurz zuvor das Wasser abgelassen worden war. Mit Prellungen und Platzwunden kam er ins Krankenhaus.» Im *AP Newslog* für die laufende Woche hieß es dazu: «Wolf Schneider dug out Germany's brief of the month: late bather dives into empty pool.»

Die bayerische Landtagswahl vom 18. März 1956 schließlich bescherte mir einen bei den Agenturen seltenen Erfolg: Eine Münchener Zeitung verwendete für den Aufmacher, der aus München kam, sauber gekennzeichnet den Text von AP. Vielleicht im Zusammenhang damit bot der Chef vom Dienst der *Süddeutschen Zeitung* mir wenig später an, zu dem noblen Blatt zu wechseln, als Leiter der Nachrichtenredaktion. Ich sagte zu. In Frankfurt kündigte ich zunächst telefonisch – «Scheiße», sagte der deutsche Deutschlandchef. Zwei Jahre später machte er mir doch noch eine Offerte: Leiter des Hauptstadtbüros der AP zu werden (Bonn also).

Aber da war der Zug längst abgefahren. Sechs Jahre im Außendienst, sechs Jahre in Alarmbereitschaft – genug! Freilich, es war eine königliche Lehre.

6

Friedmann
Das Erlebnis *Süddeutsche Zeitung*

Nach sechs Jahren als Einzelkämpfer endlich wieder, wie zuletzt unter Hans Wallenberg in der *Neuen Zeitung*, täglich in einer Redaktionskonferenz – das tat gut. Und ein Gewinn war es, Werner Friedmann zu erleben (in den letzten vier Jahren, bevor er aus dem Verkehr gezogen wurde): Als Chef des Lokalteils war er in München populär geworden, seit 1951 war er Chefredakteur – beredt, machtbewusst, nicht ohne Charme, jeder Ironie zugänglich. Zugleich mit klarer Witterung dafür, was Leser wollen, auch: was man ihnen manchmal zumuten sollte. Vor jeglichem Hochmut bewahrte er uns immer wieder mit seinem Lieblingsspruch: «Ach ja, der Leitartikel! Die Leute lesen uns doch vor allem wegen der Todesanzeigen.»

Gleich der Herbst meines ersten *SZ*-Jahres brachte die dramatischste Nachrichtenlage, die es zwischen dem 17. Juni 1953 und dem Fall der Mauer 1989 gegeben hat. 23. Oktober: Volksaufstand in Ungarn! 4. November: Sowjetische Panzer walzen ihn nieder! 5. November: Der sowjetische Ministerpräsident Bulganin protestiert in London und Paris gegen die Landung britischer und französischer Fallschirmjäger am Suezkanal – und droht! Womit, darüber wurde viel gestritten.

Budapest, 23. Oktober: Putsch, Krawall und Blutvergießen! Wir sind verwirrt und begeistert. Hundert Eilmeldungen der Agenturen aus zwanzig, dreißig Orten – wer kämpft da wie und warum gegen wen? Wie viel Platz haben wir wo? Was bringen wir noch unter? Wie soll man aus diesem Chaos eine Schlagzeile, einen Vorspann destillieren? Aufregender kann Journalismus nicht sein. Aber was eigentlich spielt sich da ab – Revolution, Chaos, Bürgerkrieg?

«Volksaufstand», entscheiden schließlich die Agenturen. Gierig greifen Presse und Rundfunk nach dem überwölbenden Begriff. Da wird mit sprachlichen Mitteln große Politik gemacht. (Das ungarische Parlament hat, immerhin, das Wort «Volksaufstand» in den neunziger Jahren abgesegnet.)

Aber nun Bulganin, am 5. November! In das Rasseln der Sowjetpanzer nach Ungarn hinein schickt er seine verklausulierte Drohung in die Welt: «Würden Raketen gegen England und Frankreich eingesetzt, so würden Sie» (die Regierungen in London und Paris) «dies sicher als ein barbarisches Verbrechen bezeichnen.» Würden! Kann das heißen: Moskau droht mit Atombomben? Und welchen Rang soll auf Seite 1 die Suezkrise einnehmen im Verhältnis zur ungarischen Tragödie?

Das gab großes Palaver in der allabendlichen Titelkonferenz für Seite 1 (die Nachrichtenredakteure bei Werner Friedmann) und Zwist über die Bewertung ebenso. In der Konferenz meckerte ich gegen die Kommentare, die sich die *SZ* dazu leistete: Warum beschimpfen wir England und Frankreich für ihre Fallschirmjäger *mehr* als Bulganin für seine Drohung – und mehr als die Sowjetunion für ihr Massaker in Ungarn?

Die Nachrichtenredaktion war ja für Kommentare unzuständig. Ihre Tagschicht (12 bis 19 Uhr) bestand aus fünf Redakteuren, alle um die 30, mit flottem Mundwerk versehen und jederzeit zu zynischen Sprüchen aufgelegt. Den, wie wir meinten, allzu oft gelobten Urwalddoktor und Friedensnobelpreisträger Albert Schweitzer taufte der bayerischste unter uns den «G'wissenswurm von Lambarene». Als sich im Sommer 1957 der gewaltige Wahlsieg Adenauers abzeichnete, ergötzten wir uns an der Vorstellung:

«Sein Sieg wäre nur noch zu verhindern, wenn die *Bildzeitung* die Schlagzeile brächte: ‹Adenauer schlachtet junge Hunde›.»

Wir selektierten und redigierten die Nachrichten von drei Agenturen, dem Bonner Büro, den Korrespondenten in Frankfurt, Hamburg, Berlin – und fast einem Dutzend Auslandskorrespondenten; die teilte sich die *Süddeutsche* mit der *Frankfurter Neuen Presse* und der *Rheinischen Post*, der Kosten wegen. Die Texte kamen per Fernschreiber, wurden per Kugelschreiber redigiert, oft aus mehreren Agenturen zu langen Fahnen zusammengeklebt, ausnahmsweise unserer Sekretärin diktiert (der mit der einzigen Schreibmaschine im Raum) und schließlich per Rohrpost in die Setzerei geschossen.

Beim «Umbruch» das eindrucksvolle Agieren der Metteure: Mit schöner Ökonomie, oft mit kaltem Witz «bauten» sie aus Bleisatz, Handsatz (für die Überschriften) und Regletten die Seite; ein Nachrichtenredakteur hinter ihnen, um bei Not zu kürzen oder eine Verschiebung der Gewichte gutzuheißen. Klassische Handarbeit, sichtbare Verwandlung unserer abstrakten Wortgebilde in physische Substanz! Das ergab eine Genugtuung, um die es schade ist – der des Tischlers ähnlich, wenn er abends den Tisch betrachten kann, der morgens noch nicht existiert hatte.

Schon 1956 konnte ich mir zwei neue, begeisternde Arbeitsgebiete erschließen. Das eine: Mein Thema in der *Neuen Zeitung* «New York ist nicht die größte Stadt der Welt» erweiterte ich zu einer ganzen Seite: «Die Millionenstadt kennt keine Grenzen/Mit Riesenschritten schreitet die Verstädterung der Erde fort/Superstädte, von denen die Statistik schweigt». Vorspann:

> Wenn München in einigen Monaten zur Millionenstadt aufrückt, wird es unter den Weltstädten der Einwohnerzahl nach doch erst an 82. Stelle stehen. Die Zahl der Millionenstädte, um

1900 noch an den Fingern abzuzählen, hat sich seit 1914 verfünffacht und allein seit 1939 mehr als verdoppelt.

Das Praktische war nun, dass ich diese *SZ*-Sonderseite jeweils wie einen Ausweis beilegte, als ich in den folgenden Wochen das Thema «München wird Millionenstadt» im deutschen Sprachraum dutzendfach verkaufte – unter verschiedenen Pseudonymen, denn natürlich verstieß ich damit gegen meinen Arbeitsvertrag, und sauber nach Erscheinungsgebieten aufgeteilt; im Durchschnitt mit einem Honorar von 100 Mark, das damals noch der Geldbriefträger brachte – viel Geld bei 180 Mark Miete für eine schmucke Drei-Zimmer-Wohnung an der Isar; dringendes Geld auch für die wachsende Familie. Und noch dazu entstand aus dieser Seite die kühne Idee: Ob das auch ein Buch ergäbe? Vier Jahre später wurde es eins.

Das andere neue Arbeitsfeld neben den Sonderseiten war, dass ich zum erstenmal ein «Streiflicht» schreiben durfte: die in der Branche berühmte Glosse, Satire, Marginalie auf Seite 1 links oben – meist verspielt, stets *sophisticated*, manchmal hinterfotzig, oft brillant und grundsätzlich in mutwilliger Abkehr von der Tagesaktualität. Die Autoren blieben anonym und hielten sich für den feinsten Club der Redaktion. W. E. Süskind hatte das Streiflicht erfunden, schrieb es oft, und in meinen ganzen zehn Jahren bei der *SZ* betreute er es.

Süskind (Vater von Patrick, der 1985 mit dem «Parfum» zu Weltruhm aufstieg) war Schriftsteller, Autor zweier vorzüglicher Stillehren, ein unendlich belesener Mensch – und ein Redigierer fast zum Liebhaben. Fand er das Streiflicht richtig gut, so strahlte er mit dem Autor um die Wette; war er nur zufrieden, so bediente er sich der bei Thomas Mann entlehnten Formel «ungemein leidlich»; sah er Verbesserungschancen, so verstand er es, den Autor in sie hineinzuplaudern.

Da vollzog sich eine unvergleichliche Erziehung zu klarem und farbigem, pfiffigem und knisterndem Deutsch, beflügelt von dem Ehrgeiz des Autors, sich auf diesem prominentesten Platz des Blattes nicht zu blamieren. Es gehört zu den Genugtuungen meines Lebens, dass ich von 1960 bis 1964 einer der (meist vier oder fünf) Standard-Autoren des Streiflichts war – in diesen fünf Jahren 167-mal gedruckt, bis zu siebenmal im Monat.

1957 auch die erste der angenehmen Reisen, die der Chef vom Dienst zuteilte nach Leistung und Sympathie: Zwei Wochen Schweden, eingeladen vom Fremdenverkehrsverband. Deutsche Touristen sind wieder willkommen! Von Malmö über den schönen Siljan-See zur Erzstadt Kiruna im hohen Norden. Von dort ein Abstecher ins norwegische Narvik: Drei deutsche Zerstörer liegen noch, verrostet, auf dem Grund des Fjords. Nein, sagt der Fremdenverkehrsdirektor: Gegen deutsche Touristen haben wir nichts. Ja, sagt der Fremdenverkehrsdirektor: Das Jahr 1940 haben wir natürlich nicht vergessen.

Am Torneträsk, einem noch eisgesäumten See zwischen Narvik und Kiruna, wurde ich Zeuge von zwei beinahe lustigen Frustrationen, und eine köstliche Überraschung erlebte ich auch. Frust 1: Die deutschen Touristen wollen natürlich die berühmte Mitternachtssonne fotografieren. Aber erst ist sie hinter Wolken (wie meistens), und dann steht sie einfach hell am Himmel, wie bei uns an einem Sommerabend um sieben. Alle Prospekte, alle Reiseberichte logen – und lügen bis heute – ein dämmeriges Zwielicht herbei. Aber es bleibt einfach Tag um Mitternacht, weiter nichts. Aufregend genug ist das Ausbleiben der Nacht für Körper und Seele; das Auge sieht keinen Unterschied.

Dem Chefredakteur der Zeitschrift *Geo* bot ich Jahre später, als ich bei ihr im Geschäft war, das Drama der Mitternachtsenttäuschung an. Ihm gefiel das: Reiselust, mit einer Prise Bosheit abgeschmeckt. Leider scheiterte das Thema am Fotografen. Er machte es plausibel: So wenig sich an der Sonne das Mitternächtliche zeigt, so wenig lässt sich der Frust der Touristen beim Anblick dieser törichten Sonne ins Bild setzen.

Frust 2 übrigens: Hier, nördlich des Polarkreises, keine hochprozentigen Getränke, nur Bier, und auch das nur bis 22 Uhr! Zum Ärger also der Trübsinn. Nur: Wer sich mit den drei Studentinnen aus Stockholm befreundete, die nun nichts mehr ausschenken durften, den verwöhnten sie mit Schnaps aus ihren Zimmern. Triumph! Nie kann erlaubter Gin in finsterer Mitternacht so herrlich schmecken wie verbotener bei einer Sonne, die nicht weiß, wie man untergeht.

Als am 4. Oktober 1957 der «Sputnik» die Welt verblüffte (und die USA demütigte), glaubte ich die Zeichen der Zeit zu erkennen: War damit nicht der Weg zu anderen Himmelskörpern eröffnet? Sollte man nicht erzählen, wie unsere Nachbarn im All beschaffen sind? In den Lexika und den Archiven erfuhr man viel über Parallaxen und siderische Umlaufzeiten, wenig aber über die Beschaffenheit der anderen Planeten. Mühsam kitzelte ich ein bisschen Anschaulichkeit heraus (Gase, Stürme, Wüsten, Eis) und konnte so auf Seite 3 resümieren: «Vom Umzug auf einen anderen Stern ist abzuraten».

Auch dieses Stück ließ sich gut an andere Zeitungen verkaufen. Zusammen mit den «Millionenstädten», einem Reisebericht über Kiruna und Narvik, auch mit meiner Antwort auf die drängende Frage «Sind die Schwedinnen wirklich so schön?» hatte ich bis zu 15 Angebote laufen, überwiegend mit Erfolg. Dem Thema «Leben im All» übrigens bin ich seitdem treu geblieben, und in meinem Buch über Irrtum und Lüge konnte ich 55 Jahre später die Gewissheit verbreiten: Außerirdische mag's ja geben – aber sehen werden wir sie nie, und darüber sollten wir froh sein.

In den Redaktionskonferenzen machte ich mir unterdessen durch vorlautes Wesen einen Namen. Als ein Redakteur 1957 die

Schaffung einer internationalen Arbeitsgruppe «zum Studium von Wiedervereinigung und Sicherheit» ankündigte, tötete ich das Thema mit dem einen Satz: «Hauptaufgabe der Kommission wird es sein, dafür zu sorgen, dass die europäische Sicherheit nicht durch eine Wiedervereinigung gefährdet wird.» Da wurde gelacht. Unmut dagegen zog ich mir zu, als ich, später im selben Jahr, einen Leitartikel kritisierte, in dem das «Ausbluten» der Sowjetzone (die Flucht von 300 000 Einwohnern pro Jahr) pathetisch bedauert wurde: Eben das, sagte ich, sei die einzig vorstellbare Art der Wiedervereinigung! Ja wäre die totale Entleerung der DDR nicht eine großartige Vision?

1957 ein Kuriosum: Gina Lollobrigida, in Deutschland unglaublich populär durch ihre Filme und ihre in allen Magazinen gefeierte männermordende Figur, war Gast der für ein paar Jahre wieder aufgelebten *Münchner Illustrierten*, und deren Chefredakteur geleitete sie grinsend in die Redaktionskonferenz der *Süddeutschen Zeitung*. Ihr Englisch war überschaubar, das Italienisch der Redakteure erst recht, das Gespräch holperte am Rande der Peinlichkeit. Ich glaubte zu sehen, dass sie sich verloren fühlte, fasste mir ein Herz und setzte mich neben sie – ohne Frage, nur mit einem Lächeln, und gleichsam dankbar strahlte sie zurück. Ich spürte, dass Weltstars manchmal sehr einsam sind.

1958 von Kopenhagen nach Toulouse mit einem rüttelnden Propellerflugzeug – von Toulouse nach Paris in der «Caravelle», dem Start der Air France ins Düsenzeitalter, dem ersten nach der Absturzserie des britischen «Comet». Ein Fünf-Mark-Stück, senkrecht auf den Klapptisch gestellt, fiel wirklich nicht um! Im selben Jahr schlug ich auf meiner zweiten Sonderseite ein Jahrhundertthema an: «Jede Woche eine Million Menschen mehr/ Auch wenn die Nahrungsmittel reichen, wird die Erde eines Tages zu eng».

Im Oktober für acht Wochen nach Bonn, Vertretung für ein

plötzlich ausgefallenes Mitglied der Bonner Redaktion: Erstaunlich idyllisches Städtchen (verglichen mit dem hektischen München), Pressekonferenzen, Bundestag, bis zu vier Berichte am Tag. Der Redaktion riet ich zu Misstrauen gegenüber dpa: «Oft lassen die sich von Adenauer das einblasen, was er eben nicht denkt, sondern wovon er möchte, dass man meine, er denke es.»

1959, 14. September: «Rote Fahne auf dem Mond»! In Übergröße mache ich es auf als Nachtdiensthabender: «Am Sonntagabend um 22.03, zwei Tage vor dem Amerika-Besuch Chruschtschows, schlägt eine Sowjetrakete auf dem Erdtrabanten auf.» Zwei Jahre nach dem Sputnik wieder ein Raumfahrt-Triumph der Sowjetunion! «Mussten wir das so groß bringen?», bekomme ich in der Montagskonferenz zu hören. Ja! In Paris hat zur selben Zeit der 23-jährige Yves Saint-Laurent den kniefreien Rock propagiert. Mein Kommentar: «Nichts gegen das Knie als solches. Aber muss man alles, wogegen man nichts hat, beim Gehen sichtbar machen?»

1960, 10. Mai: Werner Friedmann verhaftet! Der Bayerische Rundfunk meldet es um 22 Uhr. Nach zehn Versuchen bekomme ich unsern Nachtredakteur ans Telefon: «Es ist alles, alles wahr», sagt er tonlos und legt wieder auf. Erst vor zwei Monaten hat dieser Friedmann mich mit gutem Geld zurückgekauft, nachdem ich mit Kündigung gedroht hatte: Die *Welt* hatte mir das Amt des stellvertretenden Nachrichtenchefs angeboten – bei anderthalbfachem Gehalt.

Friedmann! Allmählich sickerte es durch: Siegfried Sommer, als «Blasius, der Spaziergänger» der populärste Schreiber im Münchner Teil, hatte dem Chef mehrfach stundenweise seine Wohnung überlassen, damit er sich dort mit jungen Damen amüsieren konnte – Verdacht: Unzucht mit Abhängigen! Galgenhumor in der Redaktionskonferenz: Hat vielleicht ein frierender Sigi Sommer in der Maximilianstraße herumgelungert und geklagt

«I kann ja net hoam – da Boss is no net fertik!» Getuschel: Die vier «Lizenzträger» der *Süddeutschen* sind untereinander verfeindet – einer von denen hat den Friedmann hingehängt.

Schadenfreude auch: Typisch für diesen Geizkragen, der unsere Gehälter drückt. Hieß doch einer seiner Sprüche: «Sie können nicht Geld verdienen und gleichzeitig bei der *Süddeutschen Zeitung* sein.» Hätte er sich nicht eine eigene Wohnung leisten können? Dann hätte er eben nicht jene «Anstiftung zur Kuppelei» betrieben, für die er zu drei Jahren auf Bewährung verurteilt wurde. (Unzucht mit Abhängigen war nicht nachweisbar.) Und Sommer wäre kein «Kuppler» geworden (dieselbe Strafe). Pech hatten beide: Denn seit 1973 ist Kuppelei, außer unter erschwerenden Umständen, gar nicht mehr strafbar.

Sechs Tage nach Friedmanns Verhaftung hatte der *Spiegel* resümiert: «Auf der oberbayerischen Hochebene lachen sich die Anhänger der CSU ins Fäustchen: Ihr einflussreichster Widersacher, der parteilose Linksliberale Werner Friedmann, hat sich so in Petticoats verfangen, dass er politisch erledigt ist. Eine der drei überregionalen Tageszeitungen der Bundesrepublik ist damit in ihrem Fundament angeschlagen, einer der zehn Journalisten, an denen die Freiheit in der Bundesrepublik hängt, wurde auf dem Felde der Unehre zu Fall gebracht ... Seit dem König Ludwig seiner Lola Montez hat kaum jemand *mehr* zur Hebung der Münchner Liberalität getan als Werner Friedmann.» Der *Spiegel* bestätigte auch den Verdacht, dass ein Mitherausgeber der *SZ* der Drahtzieher gewesen sei.

Hermann Proebst, dem Nachfolger, oblag es, öffentlich einen Schlussstrich unter die Affäre zu ziehen. In seinem Leitartikel vom 2. Juli beklagte er «das eklatante Missverhältnis» zwischen dem Strafvorwurf und der Vernichtung der bürgerlichen Existenz. «Diejenigen», die das angezettelt hätten (wer also?), sähen ihre Chance darin, eine unbequeme Stimme auf die billigste Weise zu ersticken. Freilich habe Friedmann, mit ungewöhnlichen Gaben versehen, «die Fehler seiner Tugenden» gehabt – seine Macht nämlich «allzu sorglos in eine immer gefährlicher werdende Beziehung zur Umwelt» gesetzt. Was die Zukunft der *SZ* angehe, schloss Proebst, so könne er versichern: Nie werde das Blatt «aus dem Geist irgendeiner Schwäche die Unabhängigkeit verraten, das Gebot der Toleranz verleugnen oder gar zu Kreuze kriechen».

Friedmann selbst, Gründer und Mehrheitsgesellschafter der benachbarten *Abendzeitung*, amtierte später als ihr Chefredakteur. 1969 ist er gestorben, 59 Jahre alt. Nur Henri Nannen war ein noch eindrucksvollerer Journalist als er.

Churchill, letzter Akt

(SZ) «Etwas wie die Schlacht von Omdurman wird es nie wieder geben!», seufzte ein britischer Leutnant, der bei Omdurman am Nil mit eingelegter Lanze Attacke geritten war. «Sie war die letzte jener dramatischen Kämpfe, deren strahlende Pracht so viel dazu beigetragen hat, den Kriegen Glanz zu verleihen.» Die blutige Schlacht wurde 1898 geschlagen, und der Leutnant, der so wehmütig und so trotzig darüber schrieb, hieß Winston Churchill. Er hatte schon 1897 in Indien gekämpft, 1899 nahm er als Zeitungsreporter am Burenkrieg teil, verwirkte nach dem Kriegsrecht seinen Kopf, weil er als Zivilist in den Kampf eingriff, geriet in burische Gefangenschaft, brach aus, wurde dadurch weltberühmt und errang im Jahre 1900 einen Sitz im Unterhaus.

Vorgestern, am 27. Juli 1964, nahm er diesen Sitz zum letztenmal ein. Schwer auf seinen Stock gestützt, kaum noch der schuldigen Verbeugung vor dem *Speaker* fähig, von zwei Parteifreunden weniger geleitet als getragen, saß er schweigend an der Stätte seiner Triumphe und seiner Niederlagen, der Entfaltung seines rednerischen Glanzes und seines aus Bulligkeit, Bosheit und Empfindsamkeit sonderbar gemischten Temperaments. Mit 31 Jahren Unterstaatssekretär für die Kolonien, mit 36 Erster Lord der Admiralität (dies 1914, und 1939 wieder!). 1917 der Munitionsminister, der mit aller Kraft die neue Panzerwaffe förderte und damit entscheidend zum Erfolg der alliierten Offensive vom Sommer 1918 beitrug; dann Kriegsminister, Luftfahrtminister, Schatzkanzler – und am 10. Mai 1940 erst, nach dem Kalender pensionsreif, Premierminister in Großbritanniens schlimmster Stunde, einen Weg von Blut, Schweiß und Tränen verheißend, zäh bis zum Sieg.

Freunde, Gegner und Historiker streiten sich seit langem und werden nicht aufhören, sich zu entzweien, ob der große Mann auch ein großer Staatsmann gewesen sei, ob er gegenüber Roosevelt und Stalin die richtige Taktik eingeschlagen, ob er beim Bombenkrieg gegen Deutschland nicht eine fragwürdige Rolle gespielt habe. Wie immer dem sei – der da, zitternd unter der Last eines allzu langen Lebens, vom Unterhaus Abschied nahm, der Abenteurer und begeisterte Soldat, der geschickte Sonntagsmaler, der brillante Redner, Schriftsteller und Historiker mit dem Nobelpreis für Literatur, der aggressive Vollblutpolitiker, der in jedem Krieg zur Stelle war und in jede Bresche sprang: er ist, mit Goethe, «eine Natur», eine «breite Natur», wie die Russen sagen. Mit seinen neunundachtzig Lebensjahren, nach seinen vierundsechzig Jahren in der Mutter der Parlamente ragt er groß und stumm in unsere Zeit, ein zerfurchtes Monument seiner selbst, das Denkmal eines Mannes, der viel dazu beigetragen hat, der Politik Glanz zu verleihen.

(«Streiflicht» der *Süddeutschen Zeitung*, 29.7.1964)

7

Babylon
Drei kühne Bücher

Hermann Proebst also, zum Nachfolger Werner Friedmanns berufen, bisher Ressortleiter Innenpolitik – und das hieß: innenpolitische Kommentierung; für Nachrichten interessierte er sich nicht. Ihm zuzuhören war ein Vergnügen: Gern und mit Charme plauderte er aus der Fülle seines Wissens. Unvergesslich, wie er 1960 die Nachricht kommentierte, es gebe noch immer Leute, die glaubten, die ganze sogenannte Weltraumfahrt seit dem Sputnik von 1957 sei nur simuliert mit Hilfe einer Piepstation irgendwo in Sibirien – der Tonfall, die Miene des Chefredakteurs ließen die Deutung zu: Können wir uns eigentlich ganz sicher sein?

Klare Aussagen, wie sie in Leitartikeln nötig wären, fanden viele von uns freilich auch in denen nicht; in der Nachrichtenredaktion sprachen wir von behäbigem, bildungsgesättigtem Geplauder. Und auch ein Chefredakteur wie vor ihm Friedmann war Proebst nicht: Intern vermied er klare Weisungen, extern mochte er keine scharfen Kommentare. In der Konferenz klagte er eines Tages: Musste der Verriss des neuen Stücks im Schauspielhaus wirklich so hart ausfallen? Mehrere zuständige Herren hätten sich bei ihm bitter beklagt. «Das», erwiderte der Feuilletonchef kalt, «gehört zum Berufsrisiko eines Chefredakteurs.»

Mich rief Proebst, gerade zwei Wochen im Amt, in sein Büro: Da traf ich auf den Bundespostminister Richard Stücklen von der CSU, der sich über einen Kommentar von mir beschwerte. Unter der Überschrift «Ein dreistes Stücklen» hatte ich den Abkürzungsfimmel in den neuen Telefonbüchern verspottet: alle Vornamen auf die Anfangsbuchstaben reduziert, dadurch in München 112mal «Müller, H.»; und «Mal Kra» war kein schlechter Kraftfahrer, sondern ein Malermeister, der im Münchner Vorort Krailling wohnte. Mein Schlusssatz: Die neuen Bücher «gehören ihrem Urheber um die Oh geschlagen, dass ihm Hö und Se vergeht».

Ja, das war deftig, aber Polemik gehört zum Geschäft, und albern waren die Abkürzungen wirklich. Proebst drängte mich nicht direkt, mich bei Stücklen zu entschuldigen (obwohl er vielleicht darauf gehofft hatte); schon gar nicht sprach er ein verschmitztes Wort zur Verteidigung eines legitimen journalistischen Stilmittels. Es wirkte auf mich eher, als führe er mich vor: Sehen Sie – auf solche Leute ist ein Chefredakteur nun mal angewiesen! Ich sagte fast nichts. Im Hinausgehen ertappte ich mich bei mehreren Verwünschungen.

Ähnliches noch einmal am 6. August 1962: Da war tags zuvor Marilyn Monroe nackt und tot aufgefunden worden, 36 Jahre alt. Ich bot als «Streiflicht» an: Eine Tragödie, ja – aber auch fast ein Trost: Hat sie nicht sich und uns das Verwelken erspart, den «furchtbaren dritten Akt», wie Billy Wilder ihn bei Greta Garbo genannt hatte, die im selben Alter für 48 Jahre in die Unsichtbarkeit geflüchtet war? Hätten wir uns Marilyn denn als Greisin vorstellen wollen, vielleicht als Wrack im Pflegeheim? Und diese unglaubliche Szene zum Geburtstag von John F. Kennedy: Die schlichten Worte «Happy Birthday, Mr. President» hatte sie mit einer obszönen Inbrunst gehaucht, die aus dem Augenzwinkern der Eingeweihten ein Gerücht für Millionen machte. Ein Klassiker unter den Streiflichtern hätte das werden können! Aber Proebst erteilte den Zuschlag einem Autor, der versprach, sich auf die Tragödie zu beschränken.

Im Übrigen eitel Wonne: Herrliche Chancen in diesem schönen Blatt, das an Geltung die *Welt* allmählich überholte und mit der *FAZ* um Platz 1 zu streiten begann. Die Streiflichter! Dazu, in den vier Jahren, bevor ich nach Washington delegiert wurde, mehr als hundert Kommentare und Leitartikel, auch Features und Reportagen auf der berühmten Seite 3, Feuilletonglossen, Lokalspitzen, Buchbesprechungen – und Sonderseiten: über Geburtenkontrolle, über den Hunger auf der Welt, über Stadtplanung, über das Problem des Luftschutzes im Atomzeitalter, und 1965, zum 20. Jahrestag, über die Zerstörung Dresdens.

1963 besuchte ich in Rott am Inn den gestürzten Verteidigungsminister Franz Josef Strauß und fragte ihn: «Was nun, Herr Strauß?» Natürlich gab er sich kämpferisch, und zum Abschied zeigte er grinsend auf einen hölzernen Engel in der Wohnhalle, der eine Tafel mit der Aufschrift trug: «Die Ruchlosen schmiedeten auf meinem Rücken und verlängerten ihre Bosheit. Psalm 129, Vers 3» – mit der Feinheit, dass dieser Vers in der Lutherbibel weniger dramatisch lautet: «Die Pflüger haben auf meinem Rücken geackert und ihre Furchen langgezogen.» Nun ja, Strauß war katholisch.

Inmitten dieser Emsigkeit entwickelte ich den Ehrgeiz und fand ich die Muße, bis 1964 drei Bücher zu schreiben: Sachbücher über anspruchsvolle Themen. Etwas in der Art glaubte ich mir schuldig zu sein als einer, der einmal ein großer Schriftsteller hatte werden wollen; das Gefühl, auf einem interessanten Feld mehr zu wissen als andere Leute, verband sich mit dem klassischen journalistischen Ehrgeiz, dies die anderen auch wissen zu lassen; Geld brauchte ich dringend für die wachsende Familie; und ausgelastet war ich sowieso nicht in der *Süddeutschen Zeitung*.

Die Dienstzeiten begünstigten die Riesenarbeit geradezu: nur von 12 bis 19 Uhr – genauer: Da 12.30 Uhr die Konferenz begann, leistete ich es mir, erst 12.25 Uhr im Büro zu sein – also, bei 20 Minuten Fußweg durch die Maximilianstraße, die Wohnung um 12.05 Uhr zu verlassen – also davor fünf kompakte Stunden am Schreibtisch zu haben, wenn ich um 6 aufstand und um 7 mit der Arbeit begann: frisch zu Hause, leicht abgearbeitet im Büro! Dazu 10 Stunden am Samstag wie am Sonntag, das summierte sich auf eine 45-Stunden-Woche am Buch neben der 35-Stunden-Woche in der Redaktion. Nicht leicht zwar bei erst zwei, dann drei Kindern; aber zum Toben blieb täglich Zeit und zu zwei Spaziergängen am Wochenende auch. Die Arbeitsökonomie trieb ich in der Endphase freilich so weit, dass ich den Kindern verbot, mein Arbeitszimmer zu betreten, wenn die Tür geschlossen war. Aber lachen musste ich schon, als der Sechsjährige hereinstürmte und mir zurief: «Papi, Papi, das *muss* ich wissen: Warum hast du den Zweiten Weltkrieg verloren?»

Entscheidend war die Gesinnung – mein Kernpunkt, wenn ich später an den Journalistenschulen gebeten wurde, über das Thema «Wie schreibe ich ein Sachbuch?» zu referieren: Setze eine klare Priorität! Das Buch hat Vorrang. Du hast Kopfschmerzen? Schreibe! Zwei Kinder plärren? Schreibe! Du willst ein Buch lesen? Unbedingt! Falls du Indizien hast, dass du es ausbeuten kannst für dein Projekt. Du solltest dich am Sonntag mehr bewegen als nur einen Spaziergang lang? Natürlich! Am Abend wird eine halbe Stunde *gerannt*! (Das Joggen, das ja «zockeln, schlurfen» heißt, war noch nicht erfunden.)

Das Ganze beflügelt von Vertrag, Vorschuss, Terminvorgabe, mit mancher Genugtuung über ein gelungenes Kapitel – und mancher Verzweiflung über eine nicht durchhaltbare Gliederung oder die kaum zu bewältigende Fülle des Stoffes. Der Lohn? Stolz, etwas Großes geschaffen und geschafft zu haben. Die schöne Genugtuung des Bücherwurms, der sämtliche Werke Thomas Manns, Dostojewskis, Nietzsches im Regal stehen hatte, nun ein selbstgemachtes Buch in der Hand zu halten. Ein bisschen Anerkennung. Ein praktischer Nutzen: Auf einem bestimmten Feld hat man sich als Fachmann etabliert. Fürs erste Buch sogar ein Batzen Geld.

Den Anlauf zum Bücherschreiben hatte ich 1959 unternommen. Was eine Sonderseite in der *SZ* und später ein einstündiges «Nachtstudio» im Hessischen Rundfunk geworden war: die Verstädterung der Erde – das musste sich um die historische Dimension erweitern lassen, zu einer Weltgeschichte der Städte überhaupt, zu einem Buch also. Mit Sachbüchern solchen Genres machte der Econ-Verlag von sich reden; ihm war auch einer der stärksten Bestseller der Nachkriegszeit gelungen: «Und die Bibel hat doch recht» (1956). Inhalt: Die meisten sogenannten Wunder der Bibel lassen sich auf völlig natürliche Weise erklären. Blieb da eigentlich Raum für das wundersame Wirken eines gütigen Gottes? Hätte das Buch nicht heißen können: «Und die Bibel hat uns etwas vorgemacht»? Aber – hätten die Tanten das ihren Neffen geschenkt?

Von Titeln also verstand er schon mal was, dieser Econ-Verleger Erwin Barth von Wehrenalp, und auf Schloss Elmau bei Garmisch (damals einem Refugium von Esoterikern und Konservativen, die sich für jung geblieben hielten) nutzte er die Vorschrift: «gesetztes Essen, jeden Abend an einem anderen Tisch», um meine Titelvorschläge zu testen. Angeboten hatte ich drei abstrakte:

TausendundeineStadt
Der Roman der Stadt
Das Tier, das Städte baut,

zwei mit einer berühmten Stadt:

Wie einst in Rom
Von Troja bis Metropolis

(so auch der Arbeitstitel im Vertrag) – und drei Vorschläge rund um Babylon:

Alles über Babylon
Wir Erben Babylons
Babylon ist überall

«Überall ist Babylon» wurde in Elmau daraus, und das erwies sich als ein guter Titel. Angefangen hatte es damit, dass ich am 11. August 1959 den «Sehr geehrten Herren des Econ-Verlags» ein Buch angeboten hatte, mit dem stolzen Schlusssatz: «Dass das Thema gut und von großer Aktualität ist, lässt sich kaum bestreiten. Einen anderen Menschen, der die Materie so verbissen ergründet hat, kenne ich nicht. Weiß Gott, es würde ein *Buch* werden.»

Vier Tage später antwortete Wehrenalp: Schönes Thema, bitte noch ein Probekapitel, dann kriegen Sie den Vertrag. Der kam am 13. September – und gab mir gut acht Monate Zeit, 400 Seiten über einen Stoff zu schreiben, von dem ich zur Hälfte noch wenig Ahnung hatte: der *Geschichte* der Städte. Also: Herodot lesen, Thukydides und Marco Polo, Theodor Mommsens Römische Geschichte, die Ausgrabungen in Babylon («die Geburt der Stadt aus dem Schlamm des Euphrat»), Gustav Freytag und Stefan Zweig – hundert Bücher, frech ausgeflöht mit Hilfe von Inhaltsverzeichnis und Register.

Am 23. April 1960, schon in die Endphase taumelnd, schrieb ich Wehrenalp: «Ich musste gerade eine zehntägige Reise nach New York ausschlagen, mit der mich die *Süddeutsche Zeitung* beauftragen wollte – keine Zeit! Der eine kennt New York – der andere schreibt darüber.» In der Tat: Nach New York kam ich erst im Jahr darauf (Münchens Oberbürgermeister Vogel begleitend); nach Moskau 1964, nach San Francisco 1965, nach Schanghai

2010. Doch was soll's! In Babylon konnte sowieso kein Lebender gewesen sein, und Dante war nie in der Hölle.

Am Schluss forderte das Buch «ein beherztes Ja zur großen Stadt – der Mutter der Kultur, der Geburtsstätte der Freiheit und des Rechts, dem glitzernden Tummelplatz des Lebens, der steinernen Welt des Menschen, ohne die er im Guten und im Bösen, im Niedrigen und im Erhabenen nicht geworden wäre, was er ist».

«Das Kind ist geboren!», schrieb Wehrenalp am 5. August. «Es ist ein Zehnpfünder. Jede Nacht lese ich noch einmal darin.» 23. September: Auf dem «Seller-Teller» der *Zeit* (einem Vorläufer der *Spiegel*-Bestsellerliste) steht «Babylon» auf Platz 4 (hinter Alma Mahler-Werfel, der «Lady Chatterley» des D. H. Lawrence und Alfred Andersch – vor, kurioserweise, dem Roman «Ilona» von Hans Habe). Tags drauf berichtet die *Süddeutsche* von der Frankfurter Buchmesse: «'Überall ist Babylon' steht auf den Tausenden von Papiertaschen, in denen Messebummler die Prospekte spazieren tragen können. Ein Verlag wirbt mit diesen bunten Taschen für ein Sachbuch, dem man große Chancen gibt.»

Mein Vater, 74 Jahre alt, beglückwünschte mich, nicht ohne ein paar kritische Anmerkungen zum Stil zu machen (wie ein Vierteljahrhundert zuvor bei meinen Schulaufsätzen). Meine Schwester schrieb: «Es wurde aber auch Zeit, dass aus Dir was geworden ist.»

Spaß machten öffentliche Diskussionen – so 1961 auf dem «Münchner Kulturkongress»: Der berühmte Wiener Architekt Richard Neutra, ansässig in Los Angeles, sang das Lob der lockeren Bebauung, der Gartenstadt – doch da «schnitt Wolf Schneider ('Überall ist Babylon') wie ein rostiges Messer in das gemütliche Beisammensein», schrieb die *Abendzeitung*. «Stadt müsse Stadt bleiben, Auflockerung führe zur Zerstörung des Landes, und die Sehnsucht nach der Natur sei nichts als eine Urlaubs-Sentimentalität». Jedenfalls, hielt ich Neutra entgegen, könne man sich schwer vorstellen, dass typische Großstadt-Existenzen wie Dostojewski, Kafka oder Baudelaire in ihren Atriumgärtchen die Petersilie gießen.

Eine andere Genugtuung war, dass es Wehrenalp gelang, die Übersetzungsrechte in zwölf Länder zu verkaufen: zuerst an Plon in Paris, dann an Hodder & Stoughton fürs Commonwealth und an McGraw Hill in New York («There's stimulating reading», schrieb die *New York Times*), ferner nach Brasilien, Dänemark, Holland, Italien, Jugoslawien, Rumänien, Schweden, Spanien und Ungarn.

Wehrenalp fand, ich jubelte zu wenig, wenn ein Telegramm über einen neuen Abschluss gekommen war. Ja! Ich war naiv und arrogant genug, einen solchen Widerhall für angemessen zu halten, wenn ich schon mal ein Buch geschrieben hatte – ein letztes Aufflackern der tollkühnen Träume, denen ich mich mit 14 bis 17 Jahren hingegeben hatte.

Die Mehrzahl meiner späteren Bücher wurde nicht mehr übersetzt – dies im Gleichschritt mit einem allgemeinen Rückgang der Übersetzungen aus dem Deutschen in den letzten dreißig, vierzig Jahren. Man macht sich selten klar: Die deutsche Sprache, heute in der Wirtschaft und in Brüssel gern bloß noch als eine Art Kiez-Deutsch betrachtet und nicht annähernd so wie heute von Anglizismen überschwemmt – sie war in den fünfziger Jahren noch imstande, aus dem *Cold War* den Kalten Krieg zu machen, aus dem *AirLift* die Luftbrücke, aus dem *self-service* die Selbstbedienung.

Hodder & Stoughton in London brachte mir das Vergnügen, in Australien, in Neuseeland, sogar auf Tasmanien gewürdigt zu werden. «A tremendously absorbing study of cities» in Adelaide. Doch die *Weekly News* in Invercargill auf der Südinsel von Neuseeland beschwerte sich: Hätte ich doch wirklich Dunedin als die südlichste Stadt der Welt bezeichnet– «not even a mention of Invercargill!»

So viel über meine Weltgeltung. Dass ich sie mit meinem nächsten Buch – «Essen, das Abenteuer einer Stadt» – nicht erreichen würde, war klar: eine Auftragsarbeit der Stadt, die gegen ihr Krupp-Image und zugleich gegen den Rückzug der Kohle anzukämpfen hatte, unter dem Eindruck von «Babylon». Entdeckung: die Geschichte unvermutet interessant, die grandiose, aber zähe Entwicklung des Ruhrgebiets noch nie im Zusammenhang erzählt, Alfred Krupp ein wahres Scheusal und fast ein Genie: Aus der väterlichen Schmiede hatte er die größte Stahlfabrik der Welt gemacht.

Dass auch eine Auftragsarbeit unabhängig sein kann – dies zu beweisen gab mir Friedrich Alfred Krupp Gelegenheit, Sohn und Nachfolger des Kanonenkönigs. Im Manuskript hieß es über ihn: 1902 verbreiteten italienische Boulevardzeitungen und der sozialdemokratische *Vorwärts* das Gerücht, Krupp sei auf Capri, seinem bevorzugten Urlaubsort, der Mittelpunkt eines homosexuellen Zirkels. Kurz darauf war der Erbe tot, mit 48 Jahren – ob durch Gehirnschlag oder durch Selbstmord, blieb umstritten. Der Kaiser schritt hinter seinem Sarg und beschuldigte die Sozialdemokraten, sie hätten «einen intellektuellen Mord» verübt.

Da beschwor mich Essens Oberbürgermeister, diese Passage zu streichen: Gerade habe die Stadt mit den Krupps ihren Frieden gemacht! Der Econ-Verlag drängelte gleich mit: Die Firma Krupp habe ihn wissen lassen, wir bestellen gern etliche tausend Exemplare des Buches – oder drei. Entscheiden Sie selbst! Ich war es, der entschied: Die Passage bleibt.

Und dann noch, schon 1964, mein drittes Buch: eine ehrgeizige, materialreiche Weltgeschichte des Soldaten. Wehrenalp hatte mich 1960, unmittelbar nach Abschluss von «Babylon», dazu angestiftet: Die Debatte über die Wiederaufrüstung der Bundesrepublik war in vollem Gang. Ich stürzte mich in die Recherche – unterbrach sie zugunsten des Auftrags «Essen» –, konnte aber, da dieses Buch wenig abendliche Lektüre erforderte, schon mal zwei Dutzend Bücher zum Thema «Kriegsgeschichte» lesen – und schrieb 1963/64 mit derselben Intensität und Verbissenheit wie bei «Babylon», neben der *Süddeutschen* her.

So entstand das erste Buch, auf das ich stolz sein konnte: eine gewaltige Stofffülle, das Pro und das Contra oft überraschend verteilt, mit äußerster Vorurteilslosigkeit gegen Ritterkreuzträger wie gegen Deserteure, fair gegen Feiglinge wie gegen Helden. Wunderbare Kritiken – Komplimente von Elias Canetti und Ernst Jünger –, kein Verkaufserfolg. Von Soldaten wollten die Leute 1964 noch weniger wissen als heute.

Bald darauf, im April 1965, erreichte mich in der *Süddeutschen* der herrliche Ruf: Würden Sie rasch mal für uns nach Washington übersiedeln? Ich wollte. Zwei Wochen später war ich da.

8

Washington
Für die *Süddeutsche* am Nabel der Welt

Am 9. April 1965 gefragt, ob ich in Washington einspringen könne, war ich mir am 12. April mit dem Chef vom Dienst über die Konditionen einig geworden. Der bisherige *SZ*-Korrespondent hatte seine korrekte Kündigung zum Jahresende an jenem 9. April durch ein Telegramm überholt: «Bin bereits in Kanada. Meine Frau hat Angst vor dem Sommer in Washington.» (Der ist extrem tropisch, in der Tat.) Sein Nachfolger war schon unter Vertrag, konnte aber erst 1966 beginnen. Visum abgeholt, Pockenimpfung absolviert (beides damals noch nötig), schrecklich viel geordnet und gepackt.

Am 25. April flogen Lilo und ich nach New York. Am selben Abend mit dem Shuttle weiter nach Washington. Um Mitternacht im Hotel. Am 26. April ein möbliertes Häuschen gemietet, in Bethesda am Nordwestrand von Washington; dass das eine gute Adresse ist, wussten wir vorher, und von Angeboten war die Zeitung voll. Ein gebrauchtes Auto gekauft. Am 27. April den ersten Korrespondentenbericht nach München abgeschickt.

Das war keine Hexerei, sondern bloß zielstrebiges Arbeiten: Am 25. April hatte ich im Flugzeug die Nachrichtenmagazine und die *New York Times* gelesen. Am 26. und 27. April die *Times* wieder, dazu die *Washington Post* und die abendlichen Nachrichtensendungen: auf CBS Walter Cronkite, auf NBC der «Huntley-Brinkley-Report» – beide deutlich lebhafter, professioneller, auch meinungsfreudiger als die zwei deutschen Fernsehprogramme.

Das ergab einen Informationsvorsprung, an dem man die Leser der *Süddeutschen* durchaus teilhaben lassen konnte: über die Probleme des Präsidenten Lyndon B. Johnson zumal, den Kongress und vor allem die Öffentlichkeit für seine Eskalation in Vietnam zu gewinnen. Dazu aus der *Washington Post* das Zitat: «Kein Land kann beides haben: große Macht und zugleich ein ruhiges Gewissen. Das Leben lässt keine andere Wahl als den Jammer von Vietnam oder den Jammer von München» (wo Hitler 1938 das Sudetenland geschenkt bekommen hatte).

Beflügelt wurden wir in Bethesda, 7105 Exeter Road, sogleich durch zwei köstliche Erfahrungen. Die eine: Wir prallten auf eine begeisternde, in Deutschland noch völlig unbekannte Service-Gesinnung. Am Telefon steckte ein Kärtchen mit der Wegbeschreibung zur nahen Telefonzelle, dazu eine Telefonmünze und der Hinweis: «In zwei Stunden werden Sie hier telefonieren können. Schneller schaffen wir's leider nicht.» In Deutschland wartete man noch immer Wochen! Und auf dem Heizöltank klebte das Schild: «Selbstverständlich beliefern wir Sie zu jeder Stunde des Jahres. Wir bitten jedoch um Ihr Verständnis, dass wir einen Zuschlag von 10 Prozent erheben müssen, falls die Lieferung zwischen Mitternacht und 6 Uhr früh erfolgen soll.»

Das andere Erlebnis: Da stand sie doch wirklich in der Tür, die fröhliche, mollige Fünfzigerin aus dem Häuschen gegenüber, begrüßte uns als die neuen Mieter – die seien wir doch? – und überreichte uns eine Apple Pie, mit einem Fähnchen drauf: «From the kitchen of Rachel Lyman». Aus amerikanischen Romanen kannten wir dergleichen – wie schön, dass die Wirklichkeit ihnen nacheiferte!

Zwei Tage später besuchten wir die Lymans. Bald darauf nahmen sie uns mit in ihren Country Club (nicht ohne uns gefragt zu haben: «You aren't Jewish, are you?»). Dort wurden wir beäugt, akzeptiert und alsbald herumgereicht: zwei bunte Vögel von jenseits des Atlantiks mit flüssigem Englisch und dazu mit Manieren, die man bewundernd «European» nannte: Selbstverständlich tanzte ich mit allen Damen, und der Gastgeberin brachten wir Blumen mit. Binnen weniger Wochen waren wir in eine Geselligkeit eingebunden so vielfältig wie später in Hamburg – dort aber erst nach fünfzehn, zwanzig Jahren (und nie ganz so bunt).

Hätte ich mich auf einen Daueraufenthalt in Washington eingelassen, so hätten wir auch deutsche Freunde gesucht – der Sprache wegen, in der man schließlich schreiben sollte. So aber tauchten wir lustvoll in eine vollständig amerikanische Umwelt ein. Vierziger waren das, gehobener Mittelstand, mit Haus, mit Kindern, mit lebhaften Interessen. Auch mit einer bemerkenswerten Diskussionskultur: Mein Spaß daran, steile Thesen zu vertreten, stieß immer auf Neugier und nie auf Befremden. Zusätzlich erfreuten wir uns an dem herzlichen Verhältnis, das mehrere unserer neuen Freunde zu Wortspiel und Sprachwitz unterhielten. Da erzählte einer: Fünf Europäer streiten sich, wer die schönste Sprache habe. «Butterfly!», flötet der Engländer. «Non – papillon!», singt der Franzose. «Farfalla!», jubelt der Italiener. «Mariposa!», flüstert der Spanier entzückt. «Says the German: Is here anybody objecting against Schmetterrrlinck?»

Wichtig waren die Freunde natürlich auch, weil ich mit ihnen die Meinungen diskutierte, die mir aus dem ebenso üppigen wie verwirrenden Nachrichtenangebot aus Presse und Fernsehen entgegenschlugen. Drei Themen vor allem bewegten sie, und dieselben drei bot ich den deutschen Lesern nachhaltig mit Nachrichten und Analysen an: Vietnam – die von Präsident Johnson energisch vorangetriebene Gleichstellung der Neger (so sagte man damals: «Schwarzer» war noch ein Schimpfwort wie «Nigger») – und die Person dieses überwiegend verhassten oder verlachten Präsidenten: Nach John F. Kennedy, der es verstanden hatte, sich als Lichtgestalt zu inszenieren, nun der ruppige, vierschrötige, großohrige, schlitzohrige Lehrer aus Texas mit seinem *southern drawl*: dem schleppenden, schlecht artikulierten Dialekt der Südstaaten (den zu verstehen ich lernen musste). «Uncle Cornpone», Maiskolben, nannten ihn die Studenten.

Die Todesschüsse von Dallas müssen diesem Mann als Chance Gottes, als Aufruf zu ungeheuren Taten in den Ohren geklungen haben – und in der Innenpolitik hat er sie sogar vollbracht. Einem widerspenstigen Kongress listete und zwackte er eine Sozialgesetzgebung ab, mit der er das Werk der Präsidenten Roosevelt und Kennedy erst zur Vollendung führte: eine staatliche Krankenversicherung wenigstens für die Alten («Medicare»); die Überwindung des germanischen Rassenwahns: Nun erst bekamen Asiaten und Lateinamerikaner die gleichen Chancen, Bürger der USA zu werden, wie Engländer und Deutsche; und die vollständige juristische Gleichstellung der «Neger».

Dieser Punkt allerdings machte unseren Freunden zu schaffen. Wenn sich, sagte einer, und die anderen nickten – wenn sich in eine bis dahin «weiße» Wohnstraße ein Schwarzer einkauft, sinkt sofort der Marktwert der anderen Häuser. Das ist schlimm. Aber was soll ich tun? Wie verhält sich mein Respekt für die Neuen zu meinem Wunsch und meiner Pflicht, meiner Familie unser bescheidenes Vermögen zu erhalten? «American schizophrenia!», seufzte er. Die Lust, mit der ich in dieser Wunde bohrte, trug mir zwar eine Art «1» in Englisch ein («Wolf, your are a devastating debater») – aber auch neuen Widerspruch:

«Wissen Sie, dass man es der Straße nach ein paar Jahren ansehen wird, dass da Neger wohnen? Die meisten von denen *streichen* nämlich ihre Häuser nicht – nicht alle drei Jahre, wie wir's tun, und wie es bei Holzhäusern nun mal getan werden muss!» In unsere Verwirrung hinein prophezeite ein anderer: Wenn Sie mal nach Louisiana kommen, dann werden Sie sehen: «Betsy», der jüngste Hurrikan, hat natürlich vor allem die verrotteten Holzhäuser der Schwarzen umgeblasen.

Im Oktober sahen wir es in der Tat, und in der *Süddeutschen* schrieb ich darüber: «Dass ein großer Teil der Neger» (ja, das war korrekt!) «in baufälligen Holzhäusern lebt, hat drei Gründe: Die Neger sind im Durchschnitt ärmer; weiße Hausbesitzer investieren ungern in Häuser, in denen Neger wohnen; und offenbar ist die ganze emsige Lebenshaltung des Putzens, Streichens, Reparierens unter ihnen weniger verbreitet als unter weißen Amerikanern. Die Mehrzahl der Häuser, die ein Wirbelsturm zum Einsturz bringt, wäre in Europa nie gebaut oder zwanzig Jahre zuvor abgerissen worden» – womit auch jene abseits der Hochhäuser dominierende Leichtbauweise gemeint war, die ein deutscher Bausparer nie akzeptieren würde. Darauf müsste, meine ich, bis heute bei allen Fernsehbildern von den jüngsten Wirbelsturm-Zerstörungen in den USA hingewiesen werden.

Alltag in Washington: Morgens Fußweg zum Drugstore, die Zeitungen holen. Drei, vier Stunden lesen. Ein kleines Archiv anlegen. Die möglichen nächsten Berichte konzipieren. Manchmal einen Sonderwunsch der *Rheinischen Post* oder der *Frankfurter Neuen Presse* erfüllen. Mit der Hitze kämpfen. Ja, 36 Grad wurden nicht überschritten – was erträglich gewesen wäre ohne die nie zuvor erlebte Luftfeuchtigkeit. Klimaanlage nur im Schlafzimmer. Am Schreibtisch saß ich meistens in der Sporthose. Auf Abkühlung zu hoffen, wenn, wie fast regelmäßig gegen 4 Uhr nachmittags, ein Gewitter kam, gewöhnten wir uns rasch ab: Es wurde noch schlimmer! Aus den Regenpfützen sahen wir Dampf aufsteigen, sobald die Sonne wieder schien. 30 Grad um Mitternacht. Aber es war ein wildes Land, in dem wir lebten: Am 28. August fiel am Nachmittag statt des Gewitters ein kanadischer Nordsturm ein und warf das Thermometer jäh auf 18 Grad zurück. Während im Schlafzimmer noch die Klimaanlage schepperte, sprang im Keller die Heizung an.

Die Berichte für die *Süddeutsche* entstanden nach den abendlichen Fernsehnachrichten. Gegen 22 Uhr riefen wir das Schreibbüro an, mit dem auch mein Vorgänger zusammengearbeitet hatte: Das schickte einen Kurier und setzte meinen Schreibmaschinentext in ein Fernschreiben nach München um. Das hieß: Was ich am Montagabend lieferte, war für die Mittwoch-Ausgabe gedacht. Nachrichten, mit denen ich den Redaktionsschluss desselben Tages erreichen wollte, mussten bis 12 Uhr (in Deutschland 18 Uhr) durchgegeben sein.

So zum Beispiel meine Berichte über die allwöchentliche einstündige Pressekonferenz von Präsident Johnson um 10 Uhr im Weißen Haus. Noch ehe ich meine Zulassung dortselbst beantragt hatte, merkte ich, dass sie live im Fernsehen übertragen wurde; auch, dass nur wenige Journalisten die Chance zu einer Frage bekamen, ausschließlich Mitglieder des Washingtoner Pressecorps. Also: Nicht ins Weiße Haus! Das wäre nicht nur überflüssig gewesen – es hätte bedeutet, dass ich nicht schon 11.01 Uhr oder manchmal während der Pressekonferenz mit dem Schreiben hätte beginnen können.

Am 25. August zahlte sich das besonders aus: Die ersten drei Sätze Johnsons vor der Presse elektrisierten mich – dann wechselte er das Thema. Um 10.05 Uhr nahm ich meinen Aktendeckel «Raumfahrt» zur Hand, ließ die restliche Pressekonferenz an mir vorüberrauschen – und ehe sie zu Ende war, hatte ich den Aufmacher für die *Süddeutsche* vom 26. August produziert:

> Präsident Johnson hat am Mittwoch eine entscheidende Umstellung der amerikanischen Weltraumstrategie verkündet: Das Verteidigungsministerium hat er angewiesen, mit den Vorarbeiten für eine bemannte Raumstation zu beginnen. Damit

ist das bisher ausschließlich wissenschaftlich orientierte amerikanische Weltraumprogramm durch ein Projekt von höchster militärischer Bedeutung ergänzt worden.

In privatem Umfeld lernte ich den Präsidenten am 22. Juni kennen: Er hatte eine Gruppe von Auslandskorrespondenten eingeladen, um sie aus allererster Hand über seine Pläne für Vietnam zu informieren; nicht ins Weiße Haus hatte er uns gebeten, sondern ins Haus eines befreundeten Journalisten: um seine Forderung zu unterstreichen, dass er um keinen Preis als Quelle genannt werden durfte.

Doch *was* er sagte, das sollten wir schreiben: Den Bombenkrieg gegen Nordvietnam würden die Vereinigten Staaten unerbittlich fortsetzen, und ihren militärischen Aufmarsch würden sie Zug um Zug in dem Maß vergrößern, wie die Stärke der kommunistischen Aggressoren dies erfordere; diese hätten also keine Aussicht, ihren Krieg jemals zu gewinnen. Da war sie, die Formel für die totale Eskalation, an der die USA schließlich zerschellten.

Der Hausherr, Johnsons Freund, verschmähte die Klimaanlage, die sonst in Washington längst üblich war. Stattdessen standen alle Fenster offen bei 95 Prozent Luftfeuchtigkeit und 35 Grad im Schatten – vermutlich um einen kühlen Durchzug zu erzeugen, doch die engmaschigen Fliegengitter in allen Fenstern und die reglos stehende Hitze verhinderten ihn zuverlässig.

Der 36. Präsident der Vereinigten Staaten verabschiedete uns, wie er uns begrüßt hatte: jeden mit einem festen Händedruck. Tief waren ihm die Furchen ins Gesicht gegraben, und mir fiel auf, dass seine übergroßen Ohren den von ihnen umlaufenden Fotos bis zur Lächerlichkeit ähnlich sahen.

Die *Süddeutsche* berichtete verhalten. Größer – vierspaltig auf Seite 3 – hatte sie am Tag des Gesprächs meinen Bericht «30 Bomber verfehlen einen Teekessel» gedruckt: Nach dem bis dahin schwersten Angriff des Strategischen Bomberkommandos der USA war im Zielgebiet des Bombenteppichs ein dampfender Teekessel übriggeblieben – die mit 18 Hubschraubern abgesetzten südvietnamesischen Soldaten, die den Dschungel nach Überlebenden durchkämmen sollten, fanden ihn (und Tote oder Überlebende nicht).

Nahm ich denn den Eindruck mit, ich sei einem großen Mann begegnet? Ach nein. Einer Schlüsselfigur der Weltpolitik, das war aufregend genug. Als Nachbar im Flugzeug wäre dieser Johnson einem nicht aufgefallen: ein großes, etwas grobes Gesicht, ein texanischer Rübezahl. Wie hätte man erspüren sollen, dass er der in Washington gefürchtete, gehasste, bewunderte Großmeister der Taktik war, der große Seelenmasseur? Wie es ihm mit seinen Querverbindungen zum Senat, seiner Hinterlist, seinen Rosstäuschertricks gelang, den Kongress zu überspielen, indem er ohne dessen ausdrückliche Zustimmung immer mehr Soldaten nach Vietnam schaufelte und Milliarden Dollar dazu?

Darüber, immer wieder, schrieb ich – mit Hilfe dieser überschäumenden Quellen: *Washington Post, New York Times*, Cronkite, Huntley-Brinkley; und ein schlechtes Gewissen hatte ich nicht. Wie viele Jahre lang hätte ich in der Hauptstadt Verbindungen knüpfen müssen, um auch nur annähernd an so viele Quellen heranzukommen wie diese? Und hätte ich als Einzelkämpfer je eine Chance gehabt, verglichen mit den sechzig-, achtzigköpfigen Hauptstadtredaktionen?

Bei allem Korrespondentenfleiß: Zeit, Washington, Maryland, Virginia zu genießen, blieb genug. War um 12 der Redaktionsschluss für die Ausgabe von morgen verstrichen, so gab es erst um 18 Uhr bei Huntley-Brinkley etwas zu tun, und von Freitagnachmittag bis Samstagabend stand überhaupt nichts an. Da fuhren wir dann mehr als ein Dutzend Mal zum Baden, meist nach Rehoboth Beach, manchmal nach Ocean City, gut zwei

Autostunden weit; oft amüsiert über alte Männer in Schaukelstühlen auf der Porch vor weißen Häusern am Straßenrand, und jedes Mal beeindruckt von dem 28 Kilometer langen Brückensystem über die Chesapeake Bay. Das stand mir vor Augen, als ich eine meiner späteren Reportagen über unsere doppelte Durchquerung Nordamerikas mit dem Satz begann:

«Bei uns in den USA» (wer hätte das nicht schon sagen hören?) «sind die Städte größer, die Häuser höher, die Straßen breiter, die Brücken länger, die Winter kälter, die Sommer heißer, die Bäume dicker.» Und es ist alles, alles wahr.

Nach Winchester in West Virginia fuhren wir, die *Washington Post* hatte da die alljährliche «Apple Blossom Festival Parade» angekündigt: Cheerleaders, Blaskapellen, Erntewagen mit rosa gekleideten Jungfrauen, schrilles, altmodisches Amerika, irgendwie zum Liebhaben. Nach Annapolis fuhren wir, dem alten Hauptstädtchen von Maryland; nach Norfolk in Virginia, dem größten Kriegshafen der Welt; zum Mount Vernon, dem Wohnsitz George Washingtons, grandios hoch über dem Potomac gelegen; zum Friedhof von Arlington mit der Ewigen Flamme auf Kennedys Grab.

Und zweimal zum Schlachtfeld von Manassas, einem klassischen Stück Amerika, jedem Touristen anzuraten. Da wird die Erinnerung wachgehalten: mit Kanonen, einem Reiterstandbild, zerfetzten Uniformen – und einem Kustos im Pfadfinderhut, der uns mit dem Trompetenstoß begrüßte: «Ich habe das Glück, seit dreißig Jahren auf den Schlachtfeldern des Vaterlands zu leben.» Und dieses Schlachtfeld hat einen Zug ins Heitere: Üppige Wiesen, rollende Hügel, ein paar Baumgruppen, zwei fröhliche Familien beim Picknick unterm Kanonenrohr – und von Horizont zu Horizont kein Zaun, keine Hecke und kein Haus. Ja, Amerika ist groß, und auch der Himmel ist höher.

Die Nachrichten blieben mir immer im Nacken. Im August: dramatische Rassenkrawalle in Los Angeles! Mein erster Bericht begann:

> Amerika ist entsetzt. Wenige Tage nach der Unterzeichnung des Wahlrechtsgesetzes, das die politische Gleichberechtigung der Neger endgültig erzwingen soll, führen plündernde, prügelnde, brandschatzende Neger die schlimmsten Rassenunruhen seit Jahrzehnten herbei. Der Bürgermeister von Los Angeles erbittet den Einsatz der Marine-Infanterie, der gleichen, die in Vietnam Jagd auf Partisanen macht ...

Mein Schluss: «Für Martin Luther King sind die Ereignisse ein schwerer Rückschlag. Es stellt sich die Frage, ob seine Taktik des gewaltlosen Fortschritts die Schwäche hat, kein Ventil für den Hass auf den weißen Mann, für den Drang nach Vergeltung zu bieten, der sich in vielen Negern angestaut hat.»

Kam ich denn nicht auf die Idee, nach Los Angeles zu fliegen – wollte keine meiner Redaktionen mich dort sehen? Es galt dasselbe wie für Washington: ein überquellendes Informationsangebot (zehn Stunden Fernsehen auf beiden Kanälen), die Zeitungen mit dem Hintergrund – und folglich die klare Zielansprache: Sichte emsig; gewichte vernünftig; denke immer daran, dass du für *deutsche* Leser schreibst – und dann betreibe gescheite Schriftstellerei.

Über Robert Kennedy: Im Senat griff er den Präsidenten, seinen Parteifreund, an. Er beginne sich damit als Präsidentschaftskandidat für 1968 zu profilieren, schrieb die *New York Times* – und ich sah keinen Grund, diese Deutung nicht zu übernehmen. Über die wachsende Kriminalität: In den USA hatte es 1964 nicht weniger als 9250 Morde gegeben, elf Prozent mehr als im Jahr davor. Über die Raumfahrt: Aus der Raumkapsel «Gemini» dröhnte 22 Minuten lang das Gelächter des Major Edward White zur Erde, so begeistert war er über seinen Weltraumspaziergang; es übertönte die schnarrenden Stimmen der Bodenstation, und hundert Millionen Amerikaner hörten jubelnd mit.

Im Fernsehen musste uns die hemmungslose Werbung faszinieren: Da ließ der Autohersteller X ein Auto der Firma Y mit dem Vorschlaghammer zertrümmern, weil es sowieso nichts tauge. Da wurde ein «napkin dispenser», ein Papierserviettenhalter also, angepriesen mit dem Lobgesang «too beautiful for words». Zehnmal wurde der Name des wundersamen Waschmittels hinausgeschrien – und zum Schluss doch ein Schmunzeln provoziert. Denn nun erschien eine Greisin mit Hörrohr und fragte mit schriller Stimme: «It may sound silly – but what was the name?» Und schon war der nun fällige elfte Namensschrei mehr komisch als lästig.

Am 3. August dieses großen Jahres 1965 hatte ich eine der wenigen wirklich guten Ideen meines Lebens: Ich fragte die Chefredaktionen, ob ich Washington (unter erheblichen Zusatzkosten) für vier bis fünf Wochen verlassen dürfe, um mit dem Auto nach San Francisco und zurück zu fahren und darüber in einer Serie von Reportagen zu berichten. Am 11. August kam das Ja. Tags darauf tauschten wir unseren alten Studebaker gegen ein bildschönes, auch nicht ganz neues Studebaker-Cabriolet.

Am 11. September brachen wir auf. Und es folgte die vermutlich großartigste Autofahrt, die man auf Erden unternehmen kann.

1965

9

Todestal
12 000 Kilometer durch die USA

«In der Wüste Salz essen und viel trinken!» – «Vergesst die Schneeketten nicht!» – «Eine Pistole braucht ihr nicht unbedingt, aber das Auto solltet ihr nie allein lassen.» So prasselten die Ratschläge der Freunde auf die zwei Pioniere nieder, die die USA mit dem Auto zweimal durchqueren wollten: Nach San Francisco 4616 Kilometer, errechneten wir aus dem Straßenatlas – und die hatte von unsern Nachbarn noch keiner zurückgelegt. Fast acht Millionen Quadratkilometer groß sind die USA, ohne Alaska, 22-mal so groß wie das Deutschland von heute.

Beim Packen im Spätsommer des tropischen Washington – acht Koffer und Taschen – schwitzen wir wie die Säue. Wir starten im Sturzregen. Die Grundidee ist klar: Gut 30 Tage haben wir; wir nehmen *nicht* den kürzesten Weg, sondern hinwärts die Nordroute über Chicago und Yellowstone; rückwärts die große Tour durch die Südstaaten. Das ergibt mindestens 12 000 Kilometer oder im Durchschnitt 400 Kilometer am Tag.

Zwei Nächte bleiben wollen wir sowieso nur in San Francisco und New Orleans – und gehetzt fühlen wir uns nicht. Ja, es lässt sich behaupten: Gerade im Nichtverweilen, im Rollen erschließt sich das Grandiose dieser Landschaft. An überwältigenden Punkten ist sie ärmer als etwa die Alpen. Aber wer sie, aus dem engen Deutschland kommend, Tag um Tag durchmisst, der erlebt sie dynamisch, dem geht der Atem schneller vor so viel Weite, Größe, Einsamkeit.

Erste Überraschung: *Chicago*. Warum hat einem keiner gesagt, dass dies eine Stadt am, im Wasser ist? Brandungswellen an den Promenaden, Hunderte von Segelbooten auf dem Michigan-See, ein Anblick wie ein Ozean. An manchen Stellen der inneren Stadt sieht man ein Frachtschiff links, ein Frachtschiff rechts und Motoryachten unter sich. Hauptstraßen führen über Zugbrücken. In den Zwillingstürmen der «Marina City» liegen 46 Wohnetagen über 16 Parketagen, diese aber über einem Hafen für Motorboote.

South Dakota, am fünften Tag: Da gleiten wir Stunde um Stunde um Stunde durch die «rollende Prärie»: spärliches Gras, ein paar Haferfelder. Ein Schild: «Nach 30 Meilen an der Kurve». Dort nämlich: ein Motel, trist, aber reinlich und geräumig, dazu zwei Tankstellen, ein Farmhaus, ein Wellblechschuppen. Am 17. September, dem siebenten Tag: Schneetreiben! Mit Ketten rollen wir nach *Wyoming* hinein und zum Yellowstone-See hinauf, 2365 Meter über dem Meer, gesäumt von verschneiten Nadelwäldern, ein Elch auf der Straße. Wyoming – der am dünnsten besiedelte Staat der USA, darauf hatte ich geradezu gewartet: Nun war sie erreicht, die große Einsamkeit.

Von der träumte ich, kurioserweise, schon seit drei Jahrzehnten: Als Zehnjähriger mit dem Finger in «Dierckes Schulatlas» spazierengehend, hatten mich vor allem die Nebenkarten über die «Bevölkerungsdichte» beeindruckt, wegen der fernen Länder mit der magischen Beschriftung «0 bis 1 Bewohner pro Quadratkilometer», weniger als einem Hundertstel von Deutschland! Und 1939, eingemauert, kam die Angst hinzu, ein solches Traumland niemals zu erreichen. Nun aber: 1,3 – das galt für Wyoming, das hatte ich ermittelt, die 0,3 Einwohner zu viel grämten mich nicht, und wir wurden nicht enttäuscht.

Jackson Lake Lodge: eine Art Dorf aus fünfhundert Hütten mit einem hölzernen Zentralbau in den Maßen einer Bahnhofshalle – die wenigen Gäste sind zur Selbstbedienung eingeladen und frieren. In den Hütten ist das Wasser eingefroren. Wir finden eine, in der die Gasheizung, wenn auch stinkend, funktioniert; aus dem Wasserhahn zischt die ganze Nacht heißer Dampf, ob man ihn zudreht oder nicht. Das erleben wir noch oft: Einer viel brutaleren Natur als in Mitteleuropa treten die Leute mit halb so viel Vorsicht und Umsicht entgegen. Und natürlich bleiben die meisten Stromleitungen über Millionen Kilometer auf Masten verlegt, bis das nächste Unwetter sie wieder mal runterreißt.

Am Morgen: eisige Sonne, steifer Nordost, blitzender Winterwald, und die Anlasser jaulen gequält. Die Straße durch den *Yellowstone National Park* ist 248 Kilometer lang, für eine Rundfahrt von sieben Stunden empfohlen; immer mehr als 2000 Meter über dem Meer, aber nicht alpin, selbst Ruhpolding wirkt gebirgiger. Das gewaltigste Schaustück ist ein Gebirge nach unten: der Grand Canyon – eine Schlucht, die sich der Yellowstone-Fluss gegraben hat, ihre Wände gelb, orange, rostrot und schmutzigbraun geschichtet. Man sieht sie erst, wenn man der Einladung «Quit the car!» gefolgt ist und eine kleine Kanzel betritt: Schäumend donnert in der Tiefe der Yellowstone einen noch tieferen Abgrund hinab, und ein Dutzend Touristen schreit und tanzt vor Begeisterung.

Und dann die Geiser, hunderte: Zischende Fontänen oder gurgelnde Sümpfe, Holzstege führen tollkühn zwischen ihnen hindurch. Der feuchte Qualm hat die Tannen ringsherum daumendick bereift, aber nur auf der den Geisern zugewandten Seite – ein Spuk aus Eis und Schwefeldampf. Und «Old Faithful», der berühmte: Fast genau stündlich schießt er für eine Minute turmhoch aus dem Boden. In der Halle des nahen Hotels, eines riesigen Holzbaus (eigens seinetwegen erbaut), hängt eine Uhr, die den nächsten Ausbruch anzeigt, und seit mehr als hundert Jahren hat er sich danach gerichtet.

Zu guter Letzt lümmeln sich auch noch ein paar Bären auf der Autostraße. Die Touristen bremsen verzückt. Ein Bär rüttelt tollpatschig an unserer Wagenantenne, ein anderer legt die Tatzen auf den Rand der Tür.

Durch Idaho weiter nach *Nevada*. Hier spüren wir zuerst, warum ein großer Teil des Südwestens der USA in alten Atlanten mit «Great American Desert» beschriftet war. Abseits der Kunststädte Reno und Las Vegas ist der Staat eine Wüste, heute noch – wenn auch überwiegend nicht aus Sand und Salz. Zwischen nackten braunen Bergrücken hindurch, es müssen Tausende sein, rollen wir Stunde um Stunde über eine Hochebene, die bis zum Horizont bewachsen ist mit blaugrauem, zottelhaarigem Salbei-Gestrüpp, knie- bis hüfthoch, von Dornsträuchern durchsetzt. Einem engen deutschen Herzen drängt sich unwillkürlich die Frage auf: *Darf* so was sein? Wird nicht endlich dort hinten jener Bauer auftauchen, der den Salbei ausrupft, Wasser heranschafft und seinen Kohl anbaut?

Am zwölften Tag, 5400 Kilometer hinter Washington, ist der Kontinent durchquert, der andere Ozean erreicht, und singend fahren wir im offenen Cabrio über die Oakland-Brücke nach *San Francisco* hinüber, den rostroten Türmen der Golden Gate Bridge entgegen, die aus den Nebelbänken ragen. Die berühmte Tram hält, was sie verspricht: Unter den Straßen läuft zwitschernd das Zugkabel, an den Haltestellen wird der Wagen aus- und wieder eingekuppelt von einem langen Kerl, der an mächtigen Hebeln turnt, und wie selbstverständlich ragen die Knie der Fahrgäste in den Straßenverkehr hinaus.

Und die Straßen selbst! Steigung und Gefälle bis zu 34 Prozent – mehr als das Dreifache dessen, was auf Alpenstraßen üblich ist; verschlimmert noch dadurch, dass, anders als im Gebirge, die waagerechten Fenstersimse dem Auge die unsinnige Steilheit verwirrend demonstrieren. Und dann das Kippen auf der Kimme:

Man fährt himmelwärts, jäh taucht die Kühlerschnauze ab, und ebenso steil geht es hinunter, der Bucht und den Brücken entgegen.

Schon einen Tag, nachdem man die herrliche Stadt mit ihrem immer kühlen Wind verlassen hat, kann man am heißesten Ort der Erde sein, in Kalifornien liegt auch er: *Death Valley*, Tal des Todes, auf 36 Grad nördlicher Breite, dem Äquator also nicht näher als Kreta im Mittelmeer. Wie kann ausgerechnet da das Äußerste an Hitze entstehen – bis zu 57 Grad im Schatten? Dadurch, dass das Tal eine 200 Kilometer lange Pfanne aus Sand, Salz und Steinen ist, schattenlos, von Fallwinden angeheizt und 80 Meter unter dem Meeresspiegel.

Die 42 Grad am 26. September, von einem heißen Wind herangetragen, der zum Sturm anschwillt und Sand und Salz aufwirbelt, sind schlimm genug in unserm rollenden Ofen. «Hier hat Gott den Dreck zusammengekehrt, der ihm nach der Schöpfung übriggeblieben war», schrieb einer der Goldsucher, die 1849 das Tal durchquerten und ihm seinen Namen gaben, weil drei von ihnen darin starben. Da, auf einer Düne in der Ferne: ein weißes Traumschloss! Terrassen, Sonnendächer, und Palmen wiegen sich im Wind. Und nicht einmal eine Fata Morgana? Aber bei der Ankunft das Schild: «Nur im Winter geöffnet».

Weiter nach *Arizona*. Eine kahle Hochebene, 2300 Meter über dem Meer, wird plötzlich vom *Grand Canyon* aufgerissen: einer Wahnsinnslaune der Natur, vielleicht der erstaunlichsten Überraschung, die das Auge auf Erden erleben kann. Nur heißt Canyon «Schlucht», und dies ist *keine* – nämlich durchaus nicht der «steilwandige Einschnitt», als den der Duden eine Schlucht definiert. Sondern eine riesige, kilometertief gestaffelte türkische Zeltstadt ragt da aus 1600 Metern Tiefe der Hochebene entgegen: Türme, Kegel, Klötze, Pfeiler, viele bizarr gekrümmt und gewunden, weinrot, rostrot und zinnober, schiefergrau und schokoladenbraun, grünlich, bläulich, violett – ein Anblick «unrivaled on this earth», sagen die Prospekte, und sie haben recht.

Diesen Circus maximus hat im Lauf der Jahrmillionen der Colorado aus der Hochebene herausgewaschen, geschabt, gefräst; erstaunlich dünn, aus unserer Höhe betrachtet, schlängelt er sich da unten durch das Chaos, das er angerichtet hat. Regen, Schnee und Eis haben ihm geholfen, den weichen Sand- und Kalkstein, horizontal geschichtet, senkrecht zu zersäbeln. Doch nicht zwischen steilen Wänden ragt die Zeltstadt auf, sondern zwischen zwei Böschungen aus Hängen, Stufen und Terrassen. So hat die Hochebene erst fünfzehn Kilometer jenseits des steinernen Tumults ihre alte Höhe erreicht – man ahnt es irgendwo im Abenddunst.

23. Tag: *Taos*, New Mexico. 7900 Kilometer haben wir zurückgelegt. Dies ist ein berühmtes Maler- und Indianerdorf nahe Santa Fé, 2135 Meter hoch gelegen. Die «Anglos» oder «Weißen» (wie sie sich selber nennen) sind hier eine Minderheit gegenüber den Indios und Latinos, aber sie unterhalten die Mehrzahl der vielen Kunstgalerien, sie betreiben die Hotels – und die Skilifte, die in den letzten Jahrzehnten hinzugekommen sind: Taos rühmt sich, den Öl- und Viehkönigen aus dem nahen, platten Texas den ersten Schnee ihres Lebens zu zeigen.

Im Nachtfrost liegt über den Dächern der zimtähnliche Duft des Pinienholzes, das in tausend Kaminen knistert. Im Taos Inn, einer alten Hazienda, lärmen um Mitternacht Anglos und Latinos; in einer Nische betrinken sich schweigend vier Indianer, städtisch gekleidet, ohne Frauen; über die Tanzfläche schieben sich drei trunkene Künstler, der eine stellt dem anderen ein Bein, alle drei torkeln und schreien. Durch das Getümmel schallt der Vortrag einer alten Malerin, die sich über die Ungerechtigkeit der Welt empört, dargetan an ihrem eigenen Scheitern. Als auch noch Dean Martin singt «I'm gonna back to Houston», tanzen *wir* – mit einer Ahnung, dass ein solcher Tag nicht wiederkehren wird.

Texas: eine trostlose russische Tiefebene mit amerikanischem Blech. Tröstlich, wie überall in den USA, sind die Diners und Coffee Shops mit Aufschriften wie «Breakfast all day» oder «We never close»; angenehm auch die freundlichen, hilfsbereiten, aufgeschlossenen Menschen, auf die wir meistens stoßen. 1974, als in Deutschland die Empörung über die amerikanische Verstrickung in Vietnam ihren Tiefpunkt erreicht hatte, hielt ich in einem Leitartikel in der *Welt* eine «Rede auf Amerika» mit dem Passus:

> Was ist denn dieses Amerika? Es ist die offenste Gesellschaft, die es je gegeben hat, ein Land, in dem nicht nur der Tellerwäscher zum Milliardär, sondern neuerdings auch der Neger zum Oberbürgermeister einer Millionenstadt und ein gebürtiger Deutscher zum leibhaftigen Außenminister aufsteigen kann. Es ist das Land der äußersten Freiheit und der geringsten Vorurteile. Es ist eine der größten Ansammlungen von weltoffenen Menschen, netten Leuten, guten Nachbarn, die es auf Erden gibt.

Durch Texas rollen wir nach *Louisiana*, in eine andere Welt. Auch wer parat hat, dass dies eine französische Kolonie war, die Napoleon 1803 an die USA verkaufte: Den verblüfft doch der jähe Wechsel der Sitten. Im Restaurant erwarten uns überraschend viele ältere Schwarze im roten Frack, die den weißen Kellnerinnen die Tabletts nachtragen. Einer zieht schwungvoll die Decke von unserem Tisch, offenbar weil sie zwei Flecken hat, und spreitet schwungvoll die nächste; sie hat ein Loch. Das Essen ist das beste seit San Francisco und der Kaffee der erste richtig gute, den wir in den USA bekommen haben.

New Orleans. In der Bourbon Street und der St. Peter Street hämmern und sägen, schreien und jubeln aus drei Dutzend offenen Türen die Dixieland-Kapellen – einige in Nachtlokalen, andere in Schuppen oder Hinterzimmern. Eintritt ein Dollar, die Leute kommen und gehen, der eine im Unterhemd, die andere im Silbernerz, und an der offenen Tür zur Straße hängt meist eine Menschentraube, die nicht zahlt und doch applaudiert.

Schließlich fahren wir noch vier Tage an der Küste entlang, durch die alten *Südstaaten*, die von der Natur verwöhnten und von der Geschichte geprügelten: Mississippi, Alabama, Georgia, South Carolina. Zum Meer hin eine Kette alter Landhäuser und prächtiger Villen mit Säulenportalen, beschattet von Palmen, Trauerweiden und Hängendem Moos, von englischem Rasen umgeben, von weißgeschürzten Mummys gepflegt – eine Parkstadt der Üppigkeit. Gemächlich rollen die Straßenkreuzer, viele ganz selbstverständlich mit der Flagge der Südstaaten geschmückt; sie zu verbieten hat der Oberste Gerichtshof in Washington immer wieder abgelehnt.

Was wäre das für ein Land geworden, hätte Präsident Lincoln es nicht gewaltsam in die USA zurückgezwungen um den Preis von 620 000 Toten! Die Sklaverei hätte sich auch ohne ihn überlebt (zuletzt wurde sie 1888 in Brasilien abgeschafft); und dass Lincoln vor allem die Sklaven befreien wollte, sei sowieso Legende, hatten unsere Freunde in Washington behauptet. Als ich erstaunt war, zeigten sie mir die Stelle in der Encyclopaedia Britannica: «Mein oberstes Ziel ist es, die Union zu retten, nicht, die Sklaverei zu bewahren oder abzuschaffen», erklärte Lincoln 1862. «Wenn ich die Union retten könnte, ohne einen Sklaven zu befreien, würde ich es tun.»

Am 32. Tag, nach 12 200 Kilometern, waren wir wieder in Bethesda. Meine Serie von sieben Reisereportagen auf Seite 3 der *Süddeutschen Zeitung* endete so: «Wir haben einen halben Kontinent durchmessen, über den ziemlich kühn der Name ‹Vereinigte Staaten› gestülpt worden ist – obwohl vieles an ihm unvereinigt und kaum vereinbar ist und manches nicht einmal Staat, sondern ungezähmte, fast unbewohnte Wildnis ... Die USA sind ein indianisch-mexikanisch-französisch eingefärbtes, von Negern und Chinesen, von Deutschen, Iren, Polen, Italienern mitbestimmtes Riesenreich – und dabei keineswegs ein Schmelztiegel der Rassen: nur eine Rassenversammlung, mit verschieden hohen Eintrittspreisen für die Sonnen- und die Schattenseite.»

10

Aufbruch
... nach Hamburg in den Haifischteich

Mitten hinein in die Niederschrift meiner Reisereportagen für die *Süddeutsche* machte ich mich wieder an die aktuelle Berichterstattung aus Washington. In Deutschland viel zitiert wurde mein Bericht vom 19. Oktober. «Zum Sonntagsbraten sieben Pfund Papier. Mit 946 Seiten serviert die *New York Times* die dickste Zeitung aller Zeiten.»

Analyse: Drei Viertel Anzeigen, 50 Seiten Politik. 19 Seiten mit 33 Bräuten aus der New Yorker Society, «darunter noch nie eine Negerin – eines der vielen Randgebiete, auf denen die Rassendiskriminierung in unverwelkter Blüte steht». Aus Deutschland genau drei Nachrichten: Willy Brandts Stellung als SPD-Vorsitzender unangefochten – Franz Josef Strauß in Bayern beliebt, im übrigen Deutschland nicht – Münchens Oktoberfest zu Ende.

Ich schrieb über «die tieferen Gründe für die Studentendemonstrationen gegen die Vietnam-Politik»: Wie an der berühmten Universität von Berkeley am 1. Oktober 1964 alles begonnen hatte, und wie sich bei den Demonstranten die Pazifisten mit Opportunisten und mit jenen Protestlern schlechthin vereinigten, die «gegen das chromverzierte Verbraucherparadies» der USA auf die Barrikaden gingen.

Am 25. November waren wir bei den Joneses zu dem berühmten Thanksgiving Dinner eingeladen, und die Runde wurde umso fröhlicher, als der Hausherr darauf bestand, alle sechzehn Teller selbst vollzuladen, sodass bei den meisten Gästen der

Truthahn längst erkaltet war, als wir endlich essen durften. Zwei Tage später bei anderen Freunden: zum Army-Navy-Football vor dem neuen Farbfernseher eingeladen und von den dreißig Gästen mit lautem Hallo sogleich bedrängt, uns zur einen oder zur anderen Partei zu setzen: Army? Navy? Der Einfachheit halber teilten wir uns.

Meine politische Berichterstattung mündete zum Jahresende in zwei mehrteiligen Serien: eine Ausleuchtung dieses Präsidenten Johnson – und eine Analyse des Krieges in Vietnam. Dabei riskierte ich eine Prognose, mit der ich danebenlag: «Zuletzt werden die Amerikaner den längeren Atem haben. Der amerikanische Tiger ist nicht nur nicht von Papier, wie die Chinesen einst behaupteten, sondern er hat Blut geleckt.» Meine Begründung: vor allem die Macht des *Industrial-Military Complex*. Vor dem hatte Präsident Eisenhower 1961 in seiner letzten öffentlichen Rede ausdrücklich gewarnt – aber: «Ein langanhaltender Krieg mäßigen Umfangs», folgerte ich, «ist der amerikanischen Wirtschaft bekömmlich. Die Interessengemeinschaft von Militär und Rüstungsindustrie erhält Zuzug von den Volkswirtschaftlern.»

In der Serie zitierte ich auch den ehemaligen Stabschef der Air Force, General Curtis Lemay: «Zieht eure Hörner ein, ihr Nordvietnamesen – oder wir bomben euch in die Steinzeit zurück!» Und dazu einen Studentenausschuss der Universität Berkeley mit zwei Ratschlägen, wie man sich dem Militärdienst entziehen könne: «Behaupte, du seist homosexuell, oder wasche und rasiere dich nicht in den letzten zwei Wochen vor der Musterung.»

Am 11. November schickte ich riesengroß die Nachricht: «Der Nordosten der USA hat mitten im Berufsverkehr einen Zusammenbruch der Stromversorgung erlebt, wie er sich so umfassend und mit so verheerenden Folgen noch nie und nirgends seit Einführung der Elektrizität ereignete.» In neun Bundesstaaten mit New York und sechs weiteren Millionenstädten nämlich. 800 000 Fahrgäste blieben stundenlang in den U-Bahnen stecken, Zehntausende in den Fahrstühlen der Wolkenkratzer. Und wieder: ein Rundum-Programm der Fernsehsender, mit dem ich durch eine Reise nach New York nie hätte konkurrieren können.

Neun Monate später verbreitete sich das Gerücht, der Zwang, im Dunkeln zu Hause zu sitzen, habe die Zahl der Geburten in der betroffenen Region deutlich erhöht. In einer Glosse in der *Süddeutschen* schrieb ich dazu: «Die Tatsache, dass die an Übervölkerung leidenden Entwicklungsländer zugleich den niedrigsten Elektrifizierungsgrad und die wenigsten Fernsehgeräte haben, erscheint seither in neuem Licht.»

Den Präsidenten Johnson würdigte ich als «den größten Virtuosen der innenpolitischen Taktik, den die amerikanische Politik je hervorgebracht hat». Ich erinnerte an die Gallenoperation, der er sich im Oktober hatte unterziehen müssen, und die furiose Strategie, mit der er vermied, was Eisenhower bei seiner Darmoperation von 1956 widerfahren war: die Handlungsfähigkeit gelähmt, die Börsenkurse abgestürzt. So ließ Johnson 5 Stunden und 50 Minuten nach der Operation – eine halbe Stunde vor Öffnung der New Yorker Börse – mitteilen: «Der Präsident ist genug erholt, um alle notwendigen Entscheidungen zu treffen», und tags darauf ließ er sich vom Fernsehen filmen, wie er im Krankenhaus spazierenging.

Die Presse spottete: «Selbstverständlich hätte Johnson sich am liebsten selbst operiert» und: Leider habe er es versäumt, den USA und der Welt die Chance einer längeren Untätigkeit zu gönnen. Seine Tochter schrieb in einer Familienillustrierten die goldenen Sätze: «Mein Vater muss schrecklich viel arbeiten. Es ist schwer genug, für 190 Millionen Amerikaner sorgen zu müssen» (mehr als 300 Millionen sind es heute), «aber er kümmert sich auch um die restliche Welt.»

Im Januar 1966 nach 133 Berichten aus Washington zur *Süddeutschen* zurückgekehrt, wurde ich vom Chefredakteur mit dem Kompliment begrüßt, das Wort «Vertretung» habe durch meine Arbeit einen neuen Sinn bekommen. Ich blieb noch 11 Monate bei der *SZ* – wie zuvor als Universalschreiber für Streiflichter, Kommentare, Glossen, Reportagen, Analysen, Buchkritiken; außerdem als regelmäßiger Urlaubsvertreter von Hugo Deiring, dem Chef vom Dienst, der der Redaktionsmanager war; der Chefredakteur leitete die Konferenzen und schrieb den extralangen Leitartikel am Wochenende.

Dieser Hugo Deiring, mit uns befreundet, war zugleich einer der Gründe, warum ich nach mehr als zwei Jahren dem Werben des *Stern*-Chefredakteurs Henri Nannen nachgab, dort der Textchef und Chef vom Dienst zu werden: Nur wenige Jahre älter als ich, würde Deiring mir einen Aufstieg in der *Süddeutschen* mindestens für ein Jahrzehnt verbauen.

Der *Stern*, inzwischen Deutschlands größte Illustrierte vor der *Quick*, hatte sich in den letzten Jahren weit von dem entfernt, was er in seinen ersten Jahrzehnten gewesen war: die typische Illustrierte eben, ein Klatsch- und Unterhaltungsblatt. In ihm hatte inzwischen «die Wiedergeburt der großen deutschen Reportage-Fotografie» stattgefunden, wie die *FAZ* 1998 resümierte: 1956 war der Sternfotograf Rolf Gillhausen als erster Fotoreporter beim ungarischen Volksaufstand, in aller Welt wurden seine Bilder nachgedruckt, und 1960 erregte er Aufsehen mit der ersten großen Reise eines westlichen Reporters durch Maos China.

1961 hatte Henri Nannen begonnen, den *Stern* vollends zu etwas zu machen, was es in Deutschland noch nie gegeben hatte: zu einer politischen Illustrierten! Für die rührte auch einer der bekanntesten und lautesten politischen Reporter der Bundesrepublik die Trommel: Erich Kuby, zum *Stern* gewechselt und nun als Gast in der *Süddeutschen Zeitung*, der er zuvor selbst angehört hatte.

Ich lernte Nannen 1963 kennen: Da veranstaltete der *Stern* in Quickborn bei Hamburg eine Ausstellung aller in Deutschland angebotenen Fertighäuser, denen man damals eine große Zukunft gab; ich nahm sie für die *Süddeutsche* in Augenschein. In der Diskussion warnte ein Architekt «vor den künftigen Fertighaus-Spießern mit vollautomatischen Gartenzwergen». Ich hielt mich ans Konkrete (und qualifizierte mich offenbar als *Stern*-tauglich), indem ich die Grundrisse der meisten Häuser tadelte: Raumverschwendung durch zu große, zu lange Korridore mit durchschnittlich sieben Türen; ich hatte gezählt.

1964 machte Nannen mir ein förmliches Angebot. Ich zögerte: das schöne München, die große Familie, die durchaus befriedigende Arbeit hier, das völlig fremdartige Terrain, dazu eine riesige Redaktion, die als «Haifischbecken» verschrien war – und auch noch Kollegen, die mir sagten: «Zum *Stern*: Haben *Sie* das nötig?» 1965 kam die Entsendung nach Washington dazwischen. 1966 aber, als Nannen sein Werben erneuerte, fasste ich den großen Entschluss: Ich sollte es wagen! Auch verdoppelte sich das Gehalt, und die große Familie hatte sich noch um meine Eltern vergrößert (keine Rente, das kleine Vermögen durch die Währungsreform 1948 vernichtet).

Noch elf Monate in der *Süddeutschen* also. Am 5. Februar der Leitartikel «Tod dem Verbrennungsmotor»: Die Zukunft kann nur dem Elektro-Auto gehören! Für die erste deutsche Firma, die ein gutes und ansprechendes Elektromobil auf den Markt bringe, sollte der Bundestag eine Prämie aussetzen. Schluss: «Der Verbrennungsmotor ist vermeidbar. Nach der Vernunft wie nach unseren technischen Möglichkeiten gebührt ihm der Tod.» 1966!

3. März: Die amerikanische Fernsehgesellschaft CBS hat vier Staatsmänner zu einer Debatte über die Frage der Atombewaff-

nung zusammengeschaltet: Robert Kennedy («amerikanisches Englisch, schrille, knabenhafte Stimme» schrieb ich darüber auf Seite 3), Lord Chalfont aus England, General Gallois aus Frankreich – und Franz Josef Strauß:

> Er schwitzt, aber er ergibt sich nicht. Seine englische Aussprache ist fürchterlich, er rollt das bayerische Zungen-R so hart wie Karl Valentin in seinem Lied vom Herrrbst – aber sein Wortschatz ist auskömmlich, sein Diskussionstalent bedeutend und seine Hartnäckigkeit durchschlagend: Wenn alle vier gleichzeitig reden, so gibt einer nach dem andern auf – bis Strauß übrig bleibt.

In München erregte zuletzt mein Leitartikel «Stadtplanung für Eintagsfliegen» ein gewisses Aufsehen: eine drastische Warnung davor, «das Autogedränge von heute in die Stadt von übermorgen zu projizieren». Straßenbauer träfen Entscheidungen für Jahrhunderte, zweitausend Jahre alt sei die Hohe Straße in Köln. In München aber würden die Straßen «dem Auto zuliebe geplant, einer technisch schon halb überholten Erfindung – dem Fußgänger zum Trotz, obwohl er das Auto um einige Jahrtausende überleben dürfte. Da wir uns weigern, Eintagsfliegen zu sein, erklären wir diesem Plan hiermit den Krieg.»

Dann also Hamburg. Am 2. Dezember 1966 bezogen wir eine prächtige Altbauwohnung in der Heilwigstraße, einem Haus, das für eine deutsche Fernsehserie als «typisch London» gefilmt wurde, mit rundem Salon und drei englischen Kaminen. Hamburg hatte sich bei uns mit einem Kuriosum eingeführt, das ich mit einem letzten «Streiflicht» würdigte: Die weltberühmte Sängerin Esther Ofarim war vom Oberkellner des ebenso berühmten Hotels Vier Jahreszeiten der Bar verwiesen worden, weil sie einen Hosenanzug trug. Ganz so grotesk wie heute klang das damals nicht: Freunde besuchte man in Hamburg abends im dunklen Anzug, und die *Stern*-Redakteure erschienen selbstverständlich mit Schlips in der Redaktion.

Meinen Dienst dort trat ich am 5. Dezember an, und es begann ein schlimmes halbes Jahr. Hermann Proebst übrigens, der Chefredakteur der *Süddeutschen Zeitung*, starb, 66 Jahre alt, 1970 – und zwar den schönsten aller Journalistentode: Sein Kopf lag auf dem Schreibtisch – auf dem halbfertigen handgeschriebenen Leitartikel, als man ihn fand.

11

Nannen
Beim «Wirtschaftswunder-Siegfried»

Herbert Wehner hatte ihn so genannt: den Kraftprotz, Zirkusdirektor, fröhlichen Leuteschinder und Baum von einem Mann! Der *Stern*-Redaktion stellte er mich mit den Worten vor: «Das ist Herr Schneider von der *Süddeutschen Zeitung*. Er hat noch nie eine Illustrierte von innen gesehen und soll euch allen jetzt endlich mal Ordnung beibringen.»

Das war sein Stil: Den Neuen werfe ich ins «Haifischbecken». Überlebt er, dann passt er zu uns – wenn nicht, ist es um ihn nicht schade. «Sozialdarwinismus», nannte das Gerhard Gründler, Ressortleiter Innenpolitik (später Chefredakteur des sozialdemokratischen *Vorwärts*, dann Leiter des Funkhauses Hamburg des NDR). Ich bekam gleich am ersten Tag den Spruch zu hören: «Schon mancher, der hier als Adler angefangen hat, ist als Suppenhuhn geendet.» Dann beginne ich eben mit dem Suppenhuhn, dachte ich mir. Es half nicht viel: In meinen 50 Jahren als Angestellter habe ich nie eine so schwierige Zeit erlebt wie mein erstes halbes Jahr im *Stern*.

In der Hierarchie war ich, als Chef vom Dienst und Textchef, die Nummer 3 – nach Victor Schuller, dem stellvertretenden Chefredakteur und Nannens Gegenpol: einem Menschen von Bildung, Geschmack und Manieren; Nannen dagegen zwar von höchster Intelligenz, aber völlig unbelesen und rabiat dazu. Als der Verlag Schullers 75. Geburtstag feierte, sagte ich in meiner Rede auf ihn: «Die Leichenteile, die in lockerer Folge aus Nannens Zimmer flogen, setzte Victor Schuller wieder zu lebendigen Menschen zusammen.»

Hatte der Darwinismus beim Kampf um den Platz im Heft durchaus seine Meriten (darauf komme ich gleich) – im Umgang mit den Redakteuren war er überflüssig und zuweilen abstoßend. Als in der täglichen Konferenz ein Neuer auf den ersten Auftrag, den Nannen ihm erteilte, ungeschickt und etwas bockig reagierte, sagte ein Ressortleiter ziemlich laut: «Herr Nannen, Sie sehen doch: Herr X passt nicht zu uns.» Nannen grinste – und schwieg. Eine öffentliche Hinrichtung. Der Neue ging und kam nie wieder.

Oder der Fall des Hilmar Pabel. Der war einer der bedeutendsten deutschen Fotografen und im *Stern* der älteste. Den ungeliebten Auftrag, eine Fotoreportage aus dem Vietnam-Fiasko zu liefern, hatte schließlich er übernommen; mit großartigen Bildern wurde er gedruckt und gewann damit «internationale Bekanntheit». Nun kam er zurück, wohlbehalten, aber ausgezehrt – und natürlich in der Erwartung, mit Dank und Hallo begrüßt zu werden. Aber Nannen sah nur kurz vom Schreibtisch auf und sagte: «Tag, Herr Pabel.» Das war's. Pabel kam zu mir und hatte Tränen in den Augen.

Ja: Nannen war ein zu großer Mann, um auch noch ein angenehmer Mensch zu sein. Die ganz Großen sind das nie: «Wer im Lexikon verzeichnet ist, war mit höherer Wahrscheinlichkeit ein Scheusal, als wer nicht im Lexikon verzeichnet ist» – so das Fazit in meiner Weltgeschichte des Ruhmes («Die Sieger», 1992).

Und woraus speiste sich Nannens bombastischer Erfolg? Zunächst aus seiner erstaunlichen Witterung. Erstens dafür, was die Leute wirklich lesen wollten, und wie sie es lesen wollten. Zweitens dafür, wie man es schafft, dass sie etwas lesen, was sie vielleicht *nicht* hatten lesen wollen. Drittens dafür, was sie *übermorgen* gern lesen würden. Davon nämlich haben sie selber keine Ahnung, Umfragen sind hoffnungslos – anbieten muss man es ihnen! (Eingedenk der klassischen Allensbach-Erhebung von 1955, im dritten Jahr nach Einführung des Fernsehens in Deutschland: «Haben Sie die Absicht, sich irgendwann einen Fernsehapparat zu kaufen?» Nein!, antwortete ein Drittel.) So also betrieb Nannen ab 1961 die Politisierung des *Sterns*, um die kein einziger Leser ihn gebeten hatte.

Zu solchem Erschnuppern und Erahnen kam brillantes Handwerk (da habe ich von ihm so viel gelernt wie von keinem sonst) und die berserkerhafte Entschlossenheit, dies permanent von allen Redakteuren zu erzwingen (das übernahm ich später in meine Journalistenschule). Wie da um den Leser gerungen wurde, wie engagiert und mit welchem Raffinement der Mittel: Das war für den Neuling von der *Süddeutschen Zeitung* die größte Überraschung – und gelegentlich ein Anlass, den Hochmut, mit dem er aus München verabschiedet worden war, gegen die Hochmütigen zu kehren.

Gerungen zum Beispiel darum, dass Bilder, Überschrift und Vorspann alles tun, um den flüchtigen Blätterer zu animieren, er möge zu lesen beginnen; und dass der erste Satz des Textes vor allem die Einladung ausspricht: Lies auch den zweiten! Und der zweite: Lies auch den dritten! Wer nur blättert und nicht liest, ist in einer Viertelstunde fertig und kauft den *Stern* nie wieder.

Ein drastisches Lehrstück über dieses Lebenselixier der Zeitschrift führte Nannen in meiner Gegenwart mit einem Redakteur auf, der ihn für die Vorab-Lektüre eines zehnseitigen Manuskripts gewonnen hatte. Er hörte nach einer Minute auf, rief den Redakteur zurück und sagte barsch: «Ihr Manuskript taugt nichts.» Der Redakteur, entgeistert: «Aber Sie können doch die zehn Seiten unmöglich schon gelesen haben!» Nannen: «Nein, ich habe im dritten Absatz aufgehört.» Der Redakteur: «Aber ich musste doch im dritten Absatz ...» Darauf Nannen mit Donnerstimme: «Das erzählen Sie mal unseren zehn Millionen Lesern, was Sie im dritten Absatz *mussten*! Gehen Sie raus.»

Wer diese Abkanzelung unter Zeugen widerlich fände, dem wäre schwer zu widersprechen. Nur dass die brutale Form dazu diente, dem Autor eine Lehre zu erteilen, die er zum Segen des *Sterns* nie mehr vergessen sollte, so wenig wie ich, der Ohrenzeuge: Für einen dritten Absatz, der den Leser aus dem Text wirft, weil er ihn langweilt oder irritiert, gilt keine Entschuldigung der Welt; der vierte Absatz und alle folgenden, ob drei oder dreißig, wären ja dann umsonst geschrieben.

So war die Redaktion ein Hochdruckkessel, den Nannen lustvoll beheizte – geliebt, gefürchtet und gehasst, in jäher Folge oder zur gleichen Zeit; eitel, unberechenbar, ungerecht und großartig. Für Verstöße oder Schlampereien konnte man öffentlich von ihm angeschrien werden, und das geschah oft und mit vernichtender Wirkung: Die Allmacht hatte er, das Recht setzte er, und noch im Gebrüll verwendete er mit klangvoller Stimme korrekte Konjunktive.

Zum stürmischen Erfolg des *Sterns* trug schließlich bei, dass Nannen aus dem Vollen schöpfen konnte wie kein anderer Chefredakteur in Deutschland: mehr als 200 Redakteure, von ihm nach Gusto zusammengekauft und mit doppeltem Gehalt gelockt. Planstellen? Die wagte keiner der drei Verleger von Gruner+Jahr ihrem Goldesel vorzuschreiben. Und so wurde Woche für Woche das Dreifache dessen produziert, was im *Stern* erscheinen konnte. «Aus dem, was wir wegschmeißen», brüstete sich die Redaktion, «könnten wir leicht Deutschlands zweitbeste Illustrierte machen.»

Die schiere Verschwendung jedoch war die Überproduktion nicht. Vor allem diente sie der *Mischung*, und das war das Zauberwort. Jedes Heft brauchte männliche und weibliche Themen, Politik und Klatsch, Schwarzbrot und Vanille, große Optik und süffige Lesestücke – und dies in mutwilligem Wechsel, um den zunächst vielleicht gelangweilten Blätterer durch eine Kette von Überraschungen zu faszinieren. Ein Schlachtschiff wollen wir sein, das aus allen Rohren feuert – aber doch bitte so, dass die Leser ihren *Stern* als den vertrauten Musikdampfer genießen können! Ein Quantum Überproduktion also war bei solchen Grundsätzen unerlässlich (wenn auch weniger davon, als die Redaktion zwischen Übereifer und Desorganisation hervorbrachte): Denn aus jeder der sieben Kisten, in die Nannen greifen wollte, musste er mehrere erstklassige Stücke zaubern können, und das jeweils schwächere Stück wurde eben nicht gedruckt.

Seine Entscheidungen fällte er in der allwöchentlichen «Strukturkonferenz». Die war sein Freudenfest und Darwins große Stunde. Die Ressortleiter hatten ihre fertigen oder fast fertigen Geschichten vorzustellen. Um den knappen Platz kämpften sie mit Feuer, mit List und nicht selten mit den Mitteln eines Fischmarktverkäufers. Hart gearbeitet haben und trotzdem nichts ins Heft bringen – das gab Wut und Ohnmachtsgefühle; noch schlimmer, wenn ein Ressort von Nannen getadelt wurde, weil es drei Wochen lang nicht im *Stern* vertreten gewesen war (obwohl doch zu erheblichen Teilen eben Nannen für die Nichtvertretung haftete).

Egon Vacek, Ressortleiter Außenpolitik, geriet über seine Niederlage bei einer dieser Schlachten so in Wut, dass er aus dem Konferenzzimmer stampfte und die Tür hinter sich zudonnerte – nicht ohne dem versammelten Gremium zugeschrien zu haben: «Für mich seid ihr alle Arschlöcher!» Nannen also auch. Der grinste und beschied den Chefgraphiker: «Na ja, tun Sie's rein, er hat gut gekämpft.»

Gut gekämpft! Als hätte Nero im Zirkus dem Kampf zwischen Christen und Löwen zugesehen – wer immer wen fraß, der Kaiser amüsierte sich. Zugunsten Nannens lässt sich immerhin sagen: Er hatte Sportsgeist und war durch nichts zu beleidigen; er spürte, dass ihm da vielleicht doch eine ziemlich gute Geschichte durch die Lappen gehen könnte, wenn einer derart rabiat für sie focht; und in Vaceks Wutausbruch würdigte er im Übrigen jenes Engagement, von dem der *Stern* schließlich lebte.

Ja, es war aufregend, beim *Stern* zu sein, seine Auflage war doppelt so hoch wie die des *Spiegels*, 16-Jährige lauerten jeden Donnerstag auf ihn, er war das heißeste Medium deutscher Sprache, und an internationaler Geltung hatte er *Paris Match* und *Life* überholt. Das war mein Trost in diesem schlimmen ersten halben Jahr.

Ein anderer: die Freunde, die wir bald gewannen; darunter Egon Vacek und seine weltläufige amerikanische Frau. Herzlich ging es zu bei einer Weihnachtsfeier im Familienkreis: Der Verleger John Jahr lud uns 1967 ein in sein reetgedecktes Haus an der Alsterkrugchaussee. Die Gastgeberin, Grande Dame, begrüßte uns wie alte Freunde, und beeindruckt waren wir von der Unbefangenheit, mit der ihre 26-jährige Tochter Angelika ein altes Weihnachtsgedicht vortrug.

Als diese Angelika 1972 die von ihr entwickelte Gruner+Jahr-Zeitschrift *Essen und Trinken* als Chefredakteurin übernahm, wurde natürlich getuschelt in den Büros über die Karrieren von Verlegertöchtern, und wie lange sie es wohl machen würde. Nun, sie machte es bis 1991, sie machte es gut, und dann fiel sie die Treppe hinauf: Chefredakteurin auch noch von *Schöner Wohnen* wurde sie und 1994 die Herausgeberin aller acht sogenannten Lifestyle-Zeitschriften des Verlags. Wie sie das schaffe, mit zwei Kindern noch dazu, wurde sie gefragt. Sie sei diszipliniert, entscheidungsfreudig und geradeheraus, sagte sie. Ich erlebte sie stets ansprechbar und immer gut gelaunt.

Im Jahr 2000 rückte Angelika Jahr in den Gruner+Jahr-Vorstand auf; 2008 wechselte sie in den Aufsichtsrat. Bis zuletzt hielt sie die Fahne des Journalismus hoch gegen den Mehrheitseigner, den Riesen Bertelsmann, und als die Familie Jahr 2014 ihre bis dahin gehaltene Sperrminorität an eben jenen Riesen verkaufte, trauerten viele Redakteure den Jahrs nach; der Angelika am meisten.

Wie man große Politik macht mit schönen Bildern und einer grandiosen Idee, das hatte der *Stern* 1967 mit seiner Reportage aus dem alten Städtchen Grünberg in Niederschlesien bewiesen, das nun Zielona Góra hieß. Nichts, das lässt sich behaupten, hat der Ostpolitik der späteren Regierung Brandt/Scheel so nachhaltig den Boden bereiten helfen wie diese Reportage. Was war ausgerechnet an Grünberg so aufregend? Dass die Deutschen, die dort an der Hauptstraße gewohnt hatten, und die Polen, die nun in den alten deutschen Häusern wohnten, vorgestellt wurden in Wort und Bild, mit ihren Freuden und ihren Sorgen. Und siehe: Alle waren mehr oder weniger zufrieden, auch die alten Grünberger in Bremen, Mönchengladbach oder Rüdesheim, und zurück wollten sie höchstens als Besucher.

Und waren das nicht nette Leute, diese Polen, die meisten einst von Deutschen geschunden und dann von Russen verjagt, und nun lachten sie in die Kamera mit ihren vielen Kindern! Fast die Hälfte aller Bewohner von Zielona Góra war schon hier geboren. Und was genoss mindestens diese Hälfte selbstverständlich? Heimatrecht – nach der Definition der deutschen Vertriebenenverbände! So macht man Politik, predigte Nannen: nicht mit Leitartikeln, sondern mit Menschen und Geschichten; und recht hatte er.

Der Redaktionsalltag blieb bei alldem schwierig und schwer durchschaubar – nicht nur für Neuankömmlinge. Keine zentrale Planung und Erfassung, bis ich sie mühsam erkämpfte. Viele Manuskripte durchlöchert von der Verifikationsabteilung mit ihren 25 000 Büchern, umgeschrieben vom Ressortleiter, vom Textchef (also mir) kritisiert, manchmal von Nannen in schöpferischem Wahnsinn durch den Wolf gedreht. Dazu die quälenden Zeitabläufe: Dicke Hefte wurden in drei oder vier Produkten von verschiedenem Aktualitätsgrad hergestellt, über zwei, ja drei Wochen verteilt, häufig mit der Wirkung, dass der Redakteur die Folge 3 einer Serie früher liefern musste als die zweite Folge – und dass das fertige Heft ziemlich spät eintrudelte, während wir längst an den beiden nächsten bastelten.

Dazu der versaute Feierabend: um 19 Uhr nach Hause gehen, wie bei der Zeitung, weil die Fernausgabe fertig ist? Nicht doch! Theaterkarten? Auf eigenes Risiko! Man blieb, weil eine Überschrift noch nicht dreifach abgesegnet war. Weil bei Sekt Ideen sprudelten, die der *Stern* durchaus brauchen konnte. Und weil die Heimgeher wenig Chancen hatten, in den engeren Zirkel aufzusteigen.

Das größte Problem für alte Zeitungshasen aber blieb die Aktualität. Zur Hälfte knüpfte der *Stern* an aktuelle Ereignisse an – immer zwei Tage nach den Tageszeitungen, drei nach dem Fernsehen; günstigenfalls, wenn nämlich das Ereignis am Montag stattfand, dem letzten Tag der Redaktionsarbeit am nächsten Heft. Also konnte der *Stern* nur bestehen, indem er anders war und auf irgendeinem Feld auch besser: weil er die einzigen Fotos hatte oder die besten, weil ihm die verblüffende Perspektive eingefallen war, weil er die bohrende Recherche, die brillante Reportage bot oder das feurige Resümee. Einfach zu *reagieren* auf Reden, Verlautbarungen, Debatten, Premieren, Meisterschaften, Katastrophen – wovon die Tageszeitung vollständig leben kann: Das hält eine Zeitschrift niemals über Wasser.

Eine so ungewohnte Art zu denken, ein so zähes Ringen um die perfekte Form, ein so phantasievolles Anarbeiten gegen die Entbehrlichkeit des Produkts: das hat mancher namhafte Zeitungsjournalist nicht gemocht oder nicht verstanden; Herbert Riehl-Heyse, Starautor der *Süddeutschen Zeitung*, zerbrach später daran nach vier Monaten als Ko-Chefredakteur.

Als ich die Strukturen endlich durchschaut und die Organisation ein wenig gestrafft hatte, begannen etliche der Haifische mich zu respektieren: Nun ja, ein bisschen Ordnung schadet nicht, und in einem Punkt ist dieser Schneider ein nützliches Gegenteil von Nannen: Er ist berechenbar.

Auch feixten die Konferenzteilnehmer, dass da einer war, der es dem Nannen rhetorisch heimzahlte. Themenvorschlag Nannen: «Wir müssen endlich mal was machen über die Verlogenheit, die da in Bonn ausgebrochen ist!» Kommentar Schneider: «Herr Nannen, die Verlogenheit ist so alt wie die Demokratie – mindestens 2500 Jahre. In Bonn ist überhaupt nichts ausgebrochen. Sie haben nur was gemerkt. Und nun wollen Sie Ihr privates Aha-Erlebnis als Zäsur der Weltgeschichte unter die Leute bringen.» So was steckte Nannen lachend weg. Das ist ja das Schöne an Menschen mit gewachsener, solider Arroganz: Sie zu kränken ist unmöglich.

Der Status, den ich auf solche Weise erworben hatte, machte mich freilich zur Hassfigur der linken Meinungsführer in der Redaktion. Sie sympathisierten mit der Studentenbewegung, die 1966 in Westberlin entstanden war, der *Außerparlamentarischen Opposition*, wie sie sich nannte. Die kämpfte *gegen* die USA und ihren Krieg in Vietnam, gegen die Bullen, die Professoren, die *Bildzeitung* und das ganze verrottete Establishment – *für* Karl Marx, Herbert Marcuse, Che Guevara und Ho Chi Minh, für sexuelle Befreiung und eine schlechthin bessere Welt. Sie randalierte und schrie «Enteignet Springer». Das deutsche Bürgertum war entsetzt. Es war die Zeit, in der der holländische Knabe Heintje die deutschen Schlagerparaden eroberte.

Zum Wortführer der APO machte sich im *Stern* Heiner Bremer (1986 einer der vielen *Stern*-Chefredakteure nach Nannen – 1989 kurioserweise Axel Springers Pressesprecher). Auf sein Betreiben lud Nannen Rudi Dutschke ein, den Vormann der APO; er dozierte über «den repressiven und manipulativen Charakter» der parlamentarischen Demokratie und erhob bittere Vorwürfe gegen Gräfin Dönhoff, weil sie in der *Zeit* die ersten Steinwürfe gegen die Schaufenster von Springer-Filialen in Berlin als Terror eingestuft und ihren Leitartikel mit der Überschrift «Die gesteinigte Demokratie» versehen hatte.

Für einen unvermuteten Gedanken war Dutschke nicht erreichbar; auf mein geheucheltes Bedenken, dass Lenin den großen Marx in sein Gegenteil verkehrt, nämlich die Diktatur *des* Proletariats durch die Diktatur einer Kaderpartei *über das* Proletariat ersetzt habe, reagierte er mit einem Wortschwall von der Art, dass jedenfalls «der städtische Guerrillero als Organisator schlechthinniger Irregularität zur Destruktion des Systems der repressiven Institutionen berufen» sei. (Wahrlich, er hatte studiert.)

Als Rudi Dutschke am 11. April 1968 von einem Wirrkopf niedergeschossen worden war, kam es in Berlin, Hamburg, München zu Straßenschlachten, Randalierer drangen gewaltsam ins Foyer des Springer-Hochhauses an der Berliner Mauer ein, andere setzten Springers Fuhrpark mit Brandfackeln in Flammen. «Steine ließen die Hochburg der Verdummung und Verhetzung zerklirren!», jubelte der *Spiegel*. Auch die APO-Fraktion im *Stern* war begeistert. Als sie darüber aber nicht nur berichten, sondern die Krawalle auch noch bejubeln wollten, zog ich, als rechtschaffener Bürger und Textchef des *Sterns*, die Notbremse. Schreien konnte auch ich.

Einen großen Empfang gab der *Stern* für Christiaan Barnard, den Chirurgen aus Kapstadt, der im Dezember 1967 mit der ersten erfolgreichen Herztransplantation Aufsehen erregt hatte – und sogleich den Weltruhm einkassierte: Der Papst, der Schah von Persien, der amerikanische Präsident Johnson empfingen ihn, rasche Affären mit Weltstars wurden ihm nachgesagt, uns Journalisten zeigte er pausenlos das Lächeln des Siegers.

Ich selbst fand seine Pose wie auch die Einschätzung seiner Tat ein bisschen übertrieben: Mit 30 Assistenten hatte er operiert, nach 18 Tagen war sein berühmter Patient an etwas anderem gestorben, und bis heute habe ich meine Zweifel, ob es wirklich ein Fortschritt ist, dass Chirurgen darüber entscheiden können, welches Herz in welchem Körper schlagen soll. Herzlich aber lachten wir alle, als Barnard seinen Lieblingsschlager zu hören begehrte: Drafi Deutschers «Marmor, Stein und Eisen bricht».

Es geschah am 21. Oktober 1968, dass mich eine total überraschende Einladung erreichte: Der Chefredakteur von Springers *Welt*, Herbert Kremp, wollte mich treffen. Er war zuvor Chefredakteur der *Rheinischen Post* gewesen, die ich aus Washington zusammen mit der *Süddeutschen* belieferte, und hatte mich beschworen, in Washington zu bleiben. Sein Angebot diesmal: Werden Sie Diplomatischer Korrespondent in Bonn, als Nachfolger des Hans-Werner Graf Finck von Finckenstein: Zweitwohnung in der Hauptstadt, Schreibauftrag für dort und für alle interessante Politik auf Erden.

Ein Traumjob. Finckenstein genoss hohes Ansehen, den Ruf der *Welt* hatte Kremp noch nicht ruiniert, und der *Stern* war ja mehr ein Schlachtfeld als ein Forum für anspruchsvollen Journalismus. Nannen nahm meine Kündigung eher beiläufig entgegen; böse war er offensichtlich nicht: Dass da einer an seiner Allmacht kratzte, konnte ihn nicht freuen.

Am 19. Dezember stand im Branchendienst *Kress-Report*: Schneider wird Diplomatischer Korrespondent der *Welt*. Am 29. Dezember unterschrieb ich den Vertrag, mit dem Zusatz: «Ich danke für die honorige Art, in der Sie auf meine Änderungswünsche eingegangen sind, und sehe meiner neuen Aufgabe mit freudiger Ungeduld entgegen.»

Ehe ich den Brief auf die Post gab, erreichte mich ein Anruf von Richard Gruner, dem Wortführer der drei Verleger: Bleiben

Sie! Wir haben was viel Besseres für Sie! Am 4. Januar wurde ich im firmeneigenen Jet nach Ascona eingeflogen, wo Gruner und Gerd Bucerius ihre Zweit- oder Drittvillen unterhielten – und auf einer Terrasse hoch über dem Lago Maggiore beschworen sie mich: Sie sind der Einzige, den dieser Henri Nannen als Partner akzeptiert! (Er schaufelte den Verlegern zwar Milliarden in die Taschen, warf aber dabei, ihrer Meinung nach, zu viele Millionen aus dem Fenster.) Also: Werden Sie *Stern*-Verlagsleiter! Wir zahlen gut.

Zwei solche Angebote! Da erlitt ich die Qual der Wahl auf höchstem Niveau. Champagner! Nein, nie hätte ich auf diesen klassischen Journalistenposten bei der *Welt* verzichtet – wäre da nicht etwas Verblüffendes, ja Erhebendes geschehen: Einzeln und in Gruppen besuchten mich an die zwei Dutzend *Stern*-Redakteure, um mich zum Bleiben zu bewegen – darunter, und das war wirklich erstaunlich, auch mehrere Mitglieder jener linken Wortführer, mit denen ich fast in jeder Konferenz der letzten Monate im Clinch gelegen hatte; ich provozierte sie ja mit Sprüchen wie: «1968 ist überhaupt das Dümmste, was nach 1945 in Deutschland geschehen ist.»

Beliebt zu sein, das war mir noch nie widerfahren. Nannen auf Augenhöhe zu begegnen (ohne mich keine Neueinstellung, keine Gehaltserhöhung, keine Umfangserweiterung): das würde eine Genugtuung sein. Und in diesem Hochdruckkessel weiter mitzukochen – eine Lust! War das nicht grandios, wie dieser Henri Nannen auf der Höhe seines Welterfolgs die Stimmung zu verbreiten verstand: Dass wir die Größten, die Besten, die Erfolgreichsten sind: das ist uns selbstverständlich viel zu wenig! Leute, krempelt die Ärmel auf!

Die eine Stimme
Zwischen *Stern* und Axel Springer

Stern oder *Welt*? Mit Lilo legte ich buchstäblich eine Strichliste des Für und Wider an. Seufzend sagte ich am 8. Januar 1969 schließlich bei Springer ab. Am 12. Januar stand im *Schweitzer-Dienst*: «Wolf Schneider wird nicht als neuer Diplomatischer Korrespondent der *Welt* nach Bonn gehen, sondern bei Gruner+Jahr die Treppe hinauffallen: Er wird Verlagsleiter des *Stern*.»

Ohne irgendeine Ahnung von Betriebswirtschaft, versteht sich – aber auch nicht als Kaufmann engagiert, sondern als Koordinator, Prellbock, mit dem Generalauftrag, Nannen zu zähmen und Schaden vom *Stern* abzuwenden. Lilo nannte mich den höchstbezahlten Lehrling der Welt. Aber damit konnte man leben und davon auch. Ich bezog ein größeres Büro, bekam einen schönen Mercedes und beschäftigte drei Sekretärinnen.

Im Juni 1970 geschah es, dass Henri Nannen sich und den *Stern* zu zelebrieren wünschte: ein *Stern*-Fest im neu erbauten Luxushotel Maritim in Timmendorfer Strand an der Ostsee! An mir war es, das zu organisieren. Rund hundert Prominente aus Werbung, Wirtschaft und Politik luden wir ein, darunter den Bundesverteidigungsminister Helmut Schmidt, den stellvertretenden CDU-Vorsitzenden und ehemaligen Bundesinnenminister Gerhard Schröder und prominente Auslandskorrespondenten von ARD und ZDF – jeweils «mit der Dame Ihres Herzens», so wollte es Nannen und grinste sich eins: damit kein Gast sich zu unwillkommener Begleitung genötigt fühle.

Udo Jürgens und Ella Fitzgerald lud ich ein, dazu Frank Elstner (durch Radio Luxemburg populär) als Moderator für den Gala-Abend, das damals berühmte Tanzorchester James Last und ein Fernsehballett. Unendliche Organisationsarbeit: Welche Gäste bekommen die Suiten, welche die Zimmer zur Ostsee hin, welche bloß die auf der Landseite? Und vor allem: Wer hält wann welchen Vortrag, wer moderiert welches Symposion über welche Themen?

Wie der *Stern* funktioniert. Wie er es geschafft hat, zur größten «Anzeigenplantage» der Welt zu werden. Warum die Werber gerade damit gut bedient seien, dass die Redaktion niemals auf ihre Wünsche Rücksicht nehme – das schaffe ein Umfeld der Glaubwürdigkeit. Nannen erzählte dazu: Als einmal eine Kosmetikfirma ihre Anzeigen im *Stern* stornierte, weil die ganze Branche im *Stern* ungerecht behandelt werde, habe er geantwortet: Man möge ihm verzeihen, dass er nun die von dieser Firma hergestellte Zahnpastatube aus seinem Bad entfernt habe.

Und natürlich ging es um die Probleme der deutschen Spaltung und die Zukunft der Weltwirtschaft. Und natürlich hatte noch keiner irgendeine Ahnung, dass das Zeitalter des Papiers bald zu Ende gehen würde.

Das Programm gefiel offenbar auch den meisten Damen so gut, dass sie auf das ihnen angebotene Damenprogramm verzichteten; zu den bedeutenden Kosten des Ganzen gehörten so die 80 ungegessenen Rehrücken, von denen ich im Schabbelhaus in Lübeck 90 bestellt hatte. Die Stimmung war aufgeräumt, das Lob reichlich, und am Steg vor dem Hotel ankerte Nannens Hochseeyacht, zur Besichtigung freigegeben. Er kann nur zufrieden mit sich gewesen sein.

In die *Stern*-Redaktion blieb ich als Verlagsleiter integriert: immer in der täglichen Konferenz dabei, nicht an Ratschlägen sparend. Auch als Autor war ich weiter im Geschäft: «Die Wiedervereinigung ist tot», schrieb ich im April 1969. Keiner unserer Verbündeten wolle sie, und auch die Westdeutschen wären kaum bereit, «auch nur eine einzige Italienreise auf dem Altar der Wiedervereinigung zu opfern». Ja: Weg mit Mauer, Stacheldraht, Diktatur und Stasi – und dann mit den Bürgern der DDR ein ebenso herzlicher Umgang wie heute mit den Österreichern! «Warum sollen die Sachsen dann nicht ihren eigenen Staat behalten?»

Dagegen hatten sie nichts, die linken Meinungsführer der Redaktion. Krawall aber gab es im Juli 1969, als ich mir in der Konferenz die Frage erlaubte: «Könnte es sein, dass das Schrumpfen unserer Auflage etwas mit dem dampfenden Linksradikalismus zu tun hat, der bei uns immer mehr Raum bekommt?» Es tobten zumal Erich Kuby und Manfred Bissinger, der spätere Chefredakteur von Konkret. Kuby engagierte sich besonders für die Lehre des abtrünnigen Freud-Schülers Wilhelm Reich, der 1930 gepredigt hatte: Die repressive bürgerliche Gesellschaft halte ihre Macht durch sexuelle Unterdrückung aufrecht, vor allem indem sie die Einehe erzwinge und den Inzest verbiete. Damit wurde Reich zum Säulenheiligen der 68er: durch Beischlaf zur Revolution! Das *musste* ja Spaß machen.

Konkret führte es vor, indem es Karl Marx mit nackten Frauen verkuppelte. Die Berliner «Kommune I», die 1967 zur Brandstiftung an Kaufhäusern aufgerufen hatte, predigte den kollektiven Beischlaf, und auf einem vielgedruckten Foto stellte sie ihre sieben nackten Hintern aus (neben denen ein etwa fünfjähriges Kind, das die Revoluzzer neugierig von vorn betrachtete). Der NDR zeigte und lobte im Dritten Programm einen Sechsjährigen beim Onanieren.

Auch ein häufiger Wechsel der Geschlechtspartner war politisch erwünscht – ironisch zugespitzt zu dem berühmten Spruch: «Wer zweimal mit derselben pennt, gehört schon zum Establishment.»

Dagegen meldete sich freilich feministischer Protest: «Befreit die sozialistischen Eminenzen von ihren bürgerlichen Schwänzen!», dichtete ein «Frankfurter Weiberrat».

In der *Stern*-Redaktion war ich lange Zeit der Einzige, der diesem kollektiven Wahn offen entgegentrat. Ob es nicht doch etwas übertrieben sei, das Ejakulat als Weihwasser der Revolution zu feiern, fragte ich. Als *Konkret* die amerikanischen Studentinnen tadelte, weil sie «in der Koitusstatistik weit abgeschlagen hinter ihren europäischen Kommilitoninnen landen» – da brachte ich im *Stern* den Text unter: «Jeder Geschlechtsakt macht uns alle zu Teilnehmern an einer internationalen Sexualolympiade, bei der Rekorde aufgestellt und orgasmusfaule Gesellen schimpflich überrundet werden! Seine Majestät der Koitus verteilt die Goldmedaillen.» (Erst ein paar Jahre später leider lernte ich die amerikanische Spruchweisheit kennen: «Remember the wonderful time when *air* was clean und *sex* was dirty.»)

Im Schlepptau der These von der politischen Befreiung durch Geschlechtsverkehr machte sich die Behauptung breit, das Geschlecht sei ohnehin eine bloße soziale Zuschreibung, biologisch seien die Geschlechter absolut austauschbar, und auch dazu schwenkte Erich Kuby prompt die rote Fahne. Als im Wettstreit mit ihm auch der hochgebildete und eigentlich erzvernünftige Publizist Sebastian Haffner für diesen Unsinn stritt, fand ich den Satz, der die beiden für eine Minute zum Schweigen brachte: «Meinen Sie nicht, dass, wenn zwei Menschen ein Kind haben wollen, es alles in allem kein Nachteil wäre, wenn einer von ihnen eine Frau ist?» Nannen lachte dazu.

Die Routinearbeit als Verlagsleiter war daneben nur befriedigend, aber, wie ich meinte, durchaus nützlich, indem ich dem *Stern* ein Quantum Rationalität aufzwang. So bis April 1970. Da, in meinem zweiten Jahr, wurde eine dramatische Umstrukturierung des Verlags vorgenommen: Ernst Naumann, von Springer kommend, wurde Vorstandsvorsitzender, Rolf Poppe vom *Spiegel* zuständig für die Zeitschriften, also mein Vorgesetzter. Dieser Poppe, wahrscheinlich hatte er geprobt, tat das Äußerste, um uns kleine Objektleiter binnen zehn Minuten mit Angst und Hass zu erfüllen: Ihr seid Boheme, ihr habt keine Ahnung, Betriebswirtschaft bitte, im Harvard-Stil! Täglich ein Bericht, sämtliche Zahlen auf den Tisch, wir verkehren schriftlich, von Ihrer gesamten Korrespondenz bekomme ich eine Kopie.

Das war eine kalkulierte Demütigung, noch dazu völlig ohne Nannens Charme. Bei John Jahr, dem Dritten der Verleger, sprachen wir Verlagsleiter zu einer förmlichen Beschwerde vor. Der Ausweg, den er fand, war ebenso kaltschnäuzig wie effizient – er versammelte den Poppe und alle Beschwerdeführer um sich und eröffnete die Sitzung mit dem Satz: «Ja, Herr Poppe ist ein oldenburgischer Holzkopf. Sie wollen ihn kritisieren. Dann mal los.» Alle Proteste wurden vorgebracht. Jahr sagte «Danke!» und ging. Poppe sagte nichts und blieb.

Am 18. August 1970 machte Herbert Kremp mir zum zweiten Mal ein Angebot, noch ein dickeres: Haben Sie Lust, stellvertretender Chefredakteur der *Welt* zu werden – mit dem Arbeitsbereich «alles außer Politik»? Schön, dass man weiter gefragt war. Besonders schön, dass dies zu einer Zeit wachsenden Ärgers bei Gruner+Jahr geschah. Warum zögerte ich? Mit dem Ruf der *Welt* war es schon bergab gegangen, neben die *FAZ* und die *Süddeutsche* wurde sie nicht mehr gestellt – nicht zuletzt wegen jener militanten Rechtslastigkeit, die dann 1971 zu einem Tiefpunkt des deutschen Journalismus führte. Und eben in die Politik sollte ich ja ausdrücklich nicht hineinreden dürfen.

Ich sagte also seufzend ab – nicht, weil ich noch gern bei Gruner+Jahr gewesen wäre. Im Gegenteil: Am 27. November war es so weit, dass ich «Herrn Poppe, zur Kenntnis Herrn Nannen», schrieb: «Hiermit kündige ich.» Der Vertrag laufe noch

13 Monate – «es sei denn, wir stellten Einvernehmen über einen früheren Zeitpunkt her». Ende.

Das war ein tollkühner Akt: Mutwilliger Verzicht auf ein Spitzengehalt, von dem ich die vier Wohnungen und die drei Autos meiner großen Familie zu finanzieren hatte, die nicht genau zu ermittelnde Zahl von Motorrädern gar nicht gerechnet (der Älteste war ein Bastler und hatte immer mehrere in der Garage, in verschiedenen Stadien der Fahrtüchtigkeit) – und nichts Neues in Sicht. Lilo war begeistert: Ja, so leben wir! Meine Mutter, zufällig zu Besuch, war entsetzt.

«Zweifellos stößt die Kündigung Wolf Schneiders auf das größte Interesse in der Branche», schrieb der *Schweitzer-Dienst* am 2. Dezember. «Die Nachricht verbreitete sich mit Buschtrommeln bis in die entlegensten Dependancen des Hauses. Seine Entscheidung wird im allgemeinen, besonders aber bei den Journalisten, bedauert.» Aber die Götter waren noch einmal mit mir – ja sie stellten mich vor die Wahl, welche von zwei Positionen mich doch noch vor dem finanziellen Absturz bewahren sollte.

Die eine Chance ergab sich aus dem unvermuteten Niedergang des großen Henri Nannen. Im Dezember 1970 erhob Gerhard Löwenthal, der rechtslastige Moderator des ZDF-Magazins, schwere Vorwürfe gegen zwei Exponenten des *Sterns*: Hans Weidemann, Leiter der *Stern*-Aktion «Jugend forscht», sei 1944 als SS-Obersturmbannführer für die Erschießung von Partisanen im norditalienischen Bevilacqua verantwortlich gewesen, und Henri Nannen, als Leutnant in einer Propagandakompanie Weidemann zugeordnet, habe davon gewusst.

Da setzte Nannen Himmel und Hölle und den ganzen Riesenapparat von *Stern*-Korrespondenten, Rechercheuren und Dokumentaren in Bewegung, um Löwenthal zu widerlegen. Strafanträge, Verfügungen von beiden Seiten gegen beide Seiten. Zunächst aber, am 16. Dezember, bekam Nannen Gelegenheit, im ZDF öffentlich gegen Löwenthal anzutreten. «Sie sind ein Verleumder!», schrie er den Moderator vor 20 Millionen Zuschauern an. «Herr Nannen, Sie verlieren die Nerven», gab Löwenthal zurück.

Das Jahr 1971 eröffnete der *Stern* folglich mit zwei groß hingeblätterten Artikeln gegen Gerhard Löwenthal: Alles, was der Recherche-Apparat der Redaktion schon für die Fernsehdebatte vom Dezember herangeschafft hatte, wurde nun auch noch in zwei Ausgaben gedruckt – im ersten Heft auf sechs Seiten unter der Überschrift «Der Fall Löwenthal/Wie Löwenthal Weidemann schlug, um Nannen zu treffen – und sich dabei selber ein Bein stellte»; drei Hefte später noch einmal acht Seiten über «den Fall Löwenthal». Als Privatmann, sagte Nannen, ohne den *Stern* im Rücken, «wäre ich erledigt gewesen».

Eben dieser Zusammenhang aber erregte den Unmut vieler Redakteure, der sich in einer Vollversammlung Luft machte. *Ein Riesenstück gegen Löwenthal, das sei einleuchtend gewesen, das zweite aber entschieden zu viel; es könne nicht eine zentrale Aufgabe des *Sterns* sein, der Vergangenheitsbewältigung von Henri Nannen zu dienen.* Hinzu kam die Irritation jüngerer Redakteure, die von den Funktionen Nannens und Weidemanns im letzten Kriegsjahr erst durch das ZDF erfahren hatten.

Und gleichzeitig sackte die Auflage! In der Redaktion addierten sich die Sorgen darüber «und der Ärger über die totale Instrumentalisierung des Blattes zur Generaldebatte über das Thema: Was machen wir falsch? Was müssen wir ändern?» (So Hermann Schreiber in seiner Nannen-Biographie von 1999). Am 12. Februar beschloss die Ressortleiterkonferenz, allen Redakteuren einen Katalog von 28 Fragen über die Zukunft des *Sterns* vorzulegen, zur schriftlichen Beantwortung. 73 Redakteure beteiligten sich.

Der Auftrag, die 800 Seiten zu sichten, die dadurch zustande kamen, sie zu gliedern und lesbar zu machen, ging an mich. Am 6./7. März, einem Wochenende, arbeitete ich etwa zwanzig Stunden am Sortieren und Gewichten. Am Vormittag des 8. März stellten meine Sekretärinnen daraus die Synopse in Reinschrift her, 37 Seiten lang. Am Nachmittag, zur Vollversammlung, bekam jeder Redakteur eine Kopie in die Hand.

Was stand da drin? In der Zusammenfassung Hermann Schreibers: Die Chefredaktion sollte sich nicht durch gemeinsame Dinner stundenlang unerreichbar machen, sondern «durch umschichtige Präsenz für pausenlose Entscheidungsmöglichkeiten sorgen». Auch die chaotische Arbeitsweise der Layout-Abteilung sei «gesundheitsschädigend für die von ihr abhängigen Redakteure». Von der Meinung, dass die innerredaktionelle Kommunikation miserabel sei, gab es keine einzige Ausnahme. Ein «gesellschaftliches Wertsystem und ein Planungsteam» müssten her, so Erich Kuby: «Die Löwenthal-Affäre hat gezeigt, wie sehr dem *Stern* ein Planungsteam fehlt, das sich notfalls auch loyal gegen den Chefredakteur stemmt.»

Vor dem Fall Weidemann hätte Henri Nannen eine solche Debatte vermutlich verhindert. Nun beteiligte er sich daran, mit im Kern konservativen Bemerkungen: «Den Leser als Erwachsenen behandeln. Er will informiert und nicht bevormundet werden.» Was ihm, Nannen, selber fehle: «Es ist zu wenig vom Glück die Rede und von dem, was Gott sei Dank noch in Ordnung ist ... Im *Stern* gibt es keine guten Menschen, keine glücklichen Familien, keine wirklichen Abenteuer und keine Stille.»

So weit Hermann Schreiber. Nach der Debatte waren die sieben Redakteure zu wählen, die den schon grundsätzlich beschlossenen «Ausschuss zur Erarbeitung einer neuen Redaktionsstruktur» bilden sollten. Ich wurde per Zuruf zum Wahlleiter bestimmt und konnte auf einen guten zweiten Platz hinter Nannen hoffen – zählte jedoch, feixend und bestürzt zugleich: Schneider 87 Stimmen, Nannen 86. Ich sagte: «Das Ergebnis ist sehr knapp – ich möchte einen Kollegen bitten, es nachzuzählen.» Er kam zum selben Resultat, und ich verkündete es. Beifall, Aufstöhnen, Gelächter. Alle blickten auf Nannen – er lächelte beherrscht.

Zwei Tage später schrieben 70 Redakteure einen Brief an Nannen mit der Bitte, mich zum stellvertretenden Chefredakteur neben Victor Schuller zu bestellen. Unmöglich, dass er das wollen konnte! Er schwieg einfach – wochenlang. Einmal sagte er zu mir: «Glauben Sie ja nicht, dass diese eine Stimme mich beeindruckt hat.» Ich glaubte es doch.

Am 18. März 1971, zehn Tage nach der Wahl, stand im *Kress-Report*, dem maßgeblichen Branchendienst, ein Text, der mein Leben veränderte: «Auch politisch relevant ist eine Verstärkung der *Stern*-Chefredaktion, die bei Redaktionsschluss noch nicht vertraglich fixiert, aber ‹im Grundsatz von beiden Seiten beschlossen› war (Nannen): Wolf Schneider, *Stern*-Verlagsleiter im Kündigungsstand, wird ‹verhältnismäßig schnell› stellvertretender Chefredakteur – neben Victor Schuller. Schneider wird verantwortlich sein für ‹Arbeitsablauf und Organisation›. In dieser Funktion wird er mit der ihm eigenen Autorität zum Beispiel ausufernde politische Grundsatzdebatten auf dem harten Boden technischer Notwendigkeiten zähmen können. Schneiders Rückkehr in die Redaktion – auf der Management-Schiene hatte er enttäuscht gekündigt – wird von vielen *Stern*-Redakteuren als ein Programm gesehen: als stabilisierendes Element gegen die Jusos der Redaktion, die in der letzten Zeit ein bisschen den Aufstand probiert hatten.»

Am Abend eben dieses 18. März rief mich Ernst J. Cramer an, der engste Vertraute von Axel Springer und 1949 jener stellvertretende Chefredakteur der *Neuen Zeitung*, der mich den angelsächsischen Journalismus gelehrt hatte: Treffen wir uns morgen in Springers Stadthaus, Jungfernstieg 17a?

Bei Kress musste irgendwas gestanden haben, was Cramer gern gelesen hatte. Und nun bekam ich ein Angebot, dem ich unmöglich widerstehen konnte. Ein alter Freund beim *Stern* freilich warnte mich: «Herr Schneider, Sie werden bei Springer nichts werden. Er ist ein weicher Mensch, und Sie verwenden in mündlicher Rede korrekte Konjunktive.»

1971–1973

13

Im Tollhaus
Zweieinhalb verrückte Jahre

Und *wozu* lud Ernst J. Cramer mich ein für den 19. März 1971 ins Haus Jungfernstieg 17a? Für den Verlag Axel Springer ein Nachrichtenmagazin zu entwickeln – die große Alternative zum *Spiegel*, wie schon etliche Verlage sie versucht hatten, doch stets vergeblich. Ich war überwältigt. Wenn Deutschlands größter Verlag damit auf den Plan trat – wie konnte es diesmal scheitern? Schneider gegen Augstein! So viel auch nur zu hoffen wäre mir niemals in den Sinn gekommen.

Am 24. März unterschrieb ich einen schönen Fünf-Jahres-Vertrag. Am Abend rief ich Nannen an. Er lachte nur kurz auf: Durch bloßes Abwarten war er ihn losgeworden, diesen lästigen Menschen mit seinen 87 Stimmen. Ich rief Rolf Poppe an, der mich als Nannens Stellvertreter ausdrücklich favorisiert hatte (da ich ja zum Verlagsleiter seines Stils sowieso nicht taugte); er sagte: «Das ist ein scheiß Haus, in dem so was passieren kann.»

Wir aber beschlossen, uns ein Haus zu kaufen. Am 27. März begannen wir zu suchen. Am 7. April fanden wir es, am 10. April kauften wir es, am 30. April zogen wir ein: in einen großzügigen Flachdachbungalow im grünen Großhansdorf bei Hamburg, der Ostsee nah.

Am 13. April hatte ich mich im *Stern* verabschiedet, nach vier Jahren und vier Monaten der Turbulenz. Mein Gruner+Jahr-Vertrag lief noch; sehr wörtlich nahm ich ihn nicht mehr. Schon am 19. April konstituierte sich die «Projektgruppe Nachrichtenmagazin» im 16. Stock des Springer-Hochhauses direkt an der Berliner Mauer. Der 16. Stock? «Eine gute Adresse!» So murmelte man tatsächlich auf den Korridoren: Denn über uns waren nur noch die Vorstandsbüros und im 18. Stock die Wohnung Axel Springers sowie der «Club». In dem durften wir sogar Mittag essen, zwischen Vorstandsmitgliedern und prominenten Gästen.

In meine kleine Redaktion holte ich Hans Gresmann, ehemals stellvertretender Chefredakteur der *Zeit*, Hellmut Jaesrich, Redakteur der gerade eingestellten Kulturzeitschrift *Der Monat*, und die Springer-Journalistin Marion Wedekind, Witwe meines Schulfreunds Hans-Joachim, der durch Selbstmord geendet war. Der Reihe nach riefen die Pressedienste bei uns an, und zu meiner Verwunderung durfte, ja sollte ich ihnen fröhlich Auskunft geben. (Mein Misstrauen gegen diese Hauspolitik setzte später ein.)

Was wollten wir anders machen als der *Spiegel*? Vor allem dreierlei – und das meiste hing mit der Person, der Macht und den Marotten des Rudolf Augstein zusammen. Als Menschen kannte ich ihn wenig: kurze Begegnungen auf *Stern*- und *Spiegel*-Partys, kaum ein Gespräch. Neben Nannen wirkte er wie der schmächtige Gehilfe des gewaltigen Zirkusdirektors.

Augsteins Erfolg war bewundernswert – seine Methoden waren mir zum Ekel. Nicht Journalist wollte er sein, Politik wollte er machen, und das schaffte er, ganz ohne Mandat. Seinen Machtanspruch formulierte er später (im *Spiegel* 15/1994) unverhohlen so: «Ich wollte Strauß aus der Bundesregierung katapultieren. Als Verteidigungsminister, Außenminister und erst recht als Nachfolger des Bundeskanzlers musste er unmöglich gemacht werden.»

Er musste! Immerhin, Augstein hatte dafür die Form des Meinungsartikels gewählt. Routine war ja das Gegenteil: die «Nachrichtengeschichten» mit Meinungen zu verquicken, zu vergiften. Die CDU, hieß es über ihren Wahlkampf beispielsweise, setze «ihren Verdummungsfeldzug» gegen die Wähler fort – eine starke Behauptung, die in einem Kommentar einer guten Begründung bedurft hätte. Aber hier war das Schmähwort einfach Teil des gefetteten Vorspanns, mit der Aura einer schieren Nachricht also. Widerlich.

Das Zweite, wovon wir uns unterscheiden wollten, war der berühmte, schon von Hans Magnus Enzensberger verspottete *Spiegel-Jargon*: Mutwillige Verhunzung der Grammatik («Das Ende von Show-Legende X»); Inflation unverlangter Vornamen («Fritz Meyer mit Ehefrau Hilde und Pudel Bello» – statt mit Frau und Hund); Schwelgen in weit hergeholten Wörtern in zerzausten Sätzen: «Wir kennen, ketzerte Hildesheimer in seiner gegen die labernde Biographen-Mehrheit zielende Mozart-Monographie, keine verbürgte geistreiche Erwiderung von ihm.» Ketzern, motzen, pöbeln, himmeln, rapportieren – bloß nicht «sagen» sagen! Als Tiefpunkt die Bildunterschriften in ihrer kalkulierten Unsinnigkeit: «Bin ich ein Laubfrosch?: Flughafen Hannover.» Wie verkrampft, wie lächerlich das alles war, ist dem *Spiegel* nicht mehr anzusehen: Stefan Aust hat in seinen zehn Jahren als Chefredakteur ein kräftiges Aufräumen veranstaltet.

Schließlich: Viel lebhafter wollten wir sein – zehnseitige Titelgeschichten, wenn überhaupt, dann mit anschaulicher Gliederung; Analysen und Reportagen planmäßig wechseln; auf jeder zweiten oder dritten Seite ein kleines Schmunzelstück: Glosse, Satire, Anekdote. Und Kommentare *natürlich* als solche gekennzeichnet.

Schon im Mai fragte der Vorstand an: Ob ich mir auch einen Ko-Chefredakteur vorstellen könnte? Durchaus – wenn ich ihn wählen darf! Was halten Sie von Joachim Fest?, fragte ich. Mit dem war ich locker befreundet, er befand sich in der Endphase seiner großen Hitler-Biographie, er fand die Idee ganz reizvoll – und wieder gab es viel Gegacker um ein ungelegtes Ei: Die Pressedienste wurden unverzüglich informiert, «Fest und Schneider wollen dem *Spiegel* Konkurrenz machen.»

In Berlin residierte ich in einer ständigen Suite im Hilton-Hotel nahe der Gedächtniskirche; in Großhansdorf hatte ich erst wenige Tage verbracht. Schon am 22. Mai sollte ich dem Verleger unser Konzept präsentieren. Ich rotierte. Springer hörte mir drei Stunden zu und zog das Fazit: «Ich bin tief beeindruckt. Ich sehe zum ersten Mal nach einem Vierteljahrhundert die Chance, dem *Spiegel* Konkurrenz zu machen.» Peter Tamm, der Vorstandsvorsitzende, sprach danach zu mir bloß zwei Worte: «Totaler Sieg.»

Doch eben der war es nicht. Zunächst bastelten wir einfach weiter in unserer 16. Etage. Ich wurde eingeladen, mir Gedanken über die Größe der künftigen Redaktion zu machen und eine Struktur für sie zu entwerfen – schon weil der Hausarchitekt das Redaktionsgebäude für uns konzipieren müsse: In den bisherigen Häusern sei kein Platz für uns. Der Architekt kam. Die Büros wollte er nach Ost und West ausrichten; ich war für Nord und Süd, weil im Sommer die tiefstehende West-Sonne eine Katastrophe sei, im *Stern* hatte ich's erlebt. Bei alldem das Staunen: Es scheint also wirklich wahr zu werden? Und ein keimendes Misstrauen auch.

Warum aber passierte nun nichts? Am 2. Juni: ein Schlag ins Kontor – der erste der vielen Schläge, die ich bei Springer einstecken musste; noch der mildeste: Ein neues Dummy bitte! Der Verleger hätte gern ein stärkeres optisches Element. Also bastelten wir mal wieder: zwei Bildstrecken von je acht Seiten wurden in das Konzept integriert – mit großartigen echten Fotos zwischen unseren Blindtext-Seiten. Ja, keine schlechte Idee. «Report» sollte es heißen.

Am 12. August: die zweite Präsentation. Diesmal fand sie in Springers Villa auf Sylt statt, dem Klenderhof – und standesgemäß wurde ich im Hubschrauber eingeflogen, Tafeln im Format

DIN-A1 im Gepäck, mit großen Texten nach Art einer heutigen Power-Point-Präsentation. Die Stimmung war geradezu euphorisch, und entzückt lauschte ich dem Streitgespräch, das Peter Tamm, der Vorstandsvorsitzende, und Eberhard von Brauchitsch, Springers Generalbevollmächtigter und Vermögensverwalter, sich lieferten: Sind die zu vermutenden Anlaufkosten von etwa 50 Millionen als 50 Millionen in den Etat einzusetzen – oder nur als 25, weil wir ja entsprechend Steuern sparen? Nach einem überschwänglichen Mittagessen wurde ich zurückgeflogen.

Schönere Tage habe ich selten erlebt. Am 18. August räumte ich die Hilton-Suite, die mir elf Wochen lang zur Verfügung gestanden hatte für meine 22 Flüge nach Berlin. Meine Kinder fieberten mit mir. Der Elfjährige schlug mir für mein Nachrichtenmagazin einen, wie er sagte, «dramatischen Erfolgsartikel» vor: «Kann das Ei auch in der Dollarkrise oval bleiben?»

Freilich, das lange Schweigen irritierte mich mal wieder. Am 9. September, vier Wochen nach dem Klenderhof, rief Cramer mich zu sich und verkündete: Herr Springer ist begeistert – aber er traut sich nicht recht. Machen Sie doch einfach mal Urlaub. Oder fliegen Sie für uns vier Wochen nach New York!

Noch ehe ich startete, folgte am 20. September die Beerdigung: Ihr Projekt ist «auf Eis gelegt», sagte Peter Tamm – also tot, ich kannte die Redensart. Die *Welt* liege zu schwer darnieder! Die Auflage schrumpfe, das Defizit sei auf 14 Millionen gestiegen. Haben Sie Lust, fragte Tamm: Sie erfinden eine neue *Welt* und werden deren Chefredakteur – unter Herbert Kremp als Herausgeber? Der dritte Anlauf in Sachen *Welt*: Diplomatischer Korrespondent, stellvertretender Chefredakteur, Chefredakteur! Aber sollte man diesem Verlag noch was glauben?

Mit dem Anti-*Spiegel* also war es vorbei. Und allmählich konnte ich mir zusammenreimen: Ernstlich hatte das Haus ihn nie geplant. Mein Auftrag war es nur, eine Drohkulisse aufzubauen. Der *Spiegel* besaß ja keine Druckerei; ausgerechnet bei Springer, seinem politischen Erzfeind, wurde er gedruckt; und der Vertrag enthielt die Klausel: Solange er läuft, darf Springer kein Nachrichtenmagazin auf den Markt bringen. Nun stand er zur Verlängerung an – und Springer gab das Signal: Ihr müsst ja nicht verlängern. Aber dann ... Mein Marktwert hatte also darin bestanden, dass ich dem *Spiegel* als bedrohlich genug erscheinen konnte.

Tags darauf, am 21. September, verfügte ich, dass die Firma Springer der «Projektgruppe Nachrichtenmagazin» ein Abschiedsessen zu finanzieren habe, im Restaurant Haerlin des Hamburger Hotels Vier Jahreszeiten, mit Dom Pérignon zur Begrüßung.

Mein Vertrag war auf fünf Jahre abgeschlossen, ich musste beschäftigt werden – und so erteilte Cramer mir am 24. Oktober den Auftrag, mit meiner Truppe eine bessere *Welt* zu konzipieren – ohne Kremp. Gegen Kremp? Für mich? Das blieb offen. Jedoch hinterlegte ich sogleich: Dass Willy Brandt den Friedensnobelpreis bekam, war der *Welt* vom 21. Oktober nur einen Einspalter wert, neben dem vierspaltigen Aufmacher über eine Rede von Franz Josef Strauß. «Das ist ein mieses Gegenstück zur tückischen Linkslastigkeit des *Spiegels*», sagte ich. «So was können Sie von mir nicht erwarten.» Sie haben völlig recht!, versicherte Cramer.

So bezogen wir am 29. Oktober 1971, acht Tage nach diesem Gespräch, am Gänsemarkt im Herzen von Hamburg eine Büroflucht von törichterweise 17 Zimmern. Mein Team wurde verstärkt um Jürgen Juckel, der zuvor Oberchefredakteur aller Zeitschriften im Schweizer Ringier-Verlag gewesen war, Wilhelm Herzog, bei Springer seit Jahren mit diversen Entwicklungen betraut, und Sandra von Bismarck, einer Praktikantin des Hauses.

Wir entwarfen eine lebendigere Seite 1 und vor allem ein Generalkonzept (das heute erst recht modern wäre, aber großenteils noch immer nicht verwirklicht worden ist): dass eine Tageszeitung sich 1971, bei einer fast totalen Fernseh-Abdeckung deutscher Haushalte, mehr wie ein tägliches Nachrichtenmagazin verhalten müsse. Wichtiger als die Nachricht also ist die Analyse; eine Reportage gehört auch auf Seite 1. Kremp schaute mal vorbei und äußerte sich abfällig. Wie viel er eigentlich zu sagen hatte (oder haben würde) – uns sagte es keiner.

Am 12. April 1972, nach fast einem halben Jahr des Mehr-und-mehr-Herumgammelns, werde ich nach Berlin bestellt und höre: Auch dieses Projekt ist begraben. Bauchlandung Nummer 2. Vier Tage später schreibe ich an Peter Tamm: Wenn es die *Welt* nicht ist – wie wäre es, wenn Sie mich zum Chefredakteur der etwas müden *Welt am Sonntag* machten? Sie erscheint einen Tag vor dem *Spiegel* – welche Chancen hätte sie da! Keine Reaktion.

Am 23. April hatten wir in unserem Haus in Großhansdorf 40 Gäste, überwiegend aus der «Hamburger Journaille», wie sie sich selber nannte: Seht nur, es gibt mich noch! Am 8. Mai traf ich bei Tamm mit Kremp zusammen – und nachdem ich bei der *Welt* immer mehr hatte werden sollen, fühlte Kremp sich nun zu dem Angebot aufgerufen: Kommen Sie doch einfach mal drei Monate als Gast in die Redaktion! Ich reagierte finster, sagte bei beiden schriftlich ab – und schrieb an Cramer: dass ich mich wie in einem Tollhaus fühlte. Vier Wochen Schweigen.

Am 11. Juni endlich fragte er mich: Haben Sie Lust, Chefredakteur unserer Monatszeitschrift *Dialog* zu werden, des «Magazins für Politik, Wirtschaft und Kultur»? Das war ein Nischenblatt, von Springer irgendwann gekauft, ziemlich müde gemacht, nur vereinzelt am Kiosk, überwiegend verteilt unter «Entscheidungsträgern». Chef von noch weniger konnte man kaum werden. «Ein Bamperl-Chefredakteur», spottete ich mit Lilo auf gut Bayerisch. Aber ich war mürbe und griff zu.

Schon tags darauf bekam Cramer einen Schriftsatz mit mehreren klaren Feststellungen: «Dialog hat in Stoff und Darbietung interessant zu sein: weil Leser, die nichts bezahlt haben, nachweislich die uninteressiertesten Leser sind. Es hat also diejenigen redaktionellen Maßnahmen zu ergreifen, die geeignet sind, die Kirche zu füllen und alsdann die Kirchgänger am Einschlafen zu hindern.»

Mit ungeheurem Elan und drei neuen Redakteuren warf ich mich auf die August-Ausgabe. Könnte auf diesem Umweg vielleicht doch noch ein Anti-*Spiegel* heranreifen? In den Pressediensten wurde sogleich darüber spekuliert. Als mein erstes Heft erschienen war, schrieb der Informationsdienst *text intern*: «Es empfiehlt sich, das Blatt sorgfältig zu beobachten.» Axel Springer verschickte 170 Exemplare mit seiner Visitenkarte an besonders wichtige «Entscheidungsträger».

Am 23. November lud er seine Chefredakteure in den 18. Stock ein, in den «Club», und ich machte zwei interessante Erfahrungen. Die eine: Als er zehn Minuten mit mir plauderte (alle anderen hielten sich abseits, das war wohl so üblich), spürte ich, dass zwischen uns nicht gut plaudern war; es hatte wohl doch etwas auf sich mit meinen bedrohlichen Konjunktiven. Die andere: Kaum aus Springers Umkreis entlassen, wurde *ich* umlagert. Denn ich war ja nun wer. So lief das im Hause.

Die *Süddeutsche Zeitung* zitierte fast regelmäßig mein monatliches Editorial – im Januar 1973 mit einem Text, der mir noch heute nicht ganz falsch vorkommt:

> Die Deutschen, einst auf die Anzettelung von Weltkriegen spezialisiert, haben eine neue Leidenschaft entdeckt: den Wunsch, von aller Welt geliebt zu werden ... Wir verzichten auf die Wiedervereinigung – der Osten liebt uns dafür, der Westen nicht minder, denn ohne sein Zutun ist er eine Verpflichtung losgeworden, die ihm schon immer lästig war. Die DDR will internationale Anerkennung – wir schenken sie ihr, Todesschüsse hin

oder her. Die DDR will einen Grundvertrag, sie kriegt ihn, Nadelstiche und Schikanen dürfen uns nicht irritieren.

Willy Brandt wird zur Unterzeichnung nach Ostberlin gebeten, also reist er selbstverständlich hin; oder doch lieber nicht, wird in Ostberlin angedeutet, also reist er selbstverständlich nicht, und die Liebe wächst. Die Franzosen lieben uns, denn mit der Besiegelung der deutschen Spaltung hat Brandt den Alpdruck von ihnen genommen, den einst Clemenceau in den brutalen Satz fasste, es gebe 20 Millionen Deutsche zu viel auf der Welt. Nun sind 17 Millionen endgültig abgeriegelt.

Nie hatte es die Welt mit einer bequemeren deutschen Regierung zu tun. Jedes Runzeln einer ausländischen Augenbraue, jeder neue kommunistische Affront versetzt uns in Bestürzung: Haben wir etwas falsch gemacht? Sollte es noch eine Rechtsposition geben, die wir nicht geräumt haben, obwohl sie einem Nachbarn nicht gefällt? Bei uns ist der Fortschritt, wir haben das nationale Interesse abgeschafft! Nur leider als einziges Land in der Welt.

Im Februar 1973 wies ich den Vorstand auf die nächsten Schritte hin, die das Haus ergreifen könne, wenn es den unleugbaren Erfolg von *Dialog* weiterentwickeln wolle: Im Herbst auf 14-tägliches Erscheinen umstellen – zwei Jahre später, im Herbst 1975, das Blatt in ein wöchentliches Nachrichtenmagazin verwandeln. «Der *Spiegel*-Druckvertrag läuft dann nur noch anderthalb Jahre, was den Verlust vielleicht erträglich macht.» Auch hätte die Druckerei, von jetzt an gerechnet, zweieinhalb Jahre Zeit, sich nach neuen Druckaufträgen umzusehen.

Natürlich geschah das Gegenteil. Am 18. Mai 1973 fand meine dritte Bauchlandung im Hause Springer statt, nach dem «Anti-*Spiegel*» und der neuen *Welt*: Der Verleger empfing mich in Berlin und sagte: *Dialog* müssen wir leider einstellen – es ist zu teuer.

Wir erwägen, «ein deutsches *Wall Street Journal*» auf den Markt zu bringen. Könnte das was für Sie sein?

Die *Süddeutsche Zeitung* begrub mich am 26. Mai vierspaltig unter der Überschrift «Selbst für Springer zu teuer». Das Projekt sei «recht verheißungsvoll» gestartet, «Wolf Schneider krempelte das Blatt tüchtig um» und habe es verstanden, *Dialog* ins Gespräch zu bringen; nun sei auch dieser Plan einer *Spiegel*-Konkurrenz gescheitert. Der *Spiegel* selber äußerte sich fast vornehm: «Dass der *Dialog* nun den Weg aller *Spiegel*-Kopien gehen muss», hieß es in der «Hausmitteilung» vom 28. April, «ist ein Zeichen für die Härte des Marktes, auch ein Haus wie Springer resigniert vor den enorm gestiegenen Kosten.»

Am 16. Juli 1973 fragte mich der scheidende Chefredakteur von *Christ und Welt*, ob ich Lust hätte, sein Nachfolger zu werden. Ich hatte keine. Am 18. Juli, vor einer Versammlung aller Springer-Chefredakteure (ich schien also noch dazuzugehören), sagte Peter Tamm zu mir: «Vergessen Sie das *Wall Street Journal*. Cramer und ich sind der Meinung, dass Sie Chefredakteur der *Welt* werden sollten.» Der vierte Anlauf! Ein Kollege flüsterte mir zu: «Sie wissen doch, dass die ganze Redaktion der *Welt* in Wartestellung ist? Alle fragen sich: Wen wird der Schneider hinrichten?» Sie wussten also mehr als ich!

Warum überhaupt sollte die *Welt* einen neuen Chefredakteur bekommen? Ein Defizit-Objekt war sie schon immer – aber nun ging es mit der Auflage ebenso bergab wie mit der Reputation; in der öffentlichen Geltung war die linke *Frankfurter Rundschau* an ihr vorbeigezogen. Tamm und Cramer hielten Kremp für den Schuldigen: Ein begnadeter Journalist war er anscheinend nicht, und seine Rechtslastigkeit war penetrant.

Nun ging es dem Vorstand darum, Axel Springer für den Wechsel zu gewinnen. Der zunächst unpolitische Verleger mit dem phänomenalen Gespür für die Leser hatte sich seit 1958 ja ein erzkonservatives Weltbild zurechtgelegt, in dem die SPD ihm fast so zuwider war wie die Kommunisten; Kremp hatte ihm mit seinem Entschluss, den Friedensnobelpreis für Willy Brandt zu einem Einspalter zu degradieren, möglicherweise geradezu ein Vergnügen bereitet. Also, sagten sich Tamm und Cramer offenbar: Dienen wir ihm einen bewährten rechtsliberalen, für ihn folglich noch erträglichen Journalisten als Chefredakteur an, damit der versuchen kann, die Talfahrt der *Welt* zu beenden.

Wenn der Historiker Hans-Peter Schwarz in seiner Springer-Biographie von 2008 recht hat, dachte der Verleger schon in derselben Richtung: «Die *Welt* war hochdefizitär. Es musste etwas Einschneidendes geschehen, um das ‹Flaggschiff› des Verlags wieder in Fahrt zu bringen. Springer entschied sich dafür, den Kampfcharakter der *Welt* etwas abzuschwächen und zugleich einen versierten Blattmacher mit der Umgestaltung des Konzepts zu beauftragen. Das Kunststück sollte Wolf Schneider zustande bringen. Er kam von Henri Nannens *Stern* und hatte sich bei Springer energisch, aber erfolglos bemüht, aus der Monatszeitschrift *Dialog* eine Art Gegen-*Spiegel* zu machen. Das Blatt kam aber nicht aus den roten Zahlen heraus. Schneider wurde im September 1973 Chefredakteur der *Welt*, um das Blatt aufzumöbeln und zugleich das Image zu verbessern.»

Zur Sicherheit, müssen Tamm und Cramer sich gesagt haben, sollten wir Springers wichtigsten Vertrauten und Berater als Schneiders Fürsprecher gewinnen: Hans Habe – einst Erfinder der *Neuen Zeitung*, nun, mit 62, Bestseller-Autor mit Wohnsitz Ascona. Sie kennen ihn doch? Ja, ich hatte ihn im März dort besucht, um ihm eine Kolumne in *Dialog* anzubieten, und er war ein charmanter Gastgeber für Lilo und mich.

Nun also: Zwischen dem 1. und dem 24. August bin ich in Ascona, jeweils von Montag bis Donnerstag in seiner ausladenden Villa strikt von 10 bis 13 und von 15 bis 18 Uhr, das war

Habes Stil. Witzig, böse, schlitzohrig analysierte er die derzeitige *Welt*, mit der frappanten Zuspitzung: «Sie ist nicht sympathisch», und gemeinsam heckten wir aus, was alles man an ihr moderner, lebhafter, kraftvoller machen könnte.

Der 31. August 1973 war der große Tag, an dem Habe und ich dem Verleger Axel Springer in seinem Schloss Sophienlust bei Schierensee in Holstein die *Welt* präsentierten, wie sie sein sollte und sein würde, wenn ich Chefredakteur wäre. Wir überreichten ihm ein Exposé von 46 Seiten; das Wichtigste daraus trugen wir im Wechsel vor. Der entscheidende Passus lautete:

> Die *Welt* ist nicht sympathisch. Sie ist kalt, spröde, uncharmant und bierernst – auch nach Ansicht ihrer Freunde. Ihr Ton ist gereizt, nervös und beleidigt. Ein verwirrendes und zänkisches Blatt hat es schwer, schwankende Leser für seinen Standort einzunehmen – zumal wenn dieser Standort nicht von der Zeitmode begünstigt wird.

Dann eine Fülle von Ideen. Und von mir ausdrücklich der Hinweis: «Den Friedensnobelpreis für Willy Brandt hätte ich natürlich vierspaltig aufgemacht – wie ich ihn kommentiert hätte, steht auf einem anderen Blatt.» (Der Verleger in ihm nickte, der politische Missionar hielt sich zurück.) Am Schluss des Exposés der freche Satz: «Nach einem Jahr werden 80 Prozent der angestrebten Qualität erreicht sein. Der Chefredakteur leistet sich einen Urlaub.» Springer schien beeindruckt, fast vergnügt.

In Großhansdorf tranken wir Champagner, wieder mal. Am 4. September speiste ich in Berlin mit Springer, Cramer, Tamm sowie Hans Wallenberg, auch er einst Chefredakteur der *Neuen Zeitung*, nun ebenfalls Berater und Freund des Verlegers. Springer sagte, ihn bewege nur eine Frage (und offenbar bedrückte sie ihn): Wie sag' ich's dem Kremp?

Am 13. September endlich rief Tamm mich an: Glückwunsch, die Sache ist gelaufen! Aber dann kam der Pferdefuß: Springer hatte Kremp konzediert, dass er mit dem Titel «Redaktionsdirektor» getröstet werden soll – ohne Befugnisse, Herr Schneider! Ich war wütend. Ich schluckte die Kröte. Aber mit vier Bedingungen. Mir wird schriftlich, später wird öffentlich mitgeteilt, dass allein ich die *Welt* verantworte. Ich bekomme einen frischen Fünf-Jahres-Vertrag. Ich bekomme eine Gehaltserhöhung. Von *Dialog* nehme ich sieben Redakteure mit.

Genehmigt, genehmigt! Fünf Tage später jedoch, am 18. September, liest Tamm mir den Entwurf des Kommuniqués vor, mit dem Satz: «Dr. Kremp wird sich verstärkt den politischen Fragen widmen.» Protest! Das klingt ja, als würde er der Chefkommentator! Er wird überhaupt nichts, er hat nur einen Titel! Das Kommuniqué wird geändert, Tamm gibt's mir schriftlich.

Am Samstag, dem 22. September 1973, ruft der NDR mich um 8 Uhr morgens zum Chefredakteur aus. Vier Stunden lang klingelt alle paar Minuten das Telefon, mit den Glückwünschen der Familie, der Freunde, vieler Kollegen. Der Einspalter auf Seite 1 («Wolf Schneider wird WELT-Chefredakteur») ärgert mich allerdings schon wieder. Erster Satz: «... hat Dr. Herbert Kremp zum Redaktionsdirektor berufen.» (Als ob *das* die Nachricht wäre!). Zweiter Satz: «Dr. Kremp bleibt für die politische Kontinuität der *Welt* mitverantwortlich.»

Ich schäume. Ich insistiere, dass Springer vier Tage später, bei meiner Amtseinführung, ausdrücklich feststellt: «Herr Schneider ist der verantwortliche Chefredakteur» (er tat es) und dass im Impressum steht «Chefredakteur (und verantwortlich für den Inhalt ...)». Es steht. Aber der Machtkampf ist programmiert, und ich werde ihn verlieren. Eltern und Kindern schreibe ich am 23. September:

Die *Welt* zu führen ist eine Unternehmung wie die Besteigung des Großen Schreckhorns (das hatte ich mir 1970 zugetraut): über alle Maßen herrlich, über alle Maßen entsetzlich und über alle Maßen strapaziös. Es ist ehrenvoll, freudvoll und grauenvoll. Ich habe mir ein Jahr zum Ziel gesetzt, genauer gesagt elf Monate, bis zum 1. September 1974, dann ab nach Grindelwald: In diesen elf Monaten muss das Wesentliche geschafft sein.

Grindelwald kam. Geschafft war es nicht.

14

1973–1974

Auf dem Vulkan
Dreizehn Monate lang Chefredakteur der *Welt*

26. September 1973, 11 Uhr: Im sogenannten Produktionsraum der *Welt* sind rund hundert Gesichter versammelt, fast durchweg fremde. Springer sagt etwas Angemessenes; Kremp hat sich eine Rede ohne Peinlichkeit für ihn oder für mich zurechtgedrechselt; ich spreche, anders als die beiden, schwungvoll und frei. Dem Selbstverständlichen («Ich freue mich ... Wir werden alle ...») füge ich hinzu: «Liberalität» hätte ich mir auf die Fahne geschrieben (einigen stockt der Atem, erzählen sie mir später) – «hanseatische Liberalität, meine ich: Weltoffen wollen wir sein und unaufgeregt.»

Peter Tamm sagte mir abends am Telefon: «Das war ja mutig, das mit ‹liberal›! Herr Springer hat Sie sehr bewundert.» Nun denn.

Zwei Tage lang sah ich mich zunächst nur um und ließ Werner Marquardt das Blatt machen, den stellvertretenden Chefredakteur unter Kremp und nun unter mir (das, merkte ich später, hätte ich verhindern sollen). Dann begann ich mit meinem Mindestprogramm: Ich leitete die tägliche Konferenz um 10.30 Uhr (Kremp nahm nicht teil), las alle Kommentare für Seite 4 und sprach zehn Minuten vor dem ersten Redaktionsschluss (18 Uhr) im Produktionsraum die Überschriften für Seite 1 durch.

Ein sauberer, lebhafter Nachrichtenteil – das war die erste Aufgabe! Die jungen Leute in der Nachrichtenredaktion fanden Spaß daran, sie wurden meine ersten Verbündeten: Wilm Herlyn darunter, später Chefredakteur von dpa, und Claus Larass, später Chefredakteur von *Bild* und stellvertretender Vorstandsvorsitzender des Hauses Springer. In der Innenpolitik und im Feuilleton dagegen identifizierte ich rasch ein paar rechtslastige Betonköpfe, die offenbar hofften, ich würde eine Episode sein, die sich überleben lasse. Zusammen mit Werner Marquardt, der Spinne im Netz, betrieben sie von unten, womit Kremp sich von oben beschäftigte: den Schneider überwinden!

Am Abend des 1. Oktober versammelte ich die Redaktion im Konferenzraum, beschrieb ihr zwei Stunden lang das Programm, das ich mit Hans Habe und mit Springers Segen entwickelt hatte, und hielt anschließend einer Diskussion von drei Stunden stand – «im Schlussgalopp die Zähne zeigend», hielt ich für die Familie fest. Heimfahrt um Mitternacht mit starken Kopfschmerzen und leichten Herzbeschwerden.

In der Wochenendausgabe vom 6. Oktober erschien mein erster Leitartikel: «Wo steht der Geist?» Alles Linke genoss damals ein öffentliches Ansehen, von dem man sich heute nur noch schwer eine Vorstellung machen kann; ich schloss daher: «Heute noch links zu stehen ist das, was die linke Intelligenz jahrelang als eigentliches Schrecknis fürchtete: Es ist konformistisch. Unmöglich, noch weniger originell zu sein. Ein Wandel durch Anödung zeichnet sich ab.»

An demselben 6. Oktober hatten Syrien und Ägypten den jüdischen Feiertag Jom Kippur dazu benutzt, jäh über Israel herzufallen, und das gab mir am 7. Oktober, beim Sonntagsdienst, die Chance zu einem Nachrichten-Fest: Wir räumten die ganze erste Seite leer, und ich selbst plagte mich damit, aus der agenturtypischen Verschachtelung der Plusquamperfekte die dramatische Chronologie herauszubasteln, ein Minutenprotokoll der Katastrophe: «22.57 Schreie im Kino: Es ist Krieg!» *Stern*-Stil. Dort wurde das registriert. Cramer rief an, Springer habe gesagt: «Es macht wieder Spaß, die *Welt* zu lesen.»

Am 3. November versammelten sich alle Auslandskorrespondenten der *Welt* mit den Politik- und Nachrichtenredakteuren zu einer Wochenendklausur im Hotel Maritim am Timmendorfer Strand (demselben, das ich im Mai 1970 für den *Stern* gebucht hatte). In meiner Begrüßungsrede brachte ich den mehrdeutigen Satz unter: «Die Grundidee der *Welt* ist so gut, dass sie von keinem Chefredakteur umgebracht werden kann.» Die Stimmung war entspannt. Nach dem abschließenden Mittagessen fuhr ich für sechs Stunden zum Sonntagsdienst.

November 1973, sechs Wochen im Amt: Am 8. November eine Rede vor 60 Werbeleitern der deutschen Industrie im Maritim. Am 15. November ein Vortrag vor den Vertriebsleitern des Hauses in Travemünde. Am 26. November in der Morgenkonferenz ein Tadel für die Redaktion: «Achtzig Prozent aller Initiativen gehen von mir aus. Das passt mir nicht. Möchten Sie bitte aufwachen.»

Am 29. November um 17.30 beehrte sich der neue Chefredakteur der *Welt*, in Bonn zu einem Empfang zu bitten. Es kamen fünf Bundesminister, sieben Botschafter, darunter der Päpstliche Nuntius, etliche Staatssekretäre, Fraktionsvorsitzende und Franz Josef Strauß. Kremp war nicht da. Die Gäste begrüßte ich so:

> Die Chefredakteure kommen und gehen – die *Welt* geht davon nicht unter. Heute ist wieder mal einer zu besichtigen, und ich danke Ihnen, dass Sie gekommen sind. An der politischen Linie der *Welt* wird sich nichts ändern – aber unabhängig von der Kommentierung wollen wir ein großes Informationsblatt sein, das von politischen Freunden und politischen Gegnern mit dem gleichen Gewinn gelesen werden kann. Ja, es ist so, dass ein Blatt eine Chance haben muss, das sich auf die harte, klare, kühle, faire Information spezialisiert.

Ich plauderte vor allem mit drei künftigen Bundespräsidenten: Scheel (ab 1974), Carstens (ab 1979), Weizsäcker (ab 1984). Scheel empfahl mir dringend den Luxemburger Mosel, den er sich hatte einschenken lassen, nötigte mich, einen Probeschluck aus seinem Glas zu nehmen, und rief mir fröhlich nach: «Schön, so ein Chefredakteurs-Empfang! Wann kommt der nächste?» Sieben Monate später wurde er Bundespräsident, als Nachfolger von Gustav Heinemann, dem ich in *Dialog* «den Charme von Spinat» nachgesagt hatte; Scheel begrüßte ich in der *Welt* mit den Worten:

> Da wird nun alles Sauertöpfische aus der Villa Hammerschmidt verschwinden. Ein weltläufiger Mann zieht in sie ein, einer, der die Kraft des richtigen Wortes und der treffenden Geste besitzt, der das Übliche wie das Unkonventionelle mit leichter Hand zu meistern versteht – ein Unikum in deutschen Landen.

Das große Thema im November 1973 aber war die Ölkrise. Die OPEC, die von Arabern beherrschte Organisation erdölexportierender Staaten, hatte als Vergeltung für Israels Sieg im Jom-Kippur-Krieg die Preise drastisch erhöht, damit auch die deutsche Wirtschaft durcheinandergebracht und sogar das deutsche Gemüt: Sonntagsfahrverbot! In seiner Kolumne in *Bild am Sonntag* wies Peter Bachér besinnlich auf die Chancen hin, die darin lägen: An einem solchen Sonntag könne man ja «mal wieder nach Schopenhauer greifen».

Ich traute meinen Augen nicht – und folgerte, zunächst völlig falsch: Gründlicher könne man, ausgerechnet bei der Leserschaft der *BamS*, nicht danebenliegen. Dann aber schloss ich, vermutlich richtig: «Natürlich werden wir, die *BamS*-Leser, niemals nach Schopenhauer greifen. Aber einmal im Leben lesen, dass wir durchaus nach Schopenhauer greifen könnten: Das ist unser Beitrag zum deutschen Wesen, das lesen wir gern.» Seit mir diese Deutung eingefallen war, fand ich die Kolumne fast genial.

Am 19. November stellte ich in einem Leitartikel «10 Thesen zur Ölkrise» auf. These 9: Sie locke die Vorkämpfer des Rückschritts aus den Löchern, sie begeistere Jusos, Kohlrabi-Apostel und alle Philosophen der Brotrinde. These 10: Es sei aber gerade nicht die Bescheidenheit, die Europas Völker an die Spitze getragen habe, sondern Härte und Initiative. Zugleich zeigten wir im Foto die Präsidenten von Ägypten und Algerien sowie den Palästinenserführer Arafat, nebeneinander sitzend, herzhaft und gleichsam schamlos lachen. Der Nachrichtenredakteur Erwin Duncker begann seine Bildunterschrift mit den Worten: «Die Sonne Allahs über sich, das Öl Arabiens unter sich ...» Und ich lud ihn ein, sich von nun an sämtlicher Bildtexte anzunehmen.

In das Gefühl, im fünften Monat halbwegs etabliert zu sein, knallte am 15. Februar der Satz von Hans Habe: «Zwischen uns ist Krieg!» Er sprach ihn ohne Einleitung am Telefon, stammelte ein paar nicht sehr erhellende Sätze und legte auf.

Was war geschehen? Nichts! Aber gerade darin lag offenbar das Problem. Ja, seit Schierensee hatte ich mich nicht bei ihm gemeldet, ihn nie um Rat gefragt und schon gar nicht ihn zu Beiträgen für die *Welt* eingeladen. Ich hätte wissen können, dass dies ein Fehler war: In Ascona hatte ich ja mitbekommen, dass allwöchentlich ein, zwei Chefredakteure des Hauses telefonisch bei ihm gut Wetter machten. Da war also eine dritte Front eröffnet – zusätzlich zu den Betonköpfen unter mir und dem Betonkopf über mir.

Der Zustimmung des Axel Springer konnte ich mir schon seit November nicht mehr sicher sein: Als da in der deutschen Öffentlichkeit darüber gestritten wurde, ob Griechenland trotz des diktatorischen Regimes der Obristen als Nato-Mitglied noch erträglich sei, hatte ich geschrieben: Selbstverständlich – bei seiner strategischen Lage! (Ohrfeige gegen Deutschlands Linke). Dass Griechenland weder frei noch demokratisch sei, hätten wir dabei in Kauf zu nehmen. (Ohrfeige für Springer.)

Ich hatte es geahnt: Ausgerechnet unter den griechischen Obristen hatte er seine erste Auslandsinvestition getätigt. Ich bekam es auch zu hören – von Springers Vorzimmerherrn, Nagel hieß er, Chefredakteur nannte er sich; zu hören in jener Form, die mich bis zum Schluss begleitete, wenn ich mich kritisch zu Franco, Salazar, schließlich Pinochet geäußert hatte: «Sie wissen ja, Herr Schneider, dass wir Sie in keiner Weise beeinflussen wollen. Aber Herr Springer wäre schon sehr glücklich, wenn Sie ... Musste das denn sein?»

Es musste. Eine saubere Zeitung wollte ich machen. Da gab es, ein Jahr *nach* meinem Gastspiel bei der *Welt*, bei irgendeinem Empfang eine kuriose Begegnung mit Herbert Kremp: Offensichtlich hatte er getrunken (wie ziemlich oft), kam auf mich zu, griff mich am Jackenknopf und sprach: «Sie! Sie wollten ja eine gute Zeitung machen.» Ein merkwürdiger Vorwurf, erwiderte ich – was wollten denn Sie? «Ich wollte die Macht über gedrucktes Papier behalten!», herrschte er mich an.

Freilich, oft und immer wieder hätte ich das Gespräch mit Springer suchen – bei ihm also dafür werben müssen, dass nur ein fair gemachtes Blatt ohne Schaum vor dem Mund die Chance habe, Respekt zu gewinnen und dadurch Einfluss auszuüben. Warum habe ich das nie getan? Weil Springer natürlich höchstens hätte plaudern wollen – was nicht meine Stärke ist, schon gar nicht am Telefon. Weil ich unterstellte: Zwei Jahre lang wird er mich gewähren lassen, sonst kriegt er eine schlechte Presse (er bekam sie auch) – und bis dahin werde ich ihn überzeugt haben.

Ich arbeitete bis zum Zerreißen. Im Büro von 9 Uhr bis 20.15 – mindestens, wenn nämlich die zur Kontrolle von mir abgehörte *Tagesschau* nichts brachte, was wir verpasst hätten; sonst länger, für die Spätausgabe. Täglich fünf Konferenzen, für die Tagesarbeit und für die Planung über den Tag hinaus. Zwischendurch insgesamt 25 Leitartikel und das Doppelte an Kommentaren und Glossen. Jeden Sonntag im Dienst.

Am 27. März war ich vom Chefredakteur der *Times*, William Rees-Mogg, zum Lunch in London eingeladen, zusammen mit unserem Korrespondenten Fritz Wirth. Einen Kurzvortrag über die *Welt* (in möglichst *britischem* Englisch) hatte ich einstudiert; über deutsche Zustände und die Zukunft Willy Brandts diskutierte ich mit den leitenden Redakteuren zwei Stunden lang.

Den Bundeskanzler hatte der SPD-Fraktionsvorsitzende Herbert Wehner ja schon im September 1973 zum Abschuss freigegeben: Er bade gern lau, «so in einem Schaumbad», hatte er Journalisten erzählt. Am 11. März 1974, kurz vor dem Besuch in London, hatte ich geschrieben:

> Es wäre ein Gewinn, wenn Willy Brandt, der längst aufgehört hat, das Staatsschiff zu lenken, nun auch die Kommandobrücke verlassen würde. Schon erinnert er an den tragischen Kapitän in Joseph Conrads Erzählung «The End of the Tether», der blind auf der Brücke steht und darum bangt, dass die Besatzung es nicht merken möge.

Die Nacht vom 6. auf den 7. Mai (meinem Geburtstag) verbrachte ich überwiegend mit dem Versuch, den nun vollzogenen Rücktritt Willy Brandts mit allen Facetten in fünf Aktualisierungen zu bewältigen. Die bevorstehende Wahl Helmut Schmidts zu seinem Nachfolger kommentierte ich später so:

> Die Entfernung Brandts aus dem Kanzleramt war ein Erfolg an sich: Selbst gar kein Regierungschef wäre den Leuten lieber gewesen als dieser; man war seiner Hilflosigkeit ebenso überdrüs-

sig wie seiner grämlichen Philosophie hinter dem Küchenofen. Auch bot die SPD durchaus nicht niemanden an (obwohl schon dies ein Fortschritt gewesen wäre), sondern Helmut Schmidt.

Vom 17. bis 19. Mai war es richtig schön, Chefredakteur der *Welt* zu sein: Drei Tage Venedig! Die Chefredakteure der *Welt*, der *Times*, von *Le Monde* und von *La Stampa* (Turin) trafen sich, um eine gemeinsame Europa-Beilage zu konzipieren. Die Beschlusslage blieb unklar, das Ambiente war königlich und von zwei Episoden geschmückt. Die eine: Die Lufthansa hatte unser Gepäck nicht mitgeliefert, die Kollegen wussten das. Als Lilo und ich zum Abendempfang die Treppe des Hotels Danieli hinunterschritten, wurden wir mit Beifall begrüßt: Ich hatte meinen hellen Anzug mit einer schwarzen Fliege zu einer Art Smoking erhoben, Lilo aber, da das Richtige nicht rasch genug zu finden war, ein knöchellanges, knallbuntes Gartengewand zum Abendkleid geadelt.

Die andere Episode: Leicht angetrunken schlenderten wir alle nächtens am Dogenpalast entlang – und da lieferte der Chefredakteur von *La Stampa* einen Klassiker jenes jüdischen Hintersinns und Aberwitzes, den ich sammle und bewundere. Auf den Palazzo deutend, sprach er mit schriller Stimme: «It looks like plaster, painted by the Venice tourist office to make it look like Venice.»

In meinen Leitartikeln nahm ich mich unterdessen unerschrocken jedes heißen Themas an. Unter der Überschrift «Wir werden weniger» stellte ich fest, Deutschland *schrumpfe* im Gleichschritt mit der Emanzipation – und natürlich, die solle sein: «Man muss nur wissen, welchen Preis man dafür zahlt, dass vor der Frau ein höheres Ideal als das der Mutterschaft aufgerichtet wird: Die Kinder werden eben weniger.» Was also würden wir eines Tages sein? «Reich, emanzipiert und ausgestorben.»

In die Redaktion zog im Sommer zusätzliche Unruhe ein:

Halboffiziell hatten wir vernommen, dass Springer erwäge, die *Welt* von Hamburg in die Hauptstadt der großen Politik zu verlagern, nach Bonn. Wer würde überhaupt umziehen wollen? Wer würde am Ende gar nicht mehr gebraucht? Um konkrete Planung wurde ich nicht gebeten. Ich hätte auch kaum Zeit gehabt.

Am 8. August trat Richard Nixon zurück, der 37. Präsident der Vereinigten Staaten. 1955 hatte ich ihn zu einem Kurzinterview für die *Associated Press* abgefangen, während er, als Vizepräsident unter Eisenhower, durch ein paar amerikanische Einrichtungen in München stürmte; mehr als seine Worte beeindruckte mich seine Entennase, die kein Foto plastisch genug hatte wiedergeben können.

Meinen Leitartikel von 1974 stellte ich auf Seite 1, er hieß «Ärger, Zweifel und Zuversicht» und drückte ein doppeltes Unbehagen aus: Über Nixons unendliche Winkelzüge – aber auch über eine Treibjagd,

> wie sie nie zuvor auf einen einzelnen Menschen veranstaltet worden ist. Diese Metzelei am lebenden Objekt, diese frohlockende Demütigung durch alle Marktschreier der Nation anderthalb Jahre lang überstanden zu haben spricht von einer Nervenkraft, die Bewunderung verdient und beim Zusammenbruch Erbarmen ...
>
> Die gedämpfte Zuversicht gilt der Tatsache, dass Amerikas demokratische Institutionen intakt geblieben sind; das System der Kontrollen und Gegengewichte hat funktioniert – quietschend zwar und in der denkbar unangenehmsten Weise, aber eben funktioniert: Die Inhaber der Macht verjagen zu können, sei es durch Wahlen, sei es notfalls auch auf so schmerzliche und peinliche Weise, das ist unser gutes Recht – und es ist ein königliches Recht, von dem die halbe Menschheit vergebens träumt.

In meinen September-Urlaub meldete ich mich bei Axel Springer brieflich ab mit dem Eingeständnis, mein Versprechen von Schloss Schierensee, jetzt würden 80 Prozent der angestrebten Qualität erreicht sein, hätte ich nicht eingehalten:

> Die große und zum Teil mit jahrzehntealten Gewohnheiten behaftete Redaktionsmasse war noch schwerer in Bewegung zu setzen, als ich befürchtet hatte. Die geplanten Werbemaßnahmen und Umfangserweiterungen sind im arabischen Öl ertrunken. Und natürlich lag es auch an den Versäumnissen, für die ich hafte.
>
> Immerhin – würden Sie mir den Satz gönnen: Die *Welt* ist besser geworden? Langsam beginnt die Kirche sich ja wieder zu füllen, wohl weil die Prediger hie und da auf einen schrillen Ton verzichten. So fahre ich denn, nach dem härtesten Jahr meines Lebens, zwar ausgelaugt, aber nicht völlig unzufrieden in die Ferien.

Dann also der September in einem schönen Chalet am Terrassenweg über Grindelwald, im Schatten von Wetterhorn und Eiger, mit viel Familie in wechselnden Besetzungen, und sogar einen Traum konnte ich mir erfüllen: den Mittellegigrat über der Nordwand des Eigers zu begehen.

Doch der Ärger folgte mir. Der angedrohte Umzug der Redaktion nach Bonn wurde offenbar an mir vorbei geplant: Der Verlagsleiter schickte mir einen Stellenplan, mit dem ich nicht einverstanden war. Ich rief ihn wütend an, und meiner Sekretärin in Hamburg diktierte ich zwei Fernschreiben, an Tamm und an Springer. Schlimmer war die Post, die ich von Axel Springer selbst bekam, handgeschrieben. Sie hatte eine Vorgeschichte und avisierte meinen Untergang.

11. September 1973: In einem blutigen Putsch hatte der chile-

nische General Augusto Pinochet das Regime des Präsidenten Salvador Allende beendet, der die Großgrundbesitzer und die Bergwerksbetreiber entschädigungslos enteignet und schließlich die Parlamentsmehrheit gegen sich aufgebracht hatte. Der für Lateinamerika zuständige Redakteur fragte mich, ob er zum ersten Jahrestag des Putsches, während meines Urlaubs also, über Pinochet einen kritischen Kommentar schreiben dürfe: Der habe die weithin (auch von der *Welt*) in ihn gesetzten Erwartungen nicht erfüllt.

Ich wusste, dass das heikel war, denn mehrfach hatte der Vorzimmerherr sich bei mir beklagt, dass in der *Welt* keiner der Briefe erschien, «die wir Ihnen doch laufend schicken»: von deutschen Kaufleuten in Chile nämlich, die sich über Pinochet begeistert äußerten. Doch ich traute dem Redakteur, Manfred Neuber, eine abgewogene Kommentierung zu – und die musste ich riskieren.

Nun aber schrieb mir Springer: «In Sachen Chile schlage ich die *Welt* neuerdings immer mit angehaltenem Atem auf.» Und ich solle doch bitte einen Blick in den beigelegten Bericht «eines seriösen Chile-Reisenden» werfen (der natürlich von Pinochet begeistert war).

Was an dem Kommentar hatte Springer den Atem stocken lassen? Chiles Katholiken, hieß es darin, hätten «tiefe Besorgnis über die immer noch andauernde Verfolgung von Anhängern des Allende-Regimes und die allgemeine Rechtsunsicherheit» geäußert. Die Militärjunta müsse sich klarmachen, dass ihre Politik der harten Hand «das chilenische Volk nicht eint ... Selbst bei der konservativen Rechten wächst das Unbehagen.» Chile drohte sich also auf den Weg von einer linken Diktatur zu einer rechten zu begeben – und da wir Redakteure zur Abwehr des Extremismus von rechts und links verpflichtet waren (den vier «Grundsätzen» zufolge, die wir alle hatten unterschreiben müssen), mussten wir es auch so sagen. Springer aber hatte gegen rechte Diktaturen offensichtlich nichts mehr einzuwenden.

Da überraschte es mich nicht, dass, als ich am 30. September aus dem Urlaub zurückgekehrt war, drei Verbündete unter den Leitenden Redakteuren mich besuchten und mich informierten: Die Redaktion glaube zu wissen, dass ich abgelöst werden solle – und zwar durch Kremp! Ich rief sofort Tamm an: Er könne nicht, er wisse nicht, und jedenfalls sei alles übertrieben, sagte er.

Am 7. Oktober wurde ich zu ihm bestellt; Peter Boenisch war dabei, Chef der *Bildzeitung* in den Jahren, als sie auf die APO einschlug, jetzt einer von Springers vielen Beratern. Sie luden mich ein, zwei zusätzliche Chefredakteure zu akzeptieren: einen prominenten Wirtschaftsjournalisten, der noch zu finden wäre – und Herbert Kremp. Das letzte Wort würde ich haben.

Ich hatte es nur drei Tage lang. Bei unserm nächsten Treffen, am 10. Oktober, stellte ich die zentrale Frage: Wenn Kremp und ich uns über den Aufmacher nicht einig sind – bin ich es dann, der entscheidet? Das nun auch wieder nicht, sagte Tamm. Sondern wer? Dann müssen Sie wohl die Entscheidung von Herrn Springer herbeiführen. «Aha – einspaltig der Nobelpreis für Willy Brandt?» Da sprach ich ein klares Nein.

Das konnte das Ende bedeuten, ich wusste es. Aber noch war ich der Chef. Im Oktober schrieb ich wieder drei Leitartikel: über Helmut Schmidt, über General Spinola in Portugal und zuletzt über das Kuriosum: 32 Mitgliedsstaaten der UNO, die für Leibeigenschaft und Sklavenhaltung berüchtigt waren, plädierten dafür, dass Südafrika ausgeschlossen werden sollte, weil es die Schwarzen diskriminiere. Am 31. Oktober hielt ich fest: «Nie war ich in der *Welt* einfallsreicher, nie fröhlicher, nie saß ich den Redakteuren mehr im Nacken als in diesen Tagen – die optimale Reaktion auf die beschissene Lage.»

Am 6. November war es dann so weit: Ich wurde «ziemlich

unzeremoniell abgemeiert», schrieb Hans-Peter Schwarz in seiner Springer-Biographie. Peter Boenisch bat mich in den 10. Stock des Hamburger Hochhauses, bot mir einen Cognac an und sagte: Sie sind hiermit abgelöst. Sie wissen ja: Gründe braucht der Verlag nicht zu nennen (ja, so stand es im Vertrag), und die übrigen Bedingungen bleiben selbstverständlich unberührt: Gehalt, Büro, Sekretärin, Dienstwagen.

Warum *er* mir das sage und nicht Herr Springer persönlich? Der sei leider verreist, und wohin, wisse nicht einmal sein Büro! Im Übrigen: Hätten Sie Lust, Korrespondent der *Welt* in Washington zu werden? «Für Kremps *Welt* nicht», anwortete ich ohne Zögern. Boenisch war anständig genug, sich in seiner Rolle offensichtlich nicht wohl zu fühlen. «Ich komme wieder unter», sagte ich im Gehen. «Aber für die *Welt* könnte ich heulen.» Das tat ich dann wohl auch.

Dann kaufte ich Champagner und Kaviar in törichter Menge – und fuhr heim. Lilo erschrak, als sie so früh mein Auto sah, ahnte alles und fluchte gotteslästerlich. Beide waren wir nicht zimperlich darin, mehreren uns namentlich bekannten Herren das Etikett «dieser Schleimscheißer!» anzuhängen. Beim Champagner sagte ich: «Nun kann ich ja morgen anfangen mit meinem Buch über die Sprache.» Lilo war baff.

Doch so geschah's: Ich blieb einen Tag zu Hause, wie mir vom Verlagsleiter geraten; wir fuhren nach Timmendorf («Ist denn was los an der Ostsee?», fragte unser Dreijähriger erstaunt) – und auf den Schreibtisch wuchtete ich das Papier, das sich seit 1946 in einer großen Schublade angehäuft hatte: Hunderte von Artikeln aus Zeitungen und Zeitschriften, Hunderte von Blättern und Zetteln mit Zitaten, Hinweisen und Einfällen. Anfangen! Heute! Ich bin es, der handelt!

Am 9. November, drei Tage nach dem Cognac bei Boenisch, empfing mich der alte Ernst J. Cramer in seinem Hamburger

Büro – und sprach den Satz des Jahres: «Sie sind nicht Springers Typ.» *Daran* also war ich gescheitert! Im Hinausgehen brachte Cramer mich sogar zum Lachen: «Dreizehn Monate waren Sie Chefredakteur? *So* lange hält die neue Konstruktion sowieso nicht.» Am 11. November war ich noch einmal in meinem Büro. Ein paar von der alten Garde kamen zum Kaffeekränzchen. Als ein Betonkopf diesen reinsteckte (neugierig? verschentlich?), rief ich ihm fröhlich zu: «Heute nicht! Vielleicht in ein paar Monaten wieder.»

Am 12. November verlas der Verlagsleiter in der großen Konferenz das Kommuniqué über meine Hinrichtung. Der Erste, der mich danach anrief, war der Intendant des Südwestfunks, Helmut Hammerschmidt; er sprach nur zwei Sätze: «Die rechten Ratten kriechen wieder aus ihren Löchern. Mein Sender ist Ihr Sender.»

Mit den vielen Medienjournalisten freilich war es schwierig: Wie gern hätte ich ihnen erzählt von Pinochet, von Kremps Intrigen, und dass er wohl eher als ich «Springers Typ» sei! Aber durfte ich riskieren, dass der Verlag behaupten würde, damit hätte ich meinen Vertrag verletzt? «Mein Vorgänger mein Nachfolger? Das ist Fortschritt im Plusquamperfekt!», wagte ich zu sagen; der *Spiegel* druckte es.

Mein Vertrag blieb sicher. Springer war offenbar erleichtert, dass ich *nicht* vom Leder zog, und ließ mir am 13. November wirklich durch Cramer seinen Dank dafür ausrichten.

Hatten sich schon die *Zeit* und die *Frankfurter Rundschau* ziemlich deutlich gegen Kremp geäußert, so konnte der für die Branche maßgebliche *Kress-Report* vom 14. November mich fast jubeln lassen: «Schneider, Pragmatiker von Kopf bis Fuß, hat es mit mehr Information und weniger Polemik versucht, wagt es sogar in heiklen politischen Fällen zu differenzieren und fängt den Auflagensturz ab. Nach 13 Monaten, aber von längerer Hand vorbereitet, sägt man den Schneider ab, belässt ihm wie zum Hohn den Titel Chefredakteur und überträgt dem Säbelrassler Kremp wieder die Verantwortung.»

Auf seinen dreieinhalb eng beschriebenen Seiten zitierte Kress auch die Springer-Pressestelle: Sie habe der «Verleumdungskampagne» des *Sterns* widersprochen, dass ich wegen politischer Meinungsverschiedenheiten mit dem Verleger abgelöst worden sei. Vielmehr hätte ich (erfuhr ich auf diese Weise überrascht) «im verlegerisch-redaktionellen Bereich zusätzliche Aufgaben übernommen». In den nächsten vier Jahren schon mal nicht.

Im *Spiegel* vom 18. November war ich «vier Wochen zu lange am Montblanc» gewesen (schlecht recherchiert, es war der Eiger), und Kremp habe meine Abwesenheit benutzt, um Springer klarzumachen, dass *er* der richtige Mann sei, um die verhasste sozialliberale Koalition kaputtzuschreiben. Dann wurde ich sogar gelobt: «Die Reparatur des Nachrichtenteils, den Kremp zum rechten Progandaforum deformiert hatte, galt im Konzern als weit fortgeschritten; die Auflage habe sich stabilisiert.» Allerdings hätte ich es, als Springer vor den Berliner Wahlen den «Bund Freies Deutschland» unterstützte, «bei angemessenen 28 Zeilen, einspaltig» bewenden lassen, so der *Spiegel*.

Ja, das war eine knifflige Entscheidung gewesen: Mein Verleger engagiert sich für eine Partei. Selbstverständlich will er sie in «seiner» Zeitung gewürdigt sehen. Selbstverständlich hat der Vorzimmerherr angerufen: «Herr Springer wäre schon sehr glücklich ...» Diagnose: Nachrichtenwert null. Erwartung des Verlegers: Zweispalter, etliche. Entscheidung des Chefredakteurs: Einspalter, einer.

Vielleicht war es dies, was das Fass zum Überlaufen brachte. Voll war es schon mit Pinochet. Über den Verleger, der mich zunächst akzeptierte – obschon nur seufzend, weil ich «nicht sein Typ» war –, hatte erneut der Missionar gesiegt.

15

Die Wörter
Vier kuriose Jahre

Hochbezahlt, kaum gebraucht, im besten Berufsalter, ohne jede konkrete Aussicht auf eine sowohl interessante als auch lukrative Position – so lebte ich fruchtbar und erstaunlich unbeschwert; dass es vier Jahre werden würden, ahnte ich natürlich nicht.

Was war als Erstes geschehen, als Springer mich gefeuert hatte? Die Betonköpfe gönnten sich ein krachendes Besäufnis. Ich bekam ein neues Büro in einem Nebenhaus nebst Vorzimmer und Sekretärin – und saß dort täglich, ja: juristisch, um dem Haus in höchster Korrektheit meine Arbeitskraft anzubieten; praktisch, um auch hier das große Buchprojekt voranzutreiben, wie ich es am Abend meines Rauswurfs beschlossen hatte.

Das Medien-Echo, zumal im *Spiegel* und bei *Kress*, bot mir dabei ein anhaltendes Vergnügen; ebenso, was auf allen Etagen über das schiere Chaos in der *Welt* geflüstert wurde. Und so konnte ich, als ich mutwillig durchs Hamburger Hochhaus schlenderte («Es gibt mich noch!») und dort Peter Tamm begegnete, auf seine anstandshalber gestellte Frage «Wie geht's Ihnen?» aus voller Lunge antworten: «Danke! Ein tägliches Quantum Selbstgerechtigkeit und Schadenfreude hält mich bei vorzüglicher Gesundheit.»

Über die Zustände in der *Welt* schrieb *Kress* am 23. Januar 1975, gut zwei Monate nach meinem Sturz: «Höchstens eine Wasserstandsmeldung ist momentan über den Zustand der *Welt*-Redaktion abzugeben: Kanal voll.» Es sei fast ein Wunder, dass die *Welt* täglich erscheine. «Wer ist eigentlich der Chefredakteur des Monats?», frage man in der Redaktion. Claus Jacobi, ehemals Chefredakteur des *Spiegels*, sah sich zum Ko-Chefredakteur neben Kremp befördert; Werner Marquardt, zunächst als einer von zunächst noch drei Chefredakteuren vorgesehen, kehrte daraufhin aus einem Urlaub nicht mehr zur *Welt* zurück.

Im selben *Kress*-Report wurde spekuliert, in der *Welt am Sonntag* (für die ich mich schon einmal ins Gespräch gebracht hatte) stehe ein Wechsel an der Spitze bevor: Hans Bluhm, ehemals Chefredakteur von *Hör zu*, und Wolf Schneider, «Mitte November übereilt vom *Welt*-Thron gestoßen», seien aufgefordert, zu überlegen, «ob und wie sie willens und in der Lage sind, im Kollegial-Team eine bessere *WamS* zu machen.» Wir überlegten, und wir mochten uns. Unser gemeinsames Konzept begann mit den Worten:

> Die *WamS* muss von vorn bis hinten interessanter, engagierter, substanzreicher werden. Sie ist eine gefällige Garnierung von Süßspeisen und Zwischengerichten; man schreit nach Brot und Fleisch. Sie muss endlich die ungeheure Chance wahrnehmen, dass sie bei späterem Redaktionsschluss als der *Spiegel* früher auf dem Markt ist als der *Spiegel*. Um diese beiden Forderungen erfüllen zu können, muss die nach Zahl wie nach Qualität dürftige Redaktion entscheidend verbessert werden.

Das lief gut. Bis *text intern* am 18. Februar meldete: «Ein einflussreicher *WamS*-Kolumnist, Hans Habe, war gegen Schneider.» Ja: Ich hatte nicht mit ihm telefoniert.

Doch schon zwei Tage später war es, als ob eine Lebenswende winkte: Dr. Manfred Fischer, der Vorstandsvorsitzende von Gruner+Jahr, lud mich zu einem Abendessen mit Reinhard Mohn ein, dem milliardenschweren Chef von Bertelsmann und Mehrheitseigner von G+J. Es ging darum, wie lange Henri Nannen noch

Stern-Chef bleiben könne, wolle, solle – in zwei Jahren, 1977, sollte er sich wohl auf die Position des Herausgebers zurückziehen (er tat es 1980). Längst erzählte man sich, in der Konferenz sei er öfter mal eingeschlafen, und Uschi Hinz, seine Vertraute, habe dann, in scheinbarer Empörung über einen Diskussionsbeitrag, mit der Faust auf den Tisch gehauen, um ihn zu wecken.

Immer hatte Nannen maßlos gelebt, häufig sich Schmerztabletten in die Konferenz bringen lassen, Luxusrestaurants zuverlässig mit dem Ausruf «Also erst mal Kaviar satt!» betreten. War ich nun als potenzieller Nachfolger im Gespräch? Das konnte ich nicht ermitteln. Nur dass im Herbst dieses Jahres 1975 mehrere *Stern*-Redakteure mir bei verschiedenen Geselligkeiten berichteten: «Sie wissen doch, dass im *Stern* viel von Ihnen gesprochen wird?»

Oh, das Haus Springer fand durchaus noch diese oder jene Verwendung für mich. Nicht in der *Welt*, versteht sich; über die sagte mir einer ihrer prominenten Auslandskorrespondenten im März: «Es geht nur noch um die Verteilung der Bestattungskosten.» Zur Sicherheit bestätigte ich im September in einem Brief an den Vorstand: «Ich biete dem Haus meine Arbeitskraft für jede zumutbare Tätigkeit an» – die Bürostunden benutzend, um mich so informiert zu halten, «dass ich eine etwaige neue Aufgabe ohne Verzug übernehmen könnte».

Im Frühjahr 1976 produzierte ich in Berlin eine einmalige Ausgabe der *Berliner Illustrirten* (der Titel gehörte Axel Springer, und er liebte ihn). Während dieser Arbeit schickte ich ihm einen förmlichen Protest: Die Presseabteilung hatte in einer Selbstdarstellung für die *Beiträge zur Zeitgeschichte* «das Jahr 1973, in dem Sie mich als Chefredakteur einführten, als einziges der 30 Jahre ausgespart. So ist es doch wohl nicht, dass das Haus sich meiner schämen und nach Art der Sowjet-Enzyklopädie seine Geschichte rückwirkend umschreiben müsste.»

Keine Reaktion, wie üblich. 1977 bekam ich den Auftrag, die

ziemlich müde Verlegerzeitschrift ZV+ZV aufzumöbeln, und war dafür ein paar Wochen in Bonn. 1978, beim großen Streik in der Druck-Industrie, entsandte mich das Haus in die Verhandlungskommission der Arbeitgeber. Das gefiel mir nicht. Mein Unbehagen wurde jedoch bald durch Leonhard Mahlein gemildert, den Vorsitzenden der IG Druck und Papier: Der hatte schon einen Tarifvertrag mit den Verlegern unterzeichnet; seine Große Tarifkommission aber lehnte den ab. Nun musste er gegen seine eigene ursprüngliche Zustimmung verhandeln – und hatte die Stirn, das zuvor von ihm Bejahte als «Unternehmerdiktat» anzuprangern.

Später (1978) sagte ich Angenehmes über den Verlag auf Werbeveranstaltungen in Brüssel, Den Haag, New York und Chicago; Springer bedankte sich handschriftlich. Im August – Berg-Urlaub ade – wurde ich gemeinsam «mit dem barocken Geniebolzen» Will Tremper (so *Kress*), einem alten Hasen des Illustrierten-Genres, an die Spitze einer Entwicklungsredaktion gesetzt, die ein Konzept für eine dauerhafte *Berliner Illustrirte* entwerfen sollte; das «herzige Gespann» kam nicht weit – auch deshalb nicht, weil mich im Oktober 1978 der Ruf des Henri Nannen ereilte.

Und hatte ich selbst denn keine Fühler ausgestreckt in diesen vier langen Jahren? Nun, als Chefredakteur bewirbt man sich nicht, so wenig wie als Ordentlicher Professor – man wird berufen. Als Chefredakteur war ich zuletzt für die Münchner *Abendzeitung* im Gespräch, ein Headhunter hatte mich den Verlegern Alfred Neven DuMont und Anneliese Friedmann angeboten – sie waren überrascht; ich auch. Wir plauderten, sie erbaten Bedenkzeit, und als sie sich nach vier Wochen noch nicht gemeldet hatten, war ich es, der absagte: Diese Dauer lasse nicht auf ein hinlängliches Interesse schließen. Da bekam ich einen richtig bösen Brief, mit dem klaren Tenor: Ist es schon so weit, dass die Angestellten sich anmaßen, die Entscheidungen zu fällen?

15 Die Wörter

Die einzige Position, um die ich mich *bewarb*, war die öffentliche Ausschreibung des Intendanten des *Saarländischen Rundfunks* – und das ermöglichte es mir immerhin, einen Einblick in eine geradezu ekelhafte öffentlich-rechtliche Prozedur zu gewinnen (sie bei *Kress* zu beschreiben, verbot mir der Springer-Vorstand leider). Erster Akt: Vier Wochen vor dem Vorstellungsgespräch erfuhr ich aus der *Frankfurter Rundschau*, dass ich einer von sechs geladenen Kandidaten sei – mit dem Zusatz: «Die Kandidatenvorstellung ist eher eine Farce», der Gewinner stehe längst fest: Hubert Rohde, Mitglied des wählenden Rundfunkrats, Vizepräsident des Saarländischen Landtags und Vorsitzender des Programmbeirats der ARD.

Zweiter Akt: Ich fuhr spaßeshalber trotzdem hin an dem heißen 4. August 1977, wartete ziemlich lange, weil ich der Letzte war, und ein freundliches Mitglied des Rundfunkrats rief mir in einer Sitzungspause zu: «Sie wissen doch, dass Sie überhaupt keine Chance haben?»

Dritter Akt: Trotzig ging ich hinein in einen abgedunkelten Saal mit erkennbar müden Gesichtern, berichtete, was ich gelesen und gerade gehört hatte, und fuhr fort: Der gesunde Menschenverstand, hilfsweise die Höflichkeit verböten mir, das zu glauben. Dann beschrieb ich kurz meine Vorzüge, fuhr heim – und las alsbald: Den Hubert Rohde, na so was, hatten sie gewählt.

Und sonst – ohne Job vier Jahre lang, über meine Zukunft völlig im Unklaren, 53 inzwischen, schon fast ein heikles Alter für hohe Positionen? Irgendwo zwischen Leichtsinn und einem Kinderglauben an meinen guten Stern siedelte ich mich an. Zu Hause war's ja angenehm: schönes Haus mit schönem Garten, Lilo saß mit Feuer an der Übersetzung ihres sechsten Sachbuchs aus der renommierten *Time/Life*-Reihe – und des interessantesten bisher: «The Gun Fighters»: die wirkliche, die brutale Geschichte des Wilden Westens, ganz anders als bei Karl May und John

Wayne. Und der Jüngste, 3 bis schließlich 7 Jahre alt, machte mir in diesem schönsten Stadium so viel Freude, wie ich sie nur beim Ältesten hatte erleben können, weil ich damals zu Hause arbeitete als Korrespondent der *Associated Press*.

Dazu prächtige Familienurlaube jeweils fünf Wochen in einer schönen Ferienwohnung in Zermatt, Sils-Maria, Chamonix, mit grandiosen Touren: Piz Bernina, Weißhorn, Montblanc, Grand Combin, Aiguille des Grands Charmoz. Immer nach Anfrage beim Vorstand natürlich: ob dem ein Termin im Wege stünde? Mein Büro war stets besetzt von 9 bis 17 Uhr, wenn auch stundenweise manchmal nur von meiner Sekretärin. Sie hatte viel zu tun für mein großes Buchprojekt: Mit meinen Leseaufträgen ging sie in die Staatsbibliothek, und ich diktierte ihr mein Manuskript, in vielen Stationen und etlichen Zwischenabschriften.

Um die Sprache ging's, von Dezember 1974 bis zum Herbst 1976, zehn Stunden am Tag. Erst Kindler, dann auch Rowohlt, schließlich Piper (der besten Konditionen wegen) hatte ich dafür gewonnen, das große Buch herauszubringen, das dann «Wörter machen Leute» hieß; Untertitel «Magie und Macht der Sprache». Es verschaffte mir viel Ehre, wurde noch 2009 im *Spiegel* als «Standardwerk» gewürdigt und war als Taschenbuch noch 2014 im Handel.

Das Thema hatte mich schon seit 1942 bewegt, in meinem Berliner «Sabbatjahr» zwischen Abitur und Militär. Zufällig traf ich 1942 meinen Schulfreund Nikolaus Sombart, Sohn des Nationalökonomen Werner Sombart (und im Alter eine bekannte Figur des Berliner Kulturbetriebs). Wir sprachen, 17 und 20 Jahre alt, natürlich sofort über die letzten Dinge: Philosophie wollte ich studieren? Um Gottes willen, nein! Lies erst mal Fritz Mauthners «Beiträge zu einer Kritik der Sprache»: Alle Philosophie ist nur ein Streit um Worte! Viel radikaler sagt das der Mauthner als dein Freund Nietzsche! (Für den hatte ich geschwärmt.)

In der Tat: Ich studierte nicht und Philosophie zweimal nicht. Aber schon 1946 beschaffte ich mir die drei Bände Mauthner, antiquarisch – und begann, jene Schublade zu füllen, deren Inhalt mich, 28 Jahre später, am Abend meiner Verbannung aus der *Welt* sogleich getröstet hatte.

Weit über Mauthners Thema hinaus – die Psychologie der Sprache, ihre Herkunft, ihre Wirkung, ihre Tücken – hatte mich ja die Sprache in jeder Form fasziniert: die grandiose Prosa von Kleist, Nietzsche, Thomas Mann, die Stilkultur im «Streiflicht» der *Süddeutschen Zeitung*, das Um-Leser-Buhlen, worin der große Henri Nannen Meister war; und 1973 hatte ich der Redaktion der *Welt* eine Handreichung für klares, kraftvolles Deutsch aufgenötigt – «Schneider-Bibel» wurde sie genannt; mein erster Versuch, mit Sprache systematisch umzugehen.

Im Buch blieb dies der kleinere Teil. Um das Wort als Träger von Gebet und Beschwörung, Befehl und Verfluchung ging es, als Vehikel der Werbung, der Propaganda und der Utopie, als Ordner der Welt, als Trost. Der Information, schrieb ich, «dient nur derjenige Teil unseres Wortaufkommens, den Gebet, Manipulation, Geschwätz noch übrig lassen; und da ist es wenig, was ihr dient, und das Wenige dient ihr schlecht.»

Sich eben dies klarzumachen, sei besonders dringend, weil wir ja gerade den Übergang vom Zeitalter der Produktion in die Ära der Information erlebten. «Selbst Computer speien Wörter aus und werden von Leuten bedient, deren Weltsicht durch Wörter geprägt ist. Also ist ein kundiger Umgang mit den Wörtern so wichtig, wie er nie zuvor in der Geschichte war.» Angehängt hatte ich ein in mühseliger Kleinarbeit entstandenes 45-seitiges «Lexikon sprachwissenschaftlicher Begriffe», mit einem Vorspruch, der mein Missfallen an dem da praktizierten Fachjargon deutlich machen sollte: «Vielen der hier erläuterten Fachwörter wünscht der Verfasser eine möglichst geringe Verbreitung.»

Dann kam noch, zwei Jahre lang, ein Buch, in dem ich das Wort «Glück» zersäbelte. Und dann, am 13. Oktober 1978, kam der Anruf von Henri Nannen, der mein Leben für 16 Jahre radikal veränderte, und weitere 17 Jahre lang habe ich von ihm profitiert.

Listige Worte in der Neujahrsnacht

Einmal im Jahr häufen sich die guten Wünsche für die Feiertage und die guten Vorsätze fürs neue Jahr. Voll der Güte werden unsere Worte sein und wieder einmal viel gütiger als das raue Leben. Das legt die Frage nahe: Wie überhaupt verhalten sich die Worte zur Wirklichkeit? Beschreibt die Sprache die Realität, nimmt sie sie vorweg, tritt sie an ihre Stelle? Im Verhältnis zwischen den Worten und der wahren Welt lassen sich fünf Grundmodelle unterscheiden.

1. Wir lieben es, *das, was ist, auch noch zu sagen*. Wenn alles vor Kälte klappert oder vor Hitze stöhnt, versichern wir einander millionenfach und bedeutungsschwer, wie kalt oder wie heiß es wieder einmal sei – eine der häufigsten Arten, Sprache zu verwenden.

2. Seltener betreiben, aber noch mehr lieben wir das Umgekehrte: *das, was nicht ist, wenigstens zu sagen*. Die Tischreden zur Silberhochzeit sind von dieser Art: Kein Gast würde einen Franken darauf wetten, dass die Ehe wirklich so verlief, wie sie hier dargestellt wird; doch die Reden wollen gehalten sein, und die mutmaßliche Diskrepanz zwischen der Wirklichkeit und den Worten stört uns nicht. Wie schrieb Shaw im Nachwort zu seinem Briefwechsel mit der Schauspielerin Ellen Terry? «Wer sich darüber beklagt, dass alles nur auf dem Papier stattfand, der halte sich vor Augen, dass die Menschheit es bisher nur auf dem Papier zu Ruhm, Schönheit, Wahrheit, Weisheit, Tugend und ewiger Liebe gebracht hat.»

3. Wir lieben es, *über das, was wir tun, etwas möglichst Angenehmes zu sagen*. Es ist ja den meisten nicht gegeben, ihre wahren Motive zu ergründen; wer sie aber kennt, der hält es im Allgemeinen nicht für dringend, sie unter die Leute zu streuen.

Wenn Politiker, Wirtschaftsführer, Ärzte uns versichern, sie verzehrten sich im Dienst an Wählern, Kunden und Patienten, so dürfen wir davon ausgehen, dass sie uns weder frontal belügen noch mit der vollen Wahrheit bedienen; sie sagen einfach etwas Angenehmes in lockerer Anlehnung an die Wirklichkeit. Die Werbung findet hier ihr Tummelfeld: «Umweltschonend» nennt sie Produkte, die die Umwelt meist viel besser schonen würden, wenn ihre Herstellung unterbliebe.

4. Wir finden es normal, sehr oft *das, was wir tun, nicht zu sagen*. Und das muss keine Verstellung sein, es ist vielmehr häufig ein Beitrag zu den guten Sitten. Kein Pfarrer kann sein Kind so sittsam zeugen, dass nicht Pornographie daraus würde, wenn man den Zeugungsakt beschriebe. «Wir haben die Damen gelehrt zu erröten», schrieb Montaigne, «wenn sie dasjenige bloß nennen hören, was sie sich nicht scheuen zu tun.» Und Goethe notierte 1797 in der Schweiz: «Betrachtung, dass der Mensch *die Rede* eigentlich für die höchste Handlung hält, so wie man vieles tun darf, was man nicht sagen soll.»

5. Schließlich lieben wir es, *das, was wir sagen, nicht zu tun* – womit wir wieder bei Silvester wären. Robert Musil hat dieses klassische Verhältnis zwischen Wort und Wirklichkeit in der Überschrift zu einem nachgelassenen Kapitel seines «Mannes ohne Eigenschaften» auf die Formel gebracht: «Warum die Menschen nicht gut, schön und wahrhaftig *sind*, sondern es lieber sein wollen.» Ihre Feiertagsgedanken drückten sie eben deshalb aus, um dadurch des Handelns enthoben zu sein – wie der Raucher, der sich die Jahreswende mit dem Versprechen verschönt, nun wirklich aufzuhören.

So aber verhält es sich nicht, dass aus den schönen Worten überhaupt nichts folgte. Oft genug wiederholt, kann das Aussprechen einer guten Absicht durchaus eine gewisse Wirkung nach sich ziehen. Schon Ovid hat diesen psychologischen Mechanismus in seiner «Liebeskunst» beschrieben: «Rede dir ein, dass du liebst, wo du flüchtig begehrtest. Glaube es dann selbst ... Aufrichtig liebt, wem's gelang, sich selbst in Feuer zu reden.» In André Gides «Schule der Frauen» sagt ein Abbé: Die Hauptsache sei «nicht so sehr, zu sagen, was man denkt (denn oft denkt man sehr übel), sondern was man denken sollte; denn ganz natürlich, fast wider Willen, kommt man dahin, zu denken, was man gesagt hat.»

Nun müsste man nur noch wissen, ob Gide oder Ovid dies ironisch gemeint haben. Aber wer wird schon so bohrend fragen.
Neue Zürcher Zeitung, 1993

1978–1980

16

Der Aufruhr
Die Nachhut der 68er trumpft auf

Henri Nannen also rief mich im Hause Springer an, es war der 13. Oktober 1978, und fragte: Gruner+Jahr hat ja diese Journalistenschule gegründet – hätten Sie Lust, ihr Leiter zu werden? Ich antwortete in dem Stil, der sich seinerzeit zwischen uns entwickelt hatte: «Gern. Aber Sie werden mich nicht bezahlen können. Im Übrigen wundere ich mich, dass Sie glauben, Sie könnten eine Journalistenschule gründen, ohne zu wissen, ob Sie mich überhaupt als deren Leiter gewinnen würden.»

Dieser Hochmut war, wie ich später erfuhr, insofern durchaus angemessen, als Nannen mich in der entsprechenden Vorstandssitzung mit den Worten empfohlen hatte: «Der Schneider ist zwar ein Arschloch, aber er ist der Einzige, der das kann.» Mit solchen Komplimenten konnte ich leben.

Am 17. Oktober war ich ins Büro des Gruner+Jahr-Vorsitzenden Manfred Fischer gebeten, Nannen war dabei. *Die Idee*: Von der Journalistenschule erwarten wir guten Nachwuchs, statt ihn, wie bisher, anderswo abwerben zu müssen; die nicht bei uns bleiben – und dazu hat jeder selbstverständlich die Freiheit –, werden einen Beitrag zu einem besseren Journalismus in der Bundesrepublik leisten und den Namen Gruner+Jahr schmücken; die Kosten buchen wir also unter Image-Werbung. *Das Konzept*: Eine Schule und absolut keine akademische Einrichtung; harte Ausbildung in allen Sparten; als Dozenten ausschließlich Journalisten; Theorie nur insoweit, als sie der Praxis dient.

Ich meldete lebhaftes Interesse an. Zu Nannen sagte ich spontan: «Sie sind ja richtig nett geworden» – worauf er prompt erwiderte: «Wollen Sie mich beleidigen?» Als er gegangen war, sagte Fischer: «Für mich sind Sie die Garantie, dass die Schule keine linke Kaderschmiede wird – und gleichzeitig hat der *Stern* Sie empfohlen! Diese Kombination gibt's nicht noch mal.» Auf dieser Basis ergab sich ein fruchtbares Gehaltsgespräch.

Am 27. Oktober kündigte ich bei Springer – nach siebeneinhalb erst turbulenten, dann absurden Jahren. Die Pressedienste gratulierten; *Kress* schrieb: «Der Mann ist außen und innen geschliffen und diszipliniert, wirkt noch kühler, als er ist, kann organisieren. Vor allem: Er schreibt und spricht druckreif. Deutsch!»

Schon am 11. November bezog ich mein neues Büro, unabhängig vom Stand der Verhandlungen über die Auflösung des Springer-Vertrags. Sogleich stürzte ich mich in *zwei* riesige Arbeiten: den 1. Lehrgang vorbereiten, der am 1. April beginnen würde – und eine verblüffende Idee mit Leben erfüllen, die Manfred Fischer mir bei einem Mittagessen im Anglo-German Club ans Herz legte: Hätten Sie Lust, eine «Norddeutsche Zeitung» zu konzipieren? Noch ein Beruf! Und dies, während alte Kollegen vom *Stern* mich darauf ansprachen, dass G+J mich an der Journalistenschule doch wohl nur parke, um mich alsbald in den *Stern* zu rufen.

Fischers Idee: Es sei ein schlechter Witz, dass Hamburg, die größte Stadt der Bundesrepublik und die reichste Region der Europäischen Gemeinschaft, keine repräsentative, als «hanseatisch» empfundene Zeitung besitze – das *Hamburger Abendblatt* ein braves Familienblatt, die *Welt* heruntergewirtschaftet und auch noch nach Bonn gezogen; die *Süddeutsche Zeitung* ausdrücklich als Vorbild: lokal verankert, aber überregional verbreitet und mit glänzendem Ruf.

Ende Februar legte ich ein Exposé von 38 Seiten vor; Fischer war davon angetan und leitete es an den Verleger Gerd Bucerius weiter. Die Grundidee, wie im Winter 1972/73 am Gänsemarkt schon für die *Welt* entwickelt: Die Zeitung muss versuchen, das Nachrichtenmagazin *für den Tag* zu werden. «Vor allem sollte es der Stil des Blattes und der heilige Eifer seiner Redakteure sein, aus der Verworrenheit der irdischen Verhältnisse das Optimum an Klarheit herauszufiltern: Was ist da wirklich los? Und: Was bedeutet es für unsere Leser?»

Bucerius schrieb am 15. März an Fischer messerscharf: «Das brillante Exposé von Wolf Schneider enthält alle Grundsätze für die Komposition einer exzellenten Zeitung. Wenn doch die *Zeit*-Redakteure daraus lernen könnten!» Aber: Springer werde sich mit äußerster Vehemenz zur Wehr setzen. «Wir kennen die Wut des Hauses über die Journalistenschule. Wenn Wolf Schneider nun auch noch sein Flaggschiff zu torpedieren versuchte, würden wir die ganze Wut des Hauses Springer zu spüren bekommen.»

Begraben also, wieder mal. Was davon blieb, war ein Auftrag von Bucerius an mich: Analysieren Sie die *Zeit* zwei Monate lang! Da entstand das nächste Gutachten. Als ich hörte, dass Bucerius es allen Redakteuren zukommen lassen wollte, bat ich um Anonymität, damit die mutmaßliche Abneigung gegen meine Person nicht das Produkt belaste. So geschah's. Als Autor wurde, wie ich später hörte, teils ich, teils Johannes Gross vermutet.

Meine Quintessenz: Die *Zeit* ist ein Plausch- und Plauderblatt mit zu wenig Informationsgehalt pro Quadratdezimeter. Sie enthält zu wenig brillante Texte; offenbar habe der treuherzige Stil der Gräfin Dönhoff weithin stilbildend gewirkt. (Das war, gemessen am Ruf der Gräfin als oberster moralischer Instanz des deutschen Journalismus, ein verwegener Satz.) Insgesamt sei die *Zeit* «zu hanseatisch-protestantisch», um das Weltblatt zu werden, das zu sein sie behauptete. Dazu müsse sie mehr «katholisch-jüdisch-kosmopolitisch» werden; wobei ich das Katholische nicht im westfälischen, dem «Knipperdolling-Katholizismus» angesiedelt sähe, sondern im bayerisch-südländischen, dem lebensvollen und schlitzohrigen.

Echo: ein paar Zurufe – Wirkung: null. Aber eigentlich hatte ich ja sowieso weder für die *Zeit* noch für die *Norddeutsche Zeitung* Zeit gehabt: Es galt, die Journalistenschule auf die Beine zu stellen. Die im Verlag bis dahin tätige Projektgruppe atmete auf und schaufelte mir bedeutende Papiermengen auf den Tisch. Jürgen Frohner, Leiter der Deutschen Journalistenschule in München, hatte auf Wunsch von G+J für die ersten vier Wochen einen Stundenplan entworfen. An dieser Schule wiederum, damals noch Werner-Friedmann-Institut benannt, hatte ich bereits von 1958 bis 1966 regelmäßig unterrichtet, dann auch in der Prüfungskommission gesessen. Die dort bewährten Sitten und Abläufe ließen sich weithin übernehmen. (Über die berühmte und umstrittene Aufnahmeprüfung berichtet Kapitel 18.)

2. April 1979: Die 20 jungen Leute im Alter von 21 bis 29 Jahren, die sich unter 2019 Bewerbern qualifiziert hatten, versammelten sich im angemieteten Souterrain des Hamburger Amerikahauses, fünf Minuten von G+J entfernt: acht Frauen, von den Männern acht mit Bart; zwei Drittel fertige Akademiker (Soziologen, Germanisten, Politologen, Historiker) – für einen Lehrgang von achtzehn Monaten, wovon fünf auf die Schule und der Rest auf vier Praktika entfielen.

Was betreiben wir hier?, fing ich an. Einübung in den real existierenden Journalismus, während ich gleichzeitig versuche, euch einen besseren Journalismus zu lehren; ihr sollt *alles* können, was man von euch erwartet, und euch über *nichts* wundern, worauf ihr stoßt. Der «Praxisschock», den viele Studenten der Journalistik oder Publizistik erlitten (und über den man beispielsweise an der Universität Dortmund Magisterarbeiten schrieb, statt seine Ursachen zu beseitigen) – der bleibt euch garantiert erspart.

Daher keinerlei akademische Freiheit; das Ziel: sauberes Handwerk, einschließlich der oft verspotteten «Sekundärtugenden» Leistungswille, Pünktlichkeit auf die Minute, Zuverlässigkeit bis auf die Zeile. Das kam sehr schlecht an, und als ich den Stundenplan für die ersten Wochen vorstellte, brach der Unmut durch. Der wäre doch eher «basisdemokratisch» zu beschließen gewesen!

Ich merkte also im Handumdrehen, was ich mir da eingebrockt hatte: Die 68er hatten mir ihre Neffen und Nichten geschickt! «Leistung» war für sie ein Schimpfwort. Der Kampf war eröffnet. Am ersten Tag um 16.30 Uhr die erste Nachrichtenübung – zwölf Zeilen bis 17 Uhr – wer 17.01 Uhr liefert, hat leider seinen einzigen Leser verloren, denn ich werde pünktlich nach Hause gehen. Am nächsten Morgen erfuhren sie, dass man in 12 Zeilen 15 Fehler machen kann.

Mit was für Leuten ich es da zu tun bekommen hatte, wurde mir vollends nach drei Wochen klar. Da hatte ich den Schülern eine Liste der verfügbaren Plätze für ihr erstes Praktikum gegeben (nur im 1. Lehrgang fand es bei G+J, in allen späteren bei einer Tageszeitung statt). Um, wie ich meinte, auf der Höhe der Zeit zu sein, lud ich die Schüler ein, sich über die Verteilung der Plätze selbst zu einigen. (Es gab ja begehrte Plätze wie *Stern* und *Geo* und gar nicht begehrte wie *Essen und Trinken*.) Ich ließ sie also allein. Aber schon nach wenigen Minuten hörte ich, dass im Unterrichtsraum geschrien wurde. Nach einer Viertelstunde kam die erste Schülerin weinend zu mir: Sie ertrage es nicht, wie da die Alpha-Männchen auf die anderen einprügelten. Nach 20 Minuten war die zweite da.

Daraufhin hielt ich in der Morgenkonferenz folgende Ansprache: «Sie haben gestern Abend ein Stück rücksichtslosen Darwinismus praktiziert. Da gerade Sie das Wort ‹Solidarität› so gern im Munde führen, finde ich das besonders widerlich. Die Zuständigkeit für die Zuteilung der Praktika ist Ihnen hiermit entzogen.

Ich entscheide. Bitte würdigen Sie dies als meinen Beitrag zur Humanisierung der Arbeitswelt.» (Die war damals ein Kampfbegriff der Gewerkschaften.)

Da waren sie nun vollends auf Krawall gebürstet, jedenfalls jene vier oder fünf Schüler, die immer wieder als Wortführer auftraten und mir anderthalb Jahre lang das Leben sauer machten – im Grundseminar zumal, in dem ich 60 Prozent des Unterrichts allein bestritt. Ich nannte sie «die neomarxistische Keulenriege».

Den Programmpunkt «Zwei Stunden in der Setzerei: die elektronische Texterfassung kennenlernen» wollten sie boykottieren – diese Technik sei ja ein Schritt zur Beerdigung des Setzerberufs, und nicht einmal zuschauend wünschten sie daran mitzuwirken. Als eine Schülerin, bekennende Kirchgängerin noch dazu, es bei einer Kommentarübung wagte, den Kommunismus als ähnlich schlimm wie den Nationalsozialismus hinzustellen, wurde sie niedergeschrien von der Keulenriege. Ich verbat mir den Ton und unterbrach den Unterricht für eine halbe Stunde.

Nicht zu glauben, was man nach Meinung der Fünfer-Bande alles falsch machen konnte: Maßte ich mir doch ein Qualitätsurteil an, indem ich eine «Strichliste» führte! Für jede gelungene Übung bekam der Schüler einen Strich, unterteilt nach Nachricht, Reportage, Analyse, Kommentar, Satire, dazu für gut formulierte Fragen an die Referenten. 6 Kriterien für 20 Schüler, 120 Urteile also – die alle im Kopf zu behalten riskierte ich nicht. Protest! Ein angemaßter Kontrollmechanismus!

Ich antwortete ausführlich und ebenfalls schriftlich: Wenn einer von Ihnen nach sieben Nachrichten-Übungen noch keine einzige gelungene abgeliefert hat – soll mir das nicht auffallen dürfen? Soll ich ihm dann nicht, wie schon geschehen, freiwillige Zusatzübungen anbieten, Nachhilfeunterricht also, verbunden mit dem Rat, seine journalistische Zukunft eher nicht in einer Nachrichtenredaktion zu suchen? Habe ich nicht einen anderen von Ihnen schon zu seinem satirischen Talent beglückwünscht – und dies auch nur, weil ich da schon drei Striche sah?

Im Februar 1980, ihrem zehnten Monat, erfrischten mich die Schüler mit einer schriftlichen Beschwerde bei allen Chefredakteuren des Hauses. Was war diesmal das Vergehen? Ich hatte Henri Nannen auf die Frage «Na, wer wäre denn jetzt gut für den *Stern*?» mit den Namen von vier Schülern geantwortet. «Mit dieser Vorauswahl», schrieben die 20 (in überschäumender Solidarität also auch die vier Empfohlenen) «*hat Herr Schneider den Bestand der Schule gefährdet.* Er hat eine Berufsentscheidung vorweggenommen, die wir selber treffen wollen. Der praktizierte Selektionsmechanismus widerspricht auch den Interessen der Ausgewählten.» Darauf musste man kommen!

Henri Nannen antwortete knapp: In meiner Empfehlung sehe er das Gegenteil – nämlich einen Akt der Fürsorge für den *Stern* wie für die Schüler. «Im Übrigen würde ich solche großen Worte vermeiden. ‹Praktizierter Selektionsmechanismus› ist übrigens eine monströse Formulierung, wie ich sie im *Stern* nicht lesen möchte.» Zum *Stern* gingen dann drei von den vieren.

Der Tiefpunkt war aber erst bei einer Kommentarübung mit dem Thema «Brauchen wir die Bundeswehr?» erreicht. Natürlich nicht, schrieben die meisten. Einen von diesen lobte ich für die klare Struktur der Begründung. Ich lobte also. Aber das war vollends unerträglich: Denn wie konnte ich, als mutmaßlicher Freund der Bundeswehr, einen Kommentar für gut befinden, der für ihre Abschaffung plädierte? «Wegen einer sauberen, schlüssigen Argumentation!», sagte ich. Aber dann behaupten Sie ja, man könne die Form vom Inhalt trennen? «Selbstverständlich!» Nein, schrien mich zwei aus der Keulenriege an: Form und Inhalt bedingen einander, lesen Sie Georg Lukács!

Und nun entspann sich doch wirklich eine zweistündige Debatte über die neomarxistische Hirnwindung, dass das Richtige nicht ins Falsche eingebettet sein könne, oder so ähnlich, oder umgekehrt. Ich führte den Apostel Paulus ins Feld: Habe der nicht *für* die Christen genauso gewaltig gepredigt wie zuvor, als Rabbi Saulus, gegen sie? Ich berief mich auf Herbert Wehner: Sei der nicht als kommunistischer Abgeordneter im Sächsischen Landtag (zufällig hatte ich eine alte Schallplatte gehört) ein genauso begnadetes Schandmaul gewesen wie als demokratischer Abgeordneter im Bundestag? Dürfte ich den jungen Marx nicht als Stilisten bewundern – dem Unsinn zum Trotz, den er geschrieben hat? (Gebrüll).

In meiner Verzweiflung über so viel Uneinsichtigkeit zerrte ich in der zweiten Stunde Goebbels aus dem Keller, Hitlers «Reichsminister für Volksaufklärung und Propaganda»: Der habe seine üblen Leitartikel im *Reich* in ziemlich gutes Deutsch verpackt.

Da war die Hölle los. Ich zog die Mittagspause um eine halbe Stunde vor. In ihr ein Anruf aus dem *Stern*: «Ist es richtig, dass Sie Goebbels als journalistisches Vorbild angepriesen haben?» Aufforderung aus der *Stern*-Redaktion: Der ganze Lehrgang erscheint in unserer Konferenz und stellt sich der Debatte! Antwort des Schulleiters: Ein Referent ist bestellt, der Unterricht geht weiter – aber ich biete an: *Ich* erscheine – und dazu zwei Schüler, die der Lehrgang aus seiner Mitte gewählt hat.

Nannen eröffnete die Debatte mit dem starken Satz: «Das wollen wir doch gleich mal klarstellen: Selbstverständlich hat Goebbels besseres Deutsch geschrieben als viele von Ihnen. Also – Feuer frei!» Ich erzählte den Ablauf und begründete meine Beispiele. Michael Jürgs, einer der späteren *Stern*-Chefredakteure, zog das Resümee: «Es klingt derart plausibel, was Sie sagen, Herr Schneider, dass man schon wieder misstrauisch wird: Haben Sie sich da nicht etwas allzu fein Gesponnenes zurechtgelegt?» Darauf Nannen: «Ihr seid ja bloß neidisch, dass ihr dem Schneider rhetorisch nicht gewachsen seid.» Die beiden Aufpasser aus der

Schule hatten nichts gesagt, und die Redakteure sagten nun auch nichts mehr.

Im Juni 1980 bot ich dem vermaledeiten 1. Lehrgang für die letzte Seminarwoche an, sich in zwei Arbeitsgruppen aufzuteilen: Zeitung – Zeitschrift, mit dem Zusatz: «Vernunft und Lebensqualität auf Erden wachsen ja, wenn Sie als Kollektiv seltener in Erscheinung treten.» Nach ihrem Abschied von der Schule schrieb ich ihnen:

> Betonen möchte ich noch einmal, dass ich für alle als Auskunftei, Drehscheibe für Informationen und Ratgeber zur Verfügung stehe. Meine Karrieretips sind ja nicht nur während des Lehrgangs lebhaft abgerufen worden, sondern haben sich auch in den letzten Wochen weiterhin jener Beliebtheit erfreut, die ich aus Ihrem Gegeifer gegen dieselben immer herauszuhören vermochte.

Mein privates Fazit: Dies war, wenn nicht die schwierigste, so die ärgerlichste Phase meines Berufslebens. Hätte ich eine Alternative gehabt, ich wäre nach dem ersten Lehrgang davongerannt. Aber schon im zweiten bedienten sich die wiederum neomarxistischen Wortführer ziviler Umgangsformen, und bei der Prüfung hatte ich sie eingestimmt: «Das Motto der Schule ist ein fröhliches Ja zum Leistungsdruck.»

Wie viel Genugtuung, ja Vergnügen für mich aus der Schule folgen würde, spürte ich im Lauf der Jahre; erst recht nachträglich, mit vielerlei Dank. Oder mit dem hübschen Bekenntnis, das Jan Fleischhauer (8. Lehrgang, 1987, heute *Spiegel*-Redakteur) 2009 ablegte in seinem Buch «Unter Linken – von einem, der aus Versehen konservativ wurde». Plastisch erzählt er darin von seinem Schul-Schock:

Es war die schlimmste Tracht Prügel, die ich in meinem Leben kassiert hatte, ein krachender Zusammenstoß mit der Wirklichkeit. Natürlich war Schneider ein schrecklicher Reaktionär, ein arroganter rechter Kotzbrocken, aber das Schlimmste war: Ich ahnte, dass er recht hatte ... Wir haben Schneider gehasst, auch weil er uns jeden Tag aufs Neue die Unzulänglichkeiten unserer Bildung aufzeigte. Alles an ihm war Provokation ... Er war schon politisch unkorrekt, als es noch nicht mal ein Wort dafür gab.

Das mit dem Hass las ich richtig gern – am liebsten in der Form, die die spätere Bestseller-Autorin und *Stern*-Kolumnistin Meike Winnemuth vom 10. Lehrgang gewählt hatte: «Er hat ja immer so verdammt recht. Und wer ihn trotzdem oder gerade deshalb hasst, hasst ihn auf Knien.»

17

1979

Auf der Himmelsleiter
Vier Kilometer über Hamburg

Schon wenige Wochen nach meiner Rückkehr zu Gruner+Jahr hatte Rolf Winter, Chefredakteur der Zeitschrift *Geo*, mich eingeladen, mir ein Thema auszusuchen, über das ich für ihn schreiben wollte. So schlug ich vor: Traversierung des Weißhorns im Wallis. Winter war erstaunt, biss aber an, als ich erläuternd sagte: Zeitung und Fernsehen sind voll von Reinhold Messner und seinen Achttausendern. Wie und warum sich ein Amateur aus Hamburg auf einen Viertausender der Alpen quält, und zwar auf einen der gewaltigsten: Das lässt sich auch ganz hübsch erzählen. Da hieß das Thema redaktionsintern (schief, aber griffig) «der Anti-Messner», und ich bekam den Zuschlag.

Das Weißhorn, 4505 Meter hoch und fünfthöchster Berg der Alpen, war mein Traumberg – weil er einer der imposantesten aller Gipfel ist, und die Alpen haben ja kaum ihresgleichen. 1977 hatte ich ihn über den leichtesten seiner drei Grate bestiegen: den Ostgrat hinauf und hinunter – auch er deutlich schwieriger als der Normalaufstieg aufs Matterhorn, das Weißhorn dramatisch viel seltener bestiegen als dieses, ein bisschen höher auch noch. Vom Gipfel hatte ich auf den Nordgrat hinabgeblickt, angstvoll – und neugierig: Denn auf dem Bianco-Grat des Piz Bernina, dem herrlichen, hatte mein Bergführer mir gesagt: Nur noch *ein* Grat lasse sich mit dem hier allenfalls vergleichen, der Nordgrat des Weißhorns eben. Den also zu riskieren war mein Angebot.

Auf dem Montblanc, auf dem Monte Rosa war ich gewesen,

auf dem Matterhorn sowieso (auf diesem mit der kleinen Enttäuschung: Sein Gipfel ist der einzige Punkt rundum, von dem man das Schaustück der Alpen nicht sieht – das Matterhorn). Auf Bergführer blieb ich angewiesen: Die sind Pfadfinder und Lebensversicherung; keuchen muss man allein, und für ausgeschlagene Zähne beim Sturz ins Seil haften sie nicht.

1959 wollte ich aufs Nadelhorn über Saas-Fee im Wallis, 4327 Meter hoch. Der Führer, den ich dafür gewinnen wollte, Cesar Zurbriggen, ein fröhlicher, ziemlich junger Mann – der protestierte: «Das Nadelhorn ist ein Damenberg! Außer wir gehen über Südlenz und den Nadelgrat.» Ich widersprach: Über die Südlenzspitze? Nie! Bilder von fürchterlicher Steilheit hatte ich vor Augen. «Dann werden wir es probieren», sprach Cesar.

Der Klettergarten direkt über einem Wanderweg. Cesar seilte mich an. Nach ein paar flotten Seillängen sollte ich einen Überhang meistern – ich rang, ich stürzte und fiel ins Seil. Die Wanderer gafften. Ich versuchte es aufs Neue, fiel zum zweiten Mal, quälte mich zu einem dritten Versuch, und mit etwas Seilhilfe schaffte ich es zu Cesar hinauf. «Sehen Sie», keuchte ich: «Die Südlenzspitze ist zu schwer für mich.» «Nein! Einen Überhang hat's da gar nicht! Und Sie sind zäh.»

Ja, ich schaffte es! Aber dann sah ich den langen Grat von der Südlenzspitze zum Nadelhorn hinüber, in gewaltigen Schwüngen zunächst zum Nadeljoch hinab! Es war also an mir, die Spur zu legen, wir waren die erste Partie in diesem Sommer – und so trat ich, zwei Kilometer über Saas-Fee, den fingerbreiten Schneekamm auf Steigeisenbreite nieder, zwischen Stolz und Entsetzen.

1962 gewann ich Lilo fürs Bergsteigen. Nach hartem Konditions- und Klettertraining riskierten wir das Zinalrothorn (4221 Meter), und beim Einstieg in die Westflanke, am «Fenster», heulte uns ein Sturm entgegen, der uns den Atem von den Lippen riss.

Die letzten Schritte auf den Gipfel des Doms, des dritthöchsten Bergs der Alpen, einer Aussichtskanzel ohnegleichen, erlebten wir jubelnd als das Bergglück schlechthin, und nach einem Abstieg von 3160 Höhenmetern, nach dem Trinken und dem Schlemmen, gingen wir noch tanzen in Zermatt.

Die nackte Angst fiel mich an im Juli 1966 beim erzwungenen Abstieg von der Mittellegi-Hütte. Sie steht, in 3354 Metern Höhe, auf dem Grat über der Nordwand des Eigers. In der Nacht hatte es mächtig geschneit, an den Gipfel war nicht zu denken, den kurzen Abstieg zum Stollenloch der Jungfrau-Bahn fanden wir von Lawinen zugeschüttet. Also den langen Weg über den Kallifirn, zehn Stunden bis Grindelwald – Schneewälle überkletternd, auf kreischenden Steigeisen durch den Neuschnee rodelnd, von neuen Lawinen verfolgt, mit hämmerndem Herzen und einem Rauschen in den Ohren: So rannten wir um unser Leben.

35 Jahre lang habe ich das Bergsteigen betrieben (bis die Knie versagten), am liebsten aufgestiegen in die feindliche, gleißende Welt des Eises; die höchste Augenlust auf Erden – und viele der großartigsten Minuten meines Lebens waren der Lohn. Auf den letzten großen Touren hatte ich Curt zum Führer, den mittleren meiner Söhne: Nur er hatte sich meiner Begeisterung angeschlossen und, anders als ich, das Bergsteigen in Kursen regelrecht erlernt. Inmitten der Plage hatten wir viel Spaß – sei es auch nur, dass wir uns an alten Alpinisten-Weisheiten labten wie «Unter allen Formen des Wahnsinns ist der Alpinismus für die von ihm Befallenen am schmerzlichsten.»

Die größte Qual blieb der Durst: Abstieg in der glühenden Sonne des Nachmittags über aufgeweichte Firnhänge und endloses Geröll, aus den Speicheldrüsen nur noch ein Pfeifen. Und warum nahm man nicht genug zum Trinken mit? Weil die nötige Menge zu viel wiegen würde – und weil Flüssigkeit den Kreislauf belastet: 100-Meter-Läufer trinken nichts mehr in den letzten Stunden vor dem Start.

Und nun das Weißhorn, das grandiose, über den Nordgrat, den schwierigen! Ich war 54 (und schon Großvater). Zwei bekannte Bergfotografen sollten mich begleiten: Herbert Maeder aus St. Gallen (später: Grüner Abgeordneter im Berner Parlament) mit seinem Freund, dem Bergführer Fridolin Hauser aus Glarus; und der unter Bergsteigern berühmte Dölf Reist aus Interlaken: der dritte Mensch auf dem Mount Everest nach Hillary und Tensing und der Erste, der die heute populären «Seven Summits» bestiegen hat, den jeweils höchsten Gipfel aller Kontinente. Im März 1980 erschien das *Geo*-Heft mit zehn Seiten ihrer imposanten Bilder und auf acht Seiten meine Reportage – mit dem Titel: «Angst im Bauch und Jubel in den Augen».

Wie mühsam, wie stumpfsinnig wir uns durch die endlosen Halden von Geröll zur Tracuit-Hütte empor geschunden hatten, schrieb ich, und wie mich jene Bergsteiger wütend machten, die von «Hüttenromantik» faseln: meistens zu voll, diese Berghütten, die Decken immer dreckig, und diese hier, auf einem Felssporn 3250 Meter hoch gelegen, ohne Waschwasser und mit stinkender Latrine.

Frühstück um 2 Uhr früh, Petroleumfunzel, verschwiemelte Gesichter, Gestolper zwischen Rucksäcken, Seilen, Gurten und Pickeln. Halb drei traten wir hinaus in die Mondnacht auf silbern schimmerndes Eis – drei Stunden für die ersten 900 Höhenmeter, den langsam verblassenden Sternen entgegen, aufs Bishorn, 4159 Meter, das Ziel der anderen Hüttengäste, eine Schneekuppe bloß. Aber der Ort einer optischen Ekstase: Unter uns ist mit Fanfarenstößen die Sonne über den Horizont gestiegen – und nun taucht sie es in gleißendes Gold, das Weißhorn über uns, und mit seinen Grataufschwüngen füllt es den halben Himmel.

Auch die Fotografen sind außer sich. «Vielleicht noch der Alpamayo in Peru», stammelt Dölf Reist – «der Mount Everest ist ein enttäuschender Anblick.» Herbert Maeder sagt: Dies ist der

König der Alpen, und die Alpen sind sowieso das Größte: Er war auf dem Pik Lenin, einem Siebentausender im Pamir, und schon der Piz Palü sei großartiger.

Nun brauchte man nur noch die Seelenstärke, sich auf diese Himmelsburg hinaufzuwagen in einer Kletterei von sechs bis sieben Stunden – und dies mit wachsender Sorge, weil sich im Süden eine Wolkenwand aufbaute. Für mich hieß das: keuchen – nach nur einer Woche der Akklimatisierung in Zermatt; pendeln zwischen Lust und Angst auf dem Grat, dem schrecklich schmalen. Da kämpften zwei Urängste um die Vorherrschaft: die vor der Tiefe – mit der vor der Verachtung der anderen und vor meiner eigenen Wut auf mich im Tal. Geh! Die Begeisterung kommt danach.

An die Grenze meiner Möglichkeiten brachte mich der Große Gendarm: das Felsenriff, das wir überklettern mussten, 4331 Meter über dem Meer und über uns so hoch wie der Turm des Straßburger Münsters. Dann eine Rast, zwei Kilometer Nichts unter den Füßen, die ersten Wolkenschiffe schwammen auf uns zu, am Horizont waren Türme gewachsen. Fridolin rechnete uns vor: Sieben Stunden so oder so – zurück zur Tracuit-Hütte oder über den Gipfel zur Weißhornhütte hinab; aber das ist gefährlicher, wenn's Gewitter gibt. Mich packte die Sorge, wie man bei *Geo* reagieren würde, wenn ich ohne den Gipfel heimkäme, man kennt ja die Kollegen: «Der Schneider? Das ist doch der, der immer mit seinen Viertausendern prahlt – und wenn's dann drauf ankommt, war das Wetter schuld, haha!»

Nein, ich drängte nicht. Wir stiegen einfach weiter. Und als nur noch ein langer, mäßig steiler Eisgrat vor mir war, bald in saharagreller Höhensonne, bald von einer jagenden Wolke verschluckt, wagte ich's zu hoffen: Ich stürze nicht. Ich schaffe das. Es ist die große Tour meines Lebens.

Schließlich hampelten da zwei Strichmännchen auf einem Riesenrad von Schnee herum: die Fotografen – auf den Gipfel vorausgestiegen, um unsere letzten Minuten festzuhalten. Und ringsum rauschte die Welt in die Tiefe. Wir umarmten uns und trampelten die Schneekuppe etwas flacher, um Platz für die Rast zu haben, einsam über allen Abgründen der Welt. Nebelfetzen jagten uns um die Ohren, als wäre unsere Kanzel nicht fest genug verankert in der ollen Erde irgendwo da unten. Majestätisch trat das Matterhorn aus den Wolken – dann verschlang sie es wieder. Tee, Banane, Tomate.

Nach nur einer halben Stunden verließen wir den Punkt, dem die ganze Plage gegolten hatte. Fridolin drängte: Mindestens fünf Stunden noch über den Ostgrat hinab, in den ersten drei allen Blitzen ausgesetzt – die Steigeisen, die Pickel!

So hetzten wir in die Tiefe. Über kirchturmhohe Grattürme hinweg, die einer nach dem andern aus der Wolkenbrandung traten, hinunter und wieder hinauf 4000 Meter über dem Meer. Das war mein privater «Achttausender»: der Berg, den ich gerade noch bewältigen konnte, wenn ich etwa das Fünffache von dem leistete, was Ärzte, Erzieher (und früher auch ich selbst) als zumutbar betrachtet hatten. Für den Himalaya tauge ich nicht. Aber auch private Achttausender helfen gegen Verzagtheit, Weltschmerz und Nierensteine, und also seien sie gelobt.

Ein Firnhang – Abfahrt auf dem Hosenboden, den Eispickel als Steuer eingesetzt. Schwarzbraune Wolken sitzen uns im Nacken. Schließlich ein Schuttkar mit rutschendem Geröll, das uns den letzten halben Kilometer Tiefe bringt. Nach siebzehn Stunden ein Licht in sinkender Nacht: die Weißhornhütte!

Gleich draußen am Brunnen Wasser ins Gesicht geworfen, Stiefel und Gamaschen in die Ecke gefeuert, wer holt das Bier? Drin dann Bier, Suppe, Rotwein, wieder Bier. Am Fuß der Matratze eine Thermosflasche mit Tee und eine Flasche Saft für den Durst der Nacht. Das Gesicht ist salbenverkleistert und brennt trotzdem, in Knien und Füßen puckert das Blut. Aber auf dem letzten

Grat da oben – rings die Herrlichkeit der Welt! «Voll'ren Pokal und kühneres Leben», wer hat das gesagt? Um Mitternacht rumpelt er endlich heran, der Donner. Dann rauscht der Regen.

Bei *Geo* waren sie zufrieden. Natürlich hatte ich auch den «Kult der Höhe» behandelt, ironisch, obwohl er unstreitig die Keimzelle des Bergsteigens ist: Auf dem Sinai empfing Moses die Gebote, Ehre sei Gott in der Höhe, Jesus fuhr auf gen Himmel, und im Hochhaus sitzt der Chef immer in der obersten Etage. Sogar die Physik hatte ich ins Feld geführt, um das Höhenerlebnis anschaulich zu machen: Am Strand krümmt sich das Meer schon nach viereinhalb Kilometern unter dem Auge weg; der Matrose im Mastkorb konnte 25 Kilometer weit sehen: «Wurzel aus der Höhe in Metern mal 3,57 = Sichtweite in Kilometern.»

Fürs Weißhorn hieß das: Bei klarem Wetter 160 Kilometer Sicht, 35-mal so weit wie in der Ebene; das Blickfeld rundum also mehr als tausendmal so groß. Überm Flachland wäre dies aufregend genug – aber wir waren ja von Riesen umringt! Und kein Viertausender sieht aus dem Tal so gewaltig aus wie von dem Viertausender gegenüber. Nirgends auf Erden wird dem Auge eine vergleichbare Sensation geboten; schon gar nicht auf dem Mond. Fremdartiger, phantastischer kann man den eigenen Planeten nicht erleben, eine Tagesreise von Hamburg entfernt und nur eine Nacht vom Zermatter Hof.

Für *Geo* folgte aus dem Weißhorn zweierlei. Erstens: Schreiben Sie bitte ein *Geo*-Buch, das klassische Sachbuch über die Alpen. Was für eine Chance! Man liebt die Alpen, kennt sie ziemlich gut und hat auf mehr als dreißig ihrer höchsten Gipfel gestanden. Nun soll man ihre noch nicht besuchten Regionen bereisen, den jüngsten Stand des Tourismus, der Überfüllung ermitteln, die Vergangenheit erzählen, in die Zukunft grübeln – *Geo* trägt die Kosten, Gruner+Jahr stellt den Dienstwagen, die Journalistenschule die Zeit (zwischen den Seminaren ist genug)!

Ich begann mit der Erkundung der Regionen, die ich beim Bergsteigen noch versäumt hatte: Vom Triglav in Slowenien über die Brenta in Italien bis zur Belledonne westlich von Grenoble. Curt führte mich noch auf den Gran Paradiso (4061 m) und, zusammen mit dem beauftragten Fotografen Guido Mangold, auf den Alphubel (4206 m) sowie in den Dolomiten über zwei Klettersteige.

Am Montblanc besahen wir uns das Réfuge Vallot, eine silbern schimmernde Zuflucht 4360 Meter über dem Meer – innen eine Müllhalde mit heruntergerissenen Isolierplatten und zerschnittenen Matratzen. *Geo* zeigte auch dies: das Herrliche und das Abscheuliche, den Schmutz und die Blumen, die garstigen Skipaläste im Val d'Isère und das Christkindlein unter den Kirchen: St. Johann in Ranui im Villnösstal in den Dolomiten. Ich schwärmte vom Jubel, wenn am Piz Bernina der Bianco-Grat sich jäh in den Himmel stellt, und vom letzten Schritt auf den Dom.

Das Matterhorn? «Dieser elende Schutthaufen von der herrlichen Gestalt!» Das Skifahren? «Die fröhlichste Art, mit den Alpen umzugehen, und die zugleich rascheste Art, sie kaputtzumachen.» Der schönste Garten der Erde? Ja, und der bedrohteste zugleich. Die Meinung der *FAZ*? «Das beste und schönste Buch über die Alpen, das je erschienen ist.»

Das andere, was aus meiner *Geo*-Reportage über das Weißhorn folgte, war eine Einladung vollends zum Jubeln: Deuten Sie bitte auf einen Punkt des Globus, den Sie gern besuchen würden – vorausgesetzt, *Geo* war noch nicht da. Beides nicht schwer: Die Zeitschrift existierte erst seit zwei Jahren – da gab es, anders als heute, noch viele weiße Flecken auf der Erde. Und der Punkt? Patagonien natürlich!

Wieso das denn!, rief der Chefredakteur. Nur mäßig beeindruckte ihn, was ich zu erzählen hatte: ein wüstes, leeres Land mit wildem Gebirge und der größten Eisfläche auf Erden außerhalb der Polargebiete; dazu der windigste Winkel der Welt. Aber unverzüglich gab er mir den Zuschlag, als ich die Vorgeschichte erzählt hatte: Schon als Kind in Atlanten verliebt und gern mit den Fingern durch fremde Länder spazierend, entwickelte ich im Herbst 1939 den Ehrgeiz, mir einige der entlegensten Regionen der Erde vertraut zu machen; vielleicht im Zusammenhang mit dem Gefühl: Nun ist Krieg – und wann werde ich jemals in ferne Länder reisen können? Die Hilfsmittel: Lexikon – phantasievoller Umgang mit den Nebenkarten über Klima, Bodenbeschaffenheit, Bevölkerungsdichte – und «Bernatzkis Große Völkerkunde», die ich besaß.

Mein erstes Ziel war die sibirische Halbinsel Kamtschatka, mit Viertausendern und dem höchsten tätigen Vulkan der Welt. Die Fakten versammelte ich auf drei, vier Seiten in einem Heft. Dann Neukaledonien, die französische Insel östlich von Australien (Tahiti wäre mir unter den pazifischen Inseln viel zu bekannt gewesen). Dann Paraguay – dies mehr wegen seiner unglaublichen Geschichte: Sein halbes Volk hatte der verrückte Diktator Francisco Solano López 1870 ausgerottet im Kampf gegen Argentinien, Brasilien, Uruguay.

Dann aber, 1941, nicht mehr vier Seiten lang, sondern zweihundert, auf die gesamte im Handel erhältliche deutschsprachige Literatur darüber gestützt, vier Bücher immerhin: Patagonien, Feuerland! Ich nannte mich «den besten Patagonien-Kenner der Welt unter allen, die nie dagewesen sind». Da biss er wieder an, der Chefredakteur: «Und nun fahren Sie hin – und sehen nach!»

Aber vorher erst mal ein Ausflug in die Untiefen der jungen Journalistenschule – und ein Blick auf jenes Auswahlverfahren, in das wir, behaupte ich, mehr Mühe und mehr Fairness investierten als irgendjemand sonst im deutschen Sprachraum.

18

Die «Fledermaus» – von Richard Strauss
«Bescheid wissen? Das ist von gestern!»

Der dritte Lehrgang meiner Journalistenschule (1982) brachte mir mit Gitarre und Trompete ein Geburtstagsständchen in der Morgenkonferenz. Er überraschte mich auch mit Stricknadeln, er ärgerte mich mit Unterhemden.

Drei offenbar frisch ergrünte Damen nämlich baten mich gleich am ersten Tag um die Erlaubnis, im Unterricht zu stricken. Stricken! Das war die Mode, Gruner+Jahr hatte eine Strickzeitschrift auf den Markt geworfen, sicher sollte es etwas Fortschrittliches, Naturverbundenes oder sonstwie Tümliches ausdrücken. Und es erhöhe geradezu die Konzentration, behaupteten die Damen.

Ich wollte nicht von gestern sein und sagte zu – unter einer Bedingung: «Wenn die anderen mitschreiben, schreiben Sie auch.» Selbstverständlich! Und bei Referenten? Die würden wir natürlich fragen! «Nein! Schon das Fragen verbiete ich Ihnen. Die reisen sonst durch Deutschland und erzählen: ‹Hamburger Journalistenschule? Das ist doch die, wo man als Erstes gefragt wird, ob man stricken darf!›»

Bei den Herren wurde mehr und mehr die Garderobe zum Problem. Die erste Latzhose begrüßte ich noch mit dem Zuruf: «Aha, die Maler sind da!» Dann ließ ich sie durchgehen – ein T-Shirt ohne Oberhemd hingegen nicht. Ich selbst hatte erwogen, auf die Krawatte zu verzichten, als kleines Zeichen des Entgegenkommens; ich ließ es bleiben, nachdem ich im *Spiegel* den Erfahrungsbericht eines Studienrats gelesen hatte: Wer sich den

Schülern zu sehr anpasst, macht deren Feindbild kaputt, und auf das haben sie ein Recht.

Doch von der Prüfung wollte ich erzählen, dem aufwendigen Auswahlverfahren, mit dem wir aus Tausenden von Bewerbern die 20 Besten oder Geeignetsten auszusieben versuchten. Unerschrocken (und unwidersprochen) verbreiteten wir: «Perfekt sind wir natürlich nicht. Aber mehr Mühe, zugleich gründlich und unparteilich zu sein, gibt sich, mindestens im deutschen Sprachraum, keiner.» In der Tat: Regelmäßig fragten Redaktionen und Werbeagenturen nach den Besten unter den bei uns Durchgefallenen; an die leitete ich die Angebote weiter, oft mit Erfolg.

Am Anfang stand ein großes Inserat in der *Zeit*: Darstellung unserer Ausbildung und der Hinweis: «Bestimmte Ausbildungswege werden nicht verlangt». So setzten sich in der Tat jeweils etwa zu einem Drittel Abiturienten durch, die nicht studiert hatten. Unter den halb oder ganz fertigen Akademikern dominierten die Soziologen und andere Geisteswissenschaftler in solchem Grade, dass ich in späteren Ausschreibungen hinzufügte: «... doch sind Naturwissenschaftler, Juristen, Volkswirte, Sprachenkundige besonders willkommen.» Man stelle sich vor, ein Journalist schriebe über Atomkraftwerke mit Sachverstand!

Bewerbungen waren für den ersten Lehrgang mehr als tausend eingegangen, beim zwölften wurden es sage und schreibe 5948. Die Bewerber bekamen die Aufgabe gestellt, uns eine Reportage und einen Kommentar in vorgegebener Länge über eines von je drei vorgegebenen Themen zu schreiben; Lebensläufe wünschten wir ausdrücklich nicht: Uns interessiert nicht, wer du bist, sondern was du kannst! «Morgens um 6 in der Straßenbahn» hieß ein Thema oder «Besuch in meiner alten Schule». Für den Kommentar Aufgaben wie «Ist das Ladenschlussgesetz noch zeitgemäß?» (es galt als skandalös, 1996 wurde es abgeschafft) oder «Hat die Wiedervereinigung noch eine Chance?».

Das ergab zugleich die erste Auswahlstufe: Etwa zwei Drittel der Bewerber schickten nichts und waren draußen. Die Rückläufe (bis zu 2000 also) wurden auf etwa zwanzig freiwillige, bewährte Gruner+Jahr-Redakteure aufgeteilt, später auch auf erfolgreiche ehemalige Schüler. Sie hatten mehrere Wochen Zeit und sollten kommentarlos in vier Stufen bewerten:

3 unbedingt einladen
2 eher einladen
1 eher nicht einladen
0 keinesfalls einladen

Jeder Text ging durch zwei Hände, die beiden Punkte wurden addiert. Stieß eine 3 auf eine 0 oder eine 1, so nahm ich eine dritte Lektüre vor. Dann luden wir die 100 mit den meisten Punkten zur zweitägigen Prüfung nach Hamburg ein.

Sie versammelten sich im Ballsaal des Hotels Interconti nahe dem sogenannten «Affenfelsen» von Gruner+Jahr an der Außenalster. Sie bekamen Namensschilder, setzten sich an 100 kleine Tische und hatten zuerst Menschen und Objekte auf Fotos zu identifizieren, die an die Stirnwand projiziert wurden. Da sollte man schon erkennen, dass Henry Kissinger nicht Ludwig Erhard war und der einsame Turm des Straßburger Münsters nicht der Kölner Dom – Handicap für Weltfremde, maximal 2 Punkte.

4 Punkte konnte man mit dem Wissenstest erzielen, dem umstrittensten (und außerhalb der Schule populärsten) Teil der Prüfung: Punktuelles, abrufbares Wissen, bürgerliche Allgemeinbildung gar – war das nicht altmodisch? So sprach man schon damals, vor dem Siegeszug des Internets, und falsch ist es immer noch: Wer interviewt, muss alles parat haben, dabei googeln kann er nicht; wer alles ergoogeln muss, vergeudet Zeit verglichen mit dem, der's im Kopf hat; und wer rundum ahnungslos ist, spürt

nicht einmal, ob und wann er googeln müsste, um keinen Unsinn in die Zeitung zu lassen. «Universale Halbbildung» (predigte und predige ich) ziert den Journalisten: Er muss nicht wissen, dass die Erde zu 71 Prozent von Wasser bedeckt ist, aber erkennen, dass die 41 Prozent, die neulich in der Zeitung standen, falsch sein müssen – Googeln erforderlich! «Bildung lässt sich nicht downloaden», heißt ein Schlagwort, und es stimmt.

Die 16 Jahre von 1978 bis 1994, in denen ich die Prüfung leitete, wurden zugleich zu einem Protokoll des permanenten Niedergangs. Die Frage «Nennen Sie eine Oper von Richard Strauss und eine Operette von Johann Strauß» wurde 1978 zu mehr als 90 Prozent mit «Rosenkavalier» und «Fledermaus» beantwortet – 1994 waren es noch 10 Prozent. Oft hatte eben Richard die «Fledermaus» komponiert, manchmal auch den «Tannhäuser».

Im mündlichen Teil der Prüfung wurden solche Fragen mehrfach als völlig aus der Zeit gefallen kritisiert. Ich antwortete darauf schneidend etwa dies: «Die ‹Fledermaus› ist das bis heute meistgespielte Musical der Musikgeschichte. Fast alle Opernhäuser Mitteleuropas führen sie alljährlich zu Silvester auf. Mit Ihrem Geschmack hat das nichts zu tun: Ich kann Richard Wagner nicht leiden und kenne doch die Titel seiner sämtlichen Opern. Wir können alle Pinochet nicht leiden und müssen dennoch wissen, wie er sich buchstabiert.»

Einige Tiefpunkte des Nichtwissens waren 1994 erreicht. Die Frage «Von wann bis wann dauerte der Dreißigjährige Krieg?» konnte nur ein Viertel der Prüflinge beantworten; die Hälfte ließ die Stelle leer, und zwölf waren richtig originell: Bei ihnen hatte der Dreißigjährige Krieg 31, ja 40 Jahre gedauert oder im 19. Jahrhundert oder aber «überhaupt nicht» stattgefunden.

Für den Wissenstest gab es maximal 4 Punkte – 9 dagegen für die Reportage, 12 für das persönliche Gespräch. Für die Reportage galt es jeweils ein Thema zu finden, das drei Bedingungen erfüllte: Es durfte die Hamburger nicht bevorzugen, die Prüflinge durften einander nicht auf die Füße treten, und es musste machbar sein am Samstagvormittag. Da gab es den Besuch auf der Hamburger Motorradmesse oder das Ausschwärmen in vier Hamburger «Trabantenstädte»: Vier Omnibusse standen bereit, in jedem lagen für jeden zehn Blatt mit der Geschichte und einer technischen Beschreibung des Stadtviertels parat. Nun sollten sie klingeln und Leute ausfragen: Wie lebt ihr hier so? Die Mehrzahl aller Journalisten sitzt ja am Schreibtisch und klingelt nie; wir wollten eher die anderen.

Dann drei Stunden Zeit, eine Reportage von maximal drei Blatt zu schreiben, an hundert gemieteten Reiseschreibmaschinen im Ballsaal des Hotels (Computer erst von 1995 an). Dieses Geklapper, den Anblick dieser hundertfachen Konzentration werde ich nie vergessen; auch nicht die verstörten Gesichter derer, die zu einer Zigarettenpause auf den Gang gekommen waren, einige so, als ob sie nach Rat in meinen Augen suchten.

Ab 19 Uhr dann kaltes Buffet in der Gruner+Jahr-Kantine. Aus den beiden Tests vom Vormittag las ich später die korrekten und einige der kuriosesten Antworten vor, und ich stimmte die hundert auf die Gespräche von Montag und Dienstag ein: Immer zu dritt für 30 Minuten, keine Wissensfragen mehr, einfach kennenlernen wollen wir Sie – wir: das sind zwölf Chefredakteure und Leitende Redakteure von G+J und der *Zeit*.

«Sie sind in Kasachstan aufgewachsen», fragten wir zum Beispiel (denn nun lagen uns die Lebensläufe vor). «Was waren Ihre ersten Eindrücke, als Sie mit 14 nach Deutschland kamen?» Oder: «Sie haben Theologie studiert – warum wollten Sie nicht Pfarrer werden?» Zum Schluss die Einladung, die Prüfung zu kritisieren; die meisten lobten sie sogar.

Dann nur zwei oder drei Minuten, bis wir die nächsten drei hereinbaten. Ausdrücklich keine Diskussion – zwölf spontane

Antworten auf die Frage «Bringt der's?» Gelegentlich auch Selbstkritik: Den Ersten haben wir zu lange allein reden lassen; dieselbe Frage mehreren Gruppen zu stellen ist heikel, die erzählen natürlich draußen den Nächsten, was sie gefragt worden sind.

Einen stellvertretenden Chefredakteur der *Zeit* hinderte das nicht, vier- oder fünfmal zu fragen: «Wenn Sie morgen eine ganze Seite in der *Zeit* füllen dürften – worüber würden Sie schreiben?» Daraus folgte die dümmste und die beste Antwort, die ich in den Prüfungen vernommen habe. Die erste: «Eine ganze Seite? Das ist ja eine phantastische Chance! Und gar kein Problem – mir fällt immer etwas ein!» Zwölfmal die Null. Die zweite: «Eine ganze Seite in der *Zeit* – und ich soll das in zwei Minuten entscheiden? Das ist ein Missverhältnis. Ich möchte diese Frage nicht beantworten.» Die Bestnote, die 3 (die nur elfmal).

Auch sonst war's eine herrliche Erfahrung. Hundertmal Hoffnung und Angst, Beredte und Überforderte, scheinbar Schüchterne und plötzlich Erblühende – und 1994 jene Bewerberin, die uns, breit berlinernd, berichtete, was sie während eines Praktikums für die *Bunte* in London recherchiert hatte: Wütender Ehemann erschlägt mehrere Eichhörnchen und stapelt sie in der Tiefkühltruhe, so viele, bis er mit ihnen seine Frau erschlagen kann.

Nicht selten hatte eine Favoritin der Kommission in den drei schriftlichen Aufgaben versagt und fiel durch – und umgekehrt: Der Schreiber der besten Reportage (9 Punkte, denn nun wurde jede von *drei* Mitgliedern der Kommission gelesen, ausdrücklich wieder strikt anonym) blieb im Gespräch hoffnungslos blass – und fiel ebenfalls durch. Einem, der eine schriftliche Erklärung für die Absage erbeten hatte, schrieb ich: «Sie wirkten schüchtern und grüblerisch. Dies ist zwar menschlich sympathisch, aber man fragt sich doch, ob Sie die Chance hätten, auf einer Pressekonferenz durchzudringen, wo man sich ohne eine gewisse Forschheit nicht Gehör verschaffen kann. Man muss nun einmal reden können in dem Beruf, deutlich, beherzt, in jeder Redaktionskonferenz gut hörbar und von keinem Politiker so leicht einzuschüchtern.»

Doch ich lud solche Schreiber ein, in anderthalb Jahren automatisch unter den besten 100 zu sein, falls der Jahrgang noch stimmte (Höchstalter 29). Sie kamen alle, und ich gab ihnen den Rat: «Wenn Sie wieder den Eindruck haben sollten, mündlich nicht sehr präsent zu sein, dann wählen Sie ein Schlusswort von der Art ‹Ich weiß schon, Reden ist nicht meine Stärke. Deswegen habe ich mich ja auch für den schreibenden Journalismus beworben.›» So gewannen sie schließlich.

Die Prüfungskommission verstand sich in ihrer Schlusssitzung nur noch als Notar der erreichten Punktzahl; die Bilder auf den Lebensläufen zeigten uns, ob unsere privaten Favoriten aus dem Gespräch es geschafft hatten; etwas zu monieren traute sich keiner. Zu entscheiden war höchstens, wenn Nr. 20 und Nr. 21 dieselbe Punktzahl bekommen hatten.

Kopfzerbrechen machte uns der Fall einer bekennenden Adventistin, die uns gebeichtet hatte, freitags bei Sonnenuntergang müsse sie die Arbeit einstellen. Sie war eine der Besten. Wir seufzten und nahmen sie nicht. Mein Absagebrief an sie war würdig, meiner Meinung nach.

Auch mit der Routine-Absage an die 80 nicht Genommenen gab ich mir Mühe. Die Enttäuschung nach diesem Aufwand musste ja groß sein, und Tausende dieser Absagebriefe breiteten sich im deutschen Sprachraum aus und wirkten mit am Image der Schule. Tenor: Hoffentlich respektieren Sie, dass wir uns redlich bemüht haben – aber nie würden wir ausschließen, dass uns trotzdem ein neuer Egon Erwin Kisch durch die Lappen gegangen ist. Bleiben Sie also Ihrem Berufswunsch treu! Angekündigt hatte ich: Absagen werden im üblichen Kleinkuvert,

Zusagen im großen DIN A4 erfolgen – die optimale Sofortinformation.

Cordt Schnibben, 3. Lehrgang, prominenter *Spiegel*-Redakteur, hielt bei der 20-Jahre-Feier der Henri-Nannen-Schule die schöne Rede: Wie er damals, morgens um 7 in Erwartung des Briefträgers im Fenster lehnend, in finsteren Pessimismus verfallen sei – das kleine Kuvert natürlich! Andrerseits, was könnte gerade aus dem kleinen Kuvert alles folgen: Kraft! Trotz! Glück! Ein Preis in Cannes für seine Werbesprüche! Ein Ruf nach Hollywood! Ein Drehbuch für Cameron Diaz! Ich *heirate* Cameron Diaz! Ich werde Milliardär! Ich bekomme den Nobelpreis! (Pause). «Um Gottes willen, der Briefträger – ein *großes* Kuvert!» (Pause). «Ich hasse Wolf Schneider.»

19

Feuerland
Für *Geo* am Zeh der Erde

Kostenlos auf die Traumreise! Februar, das war die beste Jahreszeit, auf der Südhalbkugel unserem August entsprechend – in vier Monaten also. Als Erstes nahm ich etwa zwanzig Stunden Einzelunterricht in Spanisch bei einer Argentinierin. Eine Basis war vorhanden: 1940, mit 15 Jahren, hatte ich es in Berlin schon einmal versucht, bei Purificación Kaiser, einer Bekannten meines Schulfreundes Gerardo Plebst, der in Argentinien geboren war; ich schwärmte ja für Südamerika und hatte mich schon auf Patagonien konzentriert – was zählte da die drohende 6 in Latein?

Nun lernte ich vor allem Zahlen, fertige Floskeln für Hotels und Restaurants, Redensarten für alle Lebenslagen; drei Grade der Entschuldigung zum Beispiel: Disculpe – lo siento mucho – perdone que le haya molestado. Und mehrere Anläufe, um mir das Verstehen zu erleichtern, das war ja viel schwerer als das Sprechen: «Podría hablar poco más lentamente? Somos periodistas alemanes!» Oder: «Podría repetirlo con otras palabras?»

Dieses herrliche Planen, wenn Zeit und Geld verfügbar sind! Landkarten aufstöbern, in Hamburg gab es ein Spezialgeschäft. Mindestziele festlegen – meine Träume von 1940: Lago Argentino, Cerro Fitzroy, auf Feuerland der Monte Sarmiento. Danach die Standquartiere wählen: Rio Gallegos, die südlichste Stadt auf dem argentinischen Festland, und das berühmte Punta Arenas an der Magellanstraße. Empfehlungsschreiben der Bonner Botschafter von Argentinien und Chile beschaffen.

Georg Fischer hieß der junge Fotograf, der mich begleiten sollte – fünf Wochen lang, das hatte ich mir ausbedungen. «Landschaft» war noch nie sein Thema gewesen, Patagonien ihm ein Rätsel. Ich stimmte ihn ein. Die Ausrüstung: Kletterstiefel, Schlafsack, wetterfeste Kleidung gegen den berühmten patagonischen Orkan. In Rio Gallegos wollten wir uns treffen; er hatte zuvor in Brasilien zu tun.

Meine Reise begann katastrophisch: Nebel verzögerte am 2. Februar 1981 den Abflug in Hamburg – folglich verpasste ich in Frankfurt den Lufthansa-Flug nach Buenos Aires und buchte Aerolinas Argentinas ab Paris; und da der Nebel anhielt, fuhr ich nach Paris vorsichtshalber mit dem Zug: nach Patagonien über Kaiserslautern, darauf musste man kommen.

Südamerika! In der Morgendämmerung der Zuckerhut. In Buenos Aires rasch Anschluss nach Rio Gallegos; nach meinem Freund Gerardo Plebst zu fahnden hatte ich gar keine Zeit. Die Begrüßung im tiefen Süden sah so aus: Alle Koffer in einen Zollraum tragen. Dort blieben sie sinnlos und verschlossen stehen, fast eine Stunde. Dann, immerhin, kamen zwei Zöllner, fixierten die fünfzig Koffer mit vier Augen etwa sechs Sekunden lang – und dann durfte jeder sich zu seinem Koffer drängeln.

Liebloses Essen mit sehr viel, gar nicht zartem Fleisch: Das war unser erster Eindruck, Fischers und meiner, als wir uns gefunden hatten. Dann einen Geländewagen auftreiben – und hinaus ins leere, ins östliche Patagonien, die Trockensteppe oder «Halbwüste»: Sand und Kies, durchsetzt mit einer feindseligen Vegetation von Dornsträuchern, Disteln und hartem Büschelgras: «Über diesem Land liegt der Fluch der Unfruchtbarkeit», schrieb Charles Darwin, der es 1834 kennenlernte.

Wenn man aber einem Schaf zwei bis fünf Hektar gönnte (und Platz war und ist ja da), dann ließ sich dort Schafzucht betreiben – auf der Estancia des Henry George Jamieson zum Beispiel, den wir im British Club von Rio Gallegos kennengelernt hatten: Sein Großvater war 1889 von den Falklandinseln herübergekommen als einer jener Engländer, die die Schafe nach Patagonien brachten.

Der Enkel besaß mehr als 10000 davon auf 33000 Hektar Land, ganz München hätte darin Platz, von zehn Menschen wurde das Areal bewohnt: den Jamiesons und ihren sechs Arbeitern. Ställe gab es nur für die drei Zuchtwidder und für die Reitpferde (wie viele? «Ungefähr siebzig»). Ja, viele Schafe erfrören im Winter, berichtete Jamieson, oft bei Windstärke 10 und manchmal bei minus 15 Grad – «aber höchstens zehn Prozent». Denen werde das Fell abgezogen, das Fleisch an die Hunde verfüttert.

Alles Land, das sich für Schafe eignet – ein Riesenland, Deutschland dreimal – ist heute eingezäunt. Doch die Zäune stören die Weite nicht. Oft durchschneidet die Straße das Areal einer Estancia, und das bedeutet: Quer durch den Schotter läuft ein Eisenrost, der die Schafe abschreckt und das Auto schüttelt; und dann rollt man zaunlos fünf oder fünfzig Kilometer weit, bis der nächste Rost die Grenze der Estancia markiert.

Innerhalb der Zäune leben, zusammen mit den Schafen, immer noch Nandus, die kleinen patagonischen Strauße, und Guanacos, die gefleckten hübscheren Brüder der Lamas. Auf der Küstenstraße nach Buenos Aires – fünfzig Stunden Omnibus – und auf der Touristenroute zum Lago Argentino kam uns alle zehn Minuten ein Auto entgegen, auf allen anderen Straßen aber höchstens alle Stunde einmal; dabei störte es dann die Geier auf, die sich mit trägem Flügelschlag von dem Hasen erhoben, den das vorige Auto überfahren hatte. Wenn wir uns hundert Meter abseits in die Disteln schlugen, konnten wir meinen, unter den jagenden Wolken in der gelbgrauen Öde von allem Leben verlassen zu sein.

Wie fasst man es ins Bild, das große Nichts? Fischers Idee: Du fährst an den Horizont, ziemlich weit also, wendest dort und gibst beim Anfahren kräftig Gas – dann haben wir eine Staubwolke im Niemandsland. Dreimal fuhr ich, bis er zufrieden war: Beim ersten Mal hatte ich, meinte er, den Horizont verfehlt, beim zweiten zu wenig Staub aufgewirbelt.

Derlei entzweite uns nicht. Spannungen gab es schon – zwei Generationen in fernem Land aufeinandergeworfen. Doch spätestens beim Wein am Abend mochten wir uns wieder. Das Doppel, das ich 1983/84 mit Guido Mangold spielte, dem großen Fotografen für unser *Geo*-Buch «Die Alpen», war da schwieriger: Er bestand darauf, zum Abendessen Milch zu trinken.

In Patagonien jetzt nach Westen, zu unserm ersten Ziel: dem Lago Argentino am Osthang der Anden. Der war und ist berühmt für den gewaltigsten Gletscherabbruch in irgendeinen See auf Erden. Die Eismassen fließen vom patagonischen Inlandeis herab, einem Kuriosum der Natur: Als einziges Stück Land ragt Patagonien in den «subarktischen Westwindgürtel» hinein, der sich über dem Pazifik vollsaugt und seine Wasserladung über dem südlichen Chile ablädt als Regen oder Schnee. So entsteht die schneereichste Region der Erde und in 1300 bis 1500 Metern Höhe, ähnlich wie auf Island, das Inlandeis: doppelt so groß wie das isländische, sechsmal so groß wie alle Gletscher der Alpen zusammen. Nach Westen schwappt es in den Pazifik, nach Osten in die großen argentinischen Seen.

Während aber an Land die meisten Gletscher in einer schmutzigen Zunge enden oder ins Meer sich flach ergießen, bricht dieser, der Moreno-Gletscher, mit einer 60 Meter hohen Eiswand senkrecht und blendend weiß in einen Fjord des Lago Argentino ab – vier Kilometer breit, in Zehntausende von Orgelpfeifen und bizarren Skulpturen aufgelöst, dabei ständig in Bewegung: Alle paar Minuten brach ein Brocken knirschend ab, groß wie ein Haus, hoch wie ein Kirchturm, platschte ins Wasser und schickte eine Fontäne zu den Touristen hoch, die auf dem Waldhang gegenüber eben darauf warteten, lachend, jubelnd und sich schüttelnd. Permanent veränderte sich ja die Statik der Millionen Tonnen von geschobenem Eis, Böller hörte man da aus dem Inneren und manchmal Gerumpel wie auf einem Rangierbahnhof.

Touristen, ja! Wir waren verblüfft. Aus Buenos Aires waren sie 2500 Kilometer weit geflogen, dann hatten Omnibusse sie über die Schotterstraße sechs Stunden lang herangekarrt. In der Nacht aber blieben wir mit unsern Schlafsäcken allein mit dem Gepolter und Gezische, in jaulenden Wind gehüllt; und in der Morgensonne stellte sich auch noch ein Regenbogen über den weißen Tumult. Hinten, über dem Inlandeis, von dem der Gletscher fließt, stand eine finstere Wand voll Regen oder Schnee, wie fast immer.

Auch befahren kann man den Lago Argentino, er ist doppelt so groß wie der Bodensee. An die hundert Passagiere bestiegen ein Motorschiff in der windgeschützten Hafenbucht – und nach wenigen Minuten fauchte uns der Sturm entgegen: «Windstärke 10», rief der Kapitän beruhigend. Schaumkronen auf zwei Meter hohen Wellen, Brecher schlugen übers Deck, durchs Bullauge lächelten hausgroße Eisbrocken herein. Kinder schrien und krochen unter die Mäntel ihrer Mütter, Väter stimmten ein tapferes Lied an, der Kapitän übertönte sie mit Disco-Musik aus plärrenden Lautsprechern.

Da lobte man sich das feste Land. Als wir über die Schotterstraßen wieder ostwärts rollten mit Tempo 80, überholten uns die Wolken wie die Wilde Jagd, und ein Dutzend Nandus sahen wir quer zum Sturm nach Norden rennen und sich schräg auf ihn legen, atemraubend schief wie Motorradrennfahrer in der Kurve.

Unser anderes großes Ziel im argentinischen Teil Patagoniens war der Cerro Fitzroy – einer der berühmtesten Kletterberge der Erde; von mir schon vierzig Jahre zuvor auf Fotos angestaunt, als er noch unbestiegen war; benannt nach dem Kapitän der «Beagle», auf der Darwin die Welt umsegelte. Von einem *guarda parque* begleitet (in ihren Nationalparks sind die Argentinier sehr streng) und mit einem Packpferd versehen zogen wir von der letzten Hostería fünf Stunden lang dem Berg entgegen. Aus der Steppe ragt er auf wie eine Gralsburg aus braunen Türmen von Granit, 3375 Meter hoch, umtobt von rasenden Stürmen mit Hagel und Schnee.

In den halbverfallenen Hütten der französischen Expedition, der 1952 die Erstbesteigung gelungen war, trafen wir zwei Amerikaner und zwei Japaner, die, in Konkurrenz zueinander, seit zwei Monaten auf ein Wetter warteten, das den Aufstieg ermöglichen könnte; die Amerikaner überglücklich, dass da mal jemand kam, mit dem sie sich unterhalten konnten. Wie wär's, wenn wir bei ihnen übernachteten?

Nein!, riefen wir. Nicht so sehr der Hygiene wegen, sondern weil eine Felsrippe den Fitzroy verbarg. Auf die stiegen wir, schwitzend in der grellen Sonne des Nachmittags – jubelnd, als die himmelstürmenden Türme vor uns standen. Wir kletterten noch ein Stück hinab zu einem schneegesäumten See, um Wasser zu schöpfen, und labten uns oben an Tee, Suppe, Corned Beef und dem dampfenden Rotwein aus der Thermosflasche. Der *guarda parque*, nur mit Mate und Tomaten versehen, hielt staunend und glücklich mit.

Frierend im Sonnenuntergang schichteten wir ein paar Steine halbwegs plan und fanden uns in den Schlafsäcken geborgen vor dem heulenden Eiswind der Nacht. Vierzig Jahre, nachdem ich mir das unerreichbar ferne Traumland Patagonien in verbissenem Stubenhockerfleiß erschlossen hatte, war ich angekommen.

Großartiger, muss ich wohl gedacht haben, wird das Leben nicht. Dies aber dachte ich gewiss: Welcher Unsinn, sich mit einem Zelt abzuschneiden vom Anblick des Fitzroy und von den funkelnden Sternen!

Beim Abstieg ließ der Sturm uns Kieselsteine auf den Rücken

prasseln, und mehrfach kämpfte ich gegen das Umgeblasenwerden. Dass wir überhaupt einen Pfad hatten, lag nur daran, dass wir uns im Naturpark befanden. Wanderwege gibt es kaum in Patagonien. Hellgrau wie gebleichte Knochen lagen tote Bäume kreuz und quer, formten bizarre Arkaden, lehnten sich an die lebenden und würgten sie fast: keine rasche Verwitterung wie am Amazonas – kein Förster in Sicht. Dass es aber überhaupt Lebende gibt, sturmzerzaust, oft krummgequält, hat sie berühmt gemacht in Ländern mit ähnlichem Klima, und so wird ihr Samen nach Schottland, Kanada, Sibirien exportiert.

Nach drei Wochen verließen wir die Betonwürfel, Baracken, Wellblechhütten von Rio Gallegos, zwischen denen Schachteln wirbelten und Dosen schepperten, und bestiegen einen gewaltigen Dreiachser aus Untertürkheim, um nach Chile hinüberzufahren, ins 270 Kilometer entfernte Punta Arenas an der Magellanstraße. Bürokratische Grenzkontrollen, an der Grenzstation eine originelle Toilette: ein leeres Zimmer mit einem Dutzend Kothaufen auf dem Boden.

Punta Arenas aber – welche Stadt! Hingegossen an einen Hang mit Blick auf schaumgekröntes Meer, voll von englischen Bauten der Jahrhundertwende; denn bis 1914 der Panamakanal eröffnet wurde, führte der kürzeste Schifffahrtsweg von New York nach San Francisco hier vorbei. Die Blechdächer, in fröhlichen Farben gestrichen, leuchteten unter blauschwarzen Sturmwolken wie Freudenfeuer. Manche Häuser hatten weiße Wände mit königsblauen Ornamenten, viele Straßen werden von den gewaltigen Zypressen der patagonischen Art Fitzroya überragt.

Wir beschlossen, per Schiff nach Navarino zu fahren, der südlichsten größeren Insel des Feuerland-Archipels: Dort nämlich wohnte, so hatten wir gelesen, die letzte Überlebende der Yaghans, der Feuerland-Indianer. Zwei Tage an Bord der «Piloto Pardo». Die Passagiere: Familien, die auf Navarino wohnten, und Touristen, die von dort in den chilenischen Sektor der Antarktis weiterfahren wollen.

Mit meist gedrosselten Maschinen mogelte sich das Schiff zwischen Hunderten von Inseln durch, Inseln wie Schildkrötenpanzer oder halbgetauchte Krokodile, traurig unter dem wilden Himmel ausgestreut. Am dritten Schöpfungstag so gegen 13 Uhr könnte die Erde ähnlich ausgesehen haben: Tag und Nacht, Himmel und Erde, Wasser und Land waren schon geschieden, und bei den Pflanzen war Gott zu Moos und Disteln gekommen; noch nicht erschaffen aber hatte er die Blumen. Die Indianer tauchten hier einst nach Krebsen und Muscheln. Tauchen! Es war Sommer, doch die Passagiere zogen sich Daunenjacken an, wenn sie das Deck betraten.

Auf Navarino liegt das Städtchen Puerto Luisa, benannt nach der Schwester des letzten Missionars dortselbst; er war schon lange tot. 1953 wurde Puerto Luisa zu einem Stützpunkt der chilenischen Flotte ausgebaut, nach einem Admiral in Puerto Williams umbenannt, förmlich zur Stadt erhoben – und damit die südlichste der Welt; das berühmtere Ushuaia auf dem argentinischen Teil von Feuerland liegt nördlicher, ganz klar.

Die letzte Indianerin? Natürlich! Jeder kannte sie hier: die Programmdirektorin des südlichsten Radiosenders der Erde, Radio Cabo de Hornos, der Pächter des südlichsten Hotels der Erde, der Leiter der südlichsten Bibliothek und der Direktor der südlichsten Schule. Die beiden Letzten fragte ich, ob sie denn wirklich noch eine echte Yaghan sei, die Abuela? («Großmutter», so wurde sie allgemein genannt). Immer wieder hatte man ja gelesen, reinrassige Indianer gebe es in ganz Patagonien nicht mehr. «Ja», meinte der Bibliotheksdirektor, «genau weiß das keiner. Aber wenn es noch eine echte gibt, dann ist es sie.» Der Schuldirektor sagte: «Ich glaube schon. Und jedenfalls verdient sie Geld damit, dass die Leute glauben, sie sei es.»

So suchten wir ein bisschen verwirrt nach ihrem Häuschen in der Siedlung Ukika am Rand des Städtchens: Baracken in grellem Blau und Gelb, die kurz nach der Gründung von Puerto Williams vom Staat für das damalige Dutzend der letzten Yaghans errichtet wurden; Mischlingsfamilien waren nachgerückt. Und wie es so geht: Wenn die Abuela ihr Konterfei für Geld verkaufte, so würde man jetzt, vorher, ein paar Witze über sie machen dürfen.

Doch das Lachen blieb uns in der Kehle stecken, als wir ihre Hütte betraten. Da watschelte uns eine breitknochige, zusammengeschnurrte Gestalt entgegen, kaum 1,40 Meter groß, mit weniger Zähnen im Mund als Katzen in der Küche, wie zweihundert Jahre alt sah sie aus und wie die Großmutter aller Krankheiten. «Wir sind Journalisten aus Deutschland und würden Sie gern fotografieren, Señora. Erlauben Sie uns das?»

«Sí paga?», rief sie – «Wenn Sie zahlen?» Wir gaben ihr umgerechnet 25 Mark, und das Seltsame ist, dass sich im Nu die Fronten verkehrten: Nicht dass die Abuela Geld verlangte, war lächerlich – sondern dass wir es gaben. Es wollte mir an den Fingern kleben bleiben, es roch plötzlich nach Trostpflaster oder Bußgeld. Mein Gott, wo blieb unsere Berufskrankheit, der Zynismus? Das war peinlich, faszinierend und überhaupt nicht auszuhalten. Die Missionare und die Menschenjäger des 19. Jahrhunderts, die hatten noch ein gutes Gewissen, jeder auf seine Art. In uns stand die ganze Hilflosigkeit des weißen Großstadtmenschen vor der Letzten «eines erbärmlichen Stammes».

Es war Charles Darwin, der die Yaghans so einstufte, er konnte sie auf seiner Weltreise studieren. Erblicke man «die elenden Herren dieses elenden Landes», so könne man sich kaum zu dem Glauben zwingen, «dass sie unsere Mitgeschöpfe und Bewohner derselben Erde sind», schrieb er. In einem Klima, das dem von Island entspricht, lebten sie völlig nackt, zum Schutz gegen die Kälte nur mit Seehundfett eingerieben, «ihre hässlichen Gesichter mit weißer Farbe beschmiert, ihre Haut schmutzig, ihr Haar verwirrt». Um Nahrung zu suchen, waren sie gezwungen, unablässig von Ort zu Ort zu wandern, «und die Küste ist so steil, dass sie dies nur in ihren elenden Kanus tun können» – denen mit dem ständigen Feuer darin, das zuerst Magellan sah und dem die Inselgruppe ihren Namen verdankt.

Wie alt sie sei, fragte ich die Abuela. Das wisse sie nicht. Ob sie Kinder habe? Nein. Wann ihr Mann gestorben sei? Das sei lange her. Ob sie als junge Frau noch nach See-Igeln und Muscheln getaucht habe? No. Ob sie in der Mission lesen und schreiben gelernt habe? No. Ob die Nachbarn gut zu ihr seien? Claro.

Die Nachbarn schätzten sie auf 85, Kinder und Hunde gingen bei ihr aus und ein. Alleingelassen war sie nicht, Not litt sie nicht. Sie bekam Sozialfürsorge, und die Ethnologen und Journalisten, denen sie gegen Entgelt Auskunft gab und das Fotografieren gestattete, erlaubten ihr, sich einen Alkoholvorrat und einen Fernsehapparat zu leisten. Die Fernsehstation von Puerto Williams strahlte aus, was tags zuvor in Punta Arenas gesendet und auf Kassetten mit dem täglichen zehnsitzigen Linienflugzeug hierhergebracht worden war.

«Fernsehen» war das Einzige, was die Abuela antwortete, wenn man sie fragte, was sie so tue. Ziemlich die ganzen elf Stunden des täglichen Programms hindurch hockte sie seitlich auf ihrem Bett, die Hände an die hohe Fußlehne geklammert und auf den Bildschirm starrend, der kaum zwei Meter schräg über ihr hing. So sah sie Mickymaus und Zahnpastawerbung, amerikanische Krimiserien und die Schmachtfetzen chilenischer Fernsehstars. Die Letzte der Yaghans.

Da hatten sich ein paar tausend Menschen, die primitivsten unserer Art, als die Schwächeren immer weiter abdrängen lassen müssen aus leidlich bewohnbaren Gebieten bis an den Zeh der Erde. Und dennoch hatten sie sich der kahlen Inselwelt zwischen

Kap Hoorn und Feuerland angepasst und seiner monotonen Landschaft Leben gegeben, wie der Priester und Ethnologe Martin Gusinde aus Breslau schrieb, der von 1918 bis 1924 unter den letzten Yaghans lebte. Im 19. Jahrhundert wurden die Robben, das wichtigste Nahrungsmittel der Feuerland-Indianer, von Robbenjägern dezimiert, und die Missionare brachten Masern, Pocken, Tuberkulose mit. Nun, schrieb Gusinde, sei es nur noch die Brandung vor Kap Hoorn, die das Lied von den verschwundenen Indianern murmle. Die Abuela ist 1983 gestorben.

In der Nacht nach unserm Besuch bei ihr hatte es geschneit. Aus dem eisigen Spätsommermorgen stieg eine festliche Sonne auf wie an einem Oktobertag im Oberengadin. Drüben, jenseits der Brandung, Feuerland, die Hauptinsel, und Ushuaia; im Westen die gewaltigen Eisberge der Darwin-Kordillere.

Über die Darwin-Kordillere *fliegen* – das wäre es! In Punta Arenas fanden wir den deutschstämmigen Lufttaxi-Unternehmer Jorge Freyggang, besuchten ihn in seinem Bungalow (hübsche Frau, zwei Kinder, fünf Bücher, eine Kuckucksuhr), befanden das Wetter für gut genug, zogen alsbald zu dritt sein viersitziges Maschinchen aus dem Hangar – und starteten zu einem unglaublichen Flug. Über die Magellan-Straße und das flache, öde nördliche Feuerland hinweg schlichen wir uns an die Inseln, Fjorde, Gletscher, Türme der Südwestecke heran und zwischen weißen Gipfeln in einen Fjord hinein; auf fallenden und steigenden Winden tanzten wir bald über, bald unter den Wolken und hüpften einem Eisriesen über den gewaltigen Schädel.

Nur 2470 Meter hoch sind die höchsten Berge hier, aber schon ab 800 Meter mit ewigem Schnee bedeckt und darüber Eispaläste ohnegleichen. Doch ich war nicht zufrieden: «Donde está el Monte Sarmiento?», schrie ich dem Piloten zu – der Berg aller Berge! Der damals populäre Sportflieger Günter Plüschow hatte ihn 1930 umrundet und in seinem Jugendbuch darüber, «Silberkondor über Feuerland», jenes Traumfoto gebracht, das mich 1940 überwältigte. Den Monte Sarmiento nie gesehen zu haben: Das gehörte zu den traurigen Lebensbilanzen, die ich im Winter 1944/45 manchmal zog in Holland bei Nacht zwischen meinen Pferdedecken.

Aber Freyggang deutete nur auf die Wolkenpakete. In denen stecke der Monte Sarmiento fast immer, mindestens an 300 Tagen im Jahr. Und es war ja phantastisch genug, was sich unter uns entfaltete: ein Labyrinth aus Wasser, Schneewüsten, Felsen, dunkelgrünen Wäldern und bläulichen Katarakten von Eis; über all dem von der tiefen Sonne ein Orange-Hauch, und dazu donnerte ein Orkan durch die Kabine, denn Georg Fischer hatte zum Fotografieren das Fenster aufgemacht, vermummt saßen wir in unserer sausenden Achterbahn, weinend vor Kälte, lachend vor Begeisterung, und noch mal zehn Gletscher, zwanzig Zinnen, vierzig Inseln, die Erde musste unbewohnbar sein. Der Sonnenuntergang war wie ein Weltuntergang.

20

Die «Hitler-Tagebücher»
Eine Pleite – und eine schlimme Erfahrung

Am 25. April 1983 erschien der *Stern*, noch zehn Jahre zuvor die erfolgreichste und angesehenste Illustrierte der Welt, mit den riesigen Lettern «Hitlers Tagebücher entdeckt» und zwei großen, verschnörkelten Frakturbuchstaben auf einer Kladde: 𝔄 𝔥. Konnte man die nicht auch als 𝔍 𝔥 lesen?, fragten sich ein paar Redakteure – und beruhigten sich mit der selbst erfundenen Ausrede: Wahrscheinlich steht das für «Führerhauptquartier». Haben denn nicht etliche Experten von internationalem Rang die Tagebücher abgesegnet? Das hatten sie. Und der Chefredakteur Peter Koch verkündete, die Geschichte des Dritten Reichs müsse nun großenteils umgeschrieben werden.

Das aber war nicht nur großspurig, sondern auch dumm: Denn der Fälscher hatte das meiste einfach abgeschrieben, aus dem zweibändigen Schinken «Hitler – Reden und Proklamationen 1932 bis 1945», von dem Archivar Max Domarus überwiegend aus dem *Völkischen Beobachter* zusammengestoppelt und 1965 im Süddeutschen Verlag erschienen. Wo die Nazi-Zeitung schweigt, schweigen auch Domarus und der Fälscher; wo der Kompilator zitiert: «Am Abend besuchte der Führer eine Aufführung der Operette Die lustige Witwe», stand im *Stern*: «Am Abend sah ich mir die Lustige Witwe an.» Die drei eingeweihten Redakteure spürten durchaus die Dürftigkeit – und trösteten sich mit der Hilfskonstruktion: So war er eben, dieser Hitler, hat keinen originellen Gedanken gehabt.

Elf Tage später aber, am 6. Mai um 13.28 Uhr, verbreitete

die Deutsche Presseagentur unter «Vorrang» die Nachricht: Die Tagebücher sind gefälscht! Ein Redakteur der *Stern*-Nachrichtenredaktion rannte damit in die Konferenz. Von der Panik, die dort ausbrach, berichteten später die beiden Journalistenschüler, die im *Stern* gerade ein Praktikum absolvierten; von den beiden Betriebsversammlungen am 17. und 19. Mai, in denen Henri Nannen und der Vorstandsvorsitzende Gerd Schulte-Hillen zur Hinrichtung freigegeben wurden, kann ich selbst erzählen. Sie begannen peinlich und wurden widerlich.

In der Redaktion war es an jenem 6. Mai binnen Sekunden nach Eingang der Schreckensnachricht zugegangen wie in einem Hühnerstall, in dem der Fuchs wütet. Viele waren gelähmt vor Entsetzen, die meisten brüllten, einige weinten. «Wir sind ruiniert!», schrie einer, ein anderer: «Unser Lebenswerk ist kaputt!» Und der *Stern* war Gruner+Jahr, und meine Schule war Gruner+Jahr, und es ging uns allen schlecht.

Die Betriebsversammlung fand am 17. Mai im Auditorium Maximum der Universität Hamburg statt, die 1800 Sitzplätze reichten nicht: Die (321!) *Stern*-Redakteure fast vollzählig, dazu Hunderte von Redakteuren aus anderen Gruner+Jahr-Redaktionen, Verlagskaufleute, Anzeigenvertreter, Setzer, Betriebsräte und hausfremde Gewerkschaftsfunktionäre – und explosiv war die Stimmung:

Der Vorstand hatte ja nicht nur die Hitler-Katastrophe wesentlich mitverschuldet, nämlich das Geschäft mit dem Fälscher Konrad Kujau an der Redaktion vorbei betrieben – nach dem 6. Mai hatte er der Redaktion etwas viel Schlimmeres angetan.

Die Verleger, um ihre sauer verdienten Milliarden bangend, wollten als neuen *Stern*-Chefredakteur (die beiden bisherigen waren mit Millionen abgefunden worden und untergetaucht) unverzüglich einen möglichst prominenten Journalisten gewinnen, und Johannes Gross fiel ihnen ein. Prominent war er: Herausgeber der Gruner+Jahr-Wirtschaftsmagazine *Capital* und *Impulse*, Leitartikler der *Frankfurter Allgemeinen*, brillanter Moderator der populären Fernsehsendung «Bonner Runde» – und dazu etwas für den ziemlich linken *Stern* unerhört Provokantes: ein bekennender Rechtsintellektueller nämlich, mit dem zusätzlichen Makel, dass kein Linksintellektueller ihm rhetorisch je gewachsen war. Neben Johannes Gross wollten die Verleger ein bekanntes Fernseh-Gesicht: Peter Scholl-Latour.

Nannen und Schulte-Hillen warnten sie: Das mit Gross wird nicht gutgehen! Aber später beichteten sie mir (mit dem ausdrücklichen Recht auf Zitierung): Sie bereuten es, den versammelten Verlegern Reinhard Mohn, Gerd Bucerius, John Jahr nicht gleich in der entscheidenden Sitzung vom 12. Mai mit Rücktritt gedroht und ihn notfalls vollzogen zu haben. «Ich wusste ja, was passieren würde», sagte Schulte-Hillen.

Und es geschah. Tags darauf, am 13. Mai, verkündeten Schulte-Hillen und Henri Nannen (seit 1980 «Herausgeber») in der *Stern*-Konferenz: Gross und Scholl-Latour werden nun Chefredakteure, zusätzlich auch noch Vorstandsmitglieder, was sie unüberwindlich zu machen drohte. Rufe, Stöhnen, Wutgeschrei – «ein Putsch von oben! Wie die Machtergreifung von 1933! Eine schrecklichere Katastrophe als die Hitler-Tagebücher!» Die Unheilsboten wurden förmlich aufgefordert, den Konferenzraum zu verlassen. Und sie gingen.

Binnen Minuten beschloss die Redaktion: Wir halten unsere Büros Tag und Nacht besetzt – Gross und Scholl-Latour fordern wir zum Rücktritt auf. Und im Nu hatten die Fronten sich verkehrt: Vom lauthals ausgelachten Opfer eines billigen Betrugs war der *Stern* zum bewunderten Hort der inneren Pressefreiheit aufgestiegen! Glückwunschtelegramme von Günter Grass, Martin Walser, Reinhold Messner, Udo Lindenberg! Fackelzug der Deutschen Journalisten-Union vor dem Affenfelsen!

Und nun, am 17. Mai, in diesem Klima von Wut, Ohnmacht und Verachtung, die Betriebsversammlung. Sie beginnt halbwegs zivil, sie schaukelt sich hoch, durch den gruppendynamischen Prozess, dass die späteren Redner die früheren an ätzender Schärfe zu übertreffen suchen – wer würde sonst das immer Gleiche immer wieder hören wollen? Es war zwar schon alles gesagt, aber, sprach einst Karl Valentin, «noch nicht von allen». Hier durfte keiner schweigen, der in der Redaktion das große Wort führte, und mancher bis dahin Stille sah die Chance, sich als wilder Eber zu profilieren.

Zwischen Schreien und Gelächter und Gejohle die immer selben Forderungen: Schulte-Hillen zurücktreten! Weg mit Gross und Scholl-Latour! Auch mal ein besonnener Redner: «Herr Schulte-Hillen, es wäre ehrenhaft zu sagen: Ich habe Schuld auf mich geladen, ich trete zurück – das ist keine Schande!» Da tobt der Saal vor Begeisterung, und rhythmisch ertönt der Ruf «Rücktritt! Rück-tritt!»

Es sprechen an diesem Vormittag zwölf *Stern*-Redakteure, ein Sprecher der IG Druck und Papier, der Betriebsratsvorsitzende der Druckerei in Itzehoe – und einer meiner Schüler; er wirft Schulte-Hillen vor, er habe sich bei dem Versuch, die Hitler-Tagebücher zu vermarkten, «übers Ohr hauen lassen».

Nach drei Stunden geht zum ersten Mal Nannen ans Mikrophon. «Damit Sie wissen, mit wem Sie es zu tun haben», beginnt er: «Ich habe diesen *Stern* erfunden, und ich habe ihn mit den Mitarbeitern von Redaktion, Verlag und Druckerei zu der Lokomotive gemacht, die nicht nur den Zug, sondern den ganzen Bahnhof zieht. Das ist mein Lebenswerk.» (Riesenbeifall auch dazu.) Seine, Nannens, Schuld sei, in der Tagebuch-Affäre nicht erkannt zu haben, «dass ich da hätte eingreifen müssen. Diese Schuld nehme ich auf mich, und ich bin bereit, sämtliche Konsequenzen daraus einschließlich des Rücktritts zu tragen.» (Riesenbeifall.)

Dann wieder Schulte-Hillen: «Wir haben Schuld auf uns geladen, jawohl. Aber Unehrenhaftes ist nicht geschehen.» («Kämpft um Fassung», registriert das Protokoll, das die *Stern*-Redaktion in Auftrag gegeben hat.) «Wir sollten überlegen, welche Kompromisse sich anbieten» (rasender Beifall). Doch dann gießt ein *Stern*-Redakteur wieder Öl ins Feuer: Sie sind ein Stümper! Sie haben Schaden übers Haus gebracht! Wie kann man den *Stern* am Leben halten «mit Männern, die bewiesen haben, dass sie alles tun, um den *Stern* kaputt zu machen?» («Riesenbeifall, kaum zu überbieten»).

Um 13.30 Uhr muss das Audimax geräumt sein, Fortsetzung im Gewerkschaftshaus, aber Schulte-Hillen und Nannen sind nicht da, denn der Vorstand tagt. Tags darauf ruft Gerd Bucerius, Verleger von *Stern* und *Zeit*, mich an – und fragt ohne Einleitung: «Wüssten vielleicht *Sie* jemand statt Johannes Gross?» Ich bin verblüfft und weiß keinen. Aber ich gebe ihm den Rat: «Zirkusblut muss er haben! Johannes Gross hat das gar nicht.» Zirkusblut! Bucerius jubelt es fast, und, sprunghaft wie immer, legt er auf.

Am 19. Mai wird die Betriebsversammlung noch mal aufgenommen, und nun erst kommt es zum Eklat. Zwar verkündet Schulte-Hillen: Johannes Gross hat auf das Amt des Chefredakteurs verzichtet! Und keinem Redaktionsmitglied werde ein Nachteil entstehen aus dem, was er in diesen dramatischen Tagen gesagt oder getan habe. Aber es sprechen noch elf *Stern*-Redakteure, eine Redakteurin der *Brigitte*, ein Vertreter der Leitenden Angestellten, drei Mitglieder des G+J-Betriebsrats, zwei Betriebsräte der Howaldtswerke-Deutsche Werft und Detlef Hensche, der kämpferische Chefideologe der IG Druck und Papier.

Dann tritt zum zweiten Mal Henri Nannen ans Mikrophon. Provoziert von einem Vorredner, der noch einmal die Wörter «Katastrophe» und «Unverschämtheit» in den Saal gebellt hat, riskiert er den Satz: «Man sieht, dass Ideologie und Intelligenz nur den Anfangsbuchstaben gemeinsam haben.» (Pfui-Rufe.) Nach dem neuerlichen Zwischenruf «Unverschämtheit!» pulvert Nannen los: «Nun hören Sie doch mit Ihrer Schreierei auf, Mensch! Ich weiß genau: Hier ist eine zutiefst getroffene und besorgte Redaktion – aber hier gibt's auch die Ratten, die aus den Löchern kommen und ihre alten Rechnungen begleichen.»

Tumult! Der Betriebsratsvorsitzende, Rudolf Herbers, fordert Nannen auf, sich sofort zu entschuldigen. Nannen: «Ich habe gesagt, es gibt Ratten ...» Herbers: «Nein, Sie haben gesagt, es gibt *hier* Ratten, die aus den Löchern kommen, und das nehmen Sie bitte zurück.» Nannen: «Ich denke gar nicht daran.»

Da ist die Hölle los. «Raus, raus, raus!», ertönt es in Sprechchören. Herbers verkündet: «Herr Nannen, ich entziehe Ihnen das Wort, und als Inhaber der Hausmacht verweise ich Sie aus dem Saal» (Bravo-Rufe). Herbers: «Ich darf Herrn Nannen bitten, dieser Aufforderung Folge zu leisten.» Nannen: «Nein!» Herbers: «Folgen Sie jetzt dieser Aufforderung, oder ich lasse Sie von der Polizei rausbringen.» Der Saal tobt.

Schulte-Hillen will sich des Mikrophons bemächtigen, Herbers hindert ihn daran – nicht, ehe Nannen den Raum verlassen hat! Nannen geht. Napoleon ist mit der Verbannung nach St. Helena nicht tiefer gedemütigt worden als Henri Nannen in dieser Betriebsversammlung.

Nun erhält Schulte-Hillen das Wort. «Ich habe am Dienstag alles ertragen», sagt er, «Beleidigungen, Ehrabschneidung – aber haben Sie denn kein Erbarmen mit so einem Mann?» (Nein-Geschrei, verzeichnet das Protokoll.) «Wo sind denn die denkenden Menschen hier? Wo sind denn die Leute, die mit Nannen gute Journalisten geworden sind?» (Protest!) «Was ist das für eine Atmosphäre ... Mit mir nicht, mit mir nicht!» («Bricht in Tränen aus.») «Sie müssen nicht diesen Mann zerstören.» (Geschrei.)

«Wo ist denn hier noch Barmherzigkeit?» (Gebrüll.) «Sie haben ihn doch bewundert – wo ist das alles geblieben?»

In die Proteste mischt sich plötzlich «aufkommender Beifall»: Ein *Stern*-Redakteur schlägt vor, nach einer halben Stunde solle jemand versuchen, mit Nannen Kontakt aufzunehmen; dann solle der wieder hereinkommen, sich entschuldigen und seinen Rücktritt erklären. (Wieder Protest und Beifall durcheinander.) Als der Redakteur seinen Vorschlag zehn Minuten später wiederholt, überwiegt die Zustimmung, und der Versammlungsleiter bittet Nannen herein.

Der beginnt mit einem Hochseilakt der Satzbaukunst: «Ich bin nicht feige genug, nicht zuzugeben, wenn ich mich habe hinreißen lassen», und fährt fort: «Ich bitte die Versammelten für diesen Ausbruch um Entschuldigung.» Da rast der Beifall los, und einer, der noch mal «Rücktritt!» ruft – also nur das, was der andere gerade vorgeschlagen hat –, wird zurückgepfiffen. «Hör doch auf!»

«Ich bitte nicht um Erbarmen für einen Siebzigjährigen», fügt Nannen hinzu: «Das brauche ich nicht, ich bin noch ganz gut beieinander. Aber wenn *diese* Redaktion meinen Rücktritt fordert, dann müssen Sie verstehen, dass mir das unter die Haut geht.» Er weint. Auch einige alte Hasen vom *Stern* bekommen feuchte Augen; ein verhaltener Beifall rettet die Situation. Wie der sprichwörtliche Schmetterling den Hurrikan, so können wenige Worte einen Stimmungsumschwung auslösen – zumal dann, wenn das Gefühl «Jetzt haben wir wohl ein bisschen überzogen» schon an der Schwelle des Bewusstseins gelauert hat.

Nie habe ich eine ekelhaftere Veranstaltung erlebt. Tags darauf, am 20. Mai, war im *FAZ*-Magazin im «Notizbuch» von Johannes Gross zu lesen: «Wir sind eine echte Demokratie geworden. Das Gesindel darf nicht nur überall mitreden, es führt das große Wort.» (Das las sich wie in die Betriebsversammlung hineingespien. Der Redaktionsschluss lag aber mit Sicherheit vor ihr.)

Der *Stern* selbst erschien bereits am 19. Mai mit der Titelgeschichte «Wie die Blamage mit den Hitler-Tagebüchern zustandekam». Er entlarvte den Fälscher: den Militaria-Händler und Amateurmaler Konrad Kujau, «eine Stuttgarter Halbwelt-Größe», und schlug sich gewaltig an die Brust: Er habe sich «die größte journalistische Fehlleistung aller Zeiten» geleistet.

Der Ruf des *Sterns* blieb auf viele Jahre beschädigt; die Auflage sank ebenfalls, aber weniger als die der anderen Illustrierten im allgemeinen Niedergang des Genres. Die *Hamburger Journalistenschule* wurde Ende 1983, zum 70. Geburtstag ihres Vaters, in «Henri-Nannen-Schule» umbenannt.

21

Wie man Genies diszipliniert
«Motive sind Luxus» und «Qualität kommt von Qual»

Da ich selbst mich einst für ein Genie gehalten hatte (so von 15 bis 17 ungefähr), nahm ich die Witterung auf, dass mindestens einige der neuen 20 Journalistenschüler, aus Tausenden als die Größten herausgesiebt, zu einer ähnlichen Selbsteinschätzung neigten – und folglich mit der Erwartung in die Schule kamen: Na, ob «der» *uns* noch was beibringen kann? In den jeweils ersten Tagen fand ich diesen Verdacht bestätigt. Und so hielt ich am Freitagabend der ersten Woche, bei Bier und Brot, etwa folgende Ansprache:

«Falls ihr euch für Genies haltet, sehe ich mich in einer von drei Rollen. Entweder ihr *seid* Genies, wie Mozart – dann seid ihr immer noch gut bedient, wenn ihr einen Vater habt, der euch erstens in die Feinheiten des Klavierspiels einweist und euch zweitens Disziplin aufzwingt; die war des kleinen Mozart Stärke nicht. Oder ihr seid zwar Genies, aber faul wie Paganini. Den *zwang* sein Vater zum Geigen mit Prügeln und mit Essensentzug, und der Sohn blieb ihm dankbar sein Leben lang. Oder: Ihr seid *keine* Genies – dann sehe ich mich in der Rolle von Vivaldi: Der hatte es am Ospedale de la Pietà nur mit Waisenmädchen zu tun. Die ließ er geigen, bis Blut kam, und sein Orchester wurde das Staunen der Welt.»

Zur Einstimmung am ersten Tag, weniger farbenfroh, gehörte: Arbeitstempo und Arbeitsintensität sind hier zehn bis fünfzehn

Mal höher als an der Uni. Ich erwarte Engagement. Sie sind die Sieger aus Tausenden. Ihre Ausbildung kostet das Haus mehr als 100 000 Mark pro Kopf. Sie werden hier so arbeiten wie ich selber: mit dem Ehrgeiz, dass keine Institution auf Erden sagen kann, man könne in anderthalb Jahren mehr lernen als hier.

«Das heißt auch, Sie werden bitte nicht krank (und wenn, dann melden Sie sich bei *mir* ab und nicht bei der Sekretärin). Bedenken Sie: Den niedrigsten Krankenstand bei der Post haben die Paketboten im Dezember – sie fühlen sich wie die Weihnachtsmänner, kriegen Trinkgeld und beschließen daher, ihre Grippe auf den Januar zu verschieben. Dieselbe Einstellung erwarte ich von Ihnen. Und stellen Sie sich vor, Sie sind als Praktikant zum Neujahrsdienst eingeteilt – soll Ihnen da irgendjemand glauben, dass Sie krank sind?» Wenn wir nun aber wirklich ... «Dann schleppen Sie sich in die Redaktion und lassen sich von mitleidigen oder angewiderten Kollegen nach Hause schicken.»

Nur der Tod entschuldigt das Fernbleiben! Das war der Lieblingsspruch meines Alterskollegen Ferdinand Simoneit, Chefredakteur von *Capital*, später Redaktionsdirektor der *Motorpresse*. Ich missbilligte den Satz natürlich – ich zitierte ihn gern. Und in meinem letzten Lehrgang stellte ich wahrheitsgemäß und rechthaberisch fest: «In meinen 16 Jahren hier habe ich nicht eine Stunde wegen Krankheit versäumt.»

Das allererste Lernziel jedenfalls – Disziplin! Disziplin in der Sprache: keine falschen Kommas, nie ein falscher Konjunktiv. Keine hohlen Wörter, keine verschachtelten Sätze. Wen ich dabei ertappte, dass er einen bereits gerügten Fehler wiederholte, dem schrieb ich an den Rand: «Schade! An dieser Stelle haben Sie Ihren einzigen Leser verloren.»

Ja, einen Mindeststandard nicht nur zu fordern, sondern zu erzwingen, darin sah ich meine Aufgabe, und ich habe Indizien, dass der Ruf, den die Schule erwarb (das dauerte vier, fünf Jahre) zur Hälfte eben darauf beruhte: Die Praktikanten, die Absolventen dieser Schule – die funktionieren ja! Die kann man machen lassen! Brauchbarkeit, das sei die halbe Miete, sagte ich den Schülern. Eure journalistischen Großtaten können später kommen. Und zur Brauchbarkeit gehören, neben dem unerbittlich korrekten, flüssigen Deutsch, vor allem Pünktlichkeit, Verlässlichkeit. Die waren am seltensten – und am schwersten durchzusetzen.

Pünktlichkeit: Ihr kommt natürlich niemals *nach* dem Chefredakteur in die Redaktionskonferenz und niemals eine Minute zu spät zum verabredeten Interview mit dem Bürgermeister. Und deswegen werde ich euch tadeln, wenn ihr erst 9.01 Uhr in der Schule auftaucht, verwarnen, wenn es 9.05 Uhr ist, schriftlich verwarnen, wenn es zum zweiten Mal geschieht, und beim dritten Mal die fristlose Entlassung androhen. (Das vierte Mal trat nie ein.)

In den späteren Jahrgängen ging ich noch weiter. Ich verbat mir Begründungen für Verspätung und erläuterte das so: Erstens weiß ich nicht, ob die Gründe stimmen. Zweitens, wenn sie stimmen, dann könnten Sie sich entlastet fühlen! Sollen Sie aber nicht. Leiden sollen Sie – und beim nächsten Mal die drohenden Gründe niederringen! Wer die Tagesschau sieht, will, dass sie um 20 Uhr beginnt – nicht, dass er Gründe hört, warum sie heute erst um 20.03 Uhr beginnen könne. Motive sind Luxus und Gründe sind die Pest!

«Und wenn ihr dann als Praktikanten oder Berufsanfänger saubere Ware auf die Minute und auf die Zeile liefert und nicht Gründe, warum ihr nur länger, kürzer, später oder gar nicht liefern könnt – dann seid ihr wer.» Meine Praktikanten erlebten es mit Genugtuung: Genügend Praktikumsplätze zu bekommen war schon vom 2. Lehrgang an kein Problem mehr, die *Frankfurter Rundschau* (damals ein führendes Blatt) forderte Praktikanten geradezu an, jeweils sechs, bitte!

Und natürlich, Qualität kommt von Qual! Selbst wenn ihr euch nicht für Genies haltet, neigt ihr vermutlich dazu, euern frisch geschriebenen Text gut zu finden, bloß weil er von euch ist und weil die Grammatik stimmt. Und das gewöhnt euch bitte ab. Wenn der Text dasteht, dann *beginnt* die Arbeit: prüfen, feilen, umschreiben, wann immer die Zeit reicht! *Einer* muss sich plagen, der Schreiber oder der Leser! Der Leser will aber nicht. Wenn ihr ihn plagt, dann schwenkt er eben ein auf das statistische Normalverhalten: Er hört auf. Ich selbst schreibe sehr schnell hin – und bastle mich dann halb zu Tode, bis ich meinen Text für druckreif halte.

Qualität kommt von Qual – die Schüler liebten das nicht gerade. Aber es muss ihnen eingeleuchtet haben. Der 7. Lehrgang mietete für den Abschiedstag ein Propellerflugzeug, das die vier Wörter an einer vierzehn Meter langen Schleppe über die Außenalster zog; der 10. Lehrgang ließ sie in eine Marmorplatte meißeln, die noch heute in der Schule hängt. Ja, eine gute Erziehung *genießt* man nicht. Die *taz* schrieb 1991:

> Schneider verlangt diszipliniertes Leiden für die Leser und erntet bewundernde Unterwerfung. Gefragt, ob er das Herrschen genieße, antwortete er: «Wenn ich ja sagen würde, klänge das zynisch, und wenn ich nein sagte, wäre das gelogen.»

Dass auch ich mich plagte, spürten die Schüler ja: Im zehnwöchigen Grundseminar korrigierte ich jede der fast täglichen Übungen am Abend und besprach sie am Morgen; bei Referenten war ich immer dabei – einerseits, um sie zu begutachten (soll der wiederkommen?), andererseits, um die Schüler zu kontrollieren: Habt ihr ihn höflich behandelt? Habt ihr keine Frage gestellt, die eine peinliche Unkenntnis verriet – oder länger als zehn Sekunden dauerte?

Zu sprechen war ich immer: Herein ohne anzuklopfen! Wer anklopft, muss draußen bleiben. Wenn ich gerade telefoniere, werde ich aufhören – Mensch vor Apparat! Und wer *große* Sorgen hat, kann mich gern zu Hause besuchen. Auch das geschah.

Nach wenigen Jahren hatte sich der Ruf der Schule so etabliert, dass alle Schüler, die es wollten, sofort einen Job bekamen. Die größten Abnehmer wurden über die Jahre hin der *Stern* und der *Spiegel*; richtige Nester entstanden bei *Geo* und in der *Süddeutschen Zeitung*. Gruner+Jahr nahm in Kauf, dass im Durchschnitt zwei Drittel der Absolventen anderswo unterkamen.

Von den 330 Schülern, die ich in meinen 16 Jahren als Schulleiter ausgebildet habe, hat genau einer den Unterricht nicht ertragen: Nach vier Wochen war er weg. Ein Zweiter blieb widerborstig bis zum letzten Tag. An dem aber schieden alle mit Respekt, auch mit Dankbarkeit. «Ich will Sie loben», schrieb einer. «Sogar mit Ihren fiesen Kritiken haben Sie mir geholfen.»

Aber konnte da nicht manches versponnene Talent *gebrochen* werden?, fragten mich 1988 die *Spiegel*-Chefredakteure Böhme und Funk, als ich sie, im Auftrag von Schulte-Hillen, fragte, ob der *Spiegel* der Schule nicht förmlich beitreten wolle, wie schon die *Zeit* – da er doch schon so vielen Absolventen einen Job angeboten habe. Sei mein Motto «Qualität kommt von Qual» nicht für manche guten Schreiber einfach falsch?, fragten sie. Solche Talente, erwiderte ich, pflegte ich durchaus; gerade hatte ich eine auffallend schüchterne Schülerin gelobt für ihr Können – und zugleich um Verständnis geworben, dass am Anfang auch ihres Weges die eiserne Arbeit stehen müsse. Es gab noch mehr Einwände: Etliche Redakteure verübelten mir meinen Feldzug gegen den *Spiegel*-Jargon, und Rudolf Augstein möge den Namen «Henri-Nannen-Schule» nicht. Also: Der *Spiegel* trat nicht bei. Aber die Mehrzahl aller jüngeren *Spiegel*-Redakteure kam und kommt von der Henri-Nannen-Schule.

Ehre legte die Schule im Herbst 1984 ein mit dem Buch «Unsere tägliche Desinformation – Wie die Massenmedien uns in die Irre führen». Ein Standardwerk über die Tücken und Fallstricke des Nachrichtenjournalismus schwebte mir vor. In jeder Morgenkonferenz stießen wir ja auf solche, eine reiche Literatur gab es längst – entweder aber auf Einzelaspekte eingeschränkt oder von Professoren ohne journalistische Erfahrung in abgehobenem Wissenschaftsjargon geschrieben.

Nur im Kollektiv ließen die akademischen Experten sich übertrumpfen: indem wir uns nämlich zu sechst daran machten, die gesamte wissenschaftliche Literatur in deutscher und englischer Sprache zu sichten und zitierend heranzuziehen. Fünf Schüler des zweiten und dritten Lehrgangs lud ich ein. Im Februar 1982 setzten wir uns zum ersten Mal zusammen, dann an vielen Samstagen – schwere Arbeit für alle sechs und oft ein hartes Ringen der fünf mit mir, dem Schulleiter, Herausgeber und Schlussredakteur: Matthias Naß (später Stellvertretender Chefredakteur der *Zeit*), Bernd Ziesemer (später Chefredakteur des *Handelsblatts*), Bernd Matthies, Christian Nürnberger und Martin Tschechne. Ich ärgerte mich und plagte mich bis an die Grenze des Erträglichen. Aber mit Stolz sahen wir etwas Bedeutendes heranwachsen.

Bis zum 6. Mai 1983 jedenfalls. Das war der Tag, an dem die *Stern*-Blase platzte: Die «Hitler-Tagebücher» waren gefälscht. Fünf von uns schrien sofort: Das Buch ist tot! Wer will denn aus dem Haus, in dem der *Stern* erscheint, über sauberen Journalismus belehrt werden?

Ich versuchte das Projekt zu retten – und fand, wie ich meinte und meine, einen fairen Weg: Zunächst berichten wir zwei Seiten lang über die Blamage, eiskalt und ungeschönt. Dann binden wir sie ein in unsere Generalthese: Von der ersten Veröffentlichung durch den *Stern* bis zur Entlarvung des Schwindels hatte es elf

Tage gedauert. Und das sei «das Tröstliche an dieser unsäglichen Peinlichkeit»:

Ein Massenmedium hat nicht funktioniert – in ihrer Summe aber *haben* die Massenmedien funktioniert. Sie haben der Lüge, der Verzerrung, dem Pfusch keine Chance gelassen. Die Öffentlichkeit wurde *nicht* zum Opfer einer nachhaltigen Desinformation. Diese aber vor allem ist unser Thema: die anhaltende, spät oder niemals aufgeklärte Irreführung durch viele oder alle Massenmedien.

Wie dann 2009 bei der törichten Panikmache über die Schweinegrippe – die, wie wir um Wochen zu spät erfuhren, harmloser als die übliche deutsche Wintergrippe war: Da hatten wir die erste Seuche, die nicht durch Viren verbreitet wurde, sondern durch Journalisten.

Das Buch zog viele Kritiker an, alle lobten es. «Der These dieses Buches, dass viele Journalisten mutiger, andere redlicher und fast alle misstrauischer sein könnten, wird mit bewundernswertem Scharfsinn, kristallklarer Disposition und einer überwältigenden Fülle von Beispielen nachgegangen», sendete der NDR; die Münchner *Abendzeitung* empfahl den «griffig formulierten Züchtigungs-Klartext» als Pflichtlektüre im Sozialkunde-Unterricht.

Mir trug das Buch zwei überraschende Einladungen ein: die eine zu einem Vortrag auf der Jahreskonferenz der Hoechst-Manager aus aller Welt nach Lissabon; Thema: «Was kann die Chemie-Industrie gegen ihr schlechtes Image tun?» Meine Antwort mündete in die Empfehlung: Vorstandsmitglieder ins Fernsehen schicken! Folglich ins Anforderungsprofil für Vorstandsmitglieder die Fernsehtauglichkeit aufnehmen! Vor allem aber: sich darauf einstellen, dass sicher gelandete Flugzeuge nie eine

Nachricht sind, abgestürzte immer – also vorsorglich und unverzüglich eine Katastrophenstrategie erarbeiten.

In Lissabon, malerisch und großzügig an einen Hang über dem Tejo gegossen, glaubt man noch den Atem der Metropole zu spüren, die zu Anfang des 16. Jahrhunderts die größte Handelsstadt der Erde war; unter dem Denkmal Heinrichs des Seefahrers bewunderte ich die ins Straßenpflaster eingelassene Weltkarte mit den Stationen des Sturmlaufs der portugiesischen Karavellen: 1498 in Indien, 1500 in Brasilien, 1513 in China – und 1998 schrieb ich für *Geo* ein großes Stück über die portugiesische Welteroberung.

Die andere, die noch überraschendere Einladung kam aus Ostberlin: zum Lehrstuhl «Kommunikationspolitik» an der Akademie für Staats- und Rechtswissenschaften der DDR. Soll ich?, fragte ich Johannes Gross, den Journalisten im Gruner+Jahr-Vorstand; er riet mir zu.

22

Wenn Kommunisten weinen
Sechs denkwürdige Kontakte mit der DDR

Was konnte die Ostberliner Akademie für Staats- und Rechtswissenschaft sich bei der Einladung gedacht haben? Stand nicht in unserem Buch:

> Mitsamt den geschilderten Missständen kann das Informationswesen der Bundesrepublik sich sehen lassen: Mit der Auswahl zwischen fünf Nachrichtenagenturen, mit seriösen überregionalen Publikationen und mit einem alles in allem passablen Niveau der Regionalpresse gehören wir zu den bestinformierten Ländern der Erde.
> Wir schweigen von der DDR, wo ein Journalistisches Handbuch dekretiert: «Nachrichtengebung ist Agitation durch Tatsachen». Das bedeutet: Tatsachen sind zwar oft erwünscht, innerhalb der Tatsachen jedoch wird eine radikal politisch orientierte Selektion betrieben, die die Zwänge des Journalismus und die Versuchungen westlicher Journalisten weit und mit voller Absicht übertrifft. Wir schweigen von der Sowjetunion, in der Lenin der Presse die Rolle des «kollektiven Propagandisten, Agitators und Organisators» zuwies.

Mein Gastgeber, Dr. Heinz Odermann, Inhaber des Lehrstuhls «Kommunikationswissenschaft», musste das natürlich gelesen haben – war aber offenbar von der Schilderung eben der westlichen Missstände angetan. Und so versuchte er mich am 17. Dezember 1984 von 9 bis 14 Uhr für den Gedanken zu gewinnen, dass der Journalismus in Ost und West vor allem der Beendigung des Wettrüstens zu dienen habe und dabei aggressive und polemische Töne vermieden werden sollten – «bei grundsätzlicher Bejahung des ideologischen Kampfes». Ich wandte vielerlei ein, vor allem dies: Jeder Tote an der Mauer wirke auf westdeutsche Betrachter so verheerend, dass kein Journalist dagegen anschreiben könnte.

Odermann schrieb beflissen mit, schlug überwiegend einen maßvollen, oft fast heiter-schüchternen Ton an und räumte ein, dass die Praxis der DDR hinter den Fortschritten herhinke, die die Ideologie inzwischen gemacht habe. Und er sprach immerhin den Satz: «Ich wünsche mir mehr und fairere Bericht über einige unstreitige Vorzüge der BRD und anderer kapitalistischen Länder.»

Seinen Vorgesetzten werde er über das Gespräch berichten, natürlich. Ob wir den Kontakt fortsetzen wollten? Aber sicher, sagte ich; ein paar Ansätze zur Entkrampfung scheine es ja zu geben. Ich lud ihn zu einem Gegenbesuch in Hamburg ein, um einen halben Tag mit meinen Schülern zu diskutieren.

Ja, er kam – sogar dreimal! Im Juni 1985, schon wieder im Juni 1986, schließlich im Juli 1988. Er blieb jeweils drei oder vier Stunden und diskutierte «ohne Verbiesterung und mit vielen Konzessionen», wie ich dem Vorstand berichtete – «ein angenehmer Mensch ohne Funktionärsallüren, der seine marxistische Grundhaltung eher schüchtern erwähnte». Die Schüler ihrerseits fragten ihn aus, widersprachen ihm und blieben höflich.

Beim ersten Mal bezeichnete Odermann sich als Sprecher einer «Atmosphäre», die bis ins Zentralkomitee reiche: Man suche nach Möglichkeiten der Kooperation mit den bürgerlichen Medien und distanziere sich von dem «gerechten Hass auf den Imperialismus», der freilich in manchen Schulbüchern und den unteren Rängen der Volksarmee «noch» gepredigt werde.

Beim zweiten Mal räumte er ein: «Desinformation durch Unterlassung» sei ein Problem der DDR-Medien; wer eine solche Nachrichtenpolitik jahrzehntelang betreibe, richte das Interesse seiner Bürger zwangsläufig auf die westlichen Medien. Auch kritisierte er an der DDR-Presse «die Neigung zur mechanischen Wiederholung überzogener Floskeln». Im Bericht an den Vorstand resümierte ich: «Die Diskussion war heftig, die Grundstimmung dennoch freundlich.»

Beim dritten Mal, 1988, ging Odermann erstaunlich weit: Es sei der kapitalistische Westen, der ein Urziel des Kommunismus erreicht habe, nämlich die Überflussgesellschaft, sagte er. «Wir sind in heftigem Ringen darüber begriffen, wie wir diesem kapitalistischen Erfolg nacheifern können, ohne unsere Ideale der überlegenen Gerechtigkeit preiszugeben.» Im privaten Gespräch fügte er hinzu: Die Hoffnung, dass wir diesen dritten Weg finden könnten, sei «die Pille, die wir täglich schlucken müssen, um intellektuell und moralisch zu überleben».

Jedes Mal nach der Diskussion in Hamburg eilte Odermann an den Neuen Wall – offenbar um das Honorar umzusetzen, das ich ihm überreichte: 300 D-Mark in bar, schätzte ich, sei die Summe, die ihn weder enttäuschen noch in Ostberlin in Misskredit bringen würde.

Viel aufregender als Odermanns drei Besuche in Hamburg waren mein zweiter und dritter Besuch in Ostberlin. Beim zweiten, im März 1986, durfte ich Kay Bieler mitbringen, jenen Schüler des 5. Lehrgangs, den ich gebeten hatte, sich um Odermann bei seinen Besuchen in Hamburg zu kümmern. Uns saßen Odermanns Studenten gegenüber. In wenigen Wochen sollten sie ihr Examen machen und würden dann, nach zwei praktischen Jahren bei der ostdeutschen Nachrichtenagentur *ADN*, beim *Neuen Deutschland* oder im Außenministerium anstehen für Auslandspositionen, im Diplomatischen Dienst oder bei *ADN*. Es sollte sich also um eine Art geistige Elite handeln.

Bieler und ich begannen mit einer einstündigen Selbstdarstellung: Schule, Gruner+Jahr, westdeutsche Presse, westliches Presseverständnis. Nun waren wir auf die Diskussion gespannt: Viele Argumente und rhetorische Tricks würden sie ja im Köcher haben – hörte man nicht immer wieder, die marxistischen Kader würden in einer raffinierten Rhetorik geschult?

Entweder aber waren wir nicht auf die Kader gestoßen, oder die Schulung war unter aller Sau. Da saß ein Häuflein biederer Provinzler, nicht verbiestert, aber ein bisschen vernagelt, mit heruntergeleierten Bekundungen ihres anderen Weltverständnisses, ständig in der Defensive, sich schon für zaghafte Polemik entschuldigend (ganz anders als wir beide) – eine blasse rhetorische Stopselei. Nicht einmal der Marxismus hatte Weltniveau in der DDR.

Verwundert zuckten sie, als Bieler erwähnte, dass sein Lehrgang demnächst für eine Woche nach New York reisen werde; und aufs Fürchterlichste setzte ich ihnen zu, als einer der Studenten uns vorgehalten hatte: «Das müssen Sie doch zugäm, dass Sie von Ihren Verlegern ausgebeutet werden!» Ich antwortete schneidend und schnell: «Ja, da haben Sie völlig recht! Das Schöne am Kapitalismus ist nur, er bedeutet: Ausbeutung auf Gegenseitigkeit! Mit dem Erfolg, dass wir den Verlegern Gehälter abgehandelt haben, die es jedem *Stern*-Redakteur ermöglichen, jedes Jahr vier Wochen Urlaub auf den Seychellen oder auf den Malediven zu machen.»

Als die Gastgeber am Schluss angebliche Gemeinsamkeiten zwischen östlichen und westlichen Journalisten beschwören, setzte ich dem entgegen: «Sie sind die Vollzugsorgane einer Staatspartei – wir nehmen uns das Recht, sämtliche Parteien der Welt zu kritisieren. Zwischen uns klafft also ein Abgrund. Aber wir begrüßen es, wenn Veranstaltungen wie diese dazu beitragen, dass wir anfangen, einander über den Abgrund zuzuwinken.»

Der dritte Besuch in Ostberlin fand sage und schreibe am 2. November 1989 statt. Der 10. Lehrgang der Henri-Nannen-Schule unternahm in seiner Schlusswoche eine Omnibus-Rundfahrt durch die DDR; genehmigt waren uns Erfurt, Weimar und Ostberlin – und dort trafen nun die Henri-Nannen-Schüler mit Odermanns Studenten zusammen. Die hatten im verbotenen Westfernsehen natürlich längst gesehen, wie DDR-Bürger zu Tausenden vom kommunistischen Ungarn ins freie Österreich flohen.

Wie denn aber die Fernsehberichte aus Prag auf sie gewirkt hätten, fragten meine Schüler Odermanns Studenten – die Bilder vom Ansturm der Ostdeutschen auf die westdeutsche Botschaft, die längst wegen Überfüllung gesperrt war – von den Müttern, die ihre Kinder weinend hochstemmten, um sie über den Zaun zu hieven? Die meisten Ostberliner schwiegen betreten. Eine Studentin aber schluchzte auf und stammelte: «Wir haben doch das Beste gewollt» und «Soll denn alles umsonst gewesen sein?» Da schwiegen wir auch.

Für mich war das ein Anstoß mehr, der Frage nachzugehen: Wie hoch war der Anteil derer in der DDR, die das Regime ehrlich bejahten – und derer, die sich hinter der Mauer halbwegs wohnlich eingerichtet hatten, sich also nicht dringend nach Veränderung sehnten? Aus vieljähriger Lektüre und vielen Gesprächen vor und nach dem Fall der Mauer reime ich mir zusammen: Voll dafür – ein paar Prozent; halbwegs eingewöhnt: 20 bis 30 Prozent. Für die anderen gab es die Stasi.

Doch da waren Grenzfälle der Zufriedenheit, die sich jeder Einordnung widersetzen. Wie bei jenem biederen älteren Ehepaar, das sich auf dem Domplatz in Erfurt ein Herz fasste, eine neugierig herumstehende Viererguppe von uns – erkennbar Westler – ansprach und uns in seine Mansardenwohnung einlud zu Pfefferminztee und Wodka. Die Wohnung eng, aber gemüt-

Hier lacht einer, der nach 33 Jahren als Ausbilder junger Journalisten und insgesamt 64 Jahren journalistischer Tätigkeit 2013 noch einmal einen Preis bekam, den des *Medium Magazins* für sein journalistisches Lebenswerk: «Um Leser müsst ihr *werben*, und Misstrauen ist die erste Journalistenpflicht!»

1950: frisch bestallter Korrespondent der amerikanischen Nachrichtenagentur Associated Press in München, 25 Jahre alt, gerade mit dem Führerschein versehen: 64 Jahre am Steuer, 2 Blechschäden.

1957: am Torneträsk im nördlichsten Schweden eingeladen vom schwedischen Tourismusverband. Nur minutenlang blinzelte die vielbesungene Mitternachtssonne durch die finsteren Wolken, und wer sie sieht, ist meist enttäuscht: Es bleibt einfach hell!

Dass er gerade *zu mir* aufblickte, dieser Henri Nannen, der Herkules der deutschen Presse: das war Zufall. Die ganze Redaktion verehrte, fürchtete, liebte, hasste ihn, ihren rabiaten, genialischen Chef. 1967 hatte er den *Stern* zur größten, reichsten, angesehensten Illustrierten der Welt gemacht.

Axel Springer: Hoch ließ er mich steigen, jäh ließ er mich fallen – ich war «nicht sein Typ», erzählte ein Vertrauter. Hier darf ich dem Großverleger, zwei Jahre nach meinem Sturz vom Thron der *Welt*, immerhin erklären, wie ich mir eine einmalige Sonderausgabe der *Berliner Illustrirten* vorstelle.

November 1973: Der Chefredakteur der *Welt* gibt sich in Bonn die Ehre – hier im Gespräch mit zwei späteren Bundespräsidenten: Walter Scheel (1974–1979) und Karl Carstens (1979–1984). Auch Richard von Weizsäcker, Franz Josef Strauß, Hans-Dietrich Genscher und der Päpstliche Nuntius waren zu Gast.

Bundeskanzler Willy Brandt im Februar 1974 bei der traditionellen Matthiae-Mahlzeit im Hamburger Rathaus. Gesprächig war er nicht. Es war schon fünf Monate her, dass Herbert Wehner begonnen hatte, Brandt öffentlich zu demontieren; zehn Wochen später trat er wegen der Affäre Guillaume zurück.

Der Kläffer, der «Wadlbeißer» des Franz Josef Strauß: So nannte man den Edmund Stoiber, damals Staatssekretär in der Bayerischen Staatskanzlei – und 1985 konfrontierte ich ihn damit, als er in der NDR-Talkshow mein Gast war. Angriff war mein Markenzeichen. 2002 scheiterte Stoiber als Kanzlerkandidat.

«Kohls Mädchen» wurde sie genannt, die Angela Merkel, mit 37 Jahren zur Bundesministerin für Familie und Jugend aufgestiegen, und 1992 fragte ich sie in der Talkshow: Wie sie mit dem übermächtigen Mann zu Rande komme? Leider war das Gespräch zu Ende, als ein Gast einen Tobsuchtsanfall bekam.

Da labt sich ein Bergzausel 1979 bei der Gipfelrast auf dem Mettelhorn über Zermatt (3407 Meter) an heißem Tee. Ein grandioser Aussichtspunkt – und das klassische Konditionstraining für mehrere der höchsten, der großartigsten Gipfel der Alpen: Monte Rosa, Dom, Weißhorn, Matterhorn. Die habe ich bestiegen, 35 Jahre lang war das Bergsteigen meine Leidenschaft. Höhepunkte: über schmale Eisgrate balancieren mit Angst im Bauch und Jubel in den Augen.

1985: Gerd Schulte-Hillen, Vorstandsvorsitzender von Gruner+Jahr, begrüßt Lilo und mich in der Henri-Nannen-Schule an meinem 60. Geburtstag. Sechs Jahre als Schulleiter hatte ich hinter mir und zehn noch vor mir – die längste, zugleich die befriedigendste Station meines Berufslebens.

1994: Auf den Stufen des Gruner+Jahr-Hauses am Hamburger Hafen: Die Schüler des 17. Lehrgangs mit ihrem Quälgeist. Plagt euch – Qualität kommt von Qual!, war mein Leitspruch. Ja, ich hatte sie hart herangenommen. Aber fast alle dankten es mir, und die meisten haben es zu etwas gebracht.

lich, die Leute richtig nett. Im Nebenzimmer hörten wir's plätschern.

Na, erzählte die Frau: «Es regnet ja ziemlich heftig, und bei uns regnet's durch, da müssen wir einen Eimer drunterstellen.» Aha! «Und wenn's viel regnet, ist der Eimer nach ein paar Stunden voll. Aber wissen Sie: Da dürfen wir natürlich aus der Fabrik nach Hause gehen, den Eimer leeren. So was dürfen Sie ja nicht im Westen, nach allem, was man so hört?»

23

Talkshow
Das «Ekel vom Dienst» – und zwei künftige Bundeskanzler

Eine überraschende Einladung im Oktober 1979: Der NDR plante eine Talkshow, nach dem Muster der sehr erfolgreichen Bremer Sendung «III nach 9» (drei Moderatoren, bunt gemischte Gäste) – und fragte mich, ob ich einer der wiederum drei Moderatoren werden wolle. Nachrichtensprecher im Rundfunk zu werden, war 1946 mein Traumberuf gewesen – und nun das! Fernseh-Erfahrung hatte ich zwar: 1962 bis 1966 im Bayerischen Fernsehen an die 150-mal fünf Minuten Nachrichten um 19 Uhr, in der *Süddeutschen* aus Agenturmeldungen zusammengestellt und nach Stichworten in freier Rede temperamentvoll vorgetragen.

Nun aber: plaudern! Meine Stärke war das nicht. Doch natürlich sagte ich zu: Unter den kritischen Blicken meiner Schüler im Fernsehen aktiv sein, das sollte ich riskieren. Der erzseriöse Schreibtischmensch sollte zeigen, dass er auch im Zirkus seinen Mann stand.

Winfried Scharlau, der zunächst zuständige Redakteur, beichtete mir später, der NDR habe einen Moderator nach Art von Wolfgang Menge gesucht, dem scharfen Hund in der Bremer Runde, gleichsam ein «Ekel vom Dienst»: Die Leute brauchten jemanden, über den sie sich ärgern könnten. Das irritierte mich nicht. Ich führte es jedoch zu meiner Rechtfertigung ins Feld, als die Redaktion mir nach den ersten zwei Sendungen bedeutete, ich wirkte «arrogant», und das sollte ich doch bitte dämpfen.

Ein doppelt törichtes Ansinnen: Einmal, weil ich mein Leben lang niemals *das Gefühl* hatte, arrogant zu sein, sondern, zuerst mit etwa 17, erstaunt und ratlos vernahm, ich wirkte so (und was soll man da machen?). Zum andern, weil meine sogenannte Arroganz mir die Selbstsicherheit verlieh, mit der ich jeglicher Prominenz entgegentrat, und so alsbald zu einem Markenzeichen wurde, das der Sendung gut bekam; gebremst wurde ich jedenfalls nie wieder.

Unter den sechs, sieben Gästen war ja meist ein bekannter Mensch aus Politik oder Wirtschaft, und der war stets *mein* Gast. Im Verlauf meiner 97 Sendungen bekam ich es zu tun mit sieben Bundesministern (von Baum bis Höcherl), neun westdeutschen Ministerpräsidenten (von Ernst Albrecht bis Uwe Barschel, der dann 1987 tot in der Badewanne lag), mit dem Präsidenten der EG-Kommission (Gaston Thorn), dem Generalsekretär der Nato (Joseph Luns), den Präsidenten des Arbeitgeberverbands, des Bauernverbands, des Statistischen Bundesamts, des Bundeskartellamts – immer mit harter Vorarbeit. Wer, um Gottes willen, will denn *was* von dem wissen?

Meine jeweils zwei oder drei weiteren Gäste waren bunt gemischt: Schauspieler, Schriftsteller, Schlagersänger, Kabarettisten (Dieter Hildebrandt, Didi Hallervorden). Mit der schönen, eitlen Fernsehastrologin Elizabeth Teissier bekam ich es zu tun – und fragte sie: Wenn 200 Flugpassagiere sterben, weil der Pilot kraft schlimmer Aszendenten versagte – stand bei denen allen 200-mal der Tod im Horoskop? Sie belehrte mich empört, dass ich keine Ahnung hätte vom Wesen der Astrologie.

Es kamen bunte Vögel wie der Pfarrer, der ernstlich an Engel glaubte, der Bastler, der sein eigenes Kraftwerk ständig auf dem Rücken trug, ein selbsternannter Vorkämpfer nicht für die Gleichberechtigung der Frau, sondern für die Göttlichkeit des Weibes. Und Sepp Maier vom FC Bayern, Torwart in 95 Länderspielen, der Gaudi-Bursche der deutschen Fußballelf, erzählte ungefragt: «Der Manager vom Beckenbauer Franze war auch an dessen Liebesleben zu 20 Prozent beteiligt.»

Sternstunden der Talkshow! Ich schwieg, als die populäre Heidi Kabel vom Hamburger Ohnsorg-Theater einen jüdischen Maler aus New York, der sich seiner fünf Kinder von drei Frauen rühmte, mit schöner Gründlichkeit über den Segen der deutschen Mutterschaft belehrte. Wenn Gäste untereinander stritten, war für Unterhaltung gesorgt, der Moderator durfte nicht stören.

Das Reden und Nachfassen aber, zu dem er schließlich primär da war, stellte ihn manchmal vor Probleme. Mich zum Beispiel bei der 71-jährigen, dick geschminkten, einst ungeheuer beliebten Hildegard Knef. Sie wollte ihren nächsten Film anpreisen, nun ja – aber ungefragt und sehr ausführlich begann sie von der großen Rolle zu erzählen, die seit Jahren Goethe (Goethe!) in ihrem Leben spiele. Alarm! Das Publikum war ergriffen; nach einer Minute, durfte ich vermuten, war es satt. Wann und wie nötige ich der Knef welches andere Thema auf? Das Publikum nimmt ja beides übel: dass der Gast sich ausmärt (welch schönes Wort aus Sachsen!) – und dass der Moderator ihn eben daran hindern will. Bei Goethe schaffte ich es erst nach drei Minuten.

Schlimm lief das bei Hoimar von Ditfurth, des Fernsehens damals populärstem Wissensonkel. In seinem gerade erschienenen Buch «Lasst uns ein Apfelbäumchen pflanzen!» hatte er seine bekannten pessimistischen Voraussagen über die Zukunft der Menschheit zu der These zugespitzt, sie habe überhaupt nur noch dreißig Jahre zu leben. Auf meine Frage, was ihn zu dieser Dramatisierung bewegt habe, erwiderte er: Ich hätte ihn falsch zitiert.

Und nun begann etwas, was das Publikum spürbar nicht mochte: Ich zitierte die entsprechenden Sätze eben seines Buches (von mir mitgeführt und angestrichen, man kennt ja die Autoren). Darauf er: «Da habe ich doch nur einen englischen Wissenschaftler zitiert.» Darauf ich: «Aber Sie haben hinzugefügt: ‹Und dieser Mann hat völlig recht.›» Darauf er: «Ich muss doch wohl am besten wissen, was ich geschrieben habe!» Darauf ich: «Und ich soll ein Buch von 400 Seiten lesen, um mich dann vom Autor belehren zu lassen: Das habe er nicht gemeint, was er auf Seite 347 geschrieben hat?»

Unruhe im Studio: So darf man doch einem netten alten Herrn nicht zusetzen! Tadel von der Redaktion. Verteidigung: Ich kann es nicht auf mir sitzen lassen, dass die Leute glauben, ich könnte keine Bücher lesen. Ein Hörerbrief: «Was Sie sich geleistet haben, empfinde ich als unverschämt! Wie schade, dass Herr Professor von Ditfurth Ihnen Ihr freches Maul nicht gestopft hat.»

Auch zwei spätere Bundeskanzler waren meine Gäste (1986 Gerhard Schröder, 1992 Angela Merkel, gleich mehr) und einer, der es fast geworden wäre: Edmund Stoiber, dem 2002 zum Bundeskanzler 6000 Stimmen fehlten. Ihn, 1985 Staatssekretär in der Bayerischen Staatskanzlei, sprach ich so an: «Herr Stoiber, Sie werden der Wachhund von Franz Josef Strauß genannt, auch Scharfmacher, Kläffer, Wadlbeißer. Und neulich haben Sie der SPD vorgehalten: ‹Auch die Nationalsozialisten waren in erster Linie Sozialisten.› Meinen Sie das ernst?»

Einstiege müssen ja lebhaft sein, ob zum Lesen oder zum Zuhören gedacht, und nichts (so lehrte ich auch an den Journalistenschulen) sei törichter als der oft zu lesende Rat, dem Interviewten solle man zunächst eine «Eisbrecher-Frage» stellen, eine harmlose, freundliche, eben um das Eis zu brechen. Dumm: Denn freundliche Fragen sind langweilige Fragen, die langweilige Antworten provozieren – also den Senderwechsel. In Radio und Fernsehen ist es nun mal der Moderator, der für die Lebhaftigkeit des Gesprächs haftet.

Und dann sitzt man vor der Kamera einem Menschen gegenüber, der allen Ernstes Kaiser hatte werden wollen und König hätte werden können: Otto Habsburg (in Österreich), Otto *von* Habsburg (in Deutschland), seine Kaiserliche Hoheit Erzherzog Otto von Österreich (so er selbst, bis er 1961 auf seinen 43 Jahre aufrecht erhaltenen Thronanspruch förmlich verzichtete) – und nun, 1983, Europa-Abgeordneter der CSU in Brüssel, bewundert für die fließende Beherrschung von sieben Sprachen (Englisch, Französisch, Spanisch, Italienisch – Deutsch, Ungarisch, Tschechisch sowieso). König von Spanien zu werden, habe der Diktator Franco ihn 1968 eingeladen – «und warum haben Sie das abgelehnt?» Otto: «Wenn man weiß, welch undankbare Aufgabe es ist, Monarch zu sein, dann dankt man Gott, dass man es nicht ist.»

Nachdem wir zwanzig Minuten lang die Achterbahn seines Lebens entlanggefahren waren, riskierte ich die Frage: Ob ihn nicht manchmal, bei einer Flasche Wein, der Atem der Geschichte eisig streife, wenn er bedenke, dass die 700-jährige Herrschaft der habsburgischen Könige und Kaiser über halb Europa und zeitweise über die halbe Welt in seiner Person erloschen sei? (Das war eine jener Fragen, von denen Talkshow-Moderatoren beim dritten Bier einander gern versichern: Die Antwort sei dann nicht mehr so wichtig.) Otto dachte nach. Im Studio blieb es hörbar still. Dann sagte er: Nein, da streife ihn nichts.

Mild, so weit mir das gegeben ist, war ich nur zu den Einfältigen und den Hinfälligen – so nannten wir sie, meine häufigsten Kollegen und ich: Dagmar Berghoff, Alida Gundlach, Hermann Schreiber; und da halfen wir einander schon mal aus. Ernst Breit, den Vorsitzenden des Deutschen Gewerkschaftsbundes von 1982 bis 1990, befragte ich trotzdem so hart, dass seine Frau sich nach der Sendung weinend bei mir beklagte. Aber was soll man machen? Kurt Becker, ehemaliger Regierungssprecher von

Helmut Schmidt, gratulierte mir anderntags zu «einer schönen Mischung aus Aggressivität und Noblesse».

In die Zange genommen hatte ich Breit wegen der damals jungen Gewerkschaftsforderung nach der 35-Stunden-Woche; sie war in der Öffentlichkeit heftig umstritten, sogar unter Arbeitnehmern. Unter anderem hielt ich ihm entgegen, was ich schon 1974 in einem Leitartikel in der *Welt* geschrieben hatte: Mit Arbeit, einschließlich des Wegs zum Arbeitsplatz, verbringe der durchschnittliche deutsche Arbeitnehmer (nach Abzug der Wochenenden, der Feiertage, des Urlaubs und des durchschnittlichen Krankenstandes) ganze 26 Prozent des Jahres – deutlich weniger als Amerikaner und Japaner: «Wir sind eine Gesellschaft der Kurzarbeiter». Dies schon bei der damals überwiegenden 40- bis 45-Stunden-Woche.

Das Thema Arbeitszeitverkürzung war 1984 so heiß, dass ich es verwendete, um in einer späteren Sendung in eine ausufernde Debatte wie ein rostiges Messer hineinzufahren. Zwei Schriftsteller und ein Psychoanalytiker hatten sich in das Thema «Angst» verbissen: Was ist sie eigentlich, wovor haben wir sie, was macht sie mit uns, «ist es schon so weit, dass wir Angst vor der Angst haben?» In das abstrakte Wortgewoge mischte ich mich jäh ein: «Vielleicht ist die Angst ein Produkt der 35-Stunden-Woche. Wer zehn Stunden gearbeitet hat, ist abends zu müde, um noch nachzuschauen, ob ein Einbrecher unter dem Bett liegt.»

Der Redakteur gab der Jazzband im Studio sogleich nach diesen Worten das Zeichen zum Einsatz – Schluss der Debatte! Die Diskutierer äußerten sich verärgert über ihn und mich, von Gewerkschaften kamen empörte Leserbriefe, der *Spiegel* zitierte mich, ich war zufrieden.

Die Volksseele aber (soweit sie sich in *Bild am Sonntag* spiegelte) brachte ich zum Kochen, als ich mich im Dezember 1982 abfällig über die mir oft allzu fromme deutsche Weihnacht äußerte. Da war auf viele erbauliche Worte ein Weihnachtslied gefolgt, von 12 schwedischen Jungfrauen (mit gefühlten 144 brennenden Kerzen auf dem blonden Scheitel) mit so penetranter Innigkeit gesäuselt, dass mir nach Hering zumute war – und das hörte sich so an: «Also ich habe so viel Weihrauch auf der Zunge, ich kann kaum noch reden. In Deutschland *singen* wir zwar ‹O du fröhliche› – aber gar nicht fröhlich, sondern so andachtsvoll, dass einem grausen kann. In Südamerika singt man ‹Allegre Navidad› und tanzt dazu. Hat der Engel den Hirten auf dem Felde nicht ‹große Freude› verkündet? Weihnachten ist fröhlich! Bei uns ist es heilig, andachtsvoll und manchmal zum Kotzen.»

Das letzte Wort hätte ich mir natürlich sparen sollen. *Bild am Sonntag* setzte es in den Aufmacher, ein Dutzend empörter Zuschauer beschimpfte mich am Telefon, einer so: «Sind Sie der, der in der Talkshow ...?» – «Ja.» – «Dann sind Sie's gar nicht wert, dass ich mit Ihnen rede!», schrie er und knallte den Hörer auf. Mein Elfjähriger, zufällig am Telefon, bekam zu hören: «Ist dein Vater der von der Talkshow?» – «Jaha.» – «Dann sag deinem Vater, er gehört mit der Kalaschnikow erschossen!» Kernige Weihnachten. Und der Intendant schrieb dem Fernsehdirektor (der gab es «vertraulich» an mich weiter): «Die feindselige Einstellung des Herrn Schneider zu Fragen der Christenheit» sei problematisch.

Am 4. April 1986 kam Gerhard Schröder. Ministerpräsident von Niedersachsen wollte er werden, mit tausend Stimmen scheiterte er, und die hatte er, lässt sich vermuten, mit meiner Hilfe in dieser Sendung gegen sich aufgebracht. Erbarmungslos nagelte ich ihn fest auf den Unfug, den er kurz zuvor öffentlich verbreitet hatte: Erich Honecker sei ein ehrenwerter Mann, und man müsse doch anerkennen, dass er für die DDR Ähnliches geleistet habe wie Konrad Adenauer für die Bundesrepublik.

1987 warf ich hin – aus aufgestautem Ärger über immer rüdere Umgangsformen des Redakteurs der Sendung. Die *Hamburger*

Morgenpost fragte: «Jetzt ‹Smalltalk› beim NDR?» Und schrieb: «Mit seinem preußischen Charme hat Schneider achteinhalb Jahre lang den Stil der NDR-Talkshow geprägt.» Der Programmdirektor Fernsehen, Rolf Seelmann-Eggebert, schrieb mir: «Wie schade, da ich Sie immer noch als unser Paradepferd betrachte und als Aushängeschild des NDR.»

1990 war ein neuer Redakteur zuständig und lud mich zur Rückkehr ein: Mein Kündigungsgrund sei ja nun entfallen. Ich blieb bis 1992. Dass ich endgültig aufhörte, hatte zwei Gründe: Den auf andere Weise schwierigen Redakteur (als Hermann Schreiber und ich, ohne voneinander zu wissen, denselben prominenten Gast haben wollten, versprach er denselben jedem von uns) – und den allmählichen kalkulierten Verzicht des NDR auf jene politischen Schwergewichte, die meine Gäste gewesen waren.

Der Letzte von denen, im März 1992, bei meiner letzten Sendung, war die Bundesministerin für Frauen und Jugend und stellvertretende Bundesvorsitzende der CDU, die 37-jährige Angela Merkel. «Kohls Mädchen» wurde sie genannt, ein DDR-Element in der Bonner Regierung sollte sie verkörpern, und ihre Frisur war so, wie man sie sich für die Klassenbeste aus einer jener brandenburgischen Kleinstädte vorstellte, in der sie aufgewachsen war.

Ob sie da nicht eine ungeheuer schwierige Rolle übernommen habe, fragte ich sie: der jugendliche Neuling aus dem Osten im Kabinett des großen, dicken, mächtigen, überall auftrumpfenden Bundeskanzlers Helmut Kohl? Sie antwortete leise, aber gescheit und selbstbewusst – und nach wenigen Minuten wurden wir unterbrochen durch den schrecklichen Auftritt eines anderen Gastes, der 44-jährigen Schriftstellerin Karin Struck. Geladen war sie vermutlich wegen ihres 1991 erschienenen Romans «Blaubarts Schatten», einer furiosen Kritik an jeglichem Schwangerschaftsabbruch – und nun mischte sie sich ein mit der zehnfach wiederholten, schließlich hinausgeschrienen Frage an die Frau-

23 Talkshow

enministerin: Und was tun Sie gegen diesen Mord am ungeborenen Kind?

Meine Versuche, zu vermitteln, zu besänftigen, gingen in ihrem Furor unter – bis sie schließlich aufstand, sich die Mikrophonschnüre vom Leibe riss, nicht ohne dabei den Rock unnötig hoch zu heben, und schließlich ihr Weinglas und eine halbvolle Karaffe ins Publikum schleuderte. Angstrufe, Pfiffe, Empörung, ein Redakteur ergriff ziemlich spät ihren Arm und führte sie hinaus. Als sie gegangen war, schlug ich vor, wir sollten uns beruhigen und vielleicht ein bisschen Mitleid mit einer Person haben, die offenbar sehr leide. Die Zuschauer hatten, wie es scheint, genug gepfiffen und nahmen meine Einladung dankbar an.

Traurig stimmt mich nur der Umstand, dass mein, nachträglich betrachtet, doch höchst kurioses Gespräch mit der späteren Bundeskanzlerin zwar in den Standard-Rückblicken auf die NDR-Talkshow vorkommt – jedoch nur als kurzes Vorspiel zum Karaffenwurf der Karin Struck. Nichts an einer Talkshow finden die Leute eben so lustig, als wenn nicht getalkt, sondern geschmissen wird.

Immerhin: Auf *meine* Rolle wurde ich noch an die zwanzig Jahre lang von Fremden angesprochen, auffallend oft in der DDR vor und nach dem Fall der Mauer. Mit Politikern dreist auf Augenhöhe! Das muss ihnen gefallen haben.

24

Internet? Überflüssig!
Was die Experten 1985 meinten

Argloser hätte man der Zukunft kaum entgegentreten können als die Kommunikationsexperten der westlichen Welt, die sich im November 1985 in Hamburg versammelt hatten. «Die Macher der neuen Medien-Welt können alles vermitteln – doch wer will es wissen? Das fragten sich 700 Fachleute aus 26 Ländern auf dem Hamburger *Intermedia-Kongress*, der am Samstag zu Ende gegangen ist.»

So resümierten Henning Franke und Roland Stimpel vom 5. Lehrgang der Henri-Nannen-Schule das Ergebnis der Tagung, auf der die Schule als eine Art Nachrichtenagentur tätig geworden war. Der Kongress fand statt zwei Jahre nach dem ersten Mobiltelefon (1983), fünf Jahre vor dem ersten Browser (1990), dreizehn Jahre vor der ersten Suchmaschine (Google, 1998) und neunzehn Jahre vor facebook (2004). Dass die neuen Medien leicht entbehrlich wären, war ein Irrtum; dass sie der schiere Segen sein würden, aber auch.

«Die einen sind über die Möglichkeiten der neuen Technik begeistert. ‹Mein Gott, was für eine phantastische Zeit, in der wir leben!›, rief der Amerikaner John Naisbitt, Autor des Bestsellers ‹Megatrends›, den Kongressteilnehmern zu. Und er entwarf seine Vision von einer Welt, in der jeder mit jedem sprechen kann – über ein Welt-Walkie-Talkie ohne Leitungen und ohne Telefonzentrale. Der Frieden werde sicherer, die Menschheit werde zu einer riesigen Familie zusammenwachsen. Andere halten die moderne Informationselektronik für ziemlich überflüssig. Janet Morgan, Beraterin der BBC in London: ‹Es macht nichts, wenn die Satelliten vom Himmel fallen – viele Informationen verbreiten sich auch ohne Rundfunk, Fernsehen und Telefon über die ganze Welt. Kinderlieder und Spottverse geraten oft über Nacht in aller Munde.›»

Zeitung und Buch seien durch die neuen Entwicklungen nicht ernstlich bedroht, meinten die Teilnehmer – mindestens nicht in den nächsten zwanzig Jahren (bis 2005 also). Ein Sprecher des Bundespostministeriums hielt dagegen, Texte auf Papier werde es nicht mehr geben; in elektronischen Dateien würden sie gespeichert sein und auf dem Fernsehschirm abgerufen werden – «wenn die Leute überhaupt so viel wissen möchten», wandte der Direktor des Londoner Instituts für Kommunikationsforschung ein. «Das Informationsbedürfnis der meisten Menschen ist relativ schwach ausgeprägt. Meist reduziert es sich auf die Frage nach dem täglichen Fernsehprogramm.» Auch der Warenbestellung per Bildschirm gab er keine große Zukunft: «Alles lässt sich elektronisch ordern, aber die Leute machen lieber einen Einkaufsbummel.»

So die Weltsicht von 1985. Die Menschheit eine große Familie, die Verbreitung von Kinderliedern als Maß für das Tempo der Kommunikation – das liest sich heute wie jene Prognosen aus der Frühzeit der Eisenbahn: Der Mensch werde einer Geschwindigkeit von dreißig Stundenkilometern nicht gewachsen sein.

Ich hatte angeboten, dass die Journalistenschüler beim Kongress als Nachrichtenagentur fungieren könnten, und die mehr als sechzig anwesenden Korrespondenten nutzten es gern – schon weil ja zumeist fünf, sechs Arbeitsgruppen gleichzeitig tagten, und die deckten wir mit Zweierteams ab. Unverzüglich hatte jedes eine Nachricht zu produzieren – so, dass jeder Zeitungskorrespondent ab 16 Uhr sechs Berichte vorfand, von zwei Hochleistungsfotokopierern versechzigfacht. Bis 17 Uhr hatten die vier besten Nachrichtenschreiber, von mir in einem Dutzend Übungen ermittelt, zwei Arten von «Tageszusammenfassungen» produziert: was an diesem Tag in den verschiedenen Ausschüssen geschehen war – und wie sich eines der durchgängigen Themen der Konferenz heute weiterentwickelt hatte.

Am Schreiben oder Redigieren (durch zwei Schüler als Schlussredakteure) beteiligte ich mich ausdrücklich nicht. Konsultiert werden wollte ich nur, wenn entweder die zitierten Redner heikle Themen berührt hatten («Rassismus» zum Beispiel) oder wenn der Schreiber eine Wertung vornehmen wollte. Paul O.Vogel, der Medienreferent der Hamburger Senatskanzlei, bedankte sich brieflich für «saubere journalistische Arbeit, professionell, tatsachenorientiert, nicht auf Geschwätz gerichtet».

Organisiert aber hatte ich aufs Äußerste – so auch zwei Chefs vom Dienst eingeteilt, die «in ständigem Trab» im Redaktionszimmer, am Fotokopierer und im Presseraum die Aufsicht führten: Arbeit verteilen, Voraustexte heranschaffen, Termine überwachen, für lückenlose Vorräte an fertigen Texten sorgen, Stapel von gestern in den Hintergrund schieben, den aktuellsten dem Eingang am nächsten platzieren: Der alte Agenturhase und Nachrichtenchef wusste halt, wie so ein Laden idealerweise funktioniert, und hier konnte er die Puppen tanzen lassen.

Die Journalistenschule als Nachrichtenagentur, ein Kongress als Großmanöver – das geschah zwei weitere Male, zunächst 1990 bei einem sechstägigen internationalen Krebs-Kongress. Unter jedem von den Journalistenschülern produzierten Text stand wieder: «Ein Service der Hamburger Journalistenschule, zur beliebigen Verwendung». Die Nachrichtenagenturen Reuters und AFP bedankten sich bei uns, der Korrespondent der *Frankfurter Allgemeinen* schrieb: «Ich habe noch nie auf einem großen Kongress eine derart hilfreiche Unterstützung erlebt. Kompliment!» Und im September 1993 trat wieder ein anderer Lehrgang der Schule beim Internationalen Kongress «Kinder als Opfer von Krieg und Verfolgung» als Nachrichtenagentur auf.

Das Schreiben unterließ ich bei alldem nicht. Als der Tiefseeforscher Robert Ballard am 1. September 1985 verkündete, nach zwölfjähriger Suche habe er in 3600 Metern Tiefe das Wrack der «Titanic» entdeckt – da witterte ich eine Chance. 1943 hatte ich den Ufa-Film gesehen, in dem ein böser Kapitalist das Riesenschiff in die Katastrophe hetzte, seitdem etliche Bücher darüber gelesen, viele die schiere Phantasterei, die seriösen kannte ich alle – und eine Lücke hatte ich entdeckt: Eine exakte Chronologie der letzten 160 Minuten gab es nicht.

Hat es denn jemals dramatischere Minuten gegeben als die, in denen das stolzeste Schiff der Erde, das bis dahin gewaltigste technische Produkt der Menschheit, sich senkrecht ins Wasser stellte vor dem Untergang? Im Takt der Zeit erzählen, wie alle Epen, Märchen, Dramen der Weltliteratur! Keine Rahmenhandlung also (die hatte ich schon als Zehnjähriger gehasst), schon gar nicht jene Zeitsprünge im Dutzend, wie Filmemacher sie heute lieben: Wir machen Rührei aus dem Schicksal, wir sind besser als der liebe Gott!

Mühsam war es freilich, die Aussagen der Überlebenden (in dem 1150-seitigen Protokoll des Untersuchungsausschusses des amerikanischen Senats) zu zerreißen, um sie den Minuten zuzuordnen; das Resultat aber befriedigte mich tief. Und natürlich hatte ich nicht den trostlosen Anfang gewählt, mit dem Auslaufen der «Titanic» aus dem Hafen von Southampton zu beginnen – bei mir rammte sie den Eisberg auf Seite 1! Meine Serie brachte dem *Stern* im August 1986 einen Auflagenschub, als Buch erschien sie auch, als Hörbuch obendrein. Zitiert hatte ich natürlich Goethes erstaunlichen Spruch über einen anderen Untergang, den von Pompeji: «Es ist viel Unheil in der Welt geschehen, aber wenig, das den Nachfahren so viel Freude gemacht hätte.»

Das Unheil von 1986 hieß *Tschernobyl*. Am 26. April explodierte das ukrainische Atomkraftwerk. In Westeuropa ging die Angst um, in Westdeutschland mehr als anderswo, und ein Lehrstück über zwielichtigen Journalismus wurde daraus auch. Wie gefährdet waren wir? «Der Atomschock und die Folgen. In Tschernobyl verglühte die Illusion sicherer Kernkraft», stand auf dem ersten *Stern* danach; auf dem zweiten: «Bonn verharmlost die Tschernobyl-Folgen»; auf dem dritten: «Atom-Angst: So verseucht ist unser Boden – so geschockt sind unsere Kinder – so ist der Ausstieg möglich». Und als Rolf Winter, der Chefredakteur, sich weigerte, auch noch in einer vierten Titelgeschichte Alarm zu schlagen, wurde er vom Vorstand gefeuert.

Am heftigsten wurden Angst und Panik angeheizt durch den *Spiegel*-Titel vom 12. Mai: «Angst, Angst, Angst!», schrie er von den Kiosken und drohte dazu mit drei Gasmasken, die man auch für Totenköpfe halten konnte. Im Text dazu aber fanden sich drei Passagen, die das Angstgeschrei des Titels klar widerlegten. Dies meinen verblüfften, dann empört aufschreienden, dann missmutigen Schülern zu demonstrieren hielt ich (und halte ich) für ein klassisches Stück Journalistenausbildung.

Titelgeschichte, Passage 1: «Nach dem Messstand vom Ende letzter Woche war die Bundesrepublik offenbar noch glimpflich davongekommen.» War das Wort «glimpflich» geeignet, die dramatische Aussage des Titels zu stützen?

Passage 2: «Die Gefährdung der deutschen Bevölkerung war eingetreten, war jedenfalls zum Greifen nah.» Also nicht eingetreten! Ein lächerlicher, widerwärtiger journalistischer Eiertanz.

Passage 3: «Das Niveau der radioaktiven Verseuchung bei unsern westlichen Nachbarn war kleiner als die Dosis, die ein Mensch bei einer Röntgenuntersuchung empfängt.» Das sagte der Sowjetbotschafter Falin im *Spiegel*-Gespräch. Sprang ihm nun der Redakteur ins Gesicht? Nein, er sagte und der *Spiegel* druckte: «War das denn zu diesem Zeitpunkt schon klar?» Es war also klar – und der schreiende Titel der absolute Tiefpunkt aller Augsteinerei.

20 Jahre später übrigens, in Heft 17/2006, korrigierte der *Spiegel* sich selber (leider und wie üblich ohne den Hinweis, dass er damit sein Geschrei von 1986 selber widerlegte): «Tschernobyl war ohne Zweifel eine Katastrophe, aber sie wurde zusätzlich verzerrt und aufgebauscht», zitierte der *Spiegel* einen Experten (und widersprach ihm nicht) – ja er spottete: «Manch Nuklear-Phobiker isst wegen des Fallouts in der Ukraine bis heute keine Pilze aus Bayern. Gute Gründe dafür gab es schon vor 20 Jahren nicht.»

2011 brachte ein Tsunami bei Fukushima an Japans Ostküste 18 000 Menschen um – die Kernschmelze im dortigen Atomkraftwerk bis heute keinen. Wie war das noch: Erklärte Angela Merkel daraufhin dem Tsunami den Krieg – oder den Atomkraftwerken? An der Journalistenschule hätte ich auch das gern zur Diskussion gestellt.

Wie war es mit der Schule weitergegangen? 1986, mit 61, hatte ich den Gruner+Jahr-Vorstand eingeladen, sich beizeiten nach einem Nachfolger umzusehen – in der Annahme, mit 65 würde ich sowieso in Pension geschickt. Da ich keine Reaktion bekam, wiederholte ich meinen Vorschlag zwei Jahre später – und wurde gebeten, bis zu meinem 70. zu bleiben: Mein «legendärer Enthusiasmus», schrieb Schulte-Hillen, bekomme der Schule gut.

Der Tod des Axel Springer

Am 22. September 1985 war Axel Springer gestorben, 73 Jahre alt, in einem Berliner Krankenhaus an Herzversagen. Er war ein Mann, «dem aufrichtige Bewunderung bis zu hasserfüllter Ablehnung» entgegengeschlagen sei, schrieb die *Zeit*. Die *taz* begann ihren Nachruf mit den Worten: «Die populärste Forderung der deutschen Studenten hat sich erfüllt: Springer ist endgültig enteignet.» Der israelische Ministerpräsident Shimon Peres würdigte Springer, den Ehrenbürger Jerusalems, als «großen Freund des jüdischen Volkes».

Aus dem Verlag kannte ich noch Kollegen genug, um mir das Urteil zuzutrauen: Es gab ein verbreitetes Aufatmen, dem Schatten dieses allzu mächtigen, immer weniger berechenbaren Mannes endlich entronnen zu sein, zumal dem «bis an die Schmerzgrenze ausgedehnten Byzantinismus», den er, der *Süddeutschen Zeitung* zufolge, gefördert oder zumindest geduldet hatte.

Zur Lektüre hatte er mir 1971, bei unserer ersten Begegnung, den spanischen Staatsrechtsphilosophen Juan Donoso Cortés (1809–1853) empfohlen; ob er selbst ihn gelesen hatte, weiß ich nicht – ich weiß nur, dass ich auf die Lektüre verzichtete, nachdem ich in den Nachschlagewerken belehrt worden war: Donoso Cortés war ein Angstneurotiker, der das Volk für unregierbar hielt, sodass die Zivilisation nur von der Armee und von der Kirche gerettet werden könne; Liberalismus führe zum Ruin der Gesellschaft, und der eigentliche Feind der Wahrheit sei die Vernunft.

Bei Axel Springer war ich am höchsten gestiegen und am tiefsten gefallen. «Sein Typ» war ich nicht, Ernst J. Cramer hatte es gesagt. Er zuckte zurück vor präziser Formulierung und logischer Argumentation. In meinen letzten Springer-Jahren als arbeitsloser Titular-Chefredakteur bekam ich noch mit, dass er zu Melancholie neigte und Entscheidungen scheute. Als 1980 sein Sohn – unter dem Namen Sven Simon ein hochgeachteter Fotoreporter – Selbstmord begangen hatte, wurde es noch einsamer um ihn. Umgeben hatte er sich nur noch mit «seinem Butler, seiner Frau und drei, vier ausgesuchten Chefredakteuren», erzählte Günter Prinz 1994 dem *Stern*. «Er lebte in einer Art Isolationshaft: Kein Schritt vor die Tür, ohne dass fünf Leute vorweg- und hinterhermarschierten.»

Einen späteren politischen Triumph konnte Axel Springer nicht mehr erleben: Seine Weisung, die «DDR» habe, als gleichsam nichtexistent, in Gänsefüßchen gesetzt zu werden, war der künftigen Entwicklung näher als die damals regierende Meinung, die Wiedervereinigung komme sowieso nicht, und sie auch nur zu wollen, sei schon falsch.

Was hatte Springer hinterlassen? Deutschlands zweitgrößten Presseverlag mit 11 500 ziemlich sicheren Arbeitsplätzen und der größten Boulevardzeitung der Welt.

Was hatte ihn groß gemacht? Dass er in den frühen Nachkriegsjahren *drei* Raketen zündete (*Hör zu*, *Bild*, *Hamburger Abendblatt*), wo andere Könner es auf *eine* brachten: Augstein den *Spiegel*, Nannen den *Stern*.

Woran werden sich die, die ihn kannten, erinnern? Viele wohl an einen Charmeur mit wunder Seele, der zu viel Macht anhäufte und die Tugenden seiner Gründerjahre zu früh verlor.

Als die *Welt* nur ein halbes Jahr nach seinem Tod ihren 40. Geburtstag feierte, hatte seine Witwe, Friede Springer, ihren ersten großen öffentlichen Auftritt – und erstaunlicherweise war ich (beim 30. noch aus den Annalen des Blattes getilgt) diesmal geladen zum Festakt in der Godesberger Redoute. Frau Springer begrüßte mich huldreich, und Peter Tamm nötigte mir das erste Stück der von ihm angeschnittenen Riesentorte auf. Man hat eben doch nicht umsonst gelebt.

1989/1990

Als die Mauer fiel
Triumphe und Enttäuschungen

Am Abend des 9. November 1989 klingeln in Westdeutschland millionenfach die Telefone – wie zuletzt im November 1963 mit dem Schreckensruf «Kennedy ermordet!» Habt ihr das Fernsehen an? Loch in der Mauer, Trabbis auf dem Kurfürstendamm, Verbrüderung! Lilo, gebürtige Berlinerin, und ich, in Berlin aufgewachsen und von Berlin geprägt, starren und heulen – rasch eine Videokassette eingelegt, damit wir's später auch noch glauben. Die aufregendsten, die schönsten Fernsehbilder unseres Lebens.

In alter Sentimentalität waren wir zum Heiraten eigens von München nach Berlin geflogen – dort freilich leicht irritiert, weil wir uns an zwei ziemlich unterschiedliche Berlins erinnerten: ich an das Berlin, das sich von 1938 bis 1942 als Hauptstadt der Welt betrachtete; Lilo an das Berlin der fünfziger Jahre, in dem sie, die Schülerin in Pankow, sich nach Westberlin in den Sportverein oder ins Kino mogelte und auf der Stalin-Allee Steine klopfen musste, um zum Abitur zugelassen zu werden.

Und die Ereignisse überschlugen sich, der Spruch machte die Runde: «Wir leben in einer Zeit, in der einem das Wort im Munde veraltet.» Schon am 10. November sprach Willy Brandt das bald geflügelte Wort: «Wir sind jetzt in der Situation, wo wieder zusammenwächst, was zusammengehört.» Am 12. November bei Helmstedt, an der alten Grenze, eine Trabbi-Schlange, 65 Kilometer lang. Schlagzeile der *Bildzeitung*: «Abgaswolke am Horizont – das müssen sie sein!»

In West und Ost jagte ein Trabbi-Witz den anderen; einer ging so – an der Tankstelle: «Ich möchte einen neuen Tankdeckel für meinen Trabbi.» «Okay», sagt der Tankwart, «ist ein fairer Tausch.»

Am 28. November verkündete Helmut Kohl im Bundestag aus heiterem Himmel ein Zehn-Punkte-Programm, das eine Soforthilfe für die DDR vorsah; und unter Punkt 5 die Sensation: Bonn sei bereit, «konföderative Strukturen zwischen beiden Staaten in Deutschland zu entwickeln, mit dem Ziel, eine Föderation, das heißt eine bundesstaatliche Ordnung in Deutschland zu schaffen ... Wie ein wiedervereinigtes Deutschland schließlich aussehen wird, weiß heute niemand» – eine Formulierung, in der die Unterstellung mitlief, dass die Wiedervereinigung kommen werde. Europa zuckte zusammen, die britische Premierministerin Margaret Thatcher protestierte.

Sechs Tage nach Kohls Vorstoß, am 4. Dezember, entfaltete sich auf den Leipziger «Montagsdemonstrationen», die seit September mit Transparenten wie ‹Wir sind das Volk› zum Zusammenbruch der DDR beigetragen hatten, die nächste Sensation: «Wir sind ein Volk!» hielten sie den Fernsehkameras entgegen – der Ton war von dem *das* auf das *ein* verlagert, «Wiedervereinigung ja!» kam noch hinzu. Wenn die es wollen – sollten wir denen wirklich den Weg verbauen, indem wir uns mit einer Österreich-Lösung zufriedengeben?

Westdeutschlands Zeitungen sahen sich unterdessen jäh von ihrem Standardproblem befreit: in jeder Woche genau sechs Ereignisse zu finden, die einen Aufmacher wert sind. Deutschland lieferte Schlagzeilen im Überfluss! Schlechte Zeiten für Gewerkschaftsforderungen und Umweltskandale: Auf Seite 1 hatten sie monatelang keine Chance mehr. (Ich archivierte das als Beleg für meinen Verdacht: Jeden sogenannten Umweltskandal sollten wir darauf abklopfen, ob er vielleicht nur deshalb einer ist, weil gerade keine Mauer gefallen war.)

Von der Mauer am Brandenburger Tor fiel am 22. Dezember das letzte Stück. Am 23. Dezember schlug ich dem Gruner+Jahr-Vorstand vor, jungen ostdeutschen Journalisten in Ostberlin eine Grundausbildung in westlichem Journalismus anzubieten. Alle Vorstandsmitglieder waren schon im Weihnachtsurlaub, aber einer aus der zweiten Reihe riskierte es, im Handumdrehen ja zu sagen und einen Etat zu genehmigen.

Am 25. Dezember flogen Lilo und ich von Hamburg nach Berlin-Tempelhof, nun in *unser* Berlin. Noch kontrolliert, aber unbehelligt passierten wir *unser* Brandenburger Tor und tranken Kaffee im üppigen, von einer schwedischen Firma erbauten Grand Hotel Unter den Linden; Westgeld willkommen. Zum ersten Mal seit 45 Jahren war ich als Privatmann «drüben»; bis vor kurzem hatten die allgegenwärtigen Uniformen der Volkspolizei und der Nationalen Volksarmee mir Angst gemacht – zu lebendig war meine Erinnerung an die der «Feldgendarmen» in den letzten Monaten des Krieges. Ja, es gibt Fortschritt auf Erden!

Am 27. Dezember erschien in den größten Zeitungen der sterbenden DDR (nicht jedoch im *Neuen Deutschland*) die viertelseitige Anzeige: «Orientierung über den Journalismus in der Bundesrepublik – ein Angebot der Hamburger Journalistenschule», gerichtet an ostdeutsche Journalisten der Geburtsjahrgänge 1955 bis 1965, zu dem Zweck, «die Teilnehmer mit westdeutschen Redaktionssitten und technischen Standards bekannt zu machen». Fünf Wochen, kostenlos, mit einer Unterhaltspauschale; bitte Lebenslauf und drei Arbeitsproben. 460 Bewerbungen.

Eine Jury aus Journalisten-Ausbildern und *Stern*-Redakteuren verlieh eine A-Note (für die schreiberische Qualität) und eine B-Note für nichtlinientreues Verhalten, soweit sich die Juroren auf Indizien oder die Empfehlungen von Oppositionsgruppen stützen konnten. Da sich auch viele junge Leute ohne journalistische Vorkenntnisse beworben hatten, beschloss die Henri-Nannen-Schule, zwei Lehrgänge zu veranstalten: den ersten, auf acht Wochen ausgedehnt, für 20 Anfänger im April und Mai in Ostberlin, den zweiten, fünf Wochen, für 15 Fortgeschrittene im Juli und August in Hamburg.

Silvester 1989: Die *Zeit* milderte ihren Abscheu gegen die Wiedervereinigung, aber sie warnte immer noch vor ihr. Im Juni hatte Theo Sommer, der Chefredakteur, geschrieben: «Wer heute das Gerippe der deutschen Einheit aus dem Schrank holt, kann alle anderen nur in Angst und Schrecken versetzen.» Nun forderte er: *Einigen* müssten sich die Deutschen, nicht *vereinigen*! Das würde nur das Zusammenwachsen Europas stören. Willy Brandt sah das, wie er der *Zeit* erzählte, ganz anders: «Nirgends steht geschrieben, dass die Deutschen auf einem Abstellgleis zu verharren haben, bis irgendwann ein gesamteuropäischer Zug den Bahnhof erreicht hat.» Und im *Spiegel* setzte Rudolf Augstein, unter dem Stöhnen vieler Redakteure, seine Kampagne für die Wiedervereinigung fort.

Meine Journalistenschüler, überwiegend Akademiker Ende zwanzig, waren auch nicht alle glücklich, dass die DDR offensichtlich dem Zusammenbruch entgegentaumelte: Etliche hatten diesen Staat gelobt – als einen (wiewohl unvollkommenen) Gegenentwurf zum westlichen Kapitalismus; ja von der menschlichen Nähe, die dort herrschte, schwärmten viele geradezu. Ach ja, Nähe!, hielt ich ihnen entgegen: Die kenne ich noch aus den Bombennächten im Luftschutzkeller, in der Not rückten die Menschen immer zusammen, und deswegen hielte ich bloße «Nähe» für ein schlechtes Signal.

Am 23. April 1990 die «Akademie für Gesellschaftswissenschaften beim ZK der SED» am Gendarmenmarkt in Ostberlin zu betreten – das war desto mehr ein beklemmendes Gefühl. In den dort von uns gemieteten Räumen begrüßte ich die 20 jungen ostdeutschen Journalisten, die wir ausgewählt hatten. Der Pförtner ertrug uns gefasst; die dunkelgrün gestrichenen Korridore blieben fast gespenstisch leer; die Toiletten rochen, als wären sie vorsorglich für hundert Jahre desinfiziert.

«So machen wir das im Westen», war der Tenor des Seminars. «Das solltet ihr wissen. Ihr müsst es wissen, wenn ihr im Westen Chancen haben wollt, und vielleicht gefällt es euch ja!» Ich übernahm die Begrüßung und flog zu mehreren Unterrichtsblöcken ein. Klaus Steiner (den ich schon als meinen Nachfolger in Hamburg vorgeschlagen hatte) beschaffte die anderen Referenten, sie kamen alle gern. Laut, fröhlich, kritisch ging es in diesen acht Wochen zu: Offenbar erwies er sich als erträglich, der Journalismus des Klassenfeindes.

So ließen wir auf den ersten Anfängerkurs bis 1995 dreizehn weitere folgen, nun auf vier Wochen reduziert und nach Schildow bei Berlin ausgelagert, einer Streusiedlung mit vielen Datschen, einem Erholungsheim der Stasi und Straßennamen wie «Karl Liebknecht» und «Rosa Luxemburg». Jedes Mal übernahm ich die Einstimmung; für die Kursleitung hatte ich Wilhelm Herzog gewonnen, den tüchtigen und gewitzten Kollegen aus meinen späten Springer-Jahren. An der Finanzierung der Kurse zugunsten junger Ostdeutscher beteiligte sich die Karl-Gerold-Stiftung, die die *Frankfurter Rundschau* herausgab (benannt nach dem ersten Chefredakteur).

Das Hamburger Sommer-Seminar für die Vorgebildeten erwies sich als eine ungewöhnlich interessante Begegnung zwischen Ost und West: 15 engagierte, wissbegierige, faszinierte junge Leute – Einübung in die Sitten einer fremden Welt – feurige Diskussionen in den Konferenzen des *Sterns*, des *Spiegels*, der *Zeit*. Für den von der Schule erbetenen Besuch auch im Hause Springer war der Pressesprecher des Verlags – Heiner Bremer, vor anderthalb Jahren noch Chefredakteur des *Sterns* – nicht zu gewinnen. Auf einem Schiffchen schipperten wir, bei Kartoffelsalat und Würstchen, durch Hamburgs überraschend schöne Kanäle.

Die Teilnehmer hinterließen mir eine «Bestätigung», wonach ich an einem Lehrgang «Einführung in den Journalismus der DDR» erfolgreich teilgenommen hätte:

> Der Kursant zeigte sich aufgeschlossen und intelligent. Jedoch waren seine kritischen Äußerungen oft destruktiv. In auffälliger Manier zertrümmerte er die Grundlagen des real existierenden Journalismus und verging sich an bewährten Formeln der deutschen Amtssprache. Auch wenn Herr Schneider mit dieser Haltung eine gewissen Faszination auf die Gruppe ausübte, muss er künftig um einen klaren Klassenstandpunkt ringen. Bei einem eventuellen Einsatz in einer Redaktion der DDR ist anzuraten, dass zuverlässige Kollektivvertreter eine halbjährige Patenschaft über ihn übernehmen.

Mehr Spaß hat die Schule mir nie gemacht. In den sogenannten neuen Bundesländern aber zerstoben unterdessen die meisten Hoffnungen, die die großen westdeutschen Zeitungs- und Zeitschriftenverlage in den Fall der Mauer gesetzt hatten. Gruner+Jahr erwarb am 1. März 1991 zusammen mit dem britischen Verleger Robert Maxwell den *Berliner Verlag* – wie die Konkurrenz in der Meinung, im Osten werde doch ganz natürlich Hunger auf modern gemachte, kritische, bunte, dicke Zeitungen herrschen; aber er herrschte nicht. Die Zeitungen der DDR waren dünn (8 Seiten), billig (10 Pfennig), frei von Werbung, langweilig – und das eine vor allem: seit Jahrzehnten vertraut.

Nun rollten auf die Ossis plötzlich fünfmal so dicke, zehnmal so teure, von Reklame überquellende Produkte zu, die obendrein Zweifel säten und zum Widerspruch ermunterten. Unmöglich konnte man das alles lesen – aber man hatte doch für alles bezahlt!

Mir selbst wurde in diesem März eine denkwürdige Lektion zuteil. Im Berliner Verlag erschien auch die *Wochenpost*, die führende Wochenzeitung der DDR: Politik, Geschichte, Literatur und drei Seiten Rätsel. Ich wurde zu einer Blattkritik – ich weiß nicht mehr: entsandt oder eingeladen; jedenfalls fühlte ich mich beauftragt, das etwas altväterliche Blatt näher an die neue Zeit heranzuführen. Aber das war hoffnungslos und schon im Ansatz falsch.

In der Redaktion der *Wochenpost* dominierten Männer über fünfzig, alle mit Krawatte, vorsichtig argumentierend in gepflegtem Deutsch – Vertreter eines klassischen Bildungsbürgertums, das sich über die DDR hinweggerettet und in dieser Redaktion versammelt hatte, anderen überlebenden Bürgerlichen zum Trost. Ihnen versuchte ich nahezubringen, dass es ihren Texten an Klarheit fehle, von Farbigkeit, Süffigkeit zu schweigen; nach Lektüre des ersten Absatzes ihrer Artikel noch Appetit auch nur auf den zweiten Absatz zu haben, sei nicht leicht – und stehe nicht hier, fast am Schluss, jener Gedanke, mit dem man hätte beginnen können, ja müssen, wenn man Leser fesseln wolle?

Mühsam, ungern begriffen sie, was ich meinte, und ähnlich ich, was sie mir vorsichtig entgegenhielten: Wir haben unseren Lesern das gerade noch erlaubte Quantum an intellektuellem Anspruch und bourgeoiser Behaglichkeit ins Haus geliefert; der Marxismus trat nur in jenen zarten Dosen in Erscheinung, die für die Duldung durch die SED erforderlich war; und wenn wir im achten Absatz unsere Kritik am System durchscheinen lassen konnten, dann empfanden wir jene Genugtuung, die uns mit unserem Beruf und der DDR versöhnte. Marxistische Gedanken aber könne ich jetzt doch nicht mehr finden? So sprachen sie.

Nein – nur das mit dem achten Absatz irritierte mich. Nun hatten sie doch die Freiheit, klar zu sagen, worauf es ankam, damit es möglichst vielen Lesern schmeckte! Aber eben dies wollten sie nicht, wahrscheinlich hätten sie's auch nicht gekonnt; und ihren angestammten Lesern gegenüber hatten sie damit recht. Die hassten ja alles, was nach Marktgeschrei klang, schon allzu viel Offensichtlichkeit irritierte sie, und von der schrillen Werbung, die ihnen aus den neuen Westprodukten entgegensprang, waren sie geradezu angewidert (was sich auch unter weniger gebildeten Lesern als Problem erwies und zum Misserfolg des *Sterns* im Osten beitrug). Ihr behäbiges Blatt wollten sie behalten, so, wie es war. Die *Wochenpost* konnte also nur sterben: zusammen mit ihren treuen Lesern, wenn sie so blieb, oder ohne diese, wenn man sie änderte. Gruner+Jahr veränderte sie, verkaufte sie 1995, und 1996 war sie tot.

Wie war das überhaupt mit den «blühenden Landschaften», die Helmut Kohl den Ostdeutschen im Februar 1990 in Erfurt versprochen hatte? Ich nehme ihm ab, dass diese berühmte, ihm später hundertfach um die Ohren geschlagene Prognose nur ein Irrtum war – und nicht die Lüge, wie sie selbstverständlich zum politischen Alltag gehört. Kohl hatte, wie wir wohl fast alle, vermutlich die Wunden unterschätzt, die 44 Jahre Bevormundung und Abschnürung den Menschen geschlagen hatte. Viele Alte in der einstigen DDR hatten sich in einer Nische wohnlich eingerichtet und von den Vorzügen des Regimes profitiert: Berechenbarkeit, keine Hektik, wenig Verantwortung, wenig Plage; und wenn sie dazu den Mund hielten, fanden sie das Leben ganz erträglich.

An Helmut Kohl bleibt eines zu rühmen, und dafür hätte er den Friedensnobelpreis verdient: Nicht nur hatte er mit Gorbatschow die Wiedervereinigung ausgehandelt – unsere misstrauischen Nachbarn hatte er überzeugt, dass das vergrößerte Deutschland voll in die Europäische Union integriert bleiben und niemanden bedrohen werde. Dass ein Staatsmann solches wiederholt versichert, besagt zu wenig; er muss die Statur haben, dass man ihm glaubt. Und die hatte Kohl.

Dass er zum Schluss in eine Parteispendenaffäre verwickelt, dass er vielleicht überhaupt ein Ekel unter den Menschen war, ist überhaupt kein Einwand gegen einen wirklich großen Mann. So sind sie nämlich, die Großen. Die Indizien dafür habe ich fünfzig Jahre lang gesammelt und von 1988 bis 1992 daraus ein Buch gemacht. Das nächste Kapitel stellt es vor.

26

«Die Sieger»
Das Buch nach fünfzig Jahren

Eine Weltgeschichte des Ruhmes sollte es werden, mit dem Untertitel «Wodurch Genies, Phantasten und Verbrecher berühmt geworden sind». Im November 1942, Hitler rühmte sich gerade der angeblich bevorstehenden Eroberung von Stalingrad, ich war 17 Jahre alt und von Bildungs- und Lesewut besessen – 1942 also stieß ich in den «Weltgeschichtlichen Betrachtungen» des Schweizer Historikers Jacob Burckhardt auf den Essay «Die historische Größe». Und ich fasste halb und halb schon den Plan, den bloßen Essay von kaum fünfzig Seiten zu einem opulenten Werk über die Genies zu erweitern – falls ich diesen Weltkrieg überleben sollte. (Schriftsteller wollte ich ja werden, seit ich mit 14 die «Buddenbrooks» gelesen hatte, und dies war sozusagen die erste Sachbuch-Idee.)

Das Thema bewegte mich seit Jahren: in eine bürgerlich-preußische Umwelt hineingewachsen, in der Friedrich der Große, «der Alte Fritz», den Kindern als Inbegriff eines großen Mannes angepriesen wurde; in der Pubertät mit Hitler konfrontiert, der seit 1938 weithin als Zentralfigur der Weltpolitik bewundert, gehasst, gefürchtet wurde; 1941 auf die Dostojewski-Bände in Vaters Bücherschrank gestoßen und sogleich gefesselt; schließlich frisch betört von Nietzsche – und verwirrt durch ihn: Denn meinem pubertären Verdacht, ich könnte selbst ein Genie sein, setzte er mit der Kühnheit seiner Ideen und der Brillanz seiner Sprache ein jähes Ende.

Und auf welche Fülle der Aspekte wurde ich schon durch Jacob Burckhardt gestoßen: dass «das große Individuum nicht zum Vorbild, sondern als Ausnahme in die Welt gestellt» sei; dass unzählige großartige Männer untergingen, weil die Zeit nicht nach ihnen rief; und dass das Genie unstreitig mit dem Wahnsinn verwandt ist.

Da begann ich, nach den Biographien großer Männer zu fahnden, und um 1950 mit planmäßiger Lektüre: Alles über Größe, Genies und Ruhm – bei Montaigne und Schopenhauer, bei Sigmund Freud, bei C. G. Jung, bei Thomas Mann; dazu Fachbücher über die Entstehung des Geniekults und die Genesis des Ruhms sowie Cesare Lombrosos Standardwerk über Genie und Irrsinn.

Dies eher nebenbei, mit langem Atem, lebhaft interessiert, allmählich fasziniert; begünstigt durch die überaus schlichte Organisationsform, die mir schon 1974 bei meinem Buch «Wörter machen Leute» zugute gekommen war: eine Schublade! Darin über die Jahre hin Hunderte von Zeitungsausschnitten und vor allem Zetteln – mit Hinweisen auf die Seiten der entsprechenden Bücher, kompletten Kurzzitaten, vermischten Lesefrüchten und den eigenen Einfällen für Aspekte und Formulierungen; dies ausdrücklich gegen die populäre Wahnvorstellung, alles, was einem dazu eingefallen sei, werde sich Jahrzehnte später aus dem Gedächtnis abrufen lassen. Die Schublade hatte nichts Bedrängendes oder gar Verpflichtendes, sie sagte nur: «Falls du irgendwann mal Zeit und Lust hast – ich bin da!»

So konnte ich ruhig erst elf andere Sachbücher schreiben. 1988 war es so weit, dass ich mit dem großen Werk beginnen wollte. Und das hieß: Nach der Journalistenschule allabendlich einschlägige Lektüre, am Wochenende zweimal zehn Stunden am Schreibtisch (nicht immer, etwa 40-mal im Jahr). Am Anfang die verzwickte, großartige Aufgabe des Sortierens, Gliederns,

Gewichtens: Wer, was ist ein Genie? Wann, wie setzt sich geniale Begabung auch in Leistung um – und Leistung in Erfolg? Und welche Instanzen teilen ihn schließlich zu, den Ruhm? Gläubige, Bewunderer, Hofpoeten, Historiker, Kritiker, Journalisten – und schließlich, meinungsbildend auf Jahrhunderte, die Gilde der Lexikon- und Schulbuch-Redakteure. Ob im Großen Brockhaus oder in der Encyclopaedia Britannica: Selbstverständlich bekommen Shakespeare und Goethe mehr Platz zugeteilt als Günter Grass und Heinrich Böll, und unbewusst, doch ebenso selbstverständlich leiten die Benutzer daraus die Rangordnung ab.

Wie aber, nach welchen Kriterien, in welcher Prozedur entscheiden die Redakteure über die Aufteilung des Platzes? Das fragte ich 1988 den Brockhaus-Chef in einem langen, werbenden Brief:

> Einer der wenigen Maßstäbe dafür, wie sich ein Kulturraum über die Bedeutung seiner großen Söhne und Töchter verständigt, ist die Länge der Einträge in den tonangebenden Konversationslexika. Gibt es bei Ihnen irgendwelche Grundregeln oder empirischen Werte, in welcher Relation sich die Größe der Einträge zueinander bewegt oder bewegen soll? Angenommen, Ihr Experte für deutsche Literatur würde Kleist größer als Goethe behandeln wollen (was ich sehr gut verstünde) – würde er da auf ein Missverhältnis hingewiesen werden, von wem, nach welchen Maßstäben?

Eine Antwort bekam ich nie. Woraufhin ich mir die Mühe machte, in den großen Enzyklopädien von Deutschland, England, Frankreich und Italien an die hundert der mutmaßlich berühmtesten Menschen des Abendlands nach Spalten und Zentimetern auszumessen, mit dem Resultat: Napoleon vor Shakespeare und

Goethe – dann Platon, Dante, Luther, Homer, Michelangelo, Kant und Aristoteles. (Ich ging bis Nummer 24; um trotz unterschiedlicher Gesamtumfänge Vergleichbarkeit herzustellen, setzte ich den längsten Beitrag gleich 100 und drückte die anderen in Prozenten davon aus.) Das war eine Spielerei, wenn auch eine erhellende: Napoleon für die Lexika der wichtigste Mensch der Weltgeschichte! Das eigentliche Thema schlug ich so an:

> Dieses Buch handelt von drei Arten von Menschen: den berühmten, die groß waren; den berühmten, die nicht groß waren; und den großen, die nie berühmt geworden sind. Der Ruhm traf Genies und Heilige, Säufer und Krüppel, Glücksritter und Scharlatane, Phantasten und Verbrecher, Besessene, Schizophrene und von Verfolgungswahn Gejagte, und viele, die groß an Geist und groß an Seele waren, traf er nicht.

Meist war für den Ruhm ein schrecklich hoher Preis zu zahlen: eisenharter Fleiß, rücksichtslose Unterordnung aller Wünsche unter das eine Ziel, oft die Bereitschaft, Jahrzehnte oder das ganze Leben lang verkannt, wenn nicht verhöhnt zu werden. Die Berühmten hätten mehr gelitten als andere Menschen, und zusammen mit unserer Bewunderung verdienten sie unser Mitgefühl.

> Der Ruhm traf den schmächtigen Charmeur Lord Nelson wegen seines wütenden Vernichtungswillens und den notorischen Nichttänzer Johann Strauß, weil er zwischen seinen schwarzen Depressionen die Walzer schuf, nach denen erst Wien tanzte und dann die Welt ... Der Ruhm traf einen hühnerbrüstigen Wikinger im Reich des Geistes, Immanuel Kant, und Bismarck, einen manchmal schluchzenden Hünen.

Und welche Gunst der Umstände musste da stets im Spiel sein! Mussten nicht auf jeden Mozart, der als Sohn eines Musikers in Salzburg aufwuchs, die vielen treffen, deren vergleichbare Talente unter Eskimos oder chinesischen Reisbauern verkümmern? Was wüssten wir denn von Dante, wenn seine Muttersprache das Bulgarische gewesen wäre – was von Greta Garbo, hätte sie gelebt, bevor das Kino kam? So sei der Ruhm weithin ein Glücksspiel. Die Chancen auf einen Treffer in diesem erhöhten sich jedoch,

> wenn sich günstige Umstände, überragendes Können und eiserne Zielstrebigkeit mit Eigenschaften verbinden, die nach landläufiger Meinung unausstehlich sind: mit Egozentrik und Rücksichtslosigkeit, mit Eitelkeit und dem Talent, sich selbst in Szene zu setzen. Manche kennen wir als Großmeister dieser Kunst, wie Richard Wagner oder Salvador Dalí; von vielen anderen wüssten wir es auch, wenn uns nicht der Blick auf die Wahrheit verstellt wäre durch beschönigende Memoiren, verlogene Hofpoeten und unseren empfindlichen Verehrungsdrang, der seine Abgötter nicht besudelt sehen möchte. Mit anderen Worten: Wer im Lexikon verzeichnet ist, war mit höherer Wahrscheinlichkeit ein Scheusal als einer, der nicht im Lexikon verzeichnet ist.

Dass Henri Nannen ein großer und folglich kein angenehmer Mensch war, hatte ich erwähnt. Und natürlich war Lenin ein Scheusal und Kerenski, der Verlierer, eben nicht.

Ein eigenes Kapitel galt der Benachteiligung der Frauen bei der Ruhmzuteilung: Nur gut 4 Prozent der Nobelpreise hatten sie (nach dem Stand von 1992) bekommen, knapp 4 Prozent des Platzes in der zwölfbändigen Enzyklopädie «Die Großen der Weltgeschichte». Dafür fand ich drei Gründe:

1. Das Denken in Leistung und Erfolg ist eine männliche Art, an die Welt heranzugehen. «Es ist nicht Größe, was die Welt von der Frau verlangt», schreibt der holländische Kulturphilosoph Johan Huizinga. «An der Vorstellung ‹Größe, Heroismus› klebt ein Stück männlichen Wahns.»
2. Die meisten Felder, auf denen die Luxuspflanze «Ruhm» gedeiht, haben von altersher die Männer sich selber vorbehalten: die Wissenschaft, die Politik, den Krieg sowieso.
3. Und auch die Ruhm-Verleiher sind überwiegend Männer – so in der Enzyklopädie «Die Großen der Weltgeschichte» alle sieben Herausgeber und 323 der 350 Autoren.

Was bleibt?, fragt das Buch zum Schluss. Respekt für die Hochseilartisten, die die äußersten Möglichkeiten des Menschseins herrlich und schrecklich entfaltet haben; Bewunderung für die großen Dichter, Musiker, Maler, Visionäre, die unser Leben unendlich bereichert – und uns mehr Glück und Trost gespendet haben, als den meisten von ihnen zuteil geworden ist. Goethe schrieb aus Rom:

«Ohne die Sixtinische Kapelle gesehen zu haben, kann man sich keinen anschauenden Begriff machen, was ein Mensch vermag. Ich bin in diesem Augenblick so von Michelangelo eingenommen, dass mir nicht einmal die Natur auf ihn schmeckt.» Die Besessenen, die Zerrissenen, die Gejagten, die ihr Leiden in Schöpferkraft verwandelten – von ihnen gilt, was Charles Baudelaire über Edgar Allan Poe geschrieben hat: «Man möchte meinen, ein blinder Racheengel habe sich einiger ganz bestimmter Menschen angenommen und peitsche sie mit aller Kraft dazu, die übrige Menschheit zu erbauen.» Ihnen, den Gepeitschten, auf die nicht einmal die Natur uns schmeckt, ist dieses Buch gewidmet.

Zwölf Jahre später, 2004, ließ ich (eine Anregung des Verlags) auf die Sieger «Die großen Verlierer» folgen: die kläglich Gescheiterten wie Goliath oder den Kaiser von Mexiko, die grandios Gescheiterten wie Che Guevara oder Gorbatschow; die um einen Sieg Betrogenen wie Rainer Barzel (1972 als Kanzlerkandidat durchgefallen gegen Willy Brandt mit Hilfe zweier gekaufter Stimmen); die vom Bruder an die Wand Gedrückten wie Heinrich Mann oder vom Sohn wie Johann Strauß, der Vater; die um den Weltruhm Geprellten wie Lise Meitner und Alan Turing.

Ihnen – und all den Milliarden Menschen, für die das Verlieren ohnehin die Quintessenz des Lebens ist – galt und gilt meine Sympathie. «Nichts wäre schlimmer als eine Welt voller Sieger», schloss das Buch. «Es sind die Verlierer, die das Leben erträglich machen.» Gute Verlierer seien die nettesten Menschen überhaupt: «Sie lächeln. Sieger grinsen.»

27

Endspurt
Dank für gestern – Angst vor morgen

«Chefredakteurs-Werkstatt» nannte Gruner+Jahr die dreitägige Veranstaltung, zu der wir auf Anregung von Gerd Schulte-Hillen für November 1993 einluden: die Moderatoren Johannes Gross und ich, als Organisator Mathias Döpfner, der spätere Springer-Chef, damals Vorstandsassistent. In der Einladung hieß es:

> Vielen Zeitungen bröckeln die jungen Leser weg, und eine ganze Generation wächst nach, die zwischen Videoclips und Computer-Spielen immer weniger Lust zum Lesen hat. Irgendwann wird jede Zeitung darauf reagieren, und das ist unser Thema. Uns fasziniert der Gedanke, dass wir zusammen die Chance haben könnten, ein Stückchen Zeitungszukunft zu gestalten.

Wir luden ein, und sie kamen alle: Die Chefredakteure der *Süddeutschen Zeitung*, der *Berliner*, der *Sächsischen*, der *Stuttgarter Zeitung*, der *Frankfurter Rundschau*, der *Hannoverschen Allgemeinen* und des *Kölner Stadt-Anzeigers*, dazu Frank Schirrmacher von der *FAZ*. Jeder Teilnehmer bekam eine Viertelstunde Zeit, sich und sein Blatt vorzustellen, Wissenschaftler referierten über Ausmaß und Ursachen der wachsenden Lese-Unlust sowie über die Chancen modernen Designs.

Meine zentrale Botschaft war: «Mit Nachrichten allein kann man im Fernsehzeitalter eine Zeitung nicht mehr verkaufen. Selbstverständlich gehört auf Seite 1 die beste Reportage und die beste Analyse, die die Redaktion zu bieten hat. Die *International Herald Tribune*, das *Wall Street Journal*, auch *Le Monde* machen es seit langem so.» Muster hingen an der Wand. Dazu präsentiere ich die *Welt* vom 16. Mai 1974: Nicht «Walter Scheel zum Bundespräsidenten gewählt» hatte ich zum Aufmacher bestimmt (wie es die Routine gewesen wäre und wie fast alle es taten), sondern «Israels schlimmste Schlacht», den Augenzeugenbericht unseres Korrespondenten Heinz Schewe über den Terroranschlag auf die Schule von Maalot – so beginnend:

> Dies ist die hässlichste Reportage meines Lebens. Was ich in drei Kriegen gesehen habe, ist nicht mit dem zu messen, was sich heute in einem malerisch gelegenen Städtchen auf den Hügeln von Obergaliläa abgespielt hat. Die Schreie der sterbenden Kinder klingen mir noch im Ohr.

Und was alle Leser längst aus der Tagesschau wussten – Scheel gewählt – dreispaltig über dem Bruch. Vielen, gerade auch renommierten Zeitungen fehlt solche Einsicht bis heute – und das in der Nachrichtenflut des Internets!

Im April 1994 verlieh die Gesellschaft für deutsche Sprache mir in Münster den *Medienpreis für Sprachkultur*. Da waren es ausgerechnet meine alten Gegner, die Germanisten, die mein «profundes Wissen» würdigten und dazu die Begeisterung, mit der ich es weitergäbe. Zu der kleinen Zeremonie (mit Geige, Flöte und einer Laudatio von Johannes Gross) war Lilo aus Mallorca eingeflogen: Dort baute sie ja schon das Haus in der Wildnis, in das wir im nächsten Jahr tollkühn einziehen wollten. Meinen 330 Schülern und Absolventen teilte ich im August 1994 mit:

> Am 30. April 1995 endet mein Vertrag, dann werde ich die Schule sechzehn schöne und harte Jahre lang geleitet haben,

und dann werde ich siebzig – mit anderen Worten: Es ist genug. Ich übergebe die Schulleitung mit Respekt und Vergnügen an Ingrid Kolb.

Vom 30. Januar bis 6. April 1995 leite ich noch das Grundseminar des 18. Lehrgangs; kurz danach werde ich verschwinden (Resturlaub). Ich wandere nach Mallorca aus, unter dem Motto: Man kann nicht verhindern, dass man alt wird, aber man *kann* verhindern, dass dies bei schlechtem Wetter geschieht. Auf Mallorca werde ich Telefon, Fax und eine Postadresse haben – und mich über Briefe oder Anrufe von Ihnen mindestens so sehr freuen wie bisher.

Das war's dann.

Eine Abschiedsfeier für mich richtete Gruner+Jahr schon im Januar 1995 aus – auf meinen Wunsch: Damit ich mich danach noch einmal voll in ein elfwöchiges Grundseminar hineinhängen und dann einfach verschwinden könnte, nach der letzten Stunde Unterricht.

Aber was mache ich mit all dem Lob, mit dem ich aus diesem Anlass überschüttet wurde? Es zitieren ist fast peinlich – es nicht zitieren hieße die Auskunft über eine auffallende Realität verweigern. Von jedem meiner 18 Lehrgänge hatte ich einen Schüler eingeladen, zwei Minuten zu reden – an einem von zwei Mikrophonen, sodass der jeweils nächste parat stand.

Einer von der «Keulenriege» des 1. Lehrgangs bedankte sich mit den Worten: «16 Jahre haben Sie dafür gekämpft, aus Soziologen Menschen und aus Menschen Journalisten zu machen. Wir stehen voller Ehrfurcht vor dem, was Ihnen mit uns gelungen, vor Scham vor dem, was Ihnen an uns misslungen ist.» Der vom 3. Lehrgang schloss: «Allmählich wurde klar, dass dieser schroffe Schneider ganz närrisch und ganz romantisch in seinen Beruf verknallt ist!»

Mehrfach glossiert wurden meine heftigen bunten Kommentare auf den Übungstexten: «Bitte nie wieder einen Satz, in dem ein abstrakter Oberbegriff eine vor drei Jahrhunderten entjungferte Metapher heiratet!», zitierte einer; dazu meine Entschuldigung, als mir das Wort «Scheiße!» in den Rotstift geflossen war: «Ja, das ist zu grob, aber ich will und muss das Richtige erzwingen, und Sie hören bitte auf mit so albernen Floskeln bis zum Jahr 2040!» Einer vom 16. Lehrgang lobte an mir «eine jungenhafte, fast anarchische Freude an der puren Provokation». Einer vom 6. Lehrgang dankte mir «auch im Namen unzähliger Leser, denen Sie das Leben erleichtert haben». Eine Ehemalige schrieb mir zuletzt: «Sie sind ein gerissener Hund, Herr Schneider! Ich kann nur niederknien.»

Die *Zeit* nannte mich ironisch «den Hamburger Demosthenes» und äußerte die Hoffnung, «dass die Schule, eine Art Harvard für den journalistischen Nachwuchs, nicht an Gewicht verliert». Der Pressedienst *Kontakter* resümierte zum Abschied: «Eine Ära geht zu Ende.»

Die längste, die befriedigendste Station meines Berufslebens jedenfalls. Die Dankbarkeit vieler Schüler begleitete mich zuverlässig in meine letzten Jahre. Nach Mallorca! Eine völlig verrückte, eine großartige Idee.

28

Warum denn Mallorca!
Wie man sich auf einer kuriosen Insel etabliert

Mallorca – dieses deutscheste aller Ferienziele zu verachten war in Hamburg in unseren Kreisen üblich: «die Putzfrauen-Insel!» Bis Alida Gundlach, die ehemalige Talkshow-Kollegin, Lilo 1991 überlistet hatte, sie in ihrer Ferienwohnung auf dem schönen Mallorca zu besuchen. Lilo überlistete mich, für ein paar Tage nachzukommen – und so sahen wir uns tatsächlich ein paar Wohnungen an. Eine gefiel uns beiden prompt: grandios über der damals noch nicht zugebauten Cala Llamp gelegen, der «Bucht der Blitze»; drei hübsche Zimmer, zwei Bäder, zwei Terrassen.

Gekauft! Einweihung zu Weihnachten 1991, bei der Ankunft aus Hamburg überwältigt von Licht und blauem Meer. Drei-, viermal im Jahr waren wir von nun an da – und entdeckten die Insel abseits der Badestrände und Bettenburgen: schöne Wälder, verwunschene Winkel, verkarstete Hochflächen, über die der Wind braust, nach Sa Calobra hinab eine Serpentinenstraße wie nur wenige in den Alpen. Auch hässliche Gewerbestädte – und die imposanten Klöster von Lluc und Valldemossa, wo einst Chopin frierend überwinterte.

Was aber, wenn 1995 meine Anbindung an Hamburg enden würde: Weiter pendeln – oder den großen Schritt wagen: auswandern? Also ein größeres Domizil suchen – oder gar bauen? Ein wüstes Grundstück hatten wir entdeckt, 28 000 Quadratmeter wild bewachsener Berghang über dem Städtchen Andratx, mit Tiefblick aufs vier Kilometer entfernte Meer. Dort bauen? Grandios! Völlig verrückt! Kein Wasser, kein Strom, ein lichter Kiefernwald, ein paar alte Olivenbäume, wildes Unterholz, Geröll – und elf halb verfallene Mauern aus der Ära der Terrassierung für die Landwirtschaft.

Und dürften wir überhaupt bauen? War das nicht ein Naturschutzgebiet, in dem allenfalls ein Wiederaufbau, mäßig vergrößert, genehmigt wurde? Nun, da fand sich die Ruine einer alten Hirtenhütte, sogar ein Stockwerk schien sie gehabt zu haben, denn ein paar verwitterte Baumstämme lagen im Gemäuer und drei oder vier Steine, die wie verfallene Treppenstufen wirkten (so macht man das hier, deuteten Freunde an).

Hätten wir nun einen zweistündigen Film gesehen, einen Zusammenschnitt aller Pannen, Strapazen, Widrigkeiten der ersten Jahre – nie hätten wir gebaut. Aber es gab ihn nicht, verwegene Entschlüsse hatten wir schon oft gefasst, und das Auswandern (mit 60 und 70) war an sich eine großartige und sogar halbwegs vernünftige Idee; in Hamburg bleiben hätte ja bedeutet: Alles wie früher, minus Hauptsache! Ein Rentnerschicksal also.

Im Februar 1994 kauften wir, im April fing Lilo an: juristisch die Bauherrin, praktisch die Bauaufseherin – im Kontakt, manchmal im Clinch mit dem Architekten und dem Bauleiter, mit Elan, mit Phantasie, mit privat erlerntem Spanisch ausgerüstet; mit den Arbeitern stets auf gutem Fuß, ja von ihnen beeindruckt: Sie arbeiteten bis Sonnenuntergang, oft sangen sie beim Tragen schwerer Lasten, und am Feierabend wuschen sie sich in einem Bottich, zogen ein anderes Hemd über, kämmten sich und wünschten der Señora eine gute Nacht.

Wichtig war nun ein Zaun um das Riesengrundstück, gegen wilde Ziegen und schweifende Wanderer, 1,5 Kilometer wurde er lang. Und zur Carretera nach Estellencs hinab brauchten wir eine asphaltierte Straße, 300 Meter, für Tankwagen musste sie befahrbar sein, Gefälle bis 20 Prozent. Wenn Besucher uns fragten: «Und was macht ihr bei Glatteis?», hatten wir was zu lachen: Frost erlebten wir überhaupt nur einmal, zehn Jahre später, ausgerechnet an unserem allerletzten Tag auf der Insel.

Ich blieb noch ein Jahr in Hamburg angebunden, aber alle paar Wochen fand ich einige Tage für einen Besuch – dreimal stundenlang mit extrem harter Arbeit ausgefüllt: einen Pfad schlagen zum höchsten Punkt unseres Areals, an die hundert Höhenmeter, über Fels, Geröll und drei der alten Steinmauern, durch Dornendickicht und mannshohes Gestrüpp, mit Astschere, Heckenschere, Fuchsschwanz und Spaten. Die Arme waren zerstochen, die Handgelenke taten weh, mich erfüllte eine Genugtuung von der Art, wie unsere Ahnen sie empfunden haben müssen, wenn sie sich die Wildnis unterwarfen – und schon Ostern prosteten wir uns mit Freunden auf dem eigenen Gipfel zu.

Im April 1995 zogen wir ein – mit einem weiteren mutigen Schritt: keine Adresse mehr in Hamburg, keine kleine Wohnung für doch sicher häufige Besuche! Unsere Freunde waren entsetzt. Aber so oft wollten wir wirklich nicht mehr in Hamburg sein, und im Rückblick war das doppelt realistisch: Ich hatte in den nächsten Jahren mehr als hundertmal zu reisen – aber an Dutzende von verschiedenen Orten des deutschen Sprachraums.

Worauf wir uns einstellen mussten, das war der *estilo mallorquín*: ein augenzwinkernder, eigentlich urmenschlicher Umgang mit den Gesetzen und, etwas gewöhnungsbedürftig, mit den Terminen ebenso. Die zulässige Grundfläche des Hauses hatten wir um zehn Prozent überzogen – wir zahlten eine symbolische Strafe, nominell nur für den auch nicht genehmigten Bau einer Waschküche.

Boris Becker aber hatte seine Finca um das Doppelte zu groß gebaut – und musste sie abreißen.

Und wie war's mit dem Urwort *mañana*? Dass dies «morgen» bedeute, steht nur im Lexikon. De facto heißt es: Heute schon mal nicht – ob morgen oder übermorgen oder in drei Wochen oder in drei Monaten, das sehen Sie dann schon. Der tüchtige Toni, der den Generator wartete und unser Faktotum wurde, ein Dicker zum Liebhaben, unterschied das klar: Wartung pünktlich, alles andere hat Zeit – auch monatelang. Aber wenn ihr mich wirklich braucht, weil der Strom ausgefallen ist oder die Wasserpumpe versagt, im Notfall also, *emergencia*: Dann komme ich auch sonntags und auch nachts; und wenn ich ein paar Tage verreise: Hier ist die Telefonnummer meines Freundes X, dann kommt der. Großartig!

In exakter Befolgung der Gesetze indessen durften wir noch ein Gästehäuschen bauen, denn in letzter Minute hatten Lilo und der Architekt im Dickicht unterhalb des Hauses die Ruine eines Schweinestalls entdeckt. Mit einem schönen Pool, etlichen Terrassen am, überm, unterm Haus, zwei Palmen frisch vom Gärtner und einer Aussicht zum Schluchzen konnten wir inmitten aller Pannen (und die kamen zuverlässig) sagen: Ja, wir haben es richtig gemacht.

Als wir im dritten Anlauf endlich einen genügend großen, überwiegend zuverlässigen Generator installiert hatten, machten wir eine Beobachtung, die Deutschlands Grüne interessieren sollte: Oft, wenn beim Schlafengehen das Licht noch aus den Akkus kam und wir im Schlafzimmer die Klima-Anlage einschalteten, sprang der Generator an – und das hörten wir. Nicht laut, er stand ja weit genug weg. Nicht beunruhigt, das bisschen Dieselöl kratzte uns nicht. Aber wir *hörten*: Jetzt wird Strom gemacht! Und das ließ uns unwillkürlich zögern. Man stelle sich vor: In Deutschland müssten alle Stromverbraucher zu ständigen Ohrenzeugen werden! Am Anfang aller Energieverschwendung steht das Schweigen der Steckdose.

Die Klima-Anlage im Juli und August: Das tat schon gut bei Nacht. Für diese Zeit typisch sind mittags 32 bis 35 Grad – nichts

Extremes, aber Woche um Woche mit absoluter Sicherheit und dadurch immer noch 26 bis 28 Grad am Morgen! Kühle Sommernächte gibt es auf Mallorca nicht, und das Haus richtete sich allmählich auf etwa 30 Grad ein – schlimm bei Nacht, bei der Siesta aber erfrischend nach der Sahara-Sonne am Pool, und abgedunkelt auch.

Im Fernsehen wird das Klima von Mallorca ja hartnäckig falsch dargestellt: als herrschte Bikini-Wetter das ganze Jahr! Schon im September können die Gewitter und die manchmal gewaltigen Regengüsse des Herbstes beginnen, im Februar herrscht oft richtiges Frierwetter (5 Grad über Null bei Windstärke 9), und eine unbeheizte Wohnung würde sich im März auf etwa 10 Grad einpendeln. Aber die Mandelblüte! Und die Orangen- und Zitronenbäume tragen fette Früchte, und Blumenteppiche das ganze Jahr. Welche Befreiung von der Schmach des braunen, schmutzigen, nebligen deutschen Winters!

Freunde fanden wir rasch – fast so schnell wie einst in Washington und bunter als in 28 Jahren Hamburg. Schon wegen der geographischen, auch politischen Durchmischung: Wie hätten wir in Hamburg einen Menschen kennenlernen sollen, der erstens aus Fulda stammte und zweitens Fraktionsvorsitzender der Grünen im Hessischen Landtag gewesen war? Dann auch wegen der unwillkürlich südländischen Umgangsformen: Vor dem bekannten Haus ein neues Gesicht – lassen wir einfach mal die Wagenfenster runter!

«Auf Mallorca einen Hamburger kennenzulernen ist leichter, als ihn in Hamburg kennenzulernen», schrieb ich im Zürcher *Tagesanzeiger* – er hatte mich um Gründe für das Auf-Mallorca-Wohnen gebeten, ebenso wie der *Spiegel*, die *Brigitte*, die *Welt am Sonntag* und die Schweizer Zeitschrift *Annabelle*. Mein Fazit jedes Mal: «Die Deutschen, die auf Mallorca *wohnen*» (nicht die Touristen!) «sind im Durchschnitt nettere Leute als die Deutschen, die nicht auf Mallorca wohnen.» Sie haben den inneren Gartenzwerg niedergerungen und den Sprung gewagt. Hier trifft man die entspannteren, unternehmungslustigeren, interessanteren Deutschen.

In der *Annabelle* resümierte ich überdies: «Wir haben die Einsicht nachgeholt, die den alten Germanen offensichtlich fehlte: dass die Länder nördlich der Alpen zur menschlichen Besiedelung im Grunde nicht geeignet sind.» Und wie sich hier deutsche Ruheständler und englische Weltenbummler mit Malern, Schriftstellern, mehr und mehr auch Werbefachleuten und Modemachern träfen!

Ein merkwürdiges, vielsprachiges Gemenge ist da entstanden, eine Mischung aus Rummel und Abgeschiedenheit, aus Lebensart und ganzjährigem Oktoberfest. Ach ja – wenn Europa bei so schönem Wetter so zusammenwüchse: Da ließe sich leben.

Zu rein spanischer Geselligkeit reichte es nicht. Lilo zwar war jedem Handwerker sprachlich gewachsen, hielt mit beim Wortsturzbach der Haushaltshilfen, war voll in die mallorquinische Umwelt integriert und fand sich im Städtchen Andratx von jedem zweiten Lastwagenfahrer gegrüßt. (Sie waren schon mal oben auf dem Grundstück gewesen zur Lieferung von Wasser, Gas und Dieselöl). Mein Spanisch aber genügte nur zur Verständigung. Dem Deutschen blieb ich ja verhaftet in sechs bis acht Schreibtischstunden jeden Tag. Doch die Bausteintechnik des Spanischen interessierte mich, an Wörtern wie *cerrajería* schulte ich meine Aussprache, und mich freute die Musik, wenn unser dicker Toni über *estas maquinitas sofisticadas japoneses* klagte.

Wovon wir eigentlich leben würden auf Mallorca, darüber hatten wir uns, leichten Sinnes wie immer und vom Glück begünstigt wie so oft, nicht viele Gedanken gemacht: Das Geld vom Versorgungswerk der Presse steckte in Haus und Grund, die Betriebsrente von Gruner+Jahr würde fürs Essen reichen, das Haus war voll bezahlt und würde nichts mehr kosten (ein klassischer Irrtum, wie wir zu spüren bekamen).

Aber siehe – es brach ein Zirkus los, der uns völlig überraschte, mich aufs Höchste forderte und mich wochenlang mehr auf Reisen als auf Mallorca sah. Allein 1995 wurde ich zu Sprachseminaren beim Bayerischen Rundfunk, bei der Deutschen Welle, bei IBM in Stuttgart, bei der Rechtsanwaltskammer in München, bei der ÖVP in Wien eingeladen, obendrein zu Blattkritiken bei der *Berliner Zeitung*, der *Badischen Zeitung*, dem *Beobachter* in Zürich, dem *Bund* in Bern, sogar bei der *taz*. 1997 erreichte mich die Einladung des Chefredakteurs der *Zeit*, Roger de Weck: in jeder Ausgabe ein paar Sprachsünden der vorigen aufspießen. «Als Schneider in der 49. Folge beim Wort *Befindlichkeit* angelangt war», schrieb die Zeitschrift *Der Journalist* (unter der Überschrift «Durchgeknalltes aus der *Zeit*»), «stieg an seinem Missbefindlichkeitspegel die Gemütsverdüsterung, und wenig später gab er auf.»

1997 war auch noch die noble Zeitschrift *Geo* dazugekommen, die mich schon quer durch die Alpen und nach Feuerland geschickt hatte, und erteilte mir bis 2001 ein Dutzend große Aufträge. Daraus entstand das Beste, was einem Paar nach mehr als dreißig Jahren des Zusammenlebens widerfahren kann: Auf einander angewiesen wie noch nie, betrieben wir gemeinsam eine florierende Schreibwerkstatt. Lilo hatte sich mit dem Computer angefreundet, übernahm komplett die Recherche und die umfängliche Korrespondenz; fürs Schreiben hatte ich meine Stunden netto – geradezu ein Rezept für alle Schreiber, die viel schaffen wollen. Dazu war sie meine erste Kritikerin, und ich hielt mich an Nannens Rezept: Gegenleser haben recht! (Na ja, mit ein paar Ausnahmen.)

Andere Arbeit gab es dabei genug für die zwei Schreibtischtäter: einen technisch komplizierteren Haushalt als in Hamburg – und dazu den permanenten Kampf gegen das wuchernde Unkraut überall, an den Terrassen, an der langen Straße zum Tor hinab. Und dabei ließen wir drei Viertel unseres Riesengrundstücks Wildnis sein.

Dreimal schickte *Geo* mich auf Reisen: nach London für ein Porträt der Royal Geographical Society, nach Sarajevo, um dem Massaker von Srebrenica nachzuspüren, und nach Den Haag, um dessen juristische Aufarbeitung zu studieren. Die Reise ins verruchte Srebrenica ist der Beschreibung wert.

29

1997

Srebrenica
Besuch in der Stadt des Völkermords

April 1997. «Sind Sie sicher», fragte ich die *Geo*-Redaktion, «dass Sie *mich* nach Srebrenica schicken wollen – den 72-Jährigen?» Sie waren. Das Massaker von 1995 sollte ich rekonstruieren zum zweiten Jahrestag und mich dort umsehen: Was ist das heute für eine Stadt? Droht da die nächste Katastrophe?

Den Flug planen: Palma–Barcelona, Barcelona–Wien, Wien–Zagreb, Zagreb–Sarajevo; in fünfzehn Stunden zu schaffen. Mich mit reichlich D-Mark versorgen, mit der zahlte man in Bosnien-Herzegowina, wie ich bald erfuhr. Mich mit der Visitenkarte «Geo Senior Editor» versehen. Und vor allem den Archivakt «Srebrenica» studieren! (Wikipedia gab's noch nicht.)

Vor Morgengrauen fuhr Lilo mich zum Flughafen Palma – und blieb mal wieder allein auf unseren 28 000 Quadratmetern, mit den zwei großen, schönen Hunden, die das Grundstück nie verließen. Drei Stunden Aufenthalt auf dem Flughafen Zagreb in Kroatien. Am späten Abend kam ich unversehrt in Sarajevo an, durchquerte eine leere Halle, die von einer Glühbirne beleuchtet war, fand auch ein letztes Taxi, das mich zum Hotel fuhr zwischen finsteren Ruinen. *Geo* hatte gebucht, das Haus war sauber, das Essen passabel, das Zimmer schauderhaft überheizt wie einst oft in der DDR – nur dass der Heizkörper sich, anders als dort, nicht regulieren ließ.

Am nächsten Tag als Erstes auf der täglichen Pressekonferenz des UNO-Repräsentanten. In gedrechselter Rede nichts Neues über eine desolate Lage. Aber den Korrespondenten der Deutschen Presseagentur lernte ich kennen, einen beschlagenen jungen Mann, der offenbar erfreut war über das neue Gesicht. Er fuhr mich gleich mal in die Stadtviertel, in denen die serbische Minderheit im bosnischen Sarajevo gewohnt hatte: leere Häuser, eingeschlagene Fenster, auf den Straßen Schutt, streunende Hunde, scheppernde Dosen, Kot.

Da sah ich es also, was ich bis dahin nur gelesen hatte: Krieg herrschte zwischen Serben und Bosniern seit 1991, als der Staat Jugoslawien zerfallen war.

Nach dem Muster von Slowenien und Kroatien rief sich eine weitere der alten Teilrepubliken zum eigenen Staat aus: Bosnien-Herzegowina – zu 42 Prozent von muslimischen Bosniern, zu 32 Prozent aber von christlichen Serben bewohnt, der Rest Kroaten. Die Serben, empört, unter die Herrschaft der «Türken» zu geraten (so nannten sie die Bosnier, weil sie aus der Zeit der türkischen Herrschaft vom 15. bis ins 19. Jahrhundert deren Religion beibehalten hatten), riefen im März 1992 diejenige Region des neuen Staates, in der sie in der Mehrheit waren, zu einer eigenen Republik aus: Srpska!

Aus der verjagten sie sogleich die noch dort ansässigen Bosnier, und Sarajevo, das die Hauptstadt sein wollte, kesselten sie ein: kein Strom, kein Wasser, gesperrte Zufahrtsstraßen, und von den umliegenden Hügeln beschossen sie die Stadt mit der Artillerie der zerfallenen jugoslawischen Armee.

Die Belagerung dauerte unglaubliche vier Jahre – drei davon in Gegenwart der UNO: Sie hatte alsbald eine Luftbrücke für die Einwohner eingerichtet, ein Jahr später sogar Blauhelme dort stationiert. Auch die ließen sich beschießen, zwölf sich sogar überwältigen von einem serbischen Stoßtrupp mitten in der Stadt. 11 000 Bosnier kamen um.

Dem grotesken Theater setzte im November 1995 das Abkommen von Dayton ein Ende. Ein wiederum absurdes Ende aber: Denn allen Geflohenen und Vertriebenen – mehr als einer Million innerhalb des Doppelstaates, die 1,3 Millionen Flüchtlinge im Ausland nicht gerechnet – gab und gibt der Vertrag das Recht, in ihre alte Heimat, ihre eigenen Häuser zurückzukehren, also auch die zu *vertreiben*, die dort hinein geflohen oder hineingetrieben worden waren; ein Chaos ohne Ende. In Srebrenica erreichte es seinen tiefsten Punkt.

Ob er mit mir dahin fahren würde, fragte ich den Kollegen. Das, sagte er, sei ein schwieriges Kapitel. Er sei schon mal umgekehrt: die Straße gesäumt von Blauhelmen, aber auch von allerlei dubiosen Gestalten mit und ohne Uniform. Was sei da gefährlicher: anhalten oder weiterfahren? Am Abend nahm er mich mit zu einem bosnischen Freund, der lange in Deutschland gelebt hatte, mich in der Tür überrascht mit dem Ausruf «Ja – der von der NDR-Talkshow!» begrüßte, uns nötigte, die Schuhe auszuziehen, und uns reinen Wein einschenkte – über das verbrecherische Volk der Serben!

Fangen wir doch mal mit Tuzla an, sagte am nächsten Morgen der Kollege – einen Dolmetscher bringe ich mit: Tuzla war die bosnische Stadt mit den meisten Flüchtlingen. Wir besuchten Fatima Huseinovič, die Sprecherin der «Vereinigung der Frauen von Srebrenica», die seit der serbischen Attacke vom Juli 1995 ihre Männer vermissten, fast 8000 waren es, und sie hofften noch immer. In Tuzla aber ging es ihnen schlecht: Wir bosnischen Flüchtlinge sind hier in der bosnischen Stadt keineswegs willkommen, sagte sie. Wir sind ja Konkurrenten um Essen, Wohnraum, Arbeitsplätze und die UNO-Hilfe! Meine *Geo*-Geschichte begann daher so:

In diesem Land liebt keiner keinen mehr. Alle Flüchtlinge, Umgesiedelten, Verjagten, egal woher – das halbe Volk –, sind an ihrem neuen Wohnort unerwünscht, an ihrem alten ein Pfahl im Fleisch, und zwischen Bosniern und Serben schwelen Angst und Hass.

Sie wollen also nach Srebrenica zurück?, fragte ich Fatima. «Sofort! Das heißt, sobald die Behörden die Serben aus Srebrenica rausgeworfen haben.» Werden die das denn tun? Da weinte sie. Aber sie fand Zeit, ja sie war erpicht, mir zu erzählen, wie es in Srebrenica zugegangen war in diesen schrecklichen Julitagen vor zwei Jahren.

Am Rand von Tuzla eine Schule, Tausende von Blechdosen und Plastiktüten rings herum, eine Flüchtlingsunterkunft: pro Klassenzimmer zwei Familien, doppelstöckige Betten, Pappkartons als Möbel, kein Mann weit und breit. Über einen Korridor schlich eine schmale Greisin in Pluderhosen, wie viele bosnische Frauen vom Lande sie trugen; sie selbst, erzählte sie unserm Dolmetscher, war aus ihrem Dorf ins noch bosnische Srebrenica geflohen, hatte dort die Hungerjahre durchlitten und den Sturm auf die Stadt miterlebt. Fast fröhlich blickte sie mich dabei an aus hellblauen Augen, ja sie plauderte: von ihren acht Enkeln und von ihrem Sohn; der sei verschollen! Sie hielt inne. Ihre Züge verzogen sich jäh. Ihre Stimme erstickte im Schluchzen.

In Sarajevo hatte ich dann die Idee, Michael Steiner aufzusuchen, den stellvertretenden Hohen Repräsentanten der UNO, ihn von einem gemeinsamen Freund zu grüßen, dem deutschen Konsul auf Mallorca, und ihn zu fragen: Wie das eigentlich mit Srebrenica sei? Da fiel ihm ein, dass er einen Mitarbeiter mal hinschicken könnte, um nach dem Rechten zu sehen; und so stellte er uns dafür seinen gepanzerten Geländewagen zur Verfügung.

Anderntags fuhren wir los – am Stadtrand von Sarajevo, wo die Verkehrsschilder kyrillisch wurden, von einem Polizisten mit der Trillerpfeife gewarnt, dass wir nun das bosnische Territorium verließen. Vier- oder fünfmal wurden wir von Blauhelmen und anderen Uniformierten angehalten, Steiners Mitarbeiter zeigte Papiere vor, ich erregte offenbar keinen besonderen Verdacht. Die herumlungernden Zivilisten ließen uns in Ruhe.

Srebrenica, das Silberstädtchen, durch Silberförderung wohlhabend geworden schon in römischer Zeit, im Juli 1995 von den Serben blockiert, ausgehungert, beschossen, erobert, von sämtlichen 40 000 Bosniern brutal gesäubert; ein Platz des Massenmordens, auch der Schande für die Blauhelme der UNO – was würde uns erwarten? Die erste Überraschung: Im Tal der Drina hübsch gelegen, in steile grüne Hügel eingebettet, der Wintersport war im Kommen; in der nahen, geradezu romantischen Waldschlucht stand sogar, unversehrt, ein hübsches Hotel. Auch die Stadt selbst wirkte nicht verwahrlost zwischen den vielen Ruinen: Ihre 17 000 serbischen Neubewohner hatten geputzt und aufgeräumt.

Aber müssen die nicht alle wieder raus aus der alten bosnischen Stadt, dem Abkommen von Dayton zufolge? Das fragte ich Stanislaw Rakić, den serbischen Bürgermeister. Den Vertreter der Botschaft, den Dolmetscher und mich hatte er zum Mittagessen eingeladen, er war höflich, das Essen gut. Gibt es denn, fragte ich, schon Bosnier, die hier zu Hause waren und nun ihre Rechte aus dem Abkommen wahrnehmen – also hierher zurückkehren wollen? Nein, sagte Rakić. Und wenn nun eine bosnische Witwe, die in Srebrenica ihren Mann verloren hat, herkäme, um ihr altes Haus zu beziehen? «Dann», sagte der Bürgermeister, «würde ich sie nach Anhang 7, Ziffer 1 des Abkommens von Dayton willkommen heißen.» Wenn nun aber, insistierte ich, die serbische Familie das Haus, das der Witwe gehört, nicht räumen will? «Ich bin nicht befugt», sagte der Bürgermeister, «zu befinden, was dann geschieht. Fragen Sie doch mal in Sarajevo, wenn eine serbische Familie, die jetzt in Srebrenica wohnt, in ihr altes Haus zurück will.»

Der Grund zu dem unlösbaren Problem «Srebrenica» wurde im April 1992 gelegt. Da hatten die Serben (in ihrer soeben ausgerufenen Republik Srpska) die zu 75 Prozent von Bosniern bewohnte Stadt gestürmt und mit der Vertreibung aller Bosnier begonnen. Schon im Mai eroberten bosnische Milizen die Stadt zurück, die kurz zuvor Vertriebenen kamen wieder – aber nun wurden sie eingeschlossen von den serbischen Truppen, mit dem Ziel, sie auszuhungern und so zur Kapitulation zu zwingen. Die dreijährige Tragödie, die 1995 in die Katastrophe mündete, hatte begonnen.

Der Hunger wütete umso schlimmer, als viele tausend Bosnier aus anderen Gemeinden in die vermeintlich sichere Stadt geflohen – und weitere Tausende von den Serben eigens hineingescheucht worden waren, vermutlich, um die Blockade desto grausamer zu machen. In Kellern, Schuppen und Garagen hatten sie sich einquartiert oder in den Wohnungen, aus denen die serbische Minderheit in Srebrenica geflohen war.

Die Belagerten nährten sich von Wurzeln, Eicheln, Kürbissen und Spreu. Krätze und Läuse hatten «epidemische Ausmaße» angenommen, wie es in einem Bericht der UNO hieß; Frierende wärmten sich in beizendem Qualm an brennenden Autoreifen und Plastikflaschen; die Leichen der Verhungerten und Erfrorenen wurden von Hunden angefressen.

Die UNO schickte Hilfskonvois – die serbischen Belagerer ließen die wenigsten durch. 1994, nach mehr als zweijähriger Einschließung, verlegte die UNO 570 holländische Blauhelme nach Srebrenica. Deren Kommandeur, Oberstleutnant Karremans, richtete im Mai 1995 an seine Vorgesetzten die Warnung: Wir haben nicht genug Treibstoff und nicht genug Munition – und ein serbischer Großangriff scheint bevorzustehen!

Der fand am 10. Juli 1995 statt – einem Tag, als hätte Alfred

Hitchcock die letzten Tage der Menschheit inszeniert. Serbische Panzer rasselten in die Stadt – eine Schlange von 25 000 Frauen, Kindern, Greisen wälzte sich bei glühender Hitze fünf Kilometer weit in ein Fabrikgelände, das die Holländer zu einem Camp ausgebaut hatten. Hunderte klammerten sich verzweifelt an die holländischen Kettenfahrzeuge. Mehrere wurden von denen überrollt. Das Camp viel zu klein, Schmutz, Hitze, Hunger, Durst, Schreie und Verzweiflung.

Und die Serben rückten nach. Was taten die Blauhelme? Kampflos ließen sie sich entwaffnen, viele sich ausziehen bis auf die Unterhose. Die holländischen Offiziere nötigte General Mladić, der serbische Kommandeur, in ein Hotelzimmer, in dem ein lebendes Schwein, an den Beinen aufgehängt, von der Decke baumelte. Ein serbischer Soldat schnitt ihm mit einem Messer die Kehle durch. Während das Blut spritzte, sagt Mladić zu den Blauhelmen: «Genau das werden wir mit den Muslimen machen.» Danach drückte er Karremans ein Glas in die Hand, ein Filmteam war zur Stelle und hielt fest, wie der vierschrötige Serbe und der hagere Holländer einander mit Champagner zuzuprosten scheinen. Zuprosten? «Es war aber nur Wasser», versicherte Karremans später.

Serbische Soldaten mit Schäferhunden streiften unterdessen zwischen den 25 000 Verzweifelten umher und fingen alle Männer zwischen 16 und 60 ein, nur etwa tausend: Denn das Gros der wehrfähigen Männer, rund 15 000, hatte sich beim Anrollen der serbischen Panzer in die Wälder geschlagen – offenbar in der Meinung, mit ihren Jagdgewehren könnten sie ihre Familien sowieso nicht gegen die Panzer verteidigen; vermutlich sogar von der bosnischen Regierung zur Verstärkung ihrer Truppen angefordert. Die Serben jagten die Männer, und die Hälfte von ihnen starb – viele im Kampf, die meisten eingefangen, mit Maschinenpistolen hingerichtet und in Massengräbern verscharrt.

Die 25 000 Frauen und Kinder im Norden von Srebrenica aber wurden binnen 28 Stunden im rollenden Einsatz in 60 Omnibussen fortgeschafft auf bosnisches Territorium – «ethnische Säuberung in krankhafter Perfektion», wie es in der Anklage des Haager Tribunals gegen Mladić hieß. Srebrenica war leer. Binnen weniger Wochen zogen 17 000 Serben ein.

Zwischen denen ging ich nun entlang – zwischen normalen Menschen unter leuchtend grünen Hügeln. Die hier wohnten, hatten nichts von dem mitgemacht, was die ursprünglichen Bewohner ertragen mussten. Aber vermutlich begleitete sie die Angst – vor den möglichen Folgen von Dayton.

Die meisten Passanten beäugten uns misstrauisch. Vor einem schmucken Häuschen aber sah mich eine alte Frau – mit bunter Schürze, hellblauen Augen und weißem Haar, wie einem deutschen Heimatfilm entsprungen – so freundlich an, dass ich auf sie zuging, und als der Dolmetscher mein Anliegen vorgetragen hatte, bat sie uns in ihre kleine, aufgeräumte Wohnschlafküche. Sie bot uns Tee an. Ich wagte die Frage: Und wo möchten Sie übermorgen wohnen? Eigentlich dreißig Kilometer von hier, in meinem alten Dorf! Aber lebten in dem nicht gerade jene Bosnier, die aus Srebrenica vertrieben worden sind? «Ja», sagte sie. «Da habe ich natürlich Angst.» Ihr Mann war gestorben – ihr Sohn im Kampf gegen die Bosnier gefallen. Hier brauche sie keine Angst zu haben, unter lauter Serben! Aber, fragte ich, wenn nun die Bosnier nach dem Abkommen von Dayton ...? Da weinte sie, wie so viele.

Der Völkermord vor Gericht

1999 entschuldigte sich UNO-Generalsekretär Kofi Annan dafür, dass die UNO den Massenmord zugelassen habe.

2003 eröffnete der ehemalige Präsident Bill Clinton in Srebrenica eine Gedenkstätte für die 8000 Opfer.

2006 reichte eine holländische Anwaltskanzlei im Namen von 7930 bosnischen Hinterbliebenen eine Schadenersatzklage gegen die niederländische Regierung und die UNO ein.

2008 entschied ein Gericht in Den Haag, nur die UNO hafte, und die beansprucht grundsätzlich Immunität. Von der UNO stammte die Weisung vom 29. Mai 1995: «Die Sicherheit der Blauhelme geht der Ausführung des Auftrags vor», also der Sicherheit der zu Beschützenden – eine für die zivile Welt absolut neuartige Definition des Soldatentums.

Im März 2010 entschloss sich das serbische Parlament mit 127 zu 123 Stimmen, die Ermordung von 7500 Bosniern «schärfstens» zu verurteilen – nachdem das Wort «Völkermord» aus der Resolution gestrichen worden war.

Im Mai 2011 wurde Ratko Mladić in Serbien festgenommen und nach Den Haag ausgeliefert; die serbische Regierung wollte damit ein Hindernis für den Beitritt Serbiens in die EU beseitigen.

Seit Juni 2011 steht Mladić vor dem «Internationalen Strafgerichtshof für das ehemalige Jugoslawien». Er verhielt sich anmaßend und gab nichts zu. Wegen seines Gesundheitszustands wurde der Prozess mehrfach auf Monate unterbrochen; ob er je zu Ende geführt werden kann, ist offen. 2014 war Mladić 72 Jahre alt.

Im Mai 2013 sagte der serbische Staatspräsident Tomislav Nikolić in einem Interview des bosnischen Fernsehens: «Ich bitte auf Knien darum, dass Serbien das Verbrechen von Srebrenica verziehen wird.» Bosnisches Presse-Echo: Wieder hat er das Wort «Völkermord» vermieden. «Verbrechen? Das kann auch ein Handtaschenraub sein.»

30

2001–2008

Das Cabrio
Ein bisschen später Luxus

Dass es nach drei anstrengenden, aber interessanten und verblüffend lukrativen Jahren auf Mallorca noch einmal bergauf gehen könnte; dass ich gefragt war wie nie und einen ungewöhnlich attraktiven Buchauftrag bekam, ja dass wir auch noch zu sechs Kreuzfahrten auf der «Deutschland» eingeladen wurden – zuweilen wurde es uns unheimlich. «Es geht mir so unverschämt gut», schrieb ich im August 2000 einem Freund, «dass ich, wäre ich ein alter Grieche, den Neid der Götter fürchten würde. Als alter Deutscher hoffe ich mich noch eine Weile durchzumogeln.»

Das Buch: Gerd Schulte-Hillen, Vorstandsvorsitzender von Gruner+Jahr, fragte mich 1998, ob ich Lust hätte, die Geschichte des Verlags zu schreiben, eingebettet in die deutsche Mediengeschichte seit 1965 und in die Zeitgeschichte überhaupt – des Hauses also, das seit 1979 «meine» Journalistenschule finanzierte und dem ich schon von 1966 bis 1971 angehört hatte, zu Henri Nannens größter Zeit. «Wenn Sie zufrieden sind, dass ich nur zu 51 Prozent positiv berichte?», fragte ich. Er sei es, sagte Schulte-Hillen (auch wenn er 52 Prozent noch angenehmer fände); Beschönigungen könnten das liberale Image des Hauses nur gefährden.

Und da ein unabhängiger Verlag, Piper (wo schon «Wörter machen Leute» erschienen war), das Buch verlegen wollte, ergab sich die unwiederholbare Konstellation: Image von Piper, Honorar von Gruner+Jahr und jegliche Zuarbeit aller G+J-Instanzen;

Koordination der Recherche: Renate Niemann, meine ehemalige Assistentin in der Journalistenschule.

Vierzehnmal flog ich selbst nach Hamburg in den knapp zwei Jahren, in denen das Buch entstand – zweimal kombiniert mit der «Schneider-Woche» an der Journalistenschule: Vier Tage Unterricht in jedem neuen Lehrgang (so unter meinen Nachfolgern Ingrid Kolb und Andreas Wolfers betrieben, bis ich 2012 damit vorsorglich ein Ende machte). Das Buch fing so an:

> Ein Krimi beginnt – lasst uns nach den Tätern fahnden! Etliche Halbverrückte sind sicher unter ihnen: Nur mit denen, sprach einst Gerd Bucerius (der Verleger von *Stern* und *Zeit*) kann man ja Zeitung machen! Dass er die Zeitschriften ausdrücklich ausnehmen wollte, ist unwahrscheinlich.

Das Gründungsjahr der Firma Gruner+Jahr beschrieb ich so:

> 1965 – war das nicht das Jahr, in dem Mary Quant den Minirock erfand? Und Westdeutschland es auf 2000 Computer brachte? In dem die Redakteure ihr Büro mit Schlips und Sakko betraten, ohne Zopf, Ohrring, Turnschuhe und Drei-Tage-Bart?

Vom Honorar für das Buch erfüllten wir uns zwei Träume, und einen Übermut leisteten wir uns auch. Ein kleiner Traum: die Sommerküche nach mallorquinischer Art! Ein Häuschen also ohne Vorderwand, an der Poolwiese unterhalb des Hauses, mit gemauertem Grill, Gasherd, Strom, Wasser und einem Tisch für zwölf Personen, ein kleines Paradies für uns und unsere vielen Freunde.

Der große Traum: ein Cabriolet! BMW 325i, Baujahr 1994, dunkelblau mit gelben Ledersitzen, lang, flach (und nach unserem Geschmack schöner als irgendein Auto, das im 3. Jahrtausend gebaut wurde). Lilo hatte es sich gewünscht nach überstandener Krebsoperation und überlebter Chemo. Damit über die Insel zu rollen, hoch über dem Meer, zu verblüffenden Panoramen und verschwiegenen Plätzen – schöner konnte es nicht sein.

Schließlich der Übermut: Man wird nur einmal 75, ich wurde es 2000 am 7. Mai, und wo feiern wir? In Venedig! Wir lachten und glaubten es uns nicht. Drei Tage, 35 Gäste: Familie, Freunde aus Hamburg und Mallorca, fünf ehemalige Journalistenschüler – darunter Petra Reski, in Venedig ansässig und Lilo beratend bei ihren zwei Vorbereitungsbesuchen. Meine Schwestern waren 80 und 84 und fühlten sich für den Flug zu alt.

Es wurden drei große Tage. Treffen zum Kaffee auf dem Markusplatz, Rundfahrt in acht Gondeln bei Nacht, Festessen im gemieteten ersten Stock eines Palazzo am Canal Grande, um Mitternacht Champagner auf der schwimmenden Terrasse des Palazzo Gritti, und am dritten Tag setzten wir auch noch zum Hotel Cipriani über. Julia, 23, meine älteste Enkelin, erfreute mich mit folgender Lobrede:

> Wer erfährt schon mit sieben Jahren in einem Tretboot auf der Außenalster unter dem «Affenfelsen» von Gruner+Jahr, wie das Verlagswesen funktioniert? Wer bekommt mit acht Jahren eine handgeschriebene Liste mit Palindromen zugeschickt? Wessen Großvater rät der pferdebesessenen Enkelin, doch vielleicht mal ein Kuh-Buch zu lesen? Wessen Großvater tröstet seine Enkelin über eine nichtbestandene Prüfung hinweg, indem er die Prüfer als «Arschlöcher» bezeichnet? Und wessen Großvater prägt für die heimwehkranke Enkelin den Satz: «Auch Weltkriege machen erst Spaß, wenn man sie überstanden hat.»?

Im August 2000 war ich in Kitzbühel, um dreißig deutsche Angestellte der Weltfirma McKinsey über lebhafteres Deutsch zu belehren; sie hätten es auch nötig, sagte ich ihnen. Aus den Sprachseminaren hatte ich mit Hilfe der Berliner Firma «Bringmann-Management-Entwicklung» eine feste Einrichtung gemacht: Das erste fand im Dezember 1998 im Adlon, das hundertste und letzte im Mai 2013 im Königshof zu München statt.

Teilnehmer waren jeweils 18 bis 20 Öffentlichkeitsarbeiter, Redenschreiber, Werbetexter, Pressesprecher aus Unternehmen des deutschen Sprachraums. In Inhouse-Seminaren war ich zusätzlich eingeladen bei Siemens, RWE, Infineon, VW, auch zur Bundesagentur für Arbeit, zur Swisscom und zur ÖBB. Mein eigenes Vergnügen wurde ein einziges Mal getrübt: durch zwei Herren an die sechzig, die bei meinem Seminar im Bundespresseamt sieben Stunden nichts sagten, ja mich keinmal ansahen: In diese Sprachschule waren sie offenbar abkommandiert worden, und dass ihre mutmaßliche 1 in Deutsch zu wenig sei, wenn sie gelesen werden wollten, vernahmen sie ungläubig, ja empört. Aber vielleicht wollten sie ja gar nicht gelesen werden.

Dass die Arbeit erst zu beginnen habe, wenn die Grammatik stimmt, war meine zentrale Lehre. Verständlichkeit ist messbar (in Kapitel 41 mehr darüber), und Anreize müssen hinzukommen – zu diesem Punkt machte ich gleich nach fünf Minuten einen Test. «Ich bitte um spontane Zurufe: Was ist ein Haustier?» Mit genau zwei Ausnahmen in 101 Seminaren wurde gerufen: immer Hund und Katze, dann oft Kuh, Schwein, Kanarienvogel.

Mein Resümee: «Logisch haben Sie die Frage falsch beantwortet – gefragt war ja nach einer Definition (Ein Haustier ist ein Tier, welches ...). Praktisch aber haben Sie die Frage richtig beantwortet: nämlich den abstrakten Oberbegriff ‹Haustier› sofort ins Konkrete, ins Anschauliche übersetzt – in das, was wir alle mögen. Und so schreiben Sie nun bitte immer! Nicht ‹widrige Witterungsumstände› sondern: ‹Platzregen!›»

Auf Mallorca ließen wir's uns gutgehen in all dem Trubel, bis

2005. Ja, von 2001 bis 2003 wurden wir sechsmal zu einem gänzlich unvermuteten Vergnügen eingeladen: Die Chefin des Unterhaltungsprogramms an Bord der Deutschland, des «Traumschiffs» in der endlosen Fernsehserie, hatte die Idee, ich, als langjähriger Moderator der NDR-Talkshow noch vielen bekannt, könnte an Bord zwei oder drei der üblichen schlauen 18-Uhr-Vorträge halten, im Kinosaal.

Die erste Reise, im Juni 2001, führte von Kiel über Danzig nach St. Petersburg – was für eine Stadt! 1886 war mein Vater da geboren (und hatte elf Jahre da gelebt). 1866 hatte Dostojewski den Studenten Raskolnikow dort seinen schauerlichen Mord begehen lassen. 1917 ließ Trotzki das Winterpalais stürmen und läutete damit die Weltkatastrophe des Kommunismus ein. Von 1941 bis 1943 blockierte die Wehrmacht die Stadt, 600000 Menschen verhungerten oder erfroren.

Was aber fiedelte die vierköpfige Kapelle, die die Passagiere auf der Pier begrüßte? Das Deutschlandlied! Die Paläste an der Newa zeigten noch den Herrscherwillen, der sie einst dorthin befohlen hatte; der ungeheure Platz mit der Eremitage bietet eine der großartigsten Städteperspektiven auf Erden. Mein erster Vortrag an Bord natürlich: «Peter der Große und seine Stadt».

Anno 2002 waren wir sogar dreimal mit der «Deutschland» auf Reisen: Nach Norwegen bis in den Geirangerfjord, von Madeira nach Lissabon, von Barcelona nach Genua. Ich referierte über die portugiesische Welteroberung um 1500, über den gloriosen Irrtum des Kolumbus, auch «Über den Vorzug, kein Genie zu sein», in Anlehnung an mein Buch «Die Sieger».

Die letzte unserer sieben Reisen war noch einmal so großartig wie die erste: Wir flogen von Palma nach Frankfurt, von Frankfurt nach Bordeaux, wo wir das Schiff bestiegen, dann, an der Bretagne entlang, nach Irland, um Schottland herum (Vortrag: «Maria Stuart»). Beeindruckt war ich von der Isle of Skye: wüst und fast leer, sturmgepeitscht, patagonisch, aber meerumschlungen, mit dem mächtigen, düsteren Dunvegan Castle aus dem 9. Jahrhundert, im Besitz von Hugh Macleod of Macleod, dem 30. Chief des Clans. Übers großartige Edinburgh nach Cuxhaven, Zug nach Hamburg, Flug nach Palma, Auto zum Kilometer 109,5 an der Carretera Andratx-Estellencs: Ja, es ging uns gut.

Angst und Kummer nur einmal: 2001 riss ein Orkan auf unserem Grundstück fünfzig Bäume, Aleppo-Kiefern, aus dem Boden, hinterließ ein Chaos und zerstörte auf lange Zeit das Bild der mallorquinischen Idylle.

Am Mittag des 10. November war Sturm aufgezogen, Freunde gaben eine Orkanwarnung im Radio an uns weiter, wir verräumten, verschlossen und verriegelten. Regen prasselte aufs Dach, heulend fuhr am Abend der Sturm heran. Unten in Port d'Andratx gingen die Lichter aus – unser Generator lief! Freilich hielt er auch die Wasserpumpe in Betrieb, ein umgestürzter Baum hatte die Leitung der Bewässerungsanlage aufgerissen, die längst abgesoffene Wiese wurde noch zehn Stunden lang gewässert.

Ich lag voll angezogen, die Taschen mit allem Bargeld vollgestopft, auf dem Bett im ersten Stock, Lilo legte in der Veranda stundenlang Patiencen – in Lebensgefahr, wie wir am Morgen merkten: ein Baum, der auf die Veranda hätte stürzen können, hing nur noch locker in den Wurzeln.

Morgenbilanz: Drei Bäume lagen quer über unserer Straße nach unten, einer hatte die Sitzmöbel auf der oberen Terrasse zertrümmert, die Krone unserer größten Kiefer füllte den Pool, das Dach war von Ästen bedeckt, einige Ziegel zerdrückt – Haus, Autos, Kraftwerk aber unbeschädigt. Die *Ultima Hora* aus Palma berichtete von zerstörten Häfen, Booten, Autos, Häusern, unter einer Schlagzeile, die, laut ausgesprochen, schöne Kraft besitzt: *Devastador* – der Verwüster!

Nach drei wüsten Regentagen kam der nächste Sturm, unsere

zweitgrößte Kiefer rauschte auf den Parkplatz nieder, die Autos hatten wir schon zu verschiedenen baumarmen Plätzen weggefahren. Zum zweitenmal kam Miguel, unser Faktotum, in gelbem Ölzeug aufs Grundstück zum Zersägen und Beiseitezerren der kreuz und quer liegenden Bäume – in Regen, Graupel, Hagel und Finsternis. 170 Liter Regen an den fünf Unwettertagen, rechnete die *Ultima Hora* aus – 20 Gießkannen auf jeden Quadratmeter.

Kaum war es trocken, rückte Miguel wieder an – zum Zersägen der Baumruinen, vor allem aber zum Verbrennen der Baumkronen, wie vom Gesetz vorgeschrieben, weil sie als Erstes von Ungeziefer befallen werden. Bis zu fünfzehn Feuer loderten auf dem Gelände. Freunde halfen uns, die größte Kiefer aus dem Pool zu hieven, sie zerstückelten das Astwerk, zersägten Stämme und transportieren sie ab – Brennholz für den Winter. Es dauerte an die sechs Wochen, bis das Grundstück von sämtlichen Baumstämmen und hochstehenden Wurzeln wieder befreit war.

Dass wir etwa ab 2003 erwogen, das schöne Domizil zu verkaufen, hing damit aber nur locker zusammen. Mehr war es die Strapaze, die das Riesengrundstück uns aufzwang, für mich mit den beschädigten Kniegelenken auch der lange, steile Weg zum Gartentor hinab – und ein bisschen natürlich unsere alte Lust am kleinen Abenteuer: Schon acht Jahre in diesem Haus! Aus unserem Haus in Großhansdorf waren wir 1980 ohne Not nach neun Jahren ausgezogen.

Zunächst dachten wir, kurios genug, nur daran, auf Mallorca umzuziehen, in ein bequemeres Umfeld eben. Fast ein Dutzend Häuser sahen wir uns an – attraktiv war keines. Wäre es nicht ohnehin pervers, unseren grandiosen Ort zu verlassen zugunsten einer Allerweltsbehausung? Wir konnten also nicht länger der großen Frage ausweichen: Wollen wir – sollten wir – müssen wir nach Deutschland zurück? Kinder und Enkel (so sehr sie unser Gästehäuschen liebten) sahen wir zu selten, und meine vielen

Flüge in stets überfüllten Charterflugzeugen, im Winter bei obendrein dürftigen Verbindungen, waren sowieso ein Problem.

Aber wohin in Deutschland? Lilo schwärmte von Potsdam, dem besseren Berlin sozusagen. Ich zog die Nähe zu den Alpen vor, und da zwei der vier Kinder mit ihren Familien in München lebten, ein Sohn bei Frankfurt, einer in der Schweiz – wie wär's denn mit Starnberg, noch dazu unserer ersten gemeinsamen Station vor vierzig Jahren? Lilo fand eine großzügige Wohnung im Grünen.

Vom 5. bis 7. Januar 2005 hatte ich noch an der RTL-Journalistenschule in Köln unterrichtet, vom 12. bis 14. Januar in Düsseldorf Wirtschaftsprüfer über lesbares Deutsch belehrt, und Mallorca gab uns einen würdigen Abschied: Schneetreiben am 25. Januar, als der Möbelwagen kam. Schneeflocken stiebten in die offene Flugzeugtür. Im Gepäckraum verstaut waren die Katze und der überlebende unserer beiden großen, schönen Hunde.

Ja, der Abschied fiel schwer. Mallorca war ein Abenteuer, ein Jungbrunnen, die bunteste Station unseres Lebens. Das *Mallorca-Magazin* rief uns nach:

> Wenn irgendein Prominenter Mallorca den Rücken kehrt, ist das nicht gerade eine gute Nachricht für die Insel. Wenn aber Wolf Schneider geht, ist es eine mittlere Katastrophe, denn schließlich stammen von dem Journalisten die bekanntesten Begründungen für eine Übersiedlung nach Mallorca: «Man kann nicht verhindern, dass man alt wird, aber man kann verhindern, dass dies bei schlechtem Wetter geschieht», oder: «Die Deutschen, die auf Mallorca leben, sind im Durchschnitt nettere Leute als die Deutschen, die nicht auf Mallorca leben.»

In Starnberg ging das unruhige Leben munter weiter; ich blieb in den Sielen, noch sieben Jahre lang. Aber für unser Haus auf

Mallorca einen Käufer zu finden: Das dauerte noch fast zwei Jahre. Wohlhabende Deutsche oder Engländer suchten zumeist Prachtvillen mit eher kleinem Garten – wir boten das Gegenteil: ein zwar technisch perfektes, aber gar nicht großes Haus auf riesigem Grund. Da mussten wir einen Hausmeister finden, der das Unkraut niederkämpfte, im Sommer sprengte, im Winter ein bisschen heizte, und alle sechs Wochen sah Lilo selber nach dem Rechten. Das kostete Zeit, Geld und Nerven. Ein Engländer schlug schließlich zu, zum vollen Preis.

31

In den Sielen
Die letzten von 68 Jahren im Beruf

Nachdem wir uns aus Mallorca im Schneetreiben verabschiedet und in Starnberg angesiedelt hatten, wurde die Arbeit, ich war 80, *mehr*. In den elf verbleibenden Monaten jenes Jahres unterrichtete ich siebenmal an vier Journalistenschulen, war ich zur Sprachkritik beim *SWR*, zur Blattkritik bei der *Leipziger Volkszeitung* eingeladen und belehrte zehnmal Öffentlichkeitsarbeiter in Zwei-Tages-Seminaren. Für die Schweizer *Weltwoche* porträtierte ich Casanova und Robespierre, vom *Handelsblatt* wurde ich zu einer vierwöchentlichen Sprachkolumne eingeladen, sie lief drei Jahre lang.

Den runden Geburtstag hatten wir mit der großen Familie in Zell am See gefeiert. Von den ehemaligen Schülern kamen an die hundert Glückwünsche. Ernst J. Cramer, mein alter Lehrer, Förderer und Tröster, gratulierte mir «zu allem, was Sie über die Jahrzehnte hin für die Presse in Deutschland getan haben». Weihnachten saßen Lilo und ich bewundernd in der wiederaufgebauten Frauenkirche zu Dresden.

Und, was soll ich sagen? Es ging einfach weiter – drei, vier Jahre lang sogar mit einer Lehr- und Vortragssequenz, die ich mit den umständlichen Flügen von Mallorca aus kaum hätte bewältigen können. Dazu leisteten wir uns zum erstenmal eine Flusskreuzfahrt: von Passau über Wien nach Budapest – viel lohnender als die Meeresfahrten eigentlich, immer Panorama rechts und links, und dass die vielen flachen Brücken ein großes flaches

Deck erzwangen, mit vielen Sitzecken und Liegestühlen, war eine Annehmlichkeit mehr. Im Oktober folgte, wie seit Jahrzehnten, die Reise ins Oberengadin zu den goldenen Lärchen unter weißen Bergen über grünen Seen, erhaben der Bianco-Grat – und für Nichtbergsteiger unerreichbar das Gefühl: über den bist du hinaufgeklettert! Heiligabend saßen wir im Straßburger Münster.

Meine Lehrtätigkeit kulminierte erst 2007: fünf Journalistenschulen, elf Seminare für Öffentlichkeitsarbeiter – diese in Wien, Frankfurt, Köln, Hamburg, Essen, Düsseldorf, Halle an der Saale, zweimal in München und zweimal in Berlin. Die Seminare eröffnete ich nun regelmäßig so: «Wie Sie sehen, stehe ich tief im Rentenalter. Daraus könnte die Besorgnis folgen, es sei von vorgestern, was ich Ihnen hier nahebringen will. Das Gegenteil ist richtig: Ohne mein Zutun ist es in den drei Jahrzehnten, in denen ich lehre, dringlicher geworden, um Leser zu werben – und zu wissen, wie man das macht: Denn es wird viel mehr geschrieben und viel weniger, auch noch flüchtiger gelesen als vor dreißig Jahren.»

Die härteste Arbeit meines Lebens leistete ich sogar erst 2008. Im Januar hatte Rowohlt mein Angebot angenommen, eine Art «Roman der Menschheit» zu erzählen:

> Wie sich ein schmächtiger, listiger Affe zum Herrn der Erde aufschwang; wie er die anderen Erdenbewohner erst überwand, dann unterwarf und dann anfing, sie auszurotten; wie er Wüsten bewässerte, Wälder niederbrannte, Sinfonien komponierte, Wolkenkratzer baute, Ozeane vergiftete und sich eine Welt einrichtete, in der man Schoßhündchen am Bruch operieren und in Waldmichelbach frische Nelken aus Kolumbien kaufen kann – das war ein Triumphzug ohnegleichen, das ist die Tragödie des Planeten, das ist ein Krimi, wie es keinen zweiten gibt.

Dazu die Unterwerfung aller Kontinente durch die Europäer, der drohende Endkampf um Platz, Wasser und Ressourcen – zu liefern am Jahresende. Das war knapp genug kalkuliert für 500 Seiten eines gewaltigen Stoffes. Aber den hatte ich ja mal wieder seit fünfzig Jahren gesammelt (1958 in der *Süddeutschen* meine Sonderseite «Jede Woche eine Million Menschen mehr) und, in Erwartung des Vertrags, auf 50 Mappen für die 50 konzipierten Kapitel verteilt, etliche davon auch schon geschrieben.

Als der Verlag dann fragte: «Können Sie das Manuskript nicht schon im Juli liefern?» (in knapp einem halben Jahr also, man brauche noch den großen Sachbuchtitel für das Herbstprogramm) – da hielt ich das selbstverständlich für unmöglich. Doch wie wir so sind: «So eine Chance kommt nie wieder! Und natürlich schaffen wir das.» Aber wir haben doch schon eine Kreuzfahrt gebucht und bezahlt, von Athen nach Venedig! Ganz einfach: Diese Kosten muss der Verlag uns natürlich erstatten, und beim Vorschuss ordentlich was drauflegen muss er auch.

Er tat's. Ich schrieb der Familie: Ein halbes Jahr lang habe ich jetzt höchstens mal zwei Stunden Zeit. Aber die schon beschlossenen Termine waren natürlich einzuhalten – drei Seminare für Öffentlichkeitsarbeiter, drei Tage in Zofingen an der Ringier-Journalistenschule, ein Vortrag vor der Konrad-Adenauer-Stiftung, dazu zwei Fernsehauftritte: NDR-Talkshow und Johannes B. Kerner.

An allen anderen Tagen hieß es: am Schreibtisch zehn Stunden, siebenmal die Woche. Täglich drei rasche Gänge mit dem überlebenden unserer großen, schönen Hunde aus Mallorca, ein Glas Wein vor dem Abendessen zum Runterspannen, eins danach, und meist ein Fernsehkrimi. Als mich 2009 ein schreibender Kollege fragte, wie ich mit «Schreibblockaden» umginge, antwortete ich bündig: «Gegen Schreibblockaden brauche ich nichts zu tun, ich kenne keine. Ich fange einfach an: Hinschreiben, irgendwas!

Dann korrigieren. Rat: Nie in sich hineinlauschen, ob sich vielleicht eine Blockade entwickelt. Beste Grüße.»

Dazu eine gute Nachricht für die Millionen Mitmenschen, die an Rückenschmerzen leiden. Ich litt – sechs Orthopäden hatten mir nicht geholfen, auch nicht die beiden Kuraufenthalte in Abano und Badenweiler. Dann riet mir eine Physiotherapeutin: Versuchen Sie's doch mal mit einem Keilkissen aus Schaumstoff – sitzen Sie bergab! Ich investierte sechs Mark fünfzig und bin, ein Extrem-Sitzer, meine Rückenschmerzen seit dreißig Jahren los. Das zu probieren lohnt sich also, ehe man sich in die Fänge des Medizinbetriebs begibt, und dass ich das noch nie in einer Zeitung gelesen habe, finde ich einen Skandal.

Ablieferung des Buchmanuskripts pünktlich – Erholung schon Ende Juli an den schönen mecklenburgischen Seen, und im August entdeckten wir Island: begeistert von der grandiosen Einsamkeit mit ein paar netten Menschen dazwischen, die alle Englisch sprechen. Die Kritiken für das große Buch tropften ein bisschen spärlich – vermutlich war ich, bin ich zu sehr als Sprachkritiker, Stillehrer abgestempelt, als dass man von mir noch klassische Sachbücher erwartete. Doch die *Neue Zürcher Zeitung* tröstete mich schließlich mit dem Superlativ: «Ein grandioses, mit gewaltigem Wissen und immensem Sachverstand geschriebenes historisches Panorama.»

2009 starb Reinhard Mohn, der Chef von Bertelsmann. «Ein Sinnbild der Aufbaugeneration nach dem Krieg», schrieb die *FAZ* – zum «Unternehmer des Jahrhunderts» hatte die *Zeit* ihn 1998 ausgerufen: nicht Henry Ford, nicht Bill Gates verdienten diesen Titel, denn Mohns «Geschäft mit dem Wissen» werde der beherrschende Trend des nächsten Jahrhunderts sein; Bertelsmann habe den schier unglaublichen Anteil von acht Prozent an allen auf der Welt verkauften Büchern.

Zwischen 1989 und 1992 war ich mit Mohn und seiner Frau

Liz mehrere Tage zusammengewesen: Dreimal flogen wir nach Tel Aviv. Dem israelischen Verlegerverband hatte er die Finanzierung einer Journalistenschule geschenkt, fünf Jahre lang, und ich sollte dem designierten Schulleiter auf die Sprünge helfen. Wir sprachen Englisch. Er führte mich durch Jerusalem.

War irgendetwas an Reinhard Mohn, woran ein Ahnungsloser den Unternehmer des Jahrhunderts und fünffachen Milliardär hätte erkennen können? Nichts. Die Flughafenkontrollen passierte er in grob kariertem Hemd mit einer ausgebeulten, offenbar Jahrzehnte alten Aktentasche. Ein Redner war er nicht. Sein Englisch klang fürchterlich. Mit Liz hielt er manchmal lächelnd Händchen. Als sie aber nach der Ankunft im Hotel um ein Glas Champagner bat, fünf Stunden im engen Firmenjet lagen hinter uns, blickte er in die Getränkekarte und sprach die goldenen Worte: «Champagner kostet fünfmal so viel wie israelischer Sekt. Er kann unmöglich fünfmal so gut sein. Wir nehmen israelischen Sekt.»

Wollte er seinem Angestellten eine Lektion erteilen – oder tickte er wirklich so? Ich schließe das nicht aus und habe daher nachträglich das Irrationale seiner Demonstration durchkalkuliert: Wenn er durch den Sekt 50 Mark sparte, hätte er es bei *täglichem* Champagner-Verzicht schon nach 273 972 Jahren auf fünf Milliarden gebracht, ich habe es ausgerechnet. Und ich lernte: Milliardär wird vermutlich nur, wer zum Geld ein erotisches, ein gefräßiges Verhältnis hat.

Seine imposante Leistung führte Reinhard Mohn selber nicht zuletzt auf die Hauspolitik zurück, die er in den Jahren 1986 und 2000 in seinen ersten beiden Büchern beschrieben hatte: Mitglieder seiner Familie dürften nur dann in führende Positionen aufrücken, wenn sie sich bewährt hätten. 2003 aber verkündete er in seinem Buch «Die gesellschaftliche Verantwortung des Verlegers» das Gegenteil: Manager neigten zur Eitelkeit – die Familie müsse wieder eine stärkere Rolle spielen. Im Jahr zuvor hatte er Liz zur

Vorsitzenden der Bertelsmann-Verwaltungsgesellschaft gemacht, die das Haus regiert. Das Buch «Liebe öffnet Herzen» hatte sie geschrieben – nun trank sie Champagner, mit Gorbatschow, Bill Clinton, der Queen und 2014 mit König Felipe von Spanien.

Ich wurde 2009 von *süddeutsche.de* zu einem monatlichen Video-Blog über Sprachsünden eingeladen, «Speak Schneider» wurde er getauft: Vier Minuten, meist über meine bewährten Themen wie den feministischen Krampf und den akademischen Schwulst. Natürlich war es mir eine Genugtuung, dass ich mich nun, mit 84, auch noch im jugendlichsten Medium bewähren konnte, und der Pressedienst *Meedia* behauptete sogar: «Als Video ist er noch besser als gedruckt.»

Was sonst will man allenfalls noch wissen von einem alten Mann? «Ich möchte am liebsten bei der Arbeit tot umfallen – wie Molière, der auf der Bühne starb», sagte ich in einem Zeitungsinterview. «Ich habe nie von Ruhe geträumt und will keine Ruhe haben. Ich bin mit dem Alter weder geduldig noch gelassen geworden und hasse es, wenn man die Hoffnung äußert, ich sei es oder würde es.»

Meinen 85. (2010) feierten wir zu zweit auf Teneriffa. Mit den vielen Glückwünschen will ich niemanden behelligen; nur diesen: Bundespräsident Horst Köhler war darunter, routinemäßig – Johannes Rau, Bundespräsident von 1999 bis 2004, hatte mir mehrfach geschrieben und sich an meinem Umgang mit der deutschen Sprache interessiert gezeigt. Der Philosoph Prof. Dieter Thomä von der Universität St. Gallen, der mit seinem goldenen Zöpfchen den 3. Lehrgang meiner Schule geschmückt hatte, schrieb mir: «Ich bin Ihr treuer Schüler geblieben oder vielleicht sogar immer mehr geworden.»

85! Als Konrad Adenauer mit 85 seinen letzten Wahlkampf bestritt (1961), bat er seine Berater darum, ihm nur noch zwei Wahlkampfauftritte pro Tag zuzumuten – «schließlich bin ich nicht mehr 80», sagte er. Unter Bonner Journalisten (überwiegend einem fröhlich-bösen Klüngel) machte der Spruch die Runde: «Der Herr Bundeskanzler befindet sich jetzt in einem Alter, in welchem mit seinem Ableben nicht mehr zu rechnen ist.» Mit 87 trat Adenauer zurück; mit 91 ist er gestorben.

In der *Neuen Zürcher Zeitung* warnte ich 2010 vor dem «Elektronischen Reißwolf» – dem beunruhigenden Nachweis, dass zwar einerseits das Internet *nichts* vergisst, die elektronischen Speichermedien aber *alles* vergessen. Nach dreißig Jahren ist ohne hartnäckiges Überspielen alles kaputt, ob Text oder die rührenden Fotos der eigenen Kinder.

> Bedroht sind alle Werke, Pläne, Bilder und Gedanken, die aus Wissen und Geduld erwachsen. Es ist, als näherten wir uns der Eintagsfliege. Die stieß ja einst in der Abenddämmerung den Seufzer aus: «Weißt du noch, damals – um 11?»

Und zur großen Montagskritik in der Redaktion des *Spiegels* war ich eingeladen – gründlich präpariert, um mich in der Branche noch einmal breit zu etablieren; unter den vielen Kritikpunkten nachhaltig der: die Unsitte, dem Leser große Themen über zehn Seiten ohne angekündigte und optisch erkennbare Gliederung hinzusudeln. Chefredakteure noch: Georg Mascolo und mein ehemaliger Schüler Matthias Müller von Blumencron; der behauptete, beeindruckt zu sein.

Dazu eine Einladung nach Schanghai, von der ich in Kapitel 42 erzählen werde, und noch einmal eine Kreuzfahrt als Vortragshonorar, diesmal von Athen über Pompeji nach Genua. Pompeji enttäuschte mich: Die ganze Schlacke einfach weggeräumt – keine optische Erinnerung daran, dass die Stadt unter ihr begraben war. Hätte man da nicht irgendwo einen Schnitt machen sollen, zehn Meter Asche über der Hausmauer?

2011 flogen wir nach Vancouver und rollten im Leihwagen zwei Wochen lang die bizarren Canadian Rockies auf. Der 5. Lehrgang meiner Journalistenschule feierte sein 25. Jubiläum – und stand aus diesem Anlass fast vollzählig in Starnberg auf unserer Terrasse, unverhofft, mit fünfzehn Umarmungen. Ja, einen schöneren Beruf konnte man nicht gehabt haben. Ich unterrichtete noch einmal an drei Journalistenschulen und veranstaltete sieben Sprachseminare, eines davon im Bundespresseamt.

Wie lange sollte das noch gutgehen? Wollte ich denn erleben, dass ich dem rhetorischen Anprall nicht mehr gewachsen wäre oder dass ich gar den Faden verlöre? Wollte ich von der Firma Bringmann, die die Seminare organisierte, wollte ich von den Schulleitern einen Brief von der berühmten Art bekommen: «Wir danken Ihnen für Ihre langjährigen ... Aber Sie werden sicher verstehen, dass wir nunmehr ...» Oder einen solchen Brief zwar nicht erhalten, aber wittern müssen, dass die Veranstalter froh wären, wenn sie ihn nicht schreiben müssten?

Im November 2012 (ich war 87, wie Adenauer bei seinem Rücktritt) lag es in der Luft, und Lilo sprach es aus beim Wein: «Wie wär's denn, wenn du nun ...?» Keine Debatte mehr. Wir stießen an. Es war beschlossen. Dass andere über mich entschieden wie 1974 Axel Springer, genügte fürs Leben.

Und so erlebte ich noch ein bisschen Bedauern hier und da. Der *Tagesspiegel* verabschiedete den «Sprachlehrer der Nation», der Generationen von Jungjournalisten die hohlen Phrasen ausgetrieben habe. Die *Süddeutsche*: «Als Lehrer war er in der Branche so berühmt (und man muss wohl sagen: so gut) wie kein anderer.»

Die Firma Bringmann aber überlistete mich, noch drei Seminare für sie anzuhängen – auf der Basis: Und wenn wir Ihnen nun versprechen, dass Sie so einen Brief nicht bekommen diese drei Seminare lang? Danach zog sie Bilanz: in 101 Seminaren 1918 Öffentlichkeitsarbeiter, Redenschreiber, Pressesprecher,

Werbetexter aus 731 Unternehmen des deutschen Sprachraums, darunter nach und nach halbe Presseabteilungen aus der Automobilindustrie. 33 Jahre Lehren! Stets mit hartem Engagement, rhetorisch aufs Höchste gefordert. Ja, es war eine schöne Zeit. Natürlich saß ich an meinem nächsten Buch. Aber ein pralles Stück Leben war vorüber. Ein bisschen schmerzt so was jedes Mal.

So, wie ich schon 1986, mit erst 61, das Bergsteigen hatte aufgeben müssen: Es hatte mir die Kniegelenke ruiniert. (Da sind ja diese endlosen Abstiege mit schwerem Gepäck: acht Stunden vom Gipfel des Finsteraarhorns ins Rhônetal hinab, dreieinhalb Höhenkilometer.) Wie schließlich 2009 das Tanzen, jahrzehntelang hatten wir's betrieben mit Lust und mit Schwung, abseits aller Turniere.

Nun aber, zehn Jahre, nachdem wir schon damit aufgehört zu haben glaubten, bei einer Kreuzfahrt auf Havel–Elbe–Moldau von Berlin nach Prag: Da steigt hinter der tschechischen Grenze eine Blaskapelle zu, und die klassische, die «bähmische» Polka bläst sie mit so viel Schmiss und so viel Schmäh, dass Lilo, 74, mich, 84, animiert, eine letzte Polka zu riskieren – die echte, die hin- und hergehüpfte und gedrehte, einst unser Bravourstück wie der argentinische Tango und der Boogie Woogie – um Gottes willen! Stürzen werden wir! Übereinander fallen! Bestenfalls ein peinliches Rührstück aufführen fürs Altersheim! Aber wir riskieren es. Wir schaffen es. Wir können es noch. Wir keuchen und lachen, die Passagiere jubeln. Und das war's. Auch dies nun.

*

Und dann? Das meiste ist erzählt von einem langen Leben. Ehe ich zur letzten Station, zu etlichen Kuriosa, zu notgedrungen problematischen Bilanzen komme, greife ich zurück: auf Kindheit und Jugend, auf Hitler und Krieg – auf eine Zeit also, so weit weg, als hätten die Brüder Grimm sie erzählt. Und oft so absurd, als wäre Franz Kafka am Werk gewesen.

DIE ERSTEN 20 JAHRE

Ärrfort
Ein paar Fetzen Erinnerung

«Ärrfort», ja, so sprach ich meine Geburtsstadt aus, und obwohl ich sie mit 6 Jahren verließ, musste ich mir jahrzehntelang Mühe geben, ihren Namen in ein hochdeutsches «Erfurt» zu verwandeln. Ich gab sie mir. Dialekte soll man können, nicht müssen.

Geboren wurde ich in dem Jahr, als Hitler aus dem Gefängnis entlassen wurde – als ungeplanter Nachzügler (wie ein Onkel, der es wissen konnte, mir fünfzig Jahre später versicherte): als viertes Kind sechs Jahre nach dem dritten. Bei den heute dominierenden Sitten wäre ich vermutlich nicht mehr gezeugt, hilfsweise abgetrieben worden. Siebente Kinder wie Mozart haben ja schon lange keine Chance mehr.

Was überhaupt kann ein Kind an eine Stadt erinnern, die es mit 6 Jahren verlassen hat? Von der Stadt eigentlich nur der Esbach, in dem ich wider meinen Willen schwimmen lernen sollte – und der Domplatz, immerhin, einer der schönsten auf Erden, wie ich heute aus Büchern und von Reisen weiß. Auf den 48 breiten Steinstufen zum Domberg hinauf, zwischen den beiden katholischen Gotteshäusern also, dem Dom und der dreitürmigen Severikirche, feiern Erfurts Protestanten alljährlich am 11. November den Tag des heiligen Martin von Tours – Martin Luther zu Ehren, der ja in Erfurt studiert hatte und als Mönch ins Augustinerkloster eingezogen war. Da sangen wir dann «Ein feste Burg» zwischen tausend Lampions, und wenn ich mich an die von 1930 noch zu erinnern glaube, könnte das ja stimmen.

Im Übrigen bestand mein Erfurt aus dem weitläufigen, düsteren Parterre einer alten Villa in der Reichartstraße, bewohnt von einem gestrengen Vater, einer geliebten, aber vielbeschäftigten Mutter, drei älteren Geschwistern, einem Kindermädchen – und der Angst. Denn mehrfach wurde bei uns eingebrochen – ein häufiges Delikt bei sieben Millionen Arbeitslosen, und die waren Hungerleider; anders als die Hartz-IV-Empfänger von heute, die ja zur wohlhabenderen Hälfte der Menschheit gehören.

Da gab es nachts manchmal Gepolter und morgens Getuschel, damit ich, der «Kleine», mich nicht noch mehr ängstigen sollte. Unsere große, verwinkelte Diele durchquerte ich abends nur mit Beklemmung und manchmal mit lautem Gesang; und als unsere Putzfrau mir flüsternd anvertraute, vor dem Schlafengehen schaue sie regelmäßig unterm Bett nach, ob nicht ein Einbrecher drunterliege (hat das eigentlich je einer getan?), da war eine Zwangsvorstellung eingerastet, die ich erst spät in der Pubertät verlor. Welche Erleichterung 1930 im Kinderheim auf Langeoog – meine Schwester, schon 11, versicherte mir: «Hier gibt es gar keine Einbrecher!» Wieso das denn? «Die lassen die einfach nicht aufs Schiff!» Das war so unglaublich einleuchtend. Einen schöneren Satz habe ich nie gehört.

Sprechen lernte ich spät. Als Jüngster von vieren lief ich so mit, und es war auch nicht dringend, sich um mich zu kümmern: Im Sandkasten oder mit einem Bilderbuch blieb ich stundenlang friedlich allein, vom fliegenden Robert aus dem «Struwwelpeter» konnte ich den Blick nicht lassen. Einen gleichaltrigen Freund hatte ich auch; meine einzige Erinnerung an ihn ist, dass wir uns wie die Männer fühlten, weil wir uns gegenseitig mit «Karl» anredeten. Noch mit 5, hörte ich später, hätte ich «Dadao» gesagt.

Eine Schule des Sprechens waren auch die gemeinsamen Mahlzeiten nicht: Wir hatten alle vier zu schweigen, wenn die Eltern uns nicht fragten. Das klingt barbarisch, aber seit ich selbst vier Kinder großgezogen habe, lasse ich mildernde Umstände gelten: Wenn vier Kinder reden, haben Eltern wenig Chancen. «Eltern sind aber auch Menschen» – ein schlichter Satz, mit welchem ich 1968 im *Stern* gleichwohl Empörung provozierte. Da fanden die Linken ja auch die antiautoritäre Erziehung schick; ihr Wortführer freilich nur so lange, bis seine vierjährige Tochter die Dose mit dem Streuzucker in die Tastatur seiner Schreibmaschine entleert hatte. Und mein Vater lehrte mich ein paar Jahre später wie kein anderer die deutsche Sprache lieben; ich werde es erzählen (Kapitel 41).

Warum überhaupt Erfurt? Die Schneiders waren dort seit 1713 nachzuweisen, mein Urgroßvater war ein ärmlicher Schuhmachermeister in der Pergamentergasse. Der Großvater, Heinrich Schneider, 1852 geboren, machte eine Bilderbuchkarriere der industriellen Revolution: Beim Vater ging er in die Lehre, er schlief direkt unter den Dachziegeln, im Winter bei Frost. 1873 wanderte er zur Weltausstellung nach Wien, schrieb darüber in der «Deutschen Schuhmacherzeitung», wurde Redakteur bei ihr und bekam so ein Stipendium des preußischen Handelsministeriums für den Besuch der Weltausstellung in Philadelphia, 1876.

Auf eigene Rechnung blieb er noch fast zwei Jahre in Boston und New York, ließ sich als Arbeiter in Schuhfabriken schikanieren und spähte sie aus. Und schon 1878 erschien in Deutschland sein «Handbuch der modernen Schuhmacherei». Das fiel einem deutschen Großkaufmann in St. Petersburg auf, der Russlands erste Schuhfabrik gründen wollte und den Techniker dafür suchte. Mit 26 wurde Heinrich Schneider der technische Direktor. Er heiratete die 16-jährige Tochter eines schwedischen Porzellanmalers aus dem russischen Helsinki. Als sie mit 24 zum achten Mal Mutter geworden war, stieß sie jene schrille Klage aus, die sich die ganze Familie mehr als ein halbes Jahrhundert lang lachend laut erzählte: «Andere Frauen bekommen Pälze, Juwälen! Ich bekomme nur Kindärr.»

1913 war *Skorochod* (der Schnellläufer) die größte Schuhfabrik Europas, mein Großvater der Vorsitzende der Direktion, Kaiserlich-russischer Kommerzienrat und Multimillionär. Die Winter verbrachte er an der Côte d'Azur, zur Abwechslung auch in Bad Kissingen oder in Ägypten. Jedem seiner acht Kinder schenkte er 1912 zweihunderttausend Goldmark, ein Millionenvermögen nach heutigem Geld. (Meinem Vater hat das kein Glück gebracht – aber davon später.)

1914 rechtzeitig geflohen, 1917 enteignet, hatte der Großvater genügend Kapital gerettet, um eine kleinere Schuhfabrik in Erfurt aufzubauen, für bürgerlichen Wohlstand reichte sie. Die große Familie liebte ihn, 1,57 Meter groß war er, sein breites Erfurtisch hatte er nie verlernt, so wenig wie seinen Mutterwitz. Ich war der Jüngste seiner zwanzig Enkel und folglich sein Liebling. Jeden Sonntag durfte ich, musste ich, jetzt 6 Jahre alt, ihn zum Mittagessen besuchen, die Großmama zog eine Spieluhr auf (von einer Größe, wie es heute keine mehr gibt). Und trotzdem soll ich, so die Familienanekdote, bei der Heimkehr jedes Mal gesagt haben: «Schon wieder ein verlorener Sonntag!»

Den Vater meiner Mutter dagegen habe ich nie gesehen, auch nicht auf Fotos – ja nie etwas Klares von ihm oder über ihn gehört. Fabrikbesitzer in Magdeburg soll er gewesen sein, Konkurs soll er gemacht, einen Selbstmordversuch unternommen und seine letzten Jahre bei einem seiner Söhne verbracht haben, ein verstecktes Wrack im Hinterzimmer. Ein blonder Hüne soll er gewesen sein, «wie Bismarck», raunte man in der Familie. Dass da höchstens geraunt wurde, war kein Ruhmesblatt für sie.

Mein Vater, in St. Petersburg in schönsten Wohlstand hineingeboren, ließ sich nach vier Jahren als Offizier 1919 in Erfurt als Rechtsanwalt nieder. In den zwanziger Jahren vertrat er, «deutschnational», Erfurt im Reichstag, 1931 zerbrach in der Weltwirtschaftskrise seine bürgerliche Existenz. Vor der Schande und wohl auch vor den Gläubigern floh er mit der Familie nach Berlin. Mir, dem Sechsjährigen, wurde das als Abenteuer schmackhaft gemacht. So empfand ich es auch, und froh über den Aufbruch aus der Provinz in die grandiose Stadt bin ich bis heute.

33

Berlin
In die Weltstadt mit Begeisterung

Mit seiner Frau, seinen vier Kindern von 6 bis 15 Jahren und einem Airdale-Terrier, doch ohne Möbel (die wurden eingelagert bis 1938) floh mein Vater im Herbst 1931 also nach Berlin. Wir mieteten ein möbliertes, ebenerdiges Holzhaus in Wannsee in der Dreilindenstraße – ein schlichtes wahrscheinlich. Ich fand es romantisch und freute mich, dass wir einander viel näher als in Erfurt waren.

Jedenfalls schien's nicht schwer, dem Sechsjährigen die Schmach als Triumph zu verkaufen: S-Bahn! U-Bahn! Zweistöckige Omnibusse! Europas Verkehrsdrehscheibe! Der Potsdamer Platz der hektischste in Europa, mit der ersten Verkehrsampel des Kontinents! Die Glienicker Brücke an schönen Sonntagabenden die Bühne einer deutschen Premiere: Die Scheinwerfer der heimkehrenden Ausflügler bildeten eine Lichterkette – eine Autoschlange! Da pilgerten wir hin.

Noch in Erfurt hatte ich mit der Schule begonnen und musste nun in die Volksschule Schlachtensee fahren – auch ein Abenteuer: mit der S-Bahn, die auf dieser Strecke noch mit Dampflokomotiven betrieben wurde. Von meinem ersten Schulfreund erzählte ich zu Hause stolz, dass sein Vater Lampenputzer bei der Reichsbahn war; meiner fand das wohl eher komisch.

Die Geschwister wurden regelmäßig zu Fuß (zweimal eine Stunde) nach Schlachtensee geschickt, weil in der dortigen Tengelmann-Filiale die Wurst mehrere Pfennig billiger war. Meine

Mutter – in Erfurt eine Dame der Gesellschaft – warf sich manchmal auf den Boden. Ganz klar, erklärte mir meine große Schwester: Wenn der Kaufmann durch die Fenster späht, um unbezahlte Rechnungen einzutreiben, soll er glauben, das Haus sei leer.

Aus diesem Idyll wurde ich schon im Mai 1932 nach Fronhausen an der Lahn verfrachtet, ein großes Dorf zwischen Marburg und Gießen: Eine Schwester meiner Mutter war mit dem dortigen Arzt verheiratet und wurde gebeten, mich für eine Weile aufzunehmen; offenbar weil die Familie das Holzhaus räumen musste und noch keine neue Bleibe hatte. Es wurden fünf Monate daraus – und folglich musste ich drei Monate lang die Dorfschule besuchen: Ein Raum, ein Lehrer. Wenn die Kinder das sprachen, was sie Hochdeutsch nannten, verstand ich sie schwer genug; untereinander aber sprachen sie hessisches Platt, und da hieß zum Beispiel «Wollen wir Verstecken spielen» *Wimme sich a wing siche?* Also in Erfurt wie in Wannsee hatte es mir besser gefallen.

Der Sohn des Hauses, mein gleichaltriger Vetter, war auch kein rechter Trost: Zur Begrüßung hatte er mir einen lebenden Frosch ins Gesicht geworfen, und die eiserne Disziplin, die sein Vater beim Essen erzwang, verstand er immer wieder so zu überlisten, dass der Vater ihn anschmunzelte; mich nie. Eine Schule fürs Leben.

Dies auch, was die Sparsamkeit anging. Der Onkel, in seinem durchaus großzügigen Haus, das er 1930 gebaut hatte, trieb sie deutlich weiter als damals üblich, bis zur Schrulligkeit. Wenn es mittags Schnitzel gab, waren es drei – für fünf an der Tafel, und er teilte zu. Für die Zentralheizung sorgte er allein; 16 Grad hielt er für angemessen (statt der etwa 18, an die ich gewöhnt war.) Immerhin, samstags gab es warmes Wasser wie in ziemlich allen bürgerlichen Häusern, und mein Vetter durfte im Wasser seines Vaters baden. In einem aber war dieser Onkel vermutlich deutscher Meister. Als er mich, den Siebenjährigen, des leichtfertigen

Umgangs mit Toilettenpapier verdächtigte, gab er mir die unvergleichliche, unvergessliche Lebensregel mit: «Man nimmt drei Blatt!» Deutschland 1932.

In Fronhausen besaß noch kein Bauer einen Traktor. Bei den Großbauern taten Pferde die Arbeit, bei den Kleinbauern die Kühe. Eine Familie in unserer Straße lebte von acht Morgen Land, zwei Hektar. Auf ihrem Leiterwagen fuhren mein Vetter und ich mit zum Heuwenden und Ährenlesen. So war ich, ein Stadtkind und ein eigenbrötlerisches dazu, sogleich tief in die Landwirtschaft integriert.

Ende 1932 durfte ich heimkehren nach Berlin – nun in eine möblierte Villenetage in Schlachtensee; offenbar war mein Vater aus dem Schlimmsten raus. Und es kam der 30. Januar 1933, der Tag der «Machtergreifung». Dass ein Siebenjähriger sich an die Umstände 83 Jahre lang genau erinnern kann, klingt nicht plausibel – aber die Umstände waren danach: Mit den Eltern sitze ich in der Abenddämmerung im Café «Onkel Toms Hütte» in Zehlendorf. Ein Zeitungsverkäufer kommt herein mit dem *8-Uhr-Abendblatt*, und das meldet in riesigen Frakturlettern «Hitler Reichskanzler». Die Leute gaffen. Sie murmeln. Einer schreit auf. Mein Vater fasst meine Mutter am Arm. Am Nebentisch wird eilig bezahlt. Die Ersten gehen. Irgendwas muss hier los sein.

Den Namen «Hitler» hatte ich schon mehrfach vernommen – in Fronhausen, wo meine Tante für ihn schwärmte, während der Onkel erwog, in die SA einzutreten. Nun schickten sie mir wirklich des SA-Mannes klassische Attribute, Schulterriemen und Koppel: «Willst du die nicht in der Schule tragen?» Ich trug sie genau einmal, einem Foto zuliebe, das wir nach Fronhausen expedierten. Von meinem Vater ist mir aus jenen Wochen nur erinnerlich, dass er empört war, wenn seine *Tägliche Rundschau* immer häufiger mit leeren Seiten erschien, und dass später der Reichstagsbrand ihn zu düsteren Kommentaren trieb.

Noch im März 1933 zogen wir nach Grunewald, in eine möblierte Villenetage in einer der schönsten Gegenden des schönen Berlins. 1934 kam ich aufs Grunewald-Gymnasium, 8 Jahre alt: Ich war noch mit 5 eingeschult worden und hatte die vierte Volksschulklasse übersprungen, wie meine drei älteren Geschwister auch und drei Klassenkameraden mit mir; das war damals nichts Ungewöhnliches. Von diesem Zeitpunkt an blieb ich immer und überall der Jüngste, an die zwanzig Jahre lang, und lang ist's her.

Das Grunewald-Gymnasium, hörte man, sei eine von Deutschlands feinsten Adressen. In die Klasse über mir ging Nikolaus Sombart, Sohn des weltberühmten Nationalökonomen Werner Sombart; eine Klasse tiefer wurde 1935 Friedrich-Karl Flick eingeschult, der in den achtziger Jahren als fünffacher Milliardär und großzügiger Verteiler von Parteispenden Schlagzeilen machte. Dietrich Bonhoeffer, der spätere Reichsgerichtsrat Hans von Dohnanyi und andere Männer des 20. Juli 1944 hatten das Grunewald-Gymnasium absolviert.

In meiner Sexta saßen die Schüler von Alten, von Bernuth, von Caprivi, von Loebell und von Tschammer und Osten. Alexander von Caprivi war ein Enkel des Reichskanzlers, der auf Bismarck folgte. Jürgen von Alten – später Chef der Abteilung Auswertung im Bundesnachrichtendienst, Gesandter in Ankara und Botschafter in Nigeria – war jahrelang mein engster Freund. Seine Mutter sah so aus, wie ich mir eine Marquise vorstellte, sein Stiefvater war der pensionierte General von Tieschowitz; und wenn das Dienstmädchen uns zwei vom Spielen pünktlich um 4 in den Salon bat zum Kaffee aus der Silberkanne, wurden wir in eine weltläufige Konversation leutselig einbezogen. Mein Vater lobte solchen Umgang.

Tschammer und Osten, als Sohn des «Reichssportführers» sogleich zum Klassensprecher ernannt, war so zappelig und so frech, dass die Schule einen Weg fand, ihn zunächst abzulösen, bis er eines Tages wegblieb. Andere Mitschüler hießen Epstein, Goldschmidt, Herzl, Rosenfeld.

Im Französischen (womit das Gymnasium begann, ungewöhnlicherweise) wurden wir von jenem Juden unterrichtet, der soeben als Direktor des berühmten Französischen Gymnasiums abgesetzt worden war. Gerstenberg hieß er; mit anderen Worten: Wir bekamen einen begeisternden Französisch-Unterricht – zum Schrecken meines Onkels in Fronhausen, dem ich, 1934 in den ersten großen Ferien als Gymnasiast, ein französisches Gedicht mit für ihn so exotischen Lauten vortrug, dass er, und dies ist wahr, besorgt an meine Eltern schrieb, ob in meinem Kopf auch alles richtig sei. In seinen Kreisen sagte man «Schopeng», man wusste es nicht besser, und man mochte auch die Leute nicht, die es besser wussten.

Noch in der Sexta, 1934, trat ich ins «Deutsche Jungvolk» ein, das war ja üblich und wurde später Pflicht. Bei mir geschah es so, dass ein fremder Vierzehnjähriger mich auf der Straße ansprach, ob ich nicht in seine «Jungenschaft» kommen wollte. Die gehörte also zu den vornehmen Grüppchen, die sich durch Anwerbung ergänzten. Mit neun war ich der Jüngste, den Ton gaben vierzehnjährige Riesen an, die überwiegend von den Pfadfindern oder von den Wandervögeln kamen; beide hatte Hitler verboten.

Der «Heimabend» (jeden Mittwochnachmittag) fand im Gartenhäuschen einer Villa am Hertha-See statt, denn der Sohn des Hauses war bei uns: Klönen und Albern, Heldensagen und Gespenstergeschichten, Baden und Schlittschuhlaufen – Hitler kam nicht vor. Lästig waren nur die «Aufmärsche»: An fünf, sechs Sonntagen im Jahr mussten wir uns um 7 an irgendeinem S-Bahnhof versammeln, damit wir von 8 bis 10 in einer immer größer werdenden Kolonne irgendwohin marschieren konnten, wo wir von 10 bis 12 herumlungerten, bis dann irgendeine Rede gehalten oder eine Fahne hochgezogen wurde.

Das Beste am Jungvolk war die «Fahrt». Wohl ein Dutzend Mal bin ich als Neun- bis Dreizehnjähriger mit der Jungenschaft ein bis zwei Wochen unterwegs gewesen, einmal auf der Veste Heldburg bei Coburg, sonst teils in einem Standquartier mit Zelten an einem Fluss oder See, teilweise wandernd, 20 Kilometer täglich und in Scheunen schlafend, immer in grünem, freundlichem, menschenarmem Land, und das hatte Berlin ja vor der Tür: Mecklenburg, Pommern.

Da war oft eine Art Kriegsromantik ohne Krieg: Eine Feuerstelle bauen. Ringsherum einen runden Graben ausheben, in den die Füße passten, ein bequemer Sitzplatz ohne Tisch. Eine Latrine herrichten, und dies erst, nachdem die vorherrschende Windrichtung geprüft oder hilfsweise vom Jungenschaftsführer angeordnet worden war – dies natürlich mit Sprüchen, die dem Humorbedürfnis von Neunjährigen aufs äußerste entgegenkamen. Die dreieckigen Zeltbahnen, von denen jeder eine mit sich führte, so zusammenknöpfen, dass ein großes Rundzelt zum Schlafen und ein kleineres Gepäck- und Vorratszelt entstand. Abends am Feuer unheimliche Geschichten erzählen. Morgenwäsche im ziemlich kalten Fluss. Flusswasser durch ein Tuch gießen, um Teewasser zu bekommen – so sauber waren damals die Flüsse. Nach zwei Wochen heimkehren als Bündel Schmutz mit roten Ohren; gebadet in weiße Laken sinken. Mit Hitler hatte das alles nichts zu tun.

Der Jüngste, «der Kleine», blieb ich im Jungvolk noch zwei, drei Jahre lang – und es gab eine Phase, in der mich das in Schrecken setzte. Ich *sprach* zwar ganz beherzt unter den Großen – aber eines Tages war ich beim Anfangen vernagelt: Das erste Wort kam nicht heraus, offenen Mundes blieb ich stumm. Wem das dreimal passiert ist, der verliert alles Vertrauen zu sich selbst, sieht sich plötzlich außerstande, noch an einer Unterhaltung teilzunehmen, und ist auf dem besten Weg zu schwerem Stottern.

Da hatte ich den bei weitem konstruktivsten Einfall meines Lebens: Ich fand einen Weg, die Grenze zwischen Nochnichtreden und Schonreden zu verwischen. Die Rechnung war einfach: die Rede natürlich nicht mit einem K oder P oder T beginnen, die laden zum Stolpern förmlich ein. Ein S ist besser: Das kann man durchhalten, ehe man es zum Einstieg ins erste Wort befördert – freilich mit dem Nachteil, dass die anderen mich säuseln oder zischen gehört hätten.

Aber das M! «Hm» sagt man sowieso, ja auf M ertönt manche halblaute Melodie der Bejahung mit steigendem Ton. Nun brauchte ich mir nur noch meinen ersten Satz so zurechtzulegen, dass er mit einem M beginnen konnte: «Müssen wir nicht …?» oder «Meinetwegen können wir …» So gerüstet, begann ich zu summen; ich hätte den Versuch auch wieder abbrechen können, ohne mich lächerlich zu machen; und fand ich den Summton laut genug und die Gesprächssituation günstig, so sah er sich in den ersten Buchstaben meiner Rede verwandelt.

Der kleine Trick ermutigte mich so, dass ich übermütig wurde – sollte ich einfach mithalten beim Wettstreit am Lagerfeuer: Wer konnte den Wortbandwurm «Hottentottenstottertrottelmutterattentäterlattengitterwetterkotterbeutelrattenfangprämie» am schnellsten fehlerfrei runterrasseln? Eine alberne Geschichte sollte ihn rechtfertigen: Eine alte, stotternde Frau bei den Hottentotten kaufte sich eine Beutelratte, und da die ein kostbares Tier sei (ist sie nicht), baute sie für sie einen Wetterkotter (steht nicht im Duden, enthält aber vier «t») aus Lattengitter. Ein Dieb konnte die Ratte trotzdem stehlen, und auf dessen Ergreifung setzte die Trottelmutter eine Prämie aus.

Das Risiko, die Chance faszinierten mich: Ich memorierte, trainierte halblaut im Schlafsack und am Morgen laut in den Büschen, schlug am Abend einen Schnellsprechwettbewerb vor – und siegte. Das war der Durchbruch.

In rhetorischem Wettstreit befand ich mich jahrelang mit meinem Klassenkameraden Hans-Joachim Wedekind. Er war lebhaft, vorlaut, für die Lehrer ein Ärgernis und für seine Großmutter (die ihn, das uneheliche Kind, bei sich aufgenommen hatte) eine Strapaze. Wenn sie uns beim Spielen besuchte und er sich dadurch gestört fühlte, herrschte er sie an: «Hebe dich hinweg, Weib!» Und sie lächelte begütigend und hob sich hinweg.

Uns Mitschülern imponierte Wedekind durch die Gabe, einen erstaunlichen Wortschatz mühelos umzuwälzen; Sprüche hatte er auf Lager wie die selbsterfundene Radio-Ansage: «Sie hören jetzt den Vortrag des Agrarsuperauditors Wasserknall über die Folgen vorzeitiger Verkalkung zu dick getünchter Stallwände», und das fanden wir unheimlich komisch. Den Agrarsuperauditor habe ich aber noch sechzig Jahre später in meinen Sprachseminaren zitiert: als warnendes Beispiel dafür, wie man mit bloßem Wortgeklingel zwar Eindruck machen könne – am wirksamsten aber auf Elfjährige.

1936: Olympia in Berlin – «Fest der Völker», von den Nazis furios inszeniert, Aufregungen ohne Zahl. Zweimal in der Woche musste die Schulklasse im Olympiastadion mit tausend anderen Schülern üben, wie man auf dem Rasen die Olympischen Ringe darstellt und sie durch koordiniertes Schreiten in Drehung versetzt – ein unendliches Gerangel und Geschimpfe an ihren sechs Kreuzungspunkten.

Mit Logiergästen stopften wir unsere Wohnung voll, Goebbels (nicht nur Reichspropagandaminister, sondern auch Gauleiter von Berlin) hatte dazu aufgerufen, eine Agentur besah und vermittelte, wir schliefen zu fünft im Wohnzimmer auf der Erde. Das Geld war willkommen: Ein typisches Mittagessen für die ganze Familie durfte 50 Pfennig kosten («Bruchreis» aus dem Billigladen, eine Dose Tomatenpüree, Palmin).

Nicht stark trafen uns daher die «kleinen Einschränkungen»,

die Goebbels «im Interesse einer reibungslosen Versorgung unserer vielen ausländischen Gäste» verfügt hatte. «Vorübergehend» sollten die Berliner die Butter nur in begrenzter Menge, Schlagsahne aber überhaupt nicht mehr kaufen dürfen. Das blieb so bis etwa 1950.

Am Grunewald-Gymnasium aber hieß das größte Ereignis bei Olympia *Jesse Owens*: der schwarze Olympiasieger über 100 und 200 Meter, im Weitsprung und in der 4x100-Meter-Staffel. Wir bewunderten ihn in der Wochenschau, die Illustrierten quollen von ihm über, ich konnte ihm sogar zujubeln beim Endlauf über 200 Meter (ein Logiergast hatte mich ins Stadion mitgenommen). Der weite Vorsprung mit scheinbarer Lässigkeit, fast senkrecht der Oberkörper, fast waagerecht die Oberschenkel: In jeder Pause rannten auf dem Schulhof Dutzende «wie Jesse Owens» oder bemühten sich wenigstens darum; und in der Zuversicht, zu den Besten der Imitatoren zu gehören, träumte ich von künftigem Olympiasieg. Nun, mit 16 war ich wenigstens der beste Läufer der Schule, und Vorwände zum *Rennen* suchte ich, solange die Knie trugen.

In den letzten Monaten vor Olympia waren meine vier jüdischen Klassenkameraden nicht mehr erschienen, einer nach dem anderen; der Klassenlehrer deutete an, sie gingen jetzt auf eine jüdische Privatschule (und zunächst stimmte das auch). Die Schilder «Kauft nicht bei Juden», die seit 1933 zum deutschen Straßenbild gehörten, hatte Goebbels beseitigen lassen, jedenfalls in Berlin.

Warum, im Rückblick betrachtet, wurden die Olympischen Spiele von 1936 eigentlich nicht boykottiert? Gab es nicht 1980 den Boykott von dreißig Staaten, darunter den USA, gegen Olympia in Moskau, weil die Sowjetunion in Afghanistan eingefallen war? Und Hitler: Hatte er nicht schon 1924 in «Mein Kampf» seine Hassgesänge auf die Juden angestimmt – ließ er sie nicht seit 1933 drangsalieren? Und die «Konzentrationslager» für Tausende von politischen Gegnern! Und 1935 die Einführung der allgemeinen Wehrpflicht – ein klarer Bruch des Vertrags von Versailles von 1919! Und 1935 die «Nürnberger Gesetze», die die Eheschließung zwischen Juden und «Ariern» als Rassenschande einstuften und mit Zuchthaus bedrohten!

Ach nein: Sie kamen *alle*. Und gar die französischen Sportler – wie zogen sie zur festlichen Eröffnung ins Olympiastadion ein? Mit hundertfachem Hitlergruß! Die Zeitungen waren voll davon, die Wochenschau zeigte es begeistert, Leni Riefenstahl hielt es in ihren Olympiafilmen fest. Die meisten Medaillen gewann Deutschland auch noch, erstmals in der Olympiageschichte; vor den USA. Mein Berlin, unser Deutschland, diesen Hitler *nicht* grandios zu finden, war wirklich ziemlich schwierig, für Elfjährige jedenfalls.

34

Hitler
Wie wir jubelten

Was hatte dieser Hitler nur an sich, dass sich 1937 das Gerücht verbreiten konnte, eine Vergrößerung Deutschlands stehe unmittelbar bevor – vielleicht um die alten Kolonien? An mehrere der stets groß angekündigten Hitler-Reden im Volksempfänger gingen wir (mindestens meine Mutter und ich) mit der Erwartung heran, dass es nun passieren werde: Deutsch-Ostafrika oder Deutsch-Südwest kehren heim ins Reich! Und jedes Mal wurden wir enttäuscht.

1938 aber: Österreich «kehrt heim ins Reich»! Durchs «Altreich» schwappt eine Welle der Begeisterung, die Zeitungen überschlagen sich, unsere Lehrer sind außer sich, und der ungeheure Jubel, mit dem Hitler in Wien empfangen wurde, war offensichtlich echt und übertraf den von Berlin bei weitem. Nichts lächerlicher als die Darstellung des österreichischen Bundeskanzlers Karl Renner vom 5. April 1946, Österreich sei «eine befreite Nation».

Und mit Riesenschritten eilte Hitler der Macht über Europa entgegen. Schon im Mai 1938, zwei Monate nach dem «Anschluss», forderte in der Tschechoslowakei die Sudetendeutsche Partei die «Einverleibung» des Sudetenlands ins Großdeutsche Reich! Hitler begann die Regierung in Prag mit Forderungen und Drohungen einzuschüchtern, Kriegsangst ging um in Europa und in Deutschland auch – aber der britische Premierminister Chamberlain vermittelte, und am 29. September 1938 machten Chamberlain, sein französischer Amtskollege Daladier und Italiens Diktator Mussolini Hitler das Sudetenland, das ihnen nicht gehörte, zum Geschenk.

Da war die Ära erreicht, über die Joachim Fest in seiner großen Hitler-Biographie von 1973 geschrieben hat: «Wenn Hitler Ende 1938 einem Attentat zum Opfer gefallen wäre, würden nur wenige zögern, ihn einen der größten Staatsmänner der Deutschen zu nennen.» Und Sebastian Haffner 1978 in seinen «Anmerkungen zu Hitler»: Vom Frühjahr 1938 bis zum Frühjahr 1939 hätten sich selbst alte Hitler-Gegner immer wieder gefragt: Ob nicht vielleicht *sie* im Unrecht seien und *er* recht habe, der in weniger als zwanzig Jahren aus dem völligen Nichts «zur Zentralfigur der Welt» geworden sei? «Und alles gelingt ihm, auch das scheinbar Unmögliche, alles, alles!» Ich war da 13 und gehörte selbstverständlich zu den «sicher mehr als 90 Prozent», auf die Haffner die Hitler-Anhänger schätzte. Die Deutschen, schreibt er, fühlten sich wie die ständigen Sieger einer täglich ausgetragenen Fußballweltmeisterschaft.

Die Schneiders waren innerhalb Berlins wieder mal umgezogen, diesmal nach Halensee; meine Eltern hatten die Möbel kommen lassen, die 1931 bei der Flucht aus Erfurt dort eingelagert worden waren; und ich bekam ein eigenes Zimmer – ein größeres als meine Schwestern; vielleicht, weil ich Bücher zu häufen begann und von der Familie als Studierstübchen-Typ eingeordnet wurde.

In Halensee traf uns der Schlag vom 9. November 1938: Brandstiftung an den Synagogen, Plünderung jüdischer Geschäfte durch SA-Männer und einen grölenden Mob, dem die Polizei nicht Einhalt gebot. Dies hatte ich auf dem Heimweg von der Schule selbst beobachtet, verstört berichtete ich zu Hause. Meine Eltern waren düster, aber wir sprachen nicht viel. Mehr bewegte uns die öffentliche Erniedrigung, dass die noch zahlreichen Berliner Juden nun einen gelben Stern tragen mussten.

Das Wort «Reichskristallnacht», das für den 9. November alsbald aufkam, hielt und halte ich dabei *nicht* für eine unzulässige Verniedlichung. Seit Hitler seine Reichsstatthalter ernannt und den dicken Göring nicht nur zum Reichsjägermeister, sondern auch zum Reichsforstmeister ernannt hatte, nahm die Berliner Schnauze die Silbe «Reichs-» zynisch in Pacht. Als die populäre Schauspielerin Kristina Söderbaum sich zum zweiten Mal filmgerecht ertränken musste, hieß sie «die Reichswasserleiche», und die ehemalige Bergfilmerin Leni Riefenstahl, von der man munkelte, dass sie Hitlers Freundin sei, «die Reichsgletscherspalte».

Das amerikanische Nachrichtenmagazin *Time* sah keinen Grund, Hitler im Januar 1939 *nicht* zum «Mann des Jahres» auszurufen. Ja, er hatte im Vorjahr den Gang der Ereignisse am stärksten beeinflusst und die meisten Schlagzeilen provoziert, wie die Regularien der Redaktion es vorsahen. Aber nach dieser Definition hätte für 2001 ganz klar Osama bin Laden «Mann des Jahres» werden müssen. Doch den verwarf die Redaktion – weil er ja ein Verbrecher war.

Die Nazi-Presse sorgte für die Verbreitung der guten Nachricht aus New York, und längst war Goebbels dabei, uns neue Aufregungen anzubieten: Schon war ja die Kampagne gegen die Rest-Tschechoslowakei im Gange, und die wurde im März 1939 von Hitler ins «Reichsprotektorat Böhmen und Mähren» und eine scheinselbständige Slowakei verwandelt. Das nun sah mein Vater mit Besorgnis. Reine Freude wollte, wenn ich mich recht erinnere, auch bei mir nicht mehr aufkommen. Doch mein Geschichtslehrer am Grunewald-Gymnasium deklamierte mit bebender Stimme wieder und wieder: «Der Führer auf dem Hradschin! Der Führer auf dem Hradschin!»

Weihnachten 1938 hatte sich die Familie einen Urlaub geleistet, den ersten überhaupt seit 1930: im Berghof «Ausspanne» bei Zinnwald im Erzgebirge, auf der gerade «angeschlossenen» sudetendeutschen Seite – mit dem Charme der k. u. k.-Vergangenheit, mit dem Küss-die-Hand-Schmäh der Kellner und mit Mehlspeisen wie dem «Palatschinken»; Schlagsahne gab es auch. Und zwei Stücklein Zeitgeschichte.

Das eine: An die Fersen meiner 22-jährigen Schwester heftete sich ein halbwegs ansehnlicher Einzelgänger, der sich abends beim Wein als SS-Offizier vorstellte, was uns zunächst nur mäßig erschreckte; doch dann berichtete er, seine Kaserne liege auf dem Lande, und obwohl das ein wenig langweilig sei, müsse er es grundsätzlich bejahen, denn es sei klar, «dass die Mädels auf dem Lande rassisch hochwertiger sind als die Frauen in der Stadt». Erstens fürs Dorf sein und zweitens dies der Rasse wegen – das war nichts, was meine Schwester zum Weiterflirten eingeladen hätte.

Das andere: Silvester, in der «Ausspanne» wird getanzt. Mindestens zehnmal der «Lambeth Walk» – einer jener Schlager, die mit dem Anspruch auftraten, tanzen müsse man danach auf eine neuartige Weise. Das Wichtigste aber war der Gesang: Denn die Nazis hatten den Import aus London nur unter dem Titel «Lamberts Nachtlokal» genehmigt; also war es bei uns beglückender als sonstwo auf Erden, zu singen und zu grölen: «Kannst du tanzen Lambeth Walk?» Eine Widerstandshandlung, eine winzig kleine. Zu größeren haben die meisten Deutschen es ja nicht gebracht.

Im August 1939 durfte ich, wie schon im Vorjahr, zu einer anderen Schwester meiner Mutter reisen; sie war mit einem überaus charmanten Schweizer Kaufmann verheiratet (dem Gegenpol meines Onkels in Fronhausen) und wohnte im noblen Kilchberg bei Zürich. Längst hatte Goebbels die Kampagne gegen Polen entfesselt, weil es «das deutsche Danzig» nicht freigeben wollte, und am 23. August schlug Hitlers Pakt mit Stalin in aller Welt wie eine Bombe ein.

«Nun ist Polen verloren», sagte mein Onkel. Einen Krieg aber werde die deutsche Wehrmacht nur sechs Wochen durchhalten –

dann werde sie aus Mangel an Rohstoffen am Ende sein. Meine Tante ergötzte sich an dem Spruch: Da stünden die Schweizer mit ihren zwei Kanonen besser da – mit der einen würden sie die Deutschen aufhalten, mit der anderen unverdrossen weiter Löcher in den Käse schießen. Und ich sah im Bücherschrank die «Buddenbrooks», die in Deutschland ja verboten waren, und las sie – begeistert.

1. September 1939: Hitlers Rede «Seit 5.45 Uhr wird zurückgeschossen».

3. September: England und Frankreich erklären uns den Krieg. «Nun wird es ein zweiter Weltkrieg», sagten meine Eltern. Lebensmittelmarken – Verdunkelung. Und natürlich Begeisterung! Denn *natürlich* würden wir siegen, und das haben die Vierzehnjährigen noch immer gemocht. Und *natürlich* würde ab sofort alles gänzlich anders sein, wie in den Kriegserzählungen beim Sonntagsfrühstück: pausenlos aufregend – und nie mehr Latein!

Es kam dann alles ein bisschen anders, mit dem Siegen, lange vorher aber mit dem Lateinunterricht: Zu meiner Verblüffung nahm die Schule ihren alten Gang, unangefochten bis zu meinem friedensmäßigen Abitur im März 1942, zweieinhalb Jahre später.

Nichts ist ja jenen Leuten, die Kriege nur aus der Zeitung kennen, schwerer klarzumachen als dieses: dass mitten im Krieg nichts seltener war als Kriegsgeschehen – selbst für die Soldaten, wie ich noch erfahren sollte. Die Vorstellung, dass Krieg pausenlos «stattfinde», ist etwa so realistisch wie der Kinderglaube, dass Könige immer Kronen trügen. Deutschaufsätze, Ilias und sphärische Trigonometrie, Tanzstunde, Staatsoper und Tennisunterricht – alles fand statt, bis Goebbels nach Stalingrad, im Februar 1943, zum *totalen* Krieg aufrief; Berlins Staatstheater wurden sogar erst nach dem Attentat auf Hitler im Juli 1944 geschlossen.

Schöne Aufgeregtheit also im September 1939; unter uns Schülern die rasche Enttäuschung, dass zu den meisten Zeiten an den meisten Orten kein Krieg war; ein paar zusätzliche Einschränkungen bei den Lebensmitteln; und, fast als größtes Thema, die Verdunkelung – das war das Lebensgefühl eines Vierzehnjährigen mitten in Berlin, und es muss ja mindestens für das Grunewald-Gymnasium typisch gewesen sein. Ich war kein Außenseiter. Und die Siege! Bis zum Überfall auf Russland im Juni 1941 habe ich nirgends eine Stimme der Sorge oder gar der Verzweiflung vernommen.

Die Verdunkelung allerdings erwies sich als ein technisches Problem erster Güte und brachte eine Reihe überraschender Erfahrungen. Man brauchte schwarze Rollos, die waren auch unverzüglich überall zu haben. Sie mussten jedoch, entgegen ihren natürlichen Eigenschaften, an den Rändern anliegen, damit kein Streifen Licht nach außen drang: Polizisten und «Blockwarte» mahnten das an, beim zweiten Mal gab es eine förmliche Verwarnung, beim dritten Mal eine empfindliche Strafe, garniert mit dem Verdacht der «Feindbegünstigung». Es dauerte fast ein Jahr, bis man die Tricks alle kannte.

Ihre erstaunliche Seite zeigte die Verdunkelung draußen in den Straßen, die entweder durch den Mond oder durch die Sterne oder überhaupt nicht erleuchtet waren. Den Sternenhimmel haben wir genossen, ich sehe uns noch an den milden Septemberabenden ausdrücklich deswegen rund um den Hochmeisterplatz spazieren, an dem wir wohnten. Zum Erkennen von Straßenschildern reichte das Licht der Sterne nicht. Da schien entweder der Mond, oder man hatte sich die Silhouetten der Häuser gemerkt; in Regennächten aber konnte es passieren, dass man seine eigene Straße nicht fand. Nichts war dann zu sehen als die fluoreszierenden Leuchtplaketten am Revers, die einem wenigstens den Zusammenstoß mit anderen Passanten ersparte.

Beim Essen und Trinken traten zunächst nur zwei spürbare Veränderungen ein: Butter, Fleisch und Zucker nur auf Marken, kein Kaffee mehr. Oder eben doch, «schwarz» für 100 Mark das Pfund, bei einem Studienratsgehalt von 470 Mark im Monat. Wir leisteten uns das – weil meine Mutter rechnete: Aus dem Pfund Kaffee brühe ich hundert Tassen, dann kostet jede eine Mark, auch nicht mehr als vor dem Krieg bei Kranzler, und Kaffee gibt's sowieso nur am Wochenende.

Hitlers Polenfeldzug war nach fünf Wochen beendet, das Wort vom «Blitzkrieg» kam auf, wir Vierzehnjährigen fanden das ganz selbstverständlich – und die Franzosen schliefen in ihrer Maginot-Linie und rührten sich nicht; offenbar froh, dass Hitler nicht sie angriff. Dann der Überfall auf Dänemark und Norwegen. Da war ja was los, da konnte man sogar Latein und Mathematik ertragen!

Als Hitler im Mai 1940 Holland, Belgien, Frankreich überfiel und nach fünf Wochen in jenem Paris einzog, das im Ersten Weltkrieg für die deutschen Soldaten vier Jahre lang unerreichbar geblieben war – da wandelten wir vollends auf Wolken.

Ich liebte mein Berlin als die Hauptstadt der Welt, und ich schwöre, dass alle Menschen in meiner Umgebung – Mitschüler und Lehrer, Eltern und Geschwister, Schulfreunde und deren Familien, Verwandte und Zufallsbekannte – gleich mir einen Grad von Begeisterung zeigten, der schwer zu heucheln gewesen wäre.

Die Wahrheit ist auch, dass meiner Mutter die Tränen kamen, als im Großdeutschen Rundfunk zur Feier des Sieges über Frankreich das Niederländische Dankgebet erklang: «Wir treten zum Beten vor Gott den Gerechten». Dass das Leben so großartig sein kann!, muss es in mir, dem Fünfzehnjährigen, gejubelt haben. Ja, ich vermute und behaupte, dass die riesige Mehrheit der Deutschen ihren Hitler 1940 noch mehr liebte und bewunderte als 1938. Hunderttausende jauchzten ihm zu (meine Mutter und ich natürlich dabei), als er nach dem Sieg über Frankreich zwischen den lodernden Feuern auf tausend Pylonen aufrecht stehend im Triumph über die «Ost-West-Achse» fuhr.

Als Autor der Weltgeschichte des Ruhmes – «Die Sieger», 1992 – riskiere ich überdies den Satz: Einen weiteren Weg als den vom Postkartenmaler aus dem Wiener Männerheim zum zeitweilig mächtigsten Mann der Welt hat nie ein Mensch zurückgelegt. Und als mündiger Bürger und misstrauischer Beobachter des Weltgeschehens füge ich hinzu: Was Millionen Menschen begeistert, kann Millionen Menschen in den Abgrund führen. Die Mehrheit als solche beeindruckt mich *nicht*; gegen künftige Volksentscheide habe ich Vorbehalte.

Was wir als Schüler weiterhin vom Krieg zu spüren bekamen, war immer noch nicht die erhoffte Verwilderung der Sitten; statt dessen Ausquartierung: Gleich im ersten Kriegswinter waren wir in die Mädchenschule umgezogen und teilten, um Kohle zu sparen, das Haus im Schichtunterricht mit den «Weibern»: von 8 bis 1 und von 1 bis 6, mal die, mal wir.

Was noch zeigte uns, dass Krieg war? In den oberen Klassen fand eine Ausdünnung durch Eingezogene und Freiwillige statt. Im Englisch-Unterricht nahmen wir gelegentlich Texte aus englischen Zeitungen durch, vom Reichskultusminister verbreitet, wenn sie nicht ohne Respekt von deutschen Siegen sprachen («The Hell of Dunkirk» beispielsweise). Und der Physik-Unterricht wurde um den Aspekt «Wehrphysik» angereichert: ballistische Kurven und so weiter.

Unser Lehrer für Mathe und Physik, im Lehrkörper des Grunewald-Gymnasiums das größte Unikum, zog daraus die Konsequenz, dass wir in jeder zweiten Physikstunde gar nicht erst in den Physikraum gingen, sondern im Klassenzimmer blieben und ballistische Kurven errechneten; und dazu sagte er, leicht sächselnd, immer leicht angetrunken und mit grimmigem Grinsen: «Ihr denkt vielleicht, des is Mathematik! Aber es is Weehrphesik!!»

Professor Kraft hieß er, «Maxe Weingeist» wurde er genannt, und jede Stunde versuchte er so einzurichten, dass er sich zwischendurch zwanzig Minuten zurückziehen konnte. Sein Talent oder seine Lust, uns etwas zu erklären, waren wenig größer als null. 1941 wurde er vorzeitig in Pension geschickt. Da vermissten wir ihn schon: erstens, weil man sich nun nicht mehr abschreibend durch die höhere Mathematik mogeln konnte, zweitens wegen seiner unnachahmlichen Art, zu Beginn der Stunde den obligaten Hitlergruß zu absolvieren: Seine linke Hand griff ans rechte Handgelenk und schob die rechte Hand in halbe Höhe, wozu er blickte, als hätte er in eine Zitrone gebissen.

Sommer 1940: in den großen Ferien wieder nach Fronhausen, an den anderen schönen Sonntagen Kanu-Ausflüge auf der Havel. Meine große Schwester hatte sich, als angelernte Wirtschaftsprüferin gut verdienend, für 300 Mark einen sogenannten «Kanadier» gekauft, mit himmelblauem Wachstuch überzogen und in einem Bootshaus am Wannsee geparkt. Mit schweren Taschen zur S-Bahn, vom Bahnhof Nikolassee aus zwanzig Minuten zum Ufer, dort Heruntwuchten des Kanus vom Gestell; dann ein vielstündiges Vergnügen an einem Strand zwischen anderen Booten, Badefest, Spirituskocher, Picknick. Kurioserweise hatten wir zwei spätere Selbstmörder an Bord: meinen Freund, den großen Scherzkeks Hans-Joachim Wedekind, und eine Freundin meiner Schwester, die sich umbrachte, nachdem sie von ihrem Verlobten mit Syphilis infiziert worden war.

Und Tanzstunde im Weltkrieg? Selbstverständlich! Meine Schwestern hatten mich belehrt, man könne nur zu Lucie Antoine gehen, und zwar nach Zehlendorf, das sei das Feinste – nicht zu den «Stenzen» in ihrer Kurfürstendamm-Filiale. Mehrere Mitschüler waren beeindruckt von dieser Diagnose. Lucie Antoine – groß, schlank, stark geschminkt und, wie wir fanden, ein bisschen zu alt – bestand auf persönlicher Vorstellung und genoss dieselbe mit alphabetisch steigendem Entzücken, bis der Absturz kam: «von Alten» (Handkuss), «von Bernuth» (Handkuss), «von Caprivi» (Handkuss), «von Loebell» (Handkuss), «Plebst» (kein Handkuss), «Schneider» (kein Handkuss).

Nun war ich 15, ein bis zwei Jahre jünger als die anderen, als Folge meines Vorwitzes, schon mit 8 aufs Gymnasium zu gehen, und auch alles andere als frühreif, was meinen Umgang mit Mädchen anging: Ich betete die große blonde Waltraut an, mit der ich den Schulweg teilte – aber nicht so, dass sie es hätte hören können. Obendrein war ich gezeichnet durch meine Hosenbeine: Textilien gab's ja nur auf Punkte, die waren knapp, und diesen Anzug hatte ich von einem Verwandten geerbt, der kürzere Beine hatte als ich.

In jene Zeit fiel ein Entschluss, der kurios klingt, aber mein Leben stark beeinflusst, nämlich das Zustandekommen meiner Bücher aufs Höchste begünstigt hat: Gelesen wird nur noch nach Plan und Vernunft! Schluss mit dem infantilen Schlendrian, nach Krimis und beliebigen Büchern zu greifen, Karl May lag sowieso schon hinter mir – sondern entweder belehrende Bücher (das Wort «Sachbuch» war noch nicht geläufig) oder große Literatur, von Shakespeare bis Thomas Mann (1942 las ich den «Zauberberg»). Gleichzeitig gewöhnte ich mir an, ausnahmslos mit dem Bleistift in der Hand zu lesen, um bemerkenswerte Passagen anzustreichen und daraus ein Register im hinteren Buchdeckel zu machen. Die ältesten Buchdeckelregister, die ich heute noch benutze, sind mehr als sechzig Jahre alt, und meine halbe Belesenheit ist Organisation.

Als Hitler am 22. Juni 1941 in Russland einfiel, arbeitete ich mich gerade durch Napoleons siebenbändige Memoiren, und mit meinem Vater, in St. Petersburg aufgewachsen und Bewunderer der russischen Literatur, war ich mir einig: Das kann uns nicht mehr freuen. Auch lief ich ja nun Gefahr, über kurz oder lang helfen zu müssen beim Siegen. So hatte ich mir das nicht vorgestellt.

Schon verließen die ersten Mitschüler unsere Unterprima, um einzurücken. Mein Freund Plebst gab im Juli seine Abschiedsparty, und ein Vergnügen war das nicht direkt: Helllichter Tag, kein Alkohol, ein paar Mädchen, Tanzmusik vom Plattenteller. Ein Höhepunkt freilich, den als solchen zu begreifen heute nicht ganz leicht ist: «Lichtenberg verjazzt ‹Die Fahne hoch›.» Lichtenberg war ein Mitschüler, der mit seinen Klavierkünsten brillierte: Er spielte «Jazz» und nannte es auch so, und mindestens das Zweite war verboten. Mit dem Jazz aber wagte er das Ungeheure: «Die Fahne hoch», von dem SA-Schläger Horst Wessel scheußlich gereimt und seit 1934 als zweite Nationalhymne im Anschluss ans Deutschlandlied zu singen – diese heilige Melodie zerklimperte er jazzgemäß. Und da raunten wir den Satz, der nun geraunt werden musste: «Lichtenberg verjazzt ...!» und lachten dazu, und die Mutigsten tanzten sogar danach. Doch noch eine Widerstandshandlung also – diesmal in einer Doppelhaushälfte in Grunewald.

Mich verschonte die Wehrmacht noch fast anderthalb Jahre lang – ja, das Jahr 1942 wurde eines der schönsten meines Lebens. Von Weltkriegen sollte man sich eben nicht überwältigen lassen. Zwei Beispiele für einen wahrhaft souveränen Umgang mit allen Widrigkeiten entdeckte ich viel später. Bei Franz Kafka: «Deutschland hat Russland den Krieg erklärt. Nachmittags Schwimmschule» (vollständiger Tagebucheintrag vom 2. August 1914). Und am 7. August 1945 notierte Thomas Mann: «In Westwood zum Einkauf von weißen Schuhen und farbigen Hemden. Erster Angriff auf Japan mit Bomben, in denen die Kraft des gesprengten Atoms wirksam.»

1941/1942

35

Die Freiheit
Ein Sabbatjahr im Krieg

Der Dezember 1941 brachte die Wende des Krieges, und in Berlin-Halensee mischten sich Jubel und Erschrecken. Jubel über den unglaublichen Schlag der Japaner auf Pearl Harbor – denn dass Amerika den Erzfeind England unterstützte, das wussten wir ja (und ich bediene mich der Begriffe von damals, der Wahrheit zuliebe). Bangen, als Hitler am 11. Dezember den USA den Krieg erklärte – nun war er da, der Weltkrieg schlechthin, und Deutschland hatte es fertiggebracht, gegen die *beiden* größten Imperien der Erde zu stehen. Sorge erst recht über den Russlandfeldzug: Moskau war *nicht* erobert, Hitler musste zum ersten Mal einen Rückschlag hinnehmen, der Wehrmachtbericht verhehlte es nicht. Und ich war 16 und ahnte, dass der Krieg auch nach mir greifen würde.

Noch dazu war dieser Winter 1941/42 einer der kältesten der Wettergeschichte. Auch die Schule stellte er auf den Kopf. Die Kohlen reichten nicht mehr aus, um auch nur die Mädchenschule zu heizen, in der wir im Schichtunterricht Asyl genossen. Im Januar und Februar 1942 – den letzten Monaten vor dem Abitur – versammelten sich die Klassen nur für fünf bis zehn Minuten pro Tag, um ihre Hausaufgaben abzugeben und neue Aufgaben entgegenzunehmen.

Nicht so freilich in meiner Oberprima: Dort hielt uns unser Klassenlehrer «Kühn II», der uns in Deutsch und Englisch unterrichtete, eine ganze Stunde fest, denn *mündliche* Aufgaben wollte er abfragen und überhaupt den widrigen Umständen das gerade noch mögliche Maß an Lehre abtrotzen. Da wir uns aber, während draußen wochenlang 20 Grad Kälte herrschten, im Februar bei minus 10 Grad in die Bänke klemmten, musste Kühn uns zugleich unterrichten und bewegen, und das gelang ihm auch.

Alle fünf Minuten nämlich kommandierte er «Aufstehen!», und dann machten wir Kniebeugen oder schlugen uns rhythmisch die Hände auf den Rücken, wozu er mit scharfer Stimme zählte: «One, two, three: ...», beim zweiten Durchgang «Un, deux, trois ...», beim dritten «Uno, dos, tres ...», beim vierten «Uno, due, tre ...», und nun lateinisch: «Unus, duo, tres, quattuor, quinque ...», altgriechisch zählte er auch, Portugiesisch lernte er gerade, und als ich 1971 den alten Mann noch einmal im Flugzeug traf, da berichtete er mit dem altväterlich strengen Blick, dass er sich aufs Arabische geworfen habe.

Kühn II: ein begnadeter Pauker, berstend von Wissen, scharfzüngig in allen Weltsprachen, schwarze Schnürstiefel unter der stets zu kurzen braunen Hose, temperamentvoll im Vortrag, rücksichtslos im Durchsetzen seines Lehrauftrags – und dazu im Besitz der Mittel, den Lernerfolg zu erzwingen. Ohne ihn hätte ich mich möglicherweise nicht getraut, meine frühen Berufsjahre aufs Englische zu stützen.

23. März 1942: Abitur. Das Grunewald-Gymnasium nahm uns noch einmal auf in den letzten Wochen, geheizt bei immer noch bis zu 16 Grad Kälte. Schriftliche Arbeiten in Deutsch und Mathematik; die zweite überstand ich mit einer kalkulierten 4 («ausreichend»), indem ich nur eine der drei Aufgaben löste, die aus der sphärischen Trigonometrie, wofür ich mir sämtliche Lösungssätze und Rechenschritte hatte von einem Klassenkameraden einpauken lassen, bei strikter Meidung von Verständnis. Mündlich: nur Englisch, mein Wahlfach. Das Abitur bestand ich mit 3 («befriedigend») – und dem Vermerk, ich hätte mehr leisten

können. Berufswunsch im Zeugnis: «Professor der Philosophie». Es war nur noch die halbe Klasse, die das reguläre Abitur ablegte; ich war 16 und 1,90 groß.

Und was nun? Der gefürchtete «Gestellungsbefehl» war noch nicht in Sicht. Studieren durfte ich nicht: Dazu hätte ich zuvor den «Reichsarbeitsdienst» absolvieren müssen, die Vorstufe der Wehrmacht. Der Bombenkrieg war in Berlin noch erträglich, das Essen reichte zum Sattwerden, vor mir lag ein Stück erstaunlicher Freiheit. Ja, ein paarmal setzte ich mich in die Universität Unter den Linden, mehrfach in die Vorlesung von Nicolai Hartmann, einem der bekanntesten lebenden Philosophen. Mein Berufswunsch erlitt da den ersten von zwei schweren Stößen: Hartmann analysierte, was Platon gelehrt hatte – um Gottes willen! Selber lehren, das hatte ich mir unwillkürlich als Beruf vorgestellt.

Also mal für vier Wochen nach Fronhausen – nun nicht mehr mit Fröschen beworfen, auch von meinem Onkel als intellektueller Sonderling halbwegs akzeptiert, und die Tante war sowieso eine fröhliche, schwungvolle Frau. Gern erzählte sie von Filmen, die sie gerade in Marburg gesehen hatte, begeistert, zum Beispiel von «Stukas»: Und da kann er sich doch im letzten Augenblick dem Russen in den Nacken setzen, und wie er dann das Ritterkreuz bekommt und vom Führer nach Bayreuth eingeladen wird, und dann geht das Heulen der Sturzkampfbomber über in die Musik der «Götterdämmerung» – also großartig! Überwältigend! (Ein bisschen naiv fand ich das schon.)

An jedem Nachmittag machte ich einen Spaziergang durch die Felder zum nahen, mächtigen Wald; einen Menschen traf ich fast nie. In eine schöne Lichtung projizierte ich das Haus, worin ich eines Tages wohnen würde: entweder ein Blockhaus mit loderndem Feuer in eisiger Nacht und mit der Liebsten auf ewig allein, oder eine ausladende Villa mit einem Arbeitszimmer von etwa hundert Quadratmetern.

Abends war der Onkel dann doch etwas ungehalten, weil ich es vorzog, mich im Wintergarten in mein jeweiliges Buch zu vertiefen, statt mit ihm und der Tante zusammen im Wohnzimmer den «Frontberichten» zu lauschen (in Russland stürmten sie ja wieder voran). Danach, beim Wein, erzählte er gern Anekdoten aus den beiden offenbar schönsten Phasen seines Lebens: seiner Studienzeit in München und seiner Arbeit als Feldarzt im *Ersten* Weltkrieg (wie wir 1942 zu sagen begannen). Seitdem war ja nichts mehr passiert! Ich lehnte mich vor dem Schlafen gern aus dem Fenster, um an der Schotterstraße nach Oberwalgern die Telegraphendrähte summen zu hören; heute, soweit noch vorhanden, summen sie nicht mehr.

Auch hübsche Reisen konnte man im Weltkrieg machen: mit der Eisenbahn über Gießen nach Mainz, mit dem Dampfschiff nach Rüdesheim, hinauf zum Niederwalddenkmal, hinab nach Aßmannshausen, zwei Schoppen Wein, eine Bank am Rheinufer mit dem Tuckern der Lastkähne, der Silhouette von Bingen gegenüber, dem schönen Geruch nach Tang und Teer. Zwei runde Tage.

Und dann in Berlin – wie lange noch? Meine Eltern waren voller Sorge: War es denn erlaubt, dass ein kräftiger junger Mann mitten im Krieg so gar nichts tat? Sollte ich mich nicht wenigstens als Erntehelfer melden – sei es, um Gutes zu tun, sei es, um mir Schwierigkeiten zu ersparen?

Ich meldete mich nicht, ich bekam keine Probleme, es begann eine köstliche Zeit. Ja, die Fliegeralarme wurden häufiger, und schlimme Nachrichten sickerten durch: Am 29. März wurde das alte Lübeck zerstört, im ersten der «Terror-Angriffe», die später das Leben in Deutschland umkrempelten, und am 31. Mai flogen mehr als tausend englische Bomber auf Köln den bis dahin größten Luftangriff der Kriegsgeschichte. Einzelheiten erfuhren wir nicht, die Gerüchte waren schlimm genug.

Auch in Berlin saßen wir oft im Luftschutzkeller, doch noch knallte die Flak lauter als die Bomben. Drei- oder viermal geborstene Fensterscheiben, 300 Meter weiter mal ein zerstörtes Haus. So war der Alarm unangenehmer als das, wovor er schützen sollte: Dieses grässliche Geheul der Sirenen, die uns aus dem Tiefschlaf scheuchten, mit Vorratskoffern in den Keller, und der verkrüppelte Sohn des Hausmeisters donnerte, in seiner Eigenschaft als «Luftschutzwart», mit Hammerschlägen im Hinterhof seinen eigenen Alarm in die Nacht. Der Keller aber war auch ein Ort unvermuteter Geselligkeit. Von den zehn Mietparteien des vierstöckigen Hauses erkannten etliche die anderen zum ersten Mal als Mitbewohner, und bald gab es Plätzchen und Malzkaffee, oft Galgenhumor, ja einen Kuchen, den eine Mitmieterin eigens für den nächsten Alarm gebacken hatte.

Und was tat ich bei Tage in meinem Sabbatjahr? Vor allem: Ich las. Mindestens drei Stunden am Tag, manchmal fünf – mit Leidenschaft, in einem Furor des Wissenwollens, begeistert von den Welten, die sich mir da erschlossen; 1941, noch 15, hatte ich damit begonnen – nun, ohne Schule, setzte ich das Lesen desto intensiver fort. Von Goethe las ich den Werther (begeistert), die Wahlverwandtschaften (gelangweilt) und den ganzen Eckermann, von Schiller die philosophischen Schriften, von Kant die «Kritik der Urteilskraft» (und versah sie mit einer Fülle hochmütiger Randbemerkungen), auch Aristoteles, drei Dialoge von Platon (darunter den grässlichen «Staat»), Machiavelli, David Hume, Schopenhauer, Georg Simmel.

Ich las Balzac, Dumas, Flaubert und den Don Quijote, ich las Hamsun, Strindberg und Ibsen, Dickens, Walter Scott und Oscar Wilde und die letzten von Shakespeares Dramen, die ich noch nicht kannte – und natürlich die großen Russen: Dostojewski vor allem (von dem gleich mehr), dazu Tolstoi, Gogol, Turgenjew, Tschechow. Schließlich von Jacob Burckhardt die «Weltgeschichtlichen Betrachtungen» mit den ersten Anregungen für mein Buch «Die Sieger», fünfzig Jahre später.

Meine Abwechslungen waren von bescheidener Art. Ein- bis zweimal die Woche fuhr ich mit dem Rad zum Roseneck, leistete mir bei Carisch ein Viertelpfund «Halbmondkeks» auf Fett- und Zuckermarken und verzehrte sie, während ich im Schritt durch die Taubertstraße fuhr, die mehrfach geschwungene zwischen Villen, halben Palästen, kühnen Neubauten und prächtigen Gärten in Grunewald; die Flicks wohnten dort, so würde auch ich einmal leben.

Manchmal ging ich auf den Hubertussportplatz, auf dem ich in der Prima eine Art Star gewesen war – nur, um ein paar Runden zu drehen und zwischendurch loszusprinten, das Urvergnügen. Mit einem Höhepunkt: Die Oberprima der Mädchenschule suchte zum Training einen Gegner für ihre 4×100-Meter-Staffel, ich bot an, die 400 Meter mitzulaufen, und Brust an Brust mit der großen blonden Waltraut ging ich ins Ziel. Schöner wird das Leben nicht – so ähnlich muss ich empfunden haben.

Als meine Eltern im September zwei Wochen verreisten, fuhr ich ausdrücklich nicht mit, es war ja so schön in Berlin. Jeden Mittag ging ich in eine Kneipe, in der ich «für 10 Gramm Fett» Kabeljau mit Salzkartoffeln bekam und ein Malzbier dazu. Abends wurde ich frech und bummelte über den Kurfürstendamm bis Mitternacht. Das öffentliche Tanzen war zwar verboten, nicht aber das öffentliche Amüsieren. Da gab es zum Beispiel das Uhland-Eck, eine Bar, in der fünf Rumänen Jazz machten, jedenfalls das, was ich dafür hielt. Fast jeden Abend spielten sie «We are hanging our washing on the Siegfried Line», den englischen Kriegsgesang von 1940 – und es war nicht zu entscheiden, ob sie damit eine Widerstandshandlung begehen oder umgekehrt ganz linientreu die Engländer verspotten wollten, weil ihre Wäsche ja noch immer nicht auf dem Westwall hing.

Und sonst, der Krieg? Unsere japanischen Verbündeten hatten inzwischen das ganze indonesische Inselreich erobert, Rommel stand am 30. Juni in El-Alamein, 90 Kilometer vor dem Nil! Und unsere U-Boote hatten ihr größtes Jahr: 1160 Schiffe «schickten sie auf den Meeresgrund» (so hieß das im OKW-Bericht). Und all das begeisterte uns? Ja, mich und alle Menschen, die ich kannte. Ein Volk, das in seiner Mehrheit einen Krieg zu verlieren wünscht, war noch nicht – ist bis heute nicht erfunden.

Immerhin: Seelenspaltung gab es auch. Die Mutter meines Vaters – schwedisch-russisch aufgewachsen und im Deutschen nie ganz angekommen, nun 76 – wohnte 1942 mehrere Monate bei uns, und gern kommentierte sie die Abendnachrichten aus dem Volksempfänger. Hatten die deutschen U-Boote besonders viele Schiffe torpediert, so seufzte sie: «Die armen Menschen!» Blieben die Erfolgsmeldungen aber aus, so sagte die gütige Greisin mit schriller Stimme: «Wie? Haben wir heute gar nichts versänkt?»

Am 22. August 1942 geschah etwas, was mindestens Günter Grass (er hat es erzählt) und mich in Begeisterung versetzte: Deutsche Gebirgsjäger hissten auf dem Elbrus im Kaukasus, 5642 Meter hoch, die Hakenkreuzfahne! So weit hatte Deutschland es noch nie gebracht. Hitler war wütend auf «den idiotischen Ehrgeiz dieser verrückten Bergsteiger», berichtet Albert Speer in seinen Memoiren von 1969, und Teilnehmer beichteten später, gesehen hätten sie auf dem Gipfel nichts. Ob sie bei klarer Sonne im Auftrag von Goebbels einen zweiten Aufstieg unternahmen (das ist umstritten) oder ob die Ufa das vereiste Gipfelmeer aus den Archiven zauberte – die Wochenschau jedenfalls ließ um den Gipfel weiße Berge tanzen im Rhythmus der Paukenschläge im Finale der «Préludes», ein furioser Zusammenschnitt von Bild und Ton, ein Rausch.

Ich war außer mir im Kino, beschloss unverzüglich, mich «nach dem Sieg» aufs Bergsteigen zu werfen – und war, wie soll ich sagen, doch fast enttäuscht zehn Jahre später über die totale Stille auf meinem ersten Viertausender, dem Mönch im Berner Oberland: Hatte der liebe Gott doch die «Préludes» vergessen! Geblieben ist davon in meinen 35 Jahren auf den Bergen: dass ich es genoss, wenn ein brausender Wind dem überwältigten Auge das Ohr zu Hilfe schickte.

Irgendwann im Herbst 1942 kam der Mann meiner jüngeren Schwester, bis 1940 Regierungsrat im Reichswirtschaftsministerium, als Hauptmann von der Ostfront auf Fronturlaub nach Berlin – noch nicht pessimistisch, was den Russlandfeldzug anging, aber mit Andeutungen, die ich nicht einzuordnen wusste: «Was da in Russland passiert, das kann im Sinne einer höheren Gerechtigkeit nicht ohne schlimme Folgen bleiben.» Näher äußern wollte er sich nicht. Meine Eltern insistierten nicht. Ich selbst hatte gerade Nietzsche entdeckt und stellte Begriffe wie «höhere Gerechtigkeit» hochmütig unter den Verdacht, ein bloßes Hirngespinst zu sein.

Nietzsche! Lange hatte ich ihn gemieden bei meinen philosophischen Studien, der «Übermensch» hatte mich gestört und das Brimborium, das die Nazis um ihn machten. Doch im Juni 1942 siegte die Neugier, und eine sechsbändige Dünndruck-Ausgabe stand in Vaters Regal. Rasch war ich beruhigt, der «Übermensch» ist ja nur eine winzige Facette. Dann war ich erschrocken: Das meiste von dem, womit ich als kühner Neuerer in die verstaubte Welt der Philosophie hatte einbrechen wollen, fand ich hier längst gedruckt – und zehnmal mehr!

Vor allem aber war ich elektrisiert: Welches Ungewitter der Gedanken, welche Meisterschaft der Sprache, welche Verwegenheit der Konsequenz! «Die Wahrheit ist hässlich. Wir haben die Kunst, damit wir nicht an der Wahrheit zugrunde gehen», oder: «Der Mensch allein leidet so tief, dass er das Lachen erfinden musste.» Dazu die kraftvolle Kürze: «Und in summa: Was wollt ihr eigentlich Neues? Wir wollen nicht mehr die Ursachen zu Sündern und die Folgen zu Henkern machen.» Die zugespitzte Argumentation: Nicht einfach «Liebe macht blind», sondern «Die Liebe ist derjenige Zustand, in dem wir die Dinge am meisten so sehen, wie sie *nicht* sind.» Und der schiere Wortrausch:

> Ich sehe eine Möglichkeit vor mir von einem vollkommen überirdischen Zauber und Farbenreiz – es scheint mir, dass sie in allen Schaudern raffinierter Schönheit erglänzt, dass eine Kunst in ihr am Werke ist, so göttlich, so teufelsmäßig-göttlich, dass man Jahrtausende umsonst nach einer zweiten solchen Möglichkeit durchsucht; ich sehe ein Schauspiel, so sinnreich, so wunderbar paradox zugleich, dass alle Gottheiten des Olymps einen Anlass zu einem unsterblichen Gelächter gehabt hätten: Cesare Borgia als Papst …

So las ich von Juni bis Dezember 1942 von Nietzsche alles, von der «Morgenröte» an – nur vom «Zarathustra» nicht durchweg angetan: zwischen herrlichen Formulierungen viel prophetischer Krampf. Ein Satz freilich gab mir den letzten Anstoß, mein lasches Verhältnis zum Christengott in einen bekennerischen Atheismus zu verwandeln: «Wo ist der Mensch, der gottloser ist als ich?», ruft Zarathustra. «Dass ich mich seiner Unterweisung freue!»

Und mit Genugtuung entdeckte ich, dass schon Nietzsche den anderen Halbgott meiner 15 bis 17 Jahre bewundert hatte: Dostojewski! «Diesen tiefen Menschen, den einzigen Psychologen, von dem ich noch etwas zu lernen hatte.» (Später erfuhr ich: Auch Thomas Mann, Stefan Zweig, André Gide rühmten eben diese beiden als ihre prägenden Eindrücke.)

Schon im Februar 1941 hatte ich Vaters Bücherschrank «Das tote Haus» entnommen, Dostojewskis Bericht über seine Zuchthausjahre in Sibirien, und ich war dermaßen fasziniert, dass ich noch im selben Jahr seine fünf gewaltigen Romane verschlang (1942 alle fünf zum zweiten Mal). Nirgends sonst gibt es zwischen zwei Buchdeckeln so bebendes, zuckendes Leben, nirgends sonst so grandiose «Empörer» wie Raskolnikow und Iwan Karamasow, kein zweites Weib wie Nastasia Filippowna, deren Leiche der «Idiot» bewacht. Das große Drama der Welt findet nicht bei Shakespeare, es findet bei Dostojewski statt.

Und dann waren da noch seine «Aufzeichnungen aus dem Kellerloch» (in Deutschland auch als «... aus dem Untergrund» oder «Aus dem Dunkel der Großstadt» publiziert) – nach Nietzsche «ein wahrer Geniestreich der Psychologie»: die Lebensbeichte eines ärmlichen Menschen, der zwischen Selbsterniedrigung und Hochmut pendelt, sich der Bosheit und der Lüge brüstet, wütend dagegen anrennt, dass zwei mal zwei vier ist, und eigentlich ein Insekt sein möchte (Vorbild für Kafkas «Verwandlung»?).

Am meisten aber beeindruckte mich der egozentrisch-solipsistische Satz mit dem Tee: «Ich würde die ganze Welt für eine Kopeke verkaufen, wenn man mich dafür in Ruhe ließe. Soll die Welt untergehen, oder soll ich keinen Tee trinken? Ich sage: Soll doch die ganze Welt untergehen, wenn ich meinen Tee trinken will.» Welche Anstöße und Verwirrungen im Hirn eines Siebzehnjährigen, der die Welt mit einer umstürzenden Philosophie hatte erschüttern wollen und demnächst seinen Weltkrieg würde führen müssen!

2. November 1942: Rommel wird zurückgetrieben. 13. November: Tobruk ist verloren. 22. November: Stalingrad ist eingekesselt. Dezember: Der Gestellungsbefehl flattert mir ins Haus: 13. Januar 8 Uhr, im Bunker am Bahnhof Zoo. Wir beginnen zu ahnen, dass Görings Luftwaffe zu schwach ist, um Stalingrad zu versorgen.

Weihnachten war rührend, schön und traurig. Meine Mutter hatte natürlich einen Stollen gebacken, ein Stück relativer Opulenz, seit Monaten hatte sie dafür gespart und abgezwackt, auch gab es ja Sonderrationen zum Fest.

In den letzten Dezembertagen lernte ich im Uhland-Eck Marianne kennen, eine fröhliche Zwanzigerin mit blondem Schopf und metallischer Stimme. Noch am Abend des 12. Januar besuchte ich sie, meinem letzten im alten Berlin. Die Eltern waren erstaunt und indigniert, dass ich nach dem Abendessen noch wegging! Aber ich wollte Abschied nehmen von jenem Quantum Luxus und Verworfenheit, das Berlin noch bot, und dann hatte Mariannes Lachen es mir angetan. Es blieb das letzte Lachen für lange.

36

Die Hölle
Beim «Reichsarbeitsdienst»

Am 13. Januar 1943 brach der Reichsarbeitsdienst über mich herein: eine Strafkompanie für Siebzehnjährige, obwohl die doch nicht einmal in Hitlers Sinn etwas verbrochen hatten. Alles, was man sich über den Arbeitsdienst erzählte, traf zu und noch viel mehr. Marx und Engels hatten eine solche Einrichtung im Kommunistischen Manifest propagiert: «Gleicher Arbeitszwang für alle, Errichtung industrieller Armeen besonders für den Ackerbau». Hitler hatte den Arbeitsdienst 1935 eingeführt, fünf Wochen nach der allgemeinen Wehrpflicht, vor dem Wehrdienst ein halbes Jahr lang abzuleisten. Die Arbeitsdienstführer galten als Männer, die sich bei der Wehrmacht und der Polizei vergeblich beworben hatten.

Die Katastrophe begann im Zoo-Bunker. In einer der Zellen des Betonriesen wurden wir von einem erdbraun uniformierten Menschen aufgerufen: eine fröstelnde, muffige Corona von Siebzehnjährigen, von denen ich mir die meisten nie zur Gesellschaft genommen hätte. Die Bahnfahrt, natürlich mit ungenanntem Ziel, endete in Exin im «Warthegau», polnisch *Kcynia*, einem Städtchen von 4000 Einwohnern im Regierungsbezirk Bromberg.

Vom Bahnhof aus marschierten wir durch die eisige polnische Nacht zu einem Barackenkomplex, der unserer damaligen Vorstellung von einem Konzentrationslager entsprach. Glühbirnen an den Ecken der Baracken beleuchteten den Schnee. Baracke 1 mit zwölf doppelstöckigen Betten. Kommando für die Nacht:

«Wer schiffen muss, läuft zum Scheißhaus. Wagt es ja nicht, hinter die Baracken zu pissen, ihr Schweine.»

Die Wasch- und Latrinenbaracke lag von unserer Stube gut 150 Meter entfernt. Gegen den Frost in der Stube sollten pro Kopf zwei Pferdedecken helfen – also brach nach wenigen Stunden ein Streik der Blasen aus, und zwei- oder dreimal ließ ich, keinmal allein, die hintere Wand der Baracke dampfen, zitternd vor Kälte und Verzweiflung.

Um 6 ein schriller Pfiff: «Raustreten zum Frühsport!» Wir trauten unseren Ohren nicht, wir stöhnten und fluchten, hinaus in Schnee und Finsternis. Inmitten der Baracken stand ein Schreihals und kommandierte «Rumpf beugt!» und so, man kennt das ja. Einige von uns machten mit, die anderen zogen es vor, halbnackt in der Frostnacht zu schlottern. Dann im Galopp zur Waschbaracke, Trillerpfeifen den Weg entlang, «Laufen Sie! Laufen Sie!» Das *Gehen* blieb uns verboten, acht Wochen lang.

In der Baracke weniger Waschschüsseln als Arbeitsmänner, weniger Wasserhähne als Schüsseln, also Zank, dazu Beschimpfung jener, die sich nach einer Minute noch nicht wuschen, Trillerpfeife, dann Beschimpfung jener, die sich nach drei Minuten immer noch wuschen, «Unkameradschaftlich! Ihr Penner! Bewegung, Bewegung!» Dann, mehr nass als sauber, halbnackt 150 Meter durch den Schnee zurück in den Frost der Baracke.

Diese Waschprozedur habe ich nur zweimal mitgemacht – dann fand ich Methoden, mich vor dem Waschen zu drücken, bis auf Hände und Gesicht. Das ergab dann schon nach zwei Wochen einen Rand an den Unterarmen, der bei bestimmten Bewegungen vor dem Uniformärmel sichtbar wurde. Erst in der Provence habe ich mich wieder ganz abgeseift, nach mehr als zehn Wochen der Enthaltsamkeit. Wir stanken alle, da fiel ich nicht auf. Jeweils vierzehn Tage lang hatte jeder nur die Wäsche, die er auf dem Leibe trug; dann wurde die schmutzige Garnitur abgegeben und eine frische in Empfang genommen. Dies war im polnischen Winter noch nicht einmal so ekelhaft wie später in der südfranzösischen Hitze – dieselbe Unterhose, dasselbe Unterhemd zwei Wochen, Tag und Nacht.

Doch so ist es nicht, dass ich nicht gelitten hätte unter meiner polnischen Dreckkruste. Es juckte, und mir graute vor mir. Nur graute mir eben vor so vielem, dass dieser Schrecken sich relativierte. Eine Entscheidung gegen die Hygiene in jener Art, die der Arbeitsdienst erzwingen wollte, fügte sich überdies in eine verbreitete Stimmung; es galt als schick, allem, was uns aufgenötigt werden sollte, den gerade noch möglichen Widerstand entgegenzusetzen – so gegen das «Raustreten zum …!» (zum Frühsport, zum Fahnenappell, zur Grundausbildung). Der Befehl *bedeutete*: rennen! Der Befehl *bewirkte*: zögern, eine Schau aus der Verweigerung des Rennens machen, Sprüche auf den Lippen wie «Interessiert ja kaum».

Die zweite Katastrophe, nach dem Dreck, war in unseren zehn polnischen Wochen die Kälte. Ein strenger Winter in einem für Ostwind empfänglichen Land, morgens zwischen minus 15 und minus 20 Grad – das wäre unangenehm genug gewesen, wenn wir genügend Feuerholz und wenn wir Handschuhe besessen hätten. Doch Handschuhe hatte die Kleiderkammer nicht vorrätig, alle Privatgarderobe hatten wir in der ersten Woche abgeben müssen – und so traten wir, nach Frühsport, Waschkrampf und Gerstensuppe, um 7 Uhr in der Morgendämmerung an zum Flaggenappell, die nackte Rechte nach Vorschrift um den eisigen Stiel des Spatens gelegt, das Werkzeug und Symbol des Arbeitsdienstes.

Ich sehe uns noch in den wenigen Minuten zwischen dem Frühstück und dem «Raustreten zum Flaggenappell!» in der Stube um den Ofen drängen, um die Spatenstiele zu wärmen, denn glattes Holz fasst sich bei minus 20 Grad wie Eisen an. Im Ofen flackerte nur ein schäbiges Feuerchen, meist aus Stuhlbeinen oder Brettern unter den Strohsäcken gespeist. Ja doch, jeden Mittag durften zwei Mann aus jeder Baracke einen Korb voll Holz zum Heizen holen. Wären wir damit haushälterisch umgegangen, so hätten wir vielleicht am Feierabend, zwischen 7 und 10, die Stube auf 15 Grad erwärmen können.

Doch so tief steckten die Kälte und die Wut auf sie uns in den Knochen, dass wir allabendlich ein Fest der Hitze zu inszenieren wünschten. Lag nicht unter jedem Strohsack eine lückenlose Bretterschicht? Konnte man nicht aus jedem Bett ein Brett entfernen und die anderen ein bisschen auf Lücke schieben? So feuerten wir, so feierten wir – so viel Holz in den Kanonenofen, bis er glühte. 25 Grad, die Klamotten aufs Bett geschmissen, in der stinkigen Unterwäsche gelacht und gegrölt.

Das hieß dann: frierend erwachen, im Halbschlaf sich viel zu spät aufraffen, die Uniform über die Unterwäsche zu ziehen, klappern vor Kälte, und in den Blechbechern waren die Reste des Malzkaffees gefroren, wenn uns um 6 die Trillerpfeife aus den Fetzen dieses traurigen Schlafs riss. Zu essen gab es feuchtes Kommissbrot, billige Wurst, Gerstensuppe, Kohlsuppe, Kartoffeln, und wenn mal Fleisch, dann Gekröse oder Lungenhaschee. Doch nicht mal davon bekam ich genug.

Unter den 180 Mann der Abteilung waren außer mir nur noch zwei Abiturienten; zehn bis zwölf wären normal gewesen nach der damaligen Abiturientenquote unter deutschen Jungen. Doch wir waren die ersten Eingezogenen vom Jahrgang 1925, die Gymnasiasten ließ man 1943 bis zum Abitur ungeschoren, und das hatten die meisten in diesem Alter noch nicht abgelegt. Mein unausweichlich intellektueller Habitus war für die dort versammelten Hilfsarbeiter und Bauernknechte provokant, zumal da ich in den Minuten vor dem jeweiligen «Raustreten zum ...» meist lesend auf dem Bett saß, und noch dazu Goethes «Italienische Reise».

«Arbeitsdienst» im Sinne von Rodung oder Straßenbau leisteten wir gar nicht. Zwar mussten wir das Exerzieren mit dem Spaten lernen (der war dafür sogar besser geeignet als später das Gewehr) – im Übrigen aber absolvierten wir eine militärische Grundausbildung. «Geschliffen» wurden wir dabei so, dass ich bei der späteren Bekanntschaft mit Remarques Unteroffizier Himmelstoß nur lachen konnte über diesen. Großmeister des Schleifens war Oberfeldmeister Hermann, so viel wie Oberleutnant, der Stellvertreter des «Oberstfeldmeisters», der die Abteilung kommandierte; aus Mannheim, mit spürbarer Intelligenz und einem schiefen Kinn, was mich nachträglich an den SS-Obergruppenführer Heydrich erinnerte.

Hermann wusste, wie man junge Männer «fertigmachte». Hinlegen in die Pfütze, Robben durch den Schlamm, das war noch das Wenigste. Aber er verstand uns zu hetzen, bis uns die Lunge aus dem Halse hing. Wenn das Kommando «Im Laufschritt marsch-marsch!» ertönte, *liefen* wir ja nur beim ersten Mal; dann hatte sich herumgesprochen, dass man, indem man die Knie leicht hob und so den Laufschritt markierte, langsamer vorankommen konnte als im Marschschritt. Als der Oberfeldmeister den 1. Zug «Im Laufschritt bis an den Waldrand» schickte, und die Wiese war groß: Da wandten wir, nach wenigen Laufschritten von großer Heftigkeit, dieselbe Taktik an. Aber nur einmal. Beim nächsten Lauf befahl er: «Die letzten drei machen die Wiese noch dreimal. Die anderen können sich ausruhen.»

So kriegst du uns nicht, dachten wir: Wir bilden eine Kette, und es wird einfach keiner der Letzte sein. Und die Kette setzte sich in Trab. Doch es blieb nicht aus, dass dieser oder jener den Eindruck hatte, er sei doch ein wenig zurück – also ein bisschen schneller lief – also von hinten einen Schub zu immer höherem Tempo erzeugte, bis wir uns schließlich am Waldrand alle keuchend fallen ließen. Die letzten drei rannten noch einmal und noch einmal über die Wiese und der jeweils Letzte noch einmal mehr, bis er kotzte und zusammenbrach.

Es geschah an jenen Tagen, dass eine Kommission von Offizieren der Waffen-SS uns die Freude machte, uns einen ganzen Tag in der leidlich geheizten Speisebaracke festzuhalten. Die Waffen-SS verließ sich damals nicht mehr auf Freiwillige, zog aber Wehrpflichtige noch nicht ein wie 1944; sie wählte den nazitypischen Mittelweg, der in Deutschland als «freiwilliger Zwang» bezeichnet wurde.

Zuerst zeigten die Offiziere uns einen Film über die begeisternden Vorzüge ihrer Truppe; der ließ uns kalt. Dann aber versprachen sie etwas, was uns frierenden Kreaturen im polnischen «Exil» (so sagten wir statt «Exin») warm in den Magen strömte: Wer sich freiwillig meldet, für den ist der Arbeitsdienst noch heute zu Ende – er bekommt drei Tage Sonderurlaub und wird dann zur Grundausbildung nach Berlin versetzt.

Und nun, noch ohne nach Freiwilligen zu fragen, wurde die ganze Kompanie von neuem ärztlich gemustert, also auf Tauglichkeit im Sinne der höheren Ansprüche der Waffen-SS untersucht. An das für tauglich befundene Drittel der 180 Mann erging die Aufforderung, sich jetzt und hier durch Unterschrift zur Waffen-SS zu melden – «Urlaub, ihr wisst schon: Und dann Berlin!»

Kaum ein Dutzend trat vor. Die anderen Tauglichen wurden Mann für Mann von der Kommission in die Mitte genommen; und ein weiteres Dutzend unterschrieb. Wie es den anderen erging, die gleich mir «Nein» sagten, weiß ich nicht im Einzelnen. Bei mir lief es so: «Warum melden Sie sich nicht freiwillig zur Waffen-SS?», fragte der Oberscherge, und fünf Augenpaare funkelten mich böse an. Ich hätte nun einfach schweigen und die Frage «aussitzen» können wie offensichtlich etliche meiner Kameraden, oder etwas stammeln hätte ich können, in der Art «Ich weiß nicht» oder «Ich will eben nicht». Doch da meldete sich mein Intellekt, und mit halb zugeschnürter Kehle antwortete ich: «Ich halte Ihre Frage für falsch gestellt: Warum *sollte* ich mich freiwillig zur Waffen-SS melden?» Sie schwiegen verdutzt und musterten mich wütend. Dann presste der Oberscherge hervor: «Euch Intelligenzbestien geht es auch noch an den Kragen!»

Das war sie, meine Heldentat, meine einzige im ganzen Krieg. Ich war 17, in der dreckigen Uniform eines nichtswürdigen Arbeitsmannes den Säulen der Partei gegenüber; und jene Journalistenschüler, die mich immer wieder tadelten, dass ich mit 15 noch nicht schlau genug gewesen sei: Würden sie mit 17 allesamt die Kraft bewiesen haben, ihre Haut, den Anstand und die Logik mit einem einzigen Satz vor einer solchen Übermacht zu retten?

Die Schergen ließen mich in Ruhe. Und an den Kragen ist es mir nicht gegangen, sondern ihnen! Vermutlich ziemlich bleich trat ich zu den anderen, die sich geweigert hatten; wir schlugen einander auf die Schulter und trugen unser Nein wie einen Orden zum abendlichen Gerstentopf. Wir feierten unseren Mut, den arroganten Herren von Partei und Staat gegenüber ein Nein zu riskieren – und natürlich wussten wir, dass die Waffen-SS Hitlers Krieg besonders blutig durchfocht. Schon die zivile SS hatten selbst fröhliche Nazis (wie meine Tante in Fronhausen) ein bisschen penetrant gefunden; ich auch, seit 1935 die ersten Abiturienten in schwarzer Uniform zur Abschlussfeier erschienen waren.

Am nächsten Morgen ging er dann weiter, der pausenlose Kampf mit der Kälte, dem Hunger, der Schikane, dem Dreck. Im Februar 1943 kapitulierte Stalingrad, kurz darauf hörten wir bei der Gerstensuppe aus dem Berliner Sportpalast die Goebbels-Rede mit dem berühmten Höhepunkt: «Wollt ihr den totalen Krieg?» und der nachgeschobenen Selbstübertrumpfung: «Wollt ihr ihn noch totaler und radikaler, als wir ihn uns heute überhaupt vorzustellen vermögen?» Dein Leben liegt hinter dir, dachte ich zuweilen, und schön war es ja, irgendwie.

Erträgliche, ja köstliche Stunden gab es erst, als wir Ende März nach Frankreich rollten, in den Süden, der im November 1942 von deutschen Truppen besetzt worden war, als Antwort auf Rommels Niederlage in Nordafrika. Wir sollten dort als eine Art Arbeitssoldaten tätig sein: bewaffnet und mit Gefechtsausbildung versehen, würden wir Befestigungen bauen.

Die fünftägige Reise von Polen ans Mittelmeer enthielt ein paar Höhepunkte an Romantik und ein paar neue Tiefpunkte des Elends. Eine schöne Art, mit der streng reglementierten Institution «Eisenbahn» zu *spielen*, erlebten wir auf den beiden Flakwagen: Gleich hinter der Lokomotive rollte ein offener Güterwagen mit, auf dem eine Zwei-Zentimeter-Vierlingskanone und zwei Maschinengewehre befestigt waren, und jeweils vier Mann hatten sechs oder acht Stunden Dienst. Offen durch die Landschaft, der Dampflok fast so zum Greifen nah wie Buster Keaton dem «General», schon nach zwei Stunden rußgeschwärzt, mit Heldengefühlen auf die Tiefflieger lauernd, die nicht kommen wollten – das war ein Leben!

Auch in den geschlossenen Waggons war es tagsüber auszuhalten: 45 Mann hockten im Stroh, standen an der weit aufgeschobenen Tür oder ließen aus der Türöffnung die Beine baumeln. Was tut man an solchen langen Tagen – worüber haben wir immer geredet? Ein paar Maulhelden brüsteten sich mit den immer selben Weibergeschichten, Mutmaßungen über die Chancen des «Weiberaufreißens» in Frankreich und darüber, ob die Französinnen es wohl alle französisch trieben.

Was noch? Schimpfen auf die Vorgesetzten («die Arschlöcher» hießen sie nur), Schimpfen auf die Verpflegung, Schwärmen von amerikanischem Jazz, Ausmalen des Luxus, in dem man einst zu leben gedachte. Zweifel am «Endsieg», zwei Monate nach der Kapitulation von Stalingrad? Manche von uns riskierten Sprüche über einen hoffnungslos verlorenen Krieg – doch das klang mehr nach Kraftmeierei im Stil der Weibergeschichten; wer Zweifel am Endsieg äußerte, kam ja wegen «Wehrkraftzersetzung» vor ein Kriegsgericht. Hitler wurde nicht erwähnt, er schien tabu.

Das Schlimme an diesem Güterzug waren die fünf Nächte. Es begann mit dem Problem, überhaupt einen Schlafplatz zu finden: Nach bürgerlichen Maßstäben hätten sich vielleicht 25 Mann auf dem Boden ausstrecken können. Wohin mit den anderen zwanzig? Mit Tricks und Gefluche schüttelten wir uns binnen einer halben Stunde einigermaßen zurecht, von Nachbarn beschimpft und von Stiefeln am Kopf gestoßen.

Doch nun *musste* man mal in finsterer Nacht – ohne Licht über schlafende Leiber steigen, mit Flüchen und Tritten zum Lohn. Die große Schiebetür zu erreichen suchen und sie einen Spaltbreit öffnen – unter dem vielstimmigen Geschrei «Tür zu!» Dann sein Wasser ins Freie entlassen, nicht ohne dass der Fahrtwind die Nächstliegenden benetzte, die sofort ein Gebrüll anstimmten. Und dann? Der alte Schlafplatz war mit Sicherheit durch eine mäßige Ausdehnung der Nachbarn völlig verschwunden. Also mit List, mit Rücksichtslosigkeit oder mit Bettelei sich einen neuen zu schaffen versuchen, angeknurrt, geboxt und getreten; oder den Rest der Nacht hockend neben der Tür verbringen. Und nun das Ganze bei Durchfall.

Neue Träume, immerhin, gab es auch: Da ging hinter Lyon im Tal der Rhône die Sonne auf, aus der offenen Tür blinzelten wir ihr entgegen mit Strohresten im Gesicht, und blaugrün war das Land bewachsen wie keines, das wir kannten – eine erste Ahnung von Ferne.

Salon-de-Provence: Endstation. Ein Städtchen von 25 000 Einwohnern, im Département Bouches-du-Rhône, zwischen Marseille und Avignon, überragt vom Château de l'Emperi, einer Bischofsburg aus dem 13. Jahrhundert. Unsere Ankunft war für die Einheimischen ein Schock. Eine deutsche Garnison hatte es hier noch nicht gegeben, und von den Soldaten der Wehrmacht unterschieden wir uns unangenehm durch die grelle Hakenkreuzbinde auf dem linken Ärmel. Erwachsene stießen sich entgeistert an, Kinder rannten davon.

Quartier: Eine Schule mitten im Städtchen, die ebenerdigen Klassenräume umschlossen ohne Korridore einen Innenhof mit einer Pumpe: der ließ sich wirklich leicht bewachen, und für die doppelstöckigen Betten hatte schon irgendein Quartieramt gesorgt.

Unser Auftrag: Um einen neu angelegten deutschen Fliegerhorst einen sogenannten Flandernzaun bauen, eine Mischung aus Stachel- und Stolperdraht. Auf der Baustelle trugen wir Turnhose, Schaftstiefel und Strohhut. Die Arbeit weiträumig zu umgehen, lernte man rasch, doch gegen die Hitze, den Durst, das Ungeziefer gab es kein Mittel.

Für mich kam schon nach drei Wochen die Rettung. Auf die Frage, wer von uns Französisch spreche, war ich als Einziger vorgetreten, und nun fuhr ich mit dem Verpflegungsmeister (dem «Fourier») alle paar Tage über Land, um bei den Bauern Obst und Gemüse zu kaufen, einmal bis Arles, ein andermal bis in jenes Tarascon, von dem ich im Französisch-Unterricht gelesen hatte. Ein Bild: Etwas außerhalb des Städtchens sitze ich unter einer Pappel, in der der Mistral rauscht, und schmause Pfirsiche. Machte ich mir schon damals klar, dass Weltkriege auch ihre Vorzüge haben? In meinem Buch «Der Soldat – ein Nachruf» habe ich es 2014 nachgewiesen.

Die Einkaufsreisen waren überdies die Basis für den Befehl: «Arbeitsmann Schneider! Ab morgen fahren Sie täglich zum Postholen nach Marseille.» Für das Feldpostamt hätte ich zwar kein Französisch gebraucht, doch ich sollte für die Führer kleine Besorgungen machen. Und so bin ich etwa sechzig Mal nach Marseille gefahren, zweimal zwei Stunden mit der Eisenbahn, in Miramas umsteigen und dabei sechs bis sieben Stunden zur freien Verfügung, weil nur je ein Zug am Morgen und am Abend fuhr.

Marseille! Der Zug verlässt den Tunnel hoch über dem Häusermeer, von einem Hügel dem Bahnhof gegenüber grüßte die Kirche Nôtre Dame de la Garde, und postkartenblau leuchtete das Mittelmeer. Ich wurde bestaunt in meiner erdbraunen Dreckuniform mit der Hakenkreuzbinde auf dem linken Oberarm und dem Karabiner 98k auf der rechten Schulter. Ich atmete einen Hauch von Weltstadt und dazu den Knoblauch, nach dem sie roch; der Duft hängte sich so in meine Uniform, dass ich abends in der Stube ausgelacht, beschimpft oder gemieden wurde.

Die meisten Tagesstunden verbrachte ich in einem Strandbad am Mittelmeer, Uniform und Karabiner wohlverwahrt in der Obhut des französischen Umkleide-Beschließers, mit der bräunlichen Arbeitsdienst-Turnhose geschmückt, die immerhin dreimal täglich frisch gewässert wurde, beim Baden. Das war nun der reine Ferienaufenthalt, verdorben nur durch die abendliche Heimkehr in die Stube zu Salon, wo meine Abendration – Kommissbrot und Marmelade – jawohl, auf Zeitungspapier auf mich wartete, das seinerseits auf der Pferdedecke lag, auf der wir vierzehn Tage lang in derselben Tag- und Nachtwäsche schliefen.

Die Tagesferien wurden vollends paradiesisch, als eine kleine Person mit rötlichem Haar, schön gewachsen und Jacquy mit Namen, sich für mich zu interessieren begann, der Teufel weiß warum. Ich weiß nur, dass ihr perlendes Französisch aus meiner soliden Schulgrammatik rasch ein höchst munteres Geplauder machte; und dass wir nach zwei Sonnenstunden regelmäßig in ihr Zimmer fuhren.

Dann kam der schlimme Tag, an dem die deutsche Ortskommandantur verfügte, dass deutsche Soldaten keine französischen Bäder mehr besuchen durften. Ich traf Jacquy nicht mehr und fand nicht zu ihrem Zimmer. Ich arrangierte mich schließlich, es waren nur noch zwei Wochen bis zur Rückkehr nach Exin, mit dem deutschen Soldatenheim an der Cannebière; dort hockte ich bei leidlichem Essen und Trinken fünf Stunden täglich und las Friedrich Albert Langes zweibändige «Geschichte des Materialismus», in einer Taschenausgabe, die mit mir nach Frankreich gerollt war.

37

Die Ratten
Mit der Luftwaffe am Boden

Von Salon in vier Tagen und Nächten nach Exin (im «Warthegau») zurück, dorthin hatten wir uns Zivilkleidung schicken lassen, und am 12. Juli 1943 kam ich in Berlin-Halensee, Nestorstraße 14, an: die Wohnung noch unversehrt, ein heißes Bad sogar, weiße Laken – und, am schönsten, ein Klo mit Wasserspülung und Riegel an der Tür.

Aber Berlin hatte sich verändert seit dem Januar: Einige Stadtviertel waren schon schlimm zerstört, eine düstere Stimmung war spürbar, seit Goebbels im Februar den «totalen Krieg» ausgerufen hatte; das Uhland-Eck geschlossen. Und dann der Untergang von Hamburg: Vom 24. bis 30. Juli legten englische Bomber 53 Prozent der Stadt in Trümmer und brachten 55 000 Menschen um. So erfuhren wir es nicht – aber was das Radio meldete, war schrecklich genug.

Ahnten wir nun, dass der Krieg verloren war? Ich nicht. Meine Eltern, meine Schwestern, deren Männer nicht, und wir kannten auch niemanden, der den Verdacht geäußert hätte, dass es nun wohl nur noch bergab gehen könne. Was mich anging, so bewegte mich natürlich am meisten die drohende Aussicht, dass auch ich wohl meine Knochen würde hinhalten müssen.

Merkwürdigkeiten aus der angstvoll lauernden Hauptstadt des Großdeutschen Reiches, August 1943: Ich fuhr nach Tempelhof in die Wohnung meiner älteren Schwester (mein Schwager arbeitete im Berliner Motorenwerk von BMW, sechsmal zwölf

Stunden in der Woche, jeweils vierzehn Stunden unterwegs). Einziger Zweck der S-Bahn-Reise: Ich durfte dort die Schallplatten meiner Schwester hören, sicher fünfmal von Franz Liszt «Les Préludes» und zwanzigmal die letzten Takte, zu denen sich in der Wochenschau über die deutsche Elbrus-Besteigung von 1942 der ganze Kaukasus rhythmisch entfaltet hatte. Sehnsucht nach den Bergen, nach der ganzen versperrten weiten Welt.

Ein anderes Kuriosum jener Tage: Man hörte von einem Luxusrestaurant – Schloss Brüningslinden an der Havel, ob nun jüngst eröffnet oder durch ungewöhnliches Angebot berühmt; jedenfalls tafelten dort ein befreundetes Paar, meine Eltern und ich am 29. August auf der Terrasse über dem Park und dem Fluss, mit Wein und sogar mit edlem Fleisch, natürlich auf Marken; wobei die vornehme Art des gemeinsamen Servierens auf einer großen Silberplatte mich in Panik versetzte: Wer garantierte mir, dass ich zu meinem gerechten Anteil kam? Sorgen eines Siebzehnjährigen im vierten Jahr des Krieges, sechs Tage nach dem bisher schlimmsten Bombenangriff, einem Inferno auch in Halensee, mit Kalk berieselt, um Luft ringend, geschüttelt von Angst.

Am 3. September fuhr ich mit der S-Bahn durch schreckliche Ruinen zu einer Kaserne im finsteren und mir gänzlich unbekannten Norden von Berlin – zur «Wehrfliegertauglichkeitsprüfung». Ich hatte mich, dem Rat ehemaliger Mitschüler folgend, zur Luftnachrichtentruppe gemeldet, die als «Intelligenztruppe» galt. Nun sollte getestet werden, ob ich flugtauglich sei, also Bordfunker werden könnte, oder am Boden würde bleiben müssen – wie es natürlich meine Absicht war. Nicht eine Minute hatte ich den Ehrgeiz, dem Vaterland oder gar Hitler zu dienen – nur den, aus diesem großen Schlamassel lebendig, möglichst unverletzt herauszukommen. Es ergab sich, dass ich die Prüfung nicht bestand.

Wenig später bekam ich den Gestellungsbefehl für den 30. September 1943 zu einem nicht definierten Teil von Görings Luftwaffe. So fuhr ich am 7. September noch für zweieinhalb Wochen nach Braunlage im Harz, als Urlaub vom Bombenkrieg, und warum gerade nach Braunlage? Weil meine jüngere Schwester dorthin «evakuiert» worden war, ihrer beiden Töchter wegen, ein und zwei Jahre alt. Ich fand sie rührend, und die Sorge um sie begleitete mich durch die letzten anderthalb Jahre des Krieges.

Dann noch fünf Tage in Berlin-Halensee. Es war ja alles viel schlimmer als im Januar. Nach meinen grässlichen Erfahrungen im Arbeitsdienst sah ich der Militärzeit mit Grauen entgegen. Auch drohte nun der Fronteinsatz, und Berlin würde, ehe ich – wenn ich wiederkam, zur Wüste geworden sein. «Perdu, fini» schrieb ich in mein Tagebuch. «Nada, nichts: Das ist der Weisheit letzter Schluss.»

Sammeln und Einkleiden in einer Kaserne in Quedlinburg – Transport zur Grundausbildung nach Tournai in Belgien, der Römer- und Bischofsstadt mit der fünftürmigen romanischen Kathedrale, in einer alten Kaserne mit meterdicken Mauern. Dort begrüßte uns ein Unteroffizier, dem ein weibisches Gesicht mit Hängebacken aus dem Stahlhelm quoll, mit dem Geschrei: «Stillgestanden! Rührt euch! Stillgestanden! Hinlegen! Auf! Hinlegen! Auf! Glaubt ja nicht, dass ihr hier eine ruhige Kugel schieben könnt, ihr Ärsche!»

Und nun acht Wochen Ausbildung im belgischen Herbst, mit raschem Zuwachs an Nebel und Schlamm: Drill, Sport, Schießen, Schikane, Gefecht. Anfang November: Vereidigung «auf den Führer des Großdeutschen Reichs und Volkes».

Vorher Haarschnitt auf Streichholzlänge, hinterher der erste Ausgang. Kondome waren vorzuweisen. Wer Pech hatte, geriet an jenen Unteroffizier, vor dem jeder Ausgehwillige einen Luftsprung mit angewinkelten Knien machen musste, damit er sehen konnte, ob der Steg zwischen Sohle und Absatz schwarz gekremt und poliert war; wenn nicht, sagte der Mensch genüsslich: Nun haben Sie ja bis nächsten Sonntag Zeit, Ihre Stiefel ordentlich zu putzen, Sie Dreckschwein.» Ob die Achselhöhlen stanken, prüfte keiner.

Und dabei war der Ausgang in Tournai ein Stück vom Paradies. Die Läden voll, allerorten Obsttorte mit Schlagsahne, der ersten seit meiner Schweizer Reise von 1939. In einer Jazzkneipe hörten wir zum ersten Mal Glenn Millers «In the Mood» und das aberwitzige Benny-Goodman-Stück «The world is waiting for the sunrise», zu welchem zwei blonde junge Belgierinnen artistisch tanzten, heftig umschlungen, schweißgebadet.

Die Torten von Tournai waren umso wichtiger, als ich noch mehr Hunger litt als beim Arbeitsdienst: Nach militärischer Gepflogenheit wurde am Abend die Verpflegung zugleich für den folgenden Morgen ausgeteilt, nämlich ein halbes Kommissbrot meistens mit zwei bis drei großen Scheiben wässriger Wurst. Und so armselig das war – mit dem fettigen Malzkaffee ohne Milch und Zucker spülte ich so viel davon herunter, dass ich Mühe hatte, mir eine einzelne Scheibe Brot (ohne Wurst, Butter war ohnehin unbekannt) für den Morgen aufzusparen. Diese Scheibe und ein neuer Miefdrink waren dann alles, was ich vom Aufstehen um 6 bis zum Mittagessen gegen 12 zu mir nahm, mit fünf Stunden körperlicher Plage dazwischen.

Anfang Dezember 1943: 4 Uhr wecken, damit wir um 8 feldmarschmäßig antreten können, weil wir um 12 zum zwanzig Minuten entfernten Bahnhof marschieren müssen, wo um 4 unser Zug gehen soll, der sich dann gegen Mitternacht in Bewegung setzt – das bekannte militärische Ritual.

Nordfrankreich. In einem Kuhdorf unsere schlimmste Nacht. Wir werden in eine Scheune gesteckt, in der es bald von Ratten raschelt. Sie knabbern an den Rucksäcken, sie rennen uns übers Gesicht. Taschenlampen gibt es nicht, draußen liegt Schnee. Da spanne ich eine meiner beiden Pferdedecken über mich, indem ich ihre Enden unter die Hacken und unter den Hinterkopf schiebe – nun federt die Decke mit der Ratte, wenn sie meinen Bauch quert, und wenn sie mir über die Nase läuft, sind ihre Fußabdrücke immerhin gemildert. Angefressen wird keiner von uns, aber am Morgen haben die meisten Rucksäcke Löcher, und kein Krümel ist mehr da.

Anderntags werden wir in einer Barackensiedlung bei dem Dorf Siracourt im Arrondissement Arras einquartiert. Zwei deutsche Ingenieure und hundert französische Arbeiter errichten hier ein geheimnisvolles Bauwerk, das wir bewachen sollen – eine Abschussrampe für die «V1», wie wir später hören. Ich stehe Wache, wir machen Rundgänge zu zweit in eisiger Vollmondnacht. Bald werde ich in der Schreibstube als Dolmetscher gebraucht. Dort erfahre ich sogar, in welcher Truppe ich diene: einer «Luftwaffenfelddivision» – bestehend aus den allzu vielen Soldaten, die Göring angefordert hat, obwohl sie kein Flugzeug mehr zu sehen kriegen; eine Art Infanterie also, zweite Wahl.

Und bald fallen die Bomben. Die Franzosen haben die Standorte der künftigen V1 natürlich den Engländern gemeldet, nun greifen sie die Baustellen an, die zu Dutzenden in der Landschaft liegen, von unserem Regiment bewacht. Hier zwei Soldaten verschüttet, da einer verbrannt, dort fünf Kumpels zerrissen. Ich helfe dem Kompaniechef bei der Benachrichtigung der Angehörigen.

Zum Mittagessen gibt es auf einmal riesengroße Schnitzel von süßlichem Geschmack: Pferdefleisch. Man hat da seine Vorurteile, und vor allem steht dem Genuss das Bild der Pferdekadaver im Weg, die man hier und da herumliegen sieht, alle vier Beine starr von sich gestreckt und mit aufgedunsenen Bäuchen.

Nach zwei Wochen ergeht der vernünftige Befehl: An der Baustelle halten sich nur diejenigen Soldaten auf, die Wache haben; einquartiert werden wir in Dörfern in der Nähe. Unseres heißt Wavrans. Doppelstöckige Eisenbetten, ein Kanonenofen mit zu wenig und zu feuchtem Holz. Es gibt eine Art Weihnachtsfeier, zu der wir mehrere heidnische Weihnachtslieder haben einüben müssen, unter der direkten Anleitung des Kompaniechefs Sebastian Krabichler, eines bayerischen Basses und Pfennigfuchsers mit schwerer Zunge. Nach dem Gesang ein paar sogenannte Lebkuchen, an die ich mich zehn Jahre später noch erinnerte, als ich Charlie Chaplin im «Goldrausch» seine Schuhsohlen verspeisen sah.

Zu den Lebkuchen die Weihnachtsansprache von Goebbels über alle deutschen Sender: Das Herz sei ihm stehengeblieben, als er die deutschen Wunderwaffen gesehen habe! Dazu merke ich halblaut und prophetisch an: «Wenn ihm nicht die Schnauze stehengeblieben ist, dann taugen sie nicht viel!» Dafür hätte ich verpetzt und verurteilt werden können, wegen «Wehrkraftzersetzung». Juristisch schwerer einzustufen war ein Spruch, der in jenen Tagen im Stab die Runde machte: «In meiner Eigenschaft als Generalbevollmächtigter für den totalen Kriegseinsatz», ließen wir Goebbels sprechen, «verkünde ich zwei weitere Maßnahmen zur Steigerung der deutschen Eisenproduktion. Erstens: Der Gott, der Eisen wachsen ließ» (aus dem «Vaterlandslied» von Ernst Moritz Arndt), «hat sich sofort bei mir zu melden. Zweitens: Sämtliche Erzbischöfe werden eingeschmolzen.»

Mir winkte ein wirkliches Weihnachtsgeschenk: Die Einweisung ins Feldlazarett Calmette in Lille am ersten Feiertag, denn ich hatte eine Stirnhöhlenentzündung. Siebzehn schöne Tage im gut geheizten Lazarett, mit ein bisschen schmerzhafter Behandlung, bei leidlicher Verpflegung, mit drei ganz netten Kumpanen auf der Stube. Die meiste Zeit lungerten wir im lazaretteigenen Schlafanzug herum, manchmal gab es einen Film; und da trugen die Feldwebel ihre Uniformjacken über den Pyjamas, damit man ihre Tressen und ihre Orden sehen konnte, statt sie für bloße Obergefreite zu halten – ein Signal an die Krankenschwestern, worunter Heidi, eine Flachsblonde, auf uns wirkte wie später Marilyn Monroe auf ihre Fans.

Einmal wurden wir Zeugen, wie eine komplette U-Boot-Besatzung beim Chef unserer Hals-Nasen-Ohren-Abteilung untersucht wurde auf Tauglichkeit für große Fahrt. Nur die Gesündesten ließ man hinaus, und bald würden sie die Totesten sein. Ob sie es ahnten?

Als ich mich auf dem Kompaniegefechtsstand im Städtchen Anvin zurückmeldete, wurde ich zu meinem Vergnügen einbehalten und zum Dritten Schreiber ernannt, weil ich, wie man von der Baustelle Siracourt her wusste, Französisch sowie ein bisschen Steno und Schreibmaschine beherrschte, und diese Kombination war selten – Beginn einer Karriere, die ich, im Dienst meines Überlebens, bis zum letzten Tag des Krieges durchhielt.

Im März 1944, nur gut fünf Monate nach der Einziehung, wurden einzelne herausragende Soldaten zu Gefreiten befördert, einem Dienstgrad, der regulär erst nach einem Jahr anstand; darunter ich. Saufen also! Wein, Likör und Fusel hatten wir genug herangeschafft, wir grölten, auch auf der nächtlichen Dorfstraße – und dann setzt bei mir alle Erinnerung aus, obwohl ich nach Zeugenaussagen noch mehrere Stunden auf den Beinen war. Wäre ich wegen Totschlags, begangen in diesen Stunden, vors Kriegsgericht gekommen – ich hätte nicht gewusst, ob die Anklage zutraf. Das Bewusstsein kehrte wieder, als ich mit brummendem Schädel zwischen dem Erbrochenem erwachte, das alle auf der Stube erzeugt hatten.

Am 19. März kam einer in die Schreibstube gerannt und schrie, ein Bomber stürze brennend auf uns zu. Wir rannten ins Freie und sahen eine viermotorige «Fliegende Festung» flammend trudeln, noch mindestens tausend Meter hoch – wohin würde sie stürzen? Da riss eine Tragfläche ab und dann das Leitwerk, und da sausten auch, mit Schweifen von Qualm, schwarze Punkte in die Tiefe, die Motoren wohl, und schlugen krachend auf. Wir rannten hin und her zwischen Fetzen stürzenden Metalls, und oben segelte immer noch, ein träger Feuerkreisel, der Rumpf mit der anderen Tragfläche.

Als ein glühendes Blech in das Dach unseres Hauses rauschte, rannten wir zum Löschen. Zwei freilich rannten ziemlich langsam – und lachten dabei: die betagten Obergefreiten von der Kleiderkammer. Wir wussten alle, dass sie ein Chaos war, und dafür hafteten sie nun nicht mehr.

Unser Fourier hatte gute Beziehungen zum Gastwirt Bontant geknüpft; in der letzten Märzwoche saßen wir vom Gefechtsstand dort allabendlich, bekamen zum Wein schieren Speck vorgesetzt (ein hinreißender Luxus für einen, der seit einem halben Jahr kein Gramm Butter mehr gesehen hatte) und erfreuten uns der hübschen Töchter Odette und Janine: am ersten Abend küsste ich die erste, am zweiten die zweite, am dritten alle beide, am vierten keine mehr, weil sie sich nun rundum küssen ließen. Es war ja offenkundig: Die Frauen hatten nichts gegen uns! Unbewaffnet gingen wir sowieso durchs Dorf, das war so üblich.

29. März 1944: Ich wurde zum Bataillonsstab in das nahe Städtchen Hesdin versetzt. Unteroffizier Simm, der II b des Bataillons (das heißt Personalbearbeiter «Unteroffiziere und Mannschaften») hatte mich im Umgang mit der Kompanieschreibstube offenbar als Talent entdeckt, und so wurde ich auf II b der zweite Mann. Das war die richtige Stelle, um einen Fronturlaub durchzusetzen, und in der Tat: Am 25. April startete ich, versehen mit dem Stempel «Frei von ansteckenden Krankheiten und Ungeziefer», bewaffnet mit Butter, Kaffee und einer Flasche Anislikör, zu einer zweitägigen Reise nach Berlin – in die alte Nestorstraße 14, die sich wacker hielt zwischen wachsenden Bergen von Schutt, oft mit Pappe statt der Fensterscheiben und immer wieder tagelang ohne Telefon.

Nur meine Mutter würde ich dort noch finden. Mein Vater war Ende 1943 eingezogen worden mit seinen 57 Jahren, in Wildpark bei Potsdam stationiert, in einer Außenstelle des «Wehrmachtführungsstabs». Wie er ohne Parteiabzeichen und als Reservist von niederem Rang dort hineingeriet, wurde mir nicht klar und ihm auch nicht ganz.

«Wir werden uns mit dem Einbruch des Elementaren in unser Leben abfinden müssen», hatte er mir aus Wildpark nach Anvin geschrieben. «Die bürgerliche Welt, die nun zusammenbricht, hatte es verstanden, das Elementare an die Peripherie des Daseins zu schieben.» Die Chancen der Völker bemäßen sich anscheinend danach, wie fern sie der bürgerlichen Vorstellungswelt und wie nah sie zum Elementaren stünden: «Die Franzosen sind am schnellsten zusammengebrochen, die Russen erweisen sich als unüberwindlich.» Der letzte Satz hätte ihn vors Kriegsgericht bringen können: Er drückte Zweifel am «Endsieg» aus; auch das war «Wehrkraftzersetzung» und mit dem Tod bedroht.

Die letzte Nacht vor der Ankunft in Berlin hatte mir deutlicher als mein Schreibstubenfeldzug gezeigt, was Krieg war. Der Zug fuhr nicht nach Hannover ein, weil dort die Bomben fielen im Hagel der Flak; wir warfen uns auf den Boden der Waggons, halb übereinander, weil der Platz nicht reichte. Nach Stunden schlich der Zug im Schritttempo durch die Flammen, und das Ungewitter folgte uns: Tiefflieger-Angriffe, das Mündungsfeuer der Flugabwehrgeschütze, das Krachen der Bomben, Galgenhumor auf den Gängen, mit der Reichsbahn durchs Inferno.

Und das Glück der Mutter an diesem 27. April! Für ein opulentes Frühstück hatte sie gespart (mit Apfelschalen-Tee), vom Gasherd duftete der Kuchen aus Kartoffeln und Gries, und zwei große Töpfe mit heißem Wasser halfen mir, mich des weißen Bettes würdig zu machen, in das ich glücklich sank. Jede Nacht in den Keller, kein Großschaden in der Nähe, doch der Kurfürstendamm schrecklich zerrupft.

Noch einmal ging ich auf den Hubertussportplatz, zum Ruhme der unversehrten Beine – wie lange noch? Am 12. Mai stieg ich wieder in meine blaugraue Luftwaffen-Uniform mit dem silbernen Gefreitenwinkel, schnürte mein Bündel und verließ mein Berlin für immer. So schwer wie am 30. September des Vorjahrs fiel es mir nicht: Ich hatte mich ja nicht übel platziert in der widerwärtigen Militärmaschinerie, und das nährte meinen Glauben an meinen guten Stern.

Die Rückreise dauerte fünf Tage: Zerstörte Gleise, Umwege über Calais, Boulogne-sur-Mer und Lille, Übernachtung in «Frontleitstellen», zerschossenen Bahnhöfen, geparkten Straßenbahnen. An einem Tag dreimal im «Soldatenkino». Die Züge, immer überfüllt, fuhren oft im Schritt auf notdürftig reparierten Gleisen. Einmal hielt die Lokomotive in Höhe eines Bahnwärterhäuschens, der Heizer schleppte einen Sack Kohlen vom Tender zum Haus und kehrte mit einer Handvoll Tabak zurück.

Die Schreibstube hatte auf mich gewartet! Am 6. Juni um halb vier Uhr morgens aber schrie der Schreiber vom Dienst durchs Haus: «Aufstehen! Alarmstufe II!» Warum, wussten wir nicht. Also: Unterkunft nicht mehr verlassen, Sturmgepäck packen. Da kam eine Menge zusammen: Karabiner 98k mit 90 Schuss Munition, Pistole 7/65, Seitengewehr, Gasmaske, Zeltbahn, Feldflasche, Kochgeschirr, Verbandspäckchen, Losantin gegen Gelbkreuz – und mein englisches Taschenwörterbuch.

Zunächst nur gerüchteweise hörten wir im Lauf des Vormittags von Luft- und Seelandungen im Raum Caën und Cherbourg, rund 250 Kilometer von uns entfernt – bis der OKW-Bericht meldete: Ja, es ist sie, die große Invasion, auf die wir seit zwei Jahren gewartet haben, fast schon ungeduldig. «Wir atmen auf!», schrieb ich wirklich in mein Tagebuch – und meine Mutter jubelte fast:

«Wie eine Erlösung kommt die Invasion uns allen vor», schrieb sie mir am 9. Juni, «und ich bin ganz zuversichtlich, dass wir Herr darüber werden.» Im Übrigen klagte sie über ihre Einsamkeit in der viel zu groß gewordenen Wohnung – wo sie doch auch in besseren Zeiten zu Melancholie und Migräne neigte, mindestens sonntags. Bis ein Uhr bleibe sie immer auf, danach würden die Angriffe unwahrscheinlicher.

Am 14. Juni zog der Bataillonsstab aus unserem Städtchen in ein Landschloss um, fünf Kilometer weit: das Château Estrouvalle, einsam und idyllisch inmitten von Wiesen und Wäldern gelegen, aus der Ferne ein erfreulicher Farbfleck und kurioserweise ein unübersehbares Bombenziel, aus der Nähe verwahrlost nach französischer Art. Die Eigentümer blieben im Parterre, der Stab bezog die sechs Zimmer und vier Kammern des 1. Stocks.

Der ganze 15. Juni war ein Großflugtag wie keiner zuvor: Hunderte von viermotorigen Bombern orgelten über uns hinweg, ohne dass sich auch nur der deutsche Jäger sehen ließ, der doch sonst manchmal ein paar Propaganda-Schleifen drehte. Auf unsere Feldwache bei der Baustelle Ligescourt fiel ein Bombenteppich – drei Tote, zusammen bisher 35 im III. Bataillon, das zwischen Dünkirchen und Rouen die letzten 150 noch unvollendeten Baustellen der V 1 bewachte.

15. Juni, 23.40 Uhr: Ein Knall wie eine Kesselexplosion oder wie das Abschießen von tausend Luftgewehren ließ das Haus zittern und scheuchte uns aus den Betten. Wir konnten nur rätseln: die Wunderwaffe? Der Beginn der «Vergeltung»? Am nächsten Vormittag war die Luft erfüllt von einem dumpfen Brausen wie von einem Dutzend Zeppelinen. Nieselregen, wir sahen nichts. Ja, das musste sie sein. Startrampe in unserer Nähe – wo, wussten wir nicht.

Irgendwie hatten wir uns die «Vergeltung» großartiger vorgestellt. So oft beschworen hatte Goebbels diese «Wunderwaffen», dass in uns unwillkürlich die Vorstellung entstanden war, mit sieben Schüssen werde London erledigt und binnen einer Nacht das Empire zur Kapitulation gezwungen sein (so ähnlich, wie es später mit Japan tatsächlich geschah). Stattdessen war die Vergeltung schon am 18. Juni zu einem «fortgesetzten Störungsfeuer auf London» geschrumpft. «Dies ist nur die erste Umdrehung einer Schraube», sagte Hans Fritzsche, Goebbels' Statthalter im Radio. Meine Mutter schrieb am Abend des 17. Juni aus Berlin (sorry, es ist ein Zeitdokument!):

> Nun ist sie da, die Vergeltung! Mir blieb beinah das Herz stehen, und die Tränen kullerten, als es im Rundfunk gemeldet wurde. Wenn ich auch ganz fest daran geglaubt habe, so war es doch wie eine Erlösung! Und nun ist es erst der Auftakt zu viel Schlimmerem! Hans Fritzsche sagte es gestern. Dann wehe England!

Sie war *keine Nazisse*, meine Mutter, nur eben auch keine Antifaschistin und keine Märtyrerin. Politisch schwamm sie mit dem Strom, und dieser Brief beleuchtet den Strom, und deswegen ist er interessant. Weiter schrieb sie:

> Und der Humor der Berliner! Der Drahtfunk meldet sich jetzt folgendermaßen: ‹Hier ist die Flakdivision von Großkaputt bei Potsdam. Feindliche Fliegerverbände über Spandau-Rest eingeflogen. Teile über Restend, Klamottenbruch, Stöhneberg, Stehtnichts, Trichterfelde.› Ist doch reizend!»

Wie man sich das Leben so einrichtet! Was die Invasion anging, so wandelte sich die anfängliche «Erlösung» rasch zur Ernüchterung. Am 26. Juni schrieb meine Mutter aus Berlin, ihrer aller Optimismus sei etwas gedämpft durch den bevorstehenden Fall von Cherbourg. «Nun muss wohl unsere V 2 eingesetzt werden! Denn ob wir sonst Herr werden über die Bande?»

6. Juli: Unser Wachposten lässt seine Handsirene heulen. Bomben im Reihenwurf, Schwefel, Krawall. Wir rennen zu unseren Ein-Mann-Löchern, aber schon ist alles vorbei. Ein Knecht und drei Pferde tot, im Haus alle Fenster kaputt, Dach abgedeckt. Am Himmel zählen wir in der nächsten halben Stunde 604 viermotorige Bomber, nach Deutschland unterwegs.

Mehr zu schaffen machte uns die V 1. Wir kannten jetzt das Startgeräusch und lauschten seinem Fortgang – denn jede sechste oder siebte der fliegenden Bomben verstummte nach ein paar Sekunden. Dann wurden wir blass, warfen uns hin und hielten uns die Ohren zu: Auf die Stille folgte in etwa jedem zweiten Fall die Explosion, und oft rieselte Mörtel von der Decke. Wenn es aber ruhig blieb, waren wir auch nicht getröstet; dann lag ein Blindgänger mit 850 Kilo Sprengstoff in der Nähe und detonierte entweder, wann es ihm einfiel, oder er wurde von einem Feuerwerkertrupp gesprengt, und so oder so hatten wir mehr Kalk und Scherben auf Tischen und Betten. Immerhin, seit der Invasion bezogen wir «Frontzulage», 700 Franc im Monat, das waren 35 Mark oder im Château ein Kilo Butter.

Am 18. Juli räumten wir das Château. Warum? Keiner sagte uns was, wie üblich. Auf einem offenen Lastwagen (das mochten wir, dann konnten alle nach Tiefffliegern Ausschau halten und rasch hinunterspringen in den Straßengraben) fuhr der Bataillonsstab bei schlimmer Hitze – zur Front? Waren wir nicht eine unbeschäftigte, halbwegs brauchbare Infanterie? Nein, nach Croisé-Laroche, dem Punkt, an dem die Straßen aus den drei halb verschmolzenen Industriestädten Lille, Roubaix und Tourcoing zusammentreffen. Dort bezogen wir zwei Etagen in einem freundlichen vierstöckigen Mietshaus – und verwalteten ein militärisch sinnloses Bataillon. In Lille, per Straßenbahn bequem zu erreichen, gab es sogar ein deutsches «Künstlerhaus», und dort bekam man für 200 Francs = 10 Mark, was wir freilich teuer fanden, ein nach militärischen und berlinischen Maßstäben luxuriöses Mittagessen mit vier Gängen.

Wie ich und meine gesamte Umgebung das Attentat auf Hitler am 20. Juli 1944 erlebten, klingt heute besonders provokant. Was hilft's! Ich habe zu berichten. Ich war 19 und war über das Attentat entsetzt – wie alle in meinem Umfeld. «Wir alle sind empört!», schrieb meine Schwester aus Berlin – ausdrücklich auch ihren Mann zitierend, den Ingenieur für Flugmotoren. Im Rückblick halte ich die Sorge für plausibel, dass ein gelungenes Attentat eine neue «Dolchstoß-Legende» hätte in die Welt setzen können: «Mit Hitler hätten wir *natürlich* noch gesiegt!»

Am 31. Juli 1944 gelang der Invasionsarmee bei Avranches der Durchbruch in Frankreichs Süden. Von nun an war sie es, die entschied.

38

Stalin ante portas!
Schmählich dem Ende entgegen

«Stalin ante portas!» Mit diesem Aufschrei begann mein Vater seinen Brief vom 4. Februar 1945, den letzten, den ich im Krieg von ihm bekam. Am 30. Januar war die Rote Armee bis an die Oder vorgestoßen, 60 Kilometer vor Berlin.

Bei uns in Lille hatte noch ein halbes Jahr zuvor, im August 1944, Frieden geherrscht, 200 Kilometer war die Invasionsarmee entfernt, und es erwies sich wieder, dass Soldaten und Armeen dazu neigen, den eben noch möglichen Grad von Komfort bis zur letzten Minute aufrecht zu erhalten: Das deutsche Theater spielte! Ich sah mein erstes Stück von Shaw, «Candida»: Eine Frau, die zwei Männer liebt, entscheidet sich aus Mitleid schließlich für «den Schwächeren», und das ist der Pfarrer, ihr Mann. Mir gefiel's!

In einem langen Brief an meinen alten Schulfreund Plebst resümierte ich melodramatisch mein allzu kurzes Leben und schloss: «Vielleicht werden wir uns in Amerika (wenn wir den Krieg überleben) oder in Deutschland (wenn wir siegen) oder im Himmel (wenn es ihn gibt) noch einmal wiedersehen.»

Näher kam er schon, der Krieg. Am 28. August saß ich mit drei Kameraden in einer Bar in Lille, in der ein Conférencier zweisprachig witzelte: «Travail fini: retour!» – das verstünden *alle* deutschen Soldaten besser als dieselbe Aufforderung in einem ihrer vielen Dialekte. Draußen Schüsse, die Pistole gezogen, zur Tür geschlichen, der Kellner zetert nach der Zeche. Menschen rennen, neue Schüsse fallen – Partisanen? «Auf alle offenen Fenster schießen!», heißt die Weisung. So bilden wir einen trabenden, feuernden Igel. Einen Schützen sehen wir nicht, die Schüsse peitschen weiter. Ein deutscher Straßenpanzerwagen kreuzt auf, Militärpolizei geduckt an seinen Flanken. Nach zehn Minuten haben wir die Schießerei hinter uns gelassen, fallen in Schritt – und lachen. Tags darauf gehen wir ins Soldatenkino: «Romantische Brautfahrt» mit Wolf Albach-Retty und Marthe Harell.

Am 4. September der Befehl: packen! Auf zwei offenen Lastwagen, von Tiefffliegern alle paar Minuten in den Straßengraben gescheucht, fuhren wir in Richtung Belgien – weg von der Front! Warum, um Gottes willen! Böse waren wir nicht. Bauern zeigten sich freundlich, wir aßen ziemlich gut. Am 14. September meldete das Oberkommando der Wehrmacht: Bei Aachen haben die Alliierten deutschen Boden betreten. Ja, es ging weiter bergab.

Am 18. September, in Holland, vor der Stadt Arnheim am Rhein, hören wir Kanonendonner – und plötzlich Gewehrgeknatter ganz nah! Runter von den Lastwagen, der Straßengraben voll Kot, den Karabiner entsichern. «Schießen!», brüllt einer, ich ziele auf rennende Gestalten, die ich für Feinde halte, keine Ahnung, ob ich treffe – warum sagt uns keiner, was hier los ist? Ein Königreich für eine Front! «Zur Kirche!», schreit Leutnant Ebeling. Wir rennen. Zwei fallen hin. Granateinschläge hinter uns. Einer unserer LKWs fährt vor. Raus hier! Wir laden die zwei Verwundeten auf. Ein paar Mann fehlen. Der Fahrer gibt Gas.

Es dauerte Tage, bis wir uns zusammenreimen konnten, in was wir da hineingeraten waren: Tags zuvor hatte eine große Landung britischer Fallschirmjäger stattgefunden, die Rheinbrücken von Arnheim sollten sie erobern. Doch nach einer Woche waren sie aufgerieben, gefallen, geflohen, in Gefangenschaft geraten – der erste Erfolg der Wehrmacht nach der Invasion (und der vorletzte zugleich).

Unser Ziel: Winterswijk an Hollands Ostgrenze, ein wohlhabendes Industriestädtchen. Für den Bataillonsstab wurde ein ausladendes Einfamilienhaus beschlagnahmt, reetgedeckt, mit Sprossenfenstern, im Parterre eine Halle von 60 Quadratmetern mit Kamin – ein würdiger Rahmen für ein unwürdiges Ende.

Es waren die Jagdbomber, die «Jabos», die unsern Alltag bestimmten. Mit Maschinengewehrgarben, auch mit Salven aus Zwei-Zentimeter-Kanonen machten sie Jagd auf jeden Soldaten, auf der Straße, im Garten, im offenen Fenster sogar, wir spritzten in Deckung zehnmal am Tag, und aus der Suppe pickten wir zuerst die Fleischstückchen heraus, falls vorhanden – damit das Wichtigste gerettet war, ehe sie uns in die Küche schossen. Mich hinzuschmeißen bei plötzlichem Fliegergeräusch wurde mir dermaßen zur Gewohnheit, dass ich noch 1947 in der *Neuen Zeitung* Mühe hatte, mich auf dem Stuhl zu halten, wenn ein Flugzeug über uns hinwegbrauste.

Und was machte dieser träge Haufen von Görings Infanterie so weit hinter der Front? Eines machen sollte er offenbar: Eindruck! Ohne Begründung wurden wir im Oktober 1944 zu einem Regiment der «20. Fallschirmjägerdivision» ernannt. Wir bekamen neue Soldbücher und in der Tat die begehrte Uniform: halbhohe Schnürstiefel (sehr gute! Meine einzigen Schuhe bis 1947) – und die berühmte, unter den Beinen zusammengeknöpfte Fallschirmjägerjacke, den «Knochensack». Fallschirme kriegten wir nicht.

Warum also das Ganze? Erklärt wurde es uns nie. Ich vermutete damals (und meine bis heute): Respekt beim Feind genossen nur noch die Waffen-SS und die Fallschirmjäger. Also wurden zu den sechs vorhandenen, schrecklich ausgedünnten Fallschirmjägerdivisionen vierzehn einfach hinzuerfunden – «dass der Gechner schon mal erschrecken tut, für den Knall», wie es der Kohlenpott-Kabarettist Jürgen von Manger dreißig Jahre später über die Wirkung der Handgranate sagte.

Und was machten wir angeblichen Fallschirmjäger (außer Eindruck, und natürlich nicht mal den)? Irgendeine höhere Instanz hatte uns zu einer Durchlaufstation bestimmt. Kurz angekündigt und nie begründet, rollten seit November 1944 auf dem Bahnhof von Winterswijk Schübe von älteren Männern in Uniform heran, die erst recht nicht als Fallschirmjäger durchgingen: Rekruten der zuletzt einberufenen Jahrgänge 1901 bis 1905, ergänzt um jüngere Genesene, die wieder an die Front sollten, deren Einheit jedoch nicht mehr existierte.

Und da kamen Tausende, meist bei Nacht, der Jabos wegen. In Empfang nahmen sie der Adjutant des Bataillonskommandeurs – und ich: Lautlos hatte ich, der Gefreite, die Feldwebel-Planstelle IIb (Unteroffiziere und Mannschaften) besetzt, seit mein Feldwebel aus dem Chaos von Arnheim nicht zurückgekommen war.

Die jeweils zwei- bis dreihundert Ankömmlinge teilte ich ein: Wie viele von welcher Art zu welcher Kompanie? Kuriere lotsten den müden Nachschub zu den Kompaniegefechtsständen in den umliegenden Dörfern. Was von da an ihr weiteres Schicksal war, habe ich nie erfahren. Ich war wichtig, ich arbeitete hart, nach nur einem Dienstjahr war ich von den Geschobenen zu den Schiebenden aufgestiegen – und damit näher an meinem einzigen Ziel: diesem Hexenkessel lebendig entkommen!

Meine Eltern waren glücklich, mein Vater wünschte mir mehr von dem «Koppgenie», das ich bisher bewiesen hätte – ein Erfurter Spottwort für Leute, die sich richtig gebettet haben. Mich bewegte freilich die Sorge, General von Unruh (so hieß er wirklich) könnte nach mir greifen: der von Hitler eingesetzte Kommissar, der die Etappe und die Stäbe nach kriegsverwendungsfähigen Soldaten zu durchkämmen hatte, um sie unverzüglich an die Front zu schicken. «Heldenklau» wurde er alsbald genannt, in Anlehnung an die von Goebbels ersonnene Propagandafigur «Kohlenklau», der auf Litfaßsäulen nächtens durch die Städte schlich, um Strom und Heizung zu vergeuden.

War ich nicht «kv», kriegsverwendungsfähig? Wann würde mich Unruhs Kamm erfassen? Dieses Lauern prägte mich dermaßen, dass ich mich noch 1947 an der Schreibmaschine nicht selten bei dem Gedanken ertappte: Hoffentlich merkt hier keiner, dass ich k. v. bin!

Am 17. Dezember jubeln wir: Die Ardennen-Offensive hat begonnen! Deutsche Panzer stoßen hundert Kilometer vor bis an die Maas! Ja, wir waren bescheuert – nur gab es in meinem Umfeld keinen, der *nicht* begeistert gewesen wäre. Und dieser Hitler, immer noch! Heiligabend saßen wir mit unserer Rum-Ration am knisternden Kamin, und Goebbels hörten wir im Radio sagen: «Wir sind das erste Volk der Erde! Unsere Feinde wissen ganz genau: Wenn wir es nur mit einem von ihnen zu tun gehabt hätten, wir würden ihn bis ans Ende der Welt gejagt haben.» Das gefiel uns; auch wenn ich herauszuhören glaubte, wie töricht wir waren, uns mit so vielen Feinden anzulegen.

Zu Hause in Berlin war, wie ich später hörte, ausgerechnet am Vormittag des 24. Dezember der Zentralheizungskessel geplatzt, aber meiner Mutter gelang es noch, einen Kanonenofen aufzutreiben, das Rohr durch ein Stück Pappe im Fenster gesteckt. Und noch einmal gab es in Halensee ein bisschen Weihnachtsstollen statt der üblichen trockenen Brötchen mit Kunsthonig.

Silvester wurde traurig in Winterswijk. Die Ardennen-Offensive war offenbar gescheitert, die Rote Armee stand an Ostpreußens Grenze. Der reichlich zugeteilte Rum machte uns galgenhumorig. In dieser Neujahrsnacht ließen wir zum ersten Mal das zynische Wort auf der Zunge zergehen: «Genießen wir den Krieg! Der Friede wird fürchterlich.» Freilich, für den Krieg galt umgekehrt der Standardsatz: «Vielleicht bist du schon morgen den Heldentod krepiert, ohne im Wehrmachtsbericht genannt zu werden.» Stumm, anonym und ohne Spuren auf der alten Erde.

30. Januar 1945: «Stalin ante portas!» Mit Horaz beschloss mein Vater seinen letzten Brief: *Impavidum ferient ruinae* – «auf einen Unerschrockenen werden die Trümmer niederstürzen». Tags darauf aus Berlin: «Wir sitzen mitten in gepackten Sachen und harren der Dinge, die da kommen werden. Zum Abhauen ist es zu spät.» Am 3. Februar: «Heute wieder ein schwerer Tagesangriff mit 1000 Bombern. Der Volkssturm hat überall Barrikaden errichtet.»

Fast musste man sich ja genieren in unserm schönen, immer noch geheizten Haus in Winterswijk. Nur das Essen wurde immer schlechter, lediglich Brot noch genug. Erstaunlich die Aufstriche in grünlichem Gelb oder schmutzigem Grau: Fett dritter Wahl, sogar von «synthetischer Butter» war die Rede, der Geschmack kaum erträglich; am ehesten noch, wenn man das Zeug in die Pfanne tat, um Brot darin zu rösten. Auch dabei gab es Überraschungen: als nämlich der Aufstrich nicht schmolz, sondern einen braunen Kleister bildete; das Fett war keins, sondern Kunsthonig. Einziger Lichtblick im letzten Kriegswinter: die Dose Kondensmilch einmal in der Woche. Für zwei Tagesrationen von drei Zigaretten tauschte ich jeweils eine weitere Dose ein und trank sie leer in einem Zug, das schmeckte nach Fett und Frieden. Und fast jeden Abend im Soldatenkino – zuletzt «Frau meiner Träume» (mit Marika Rökk) und «Hab mich lieb» (mit Marika Rökk). Ein Soldatenheim hatten wir auch noch; Mitte Februar wurde es von Jabo-Kanonen durchlöchert.

Und was war am 13. und 14. Februar in Dresden geschehen? Der OKW-Bericht schrecklich genug, die Gerüchte noch schlimmer. «Churchills ultimatives Verbrechen!», schrie Leutnant Ebeling, und meine Mutter schrieb: «Das nur möchte ich noch erleben, dass man den Mördern ihre Schandtaten heimzahlt!» Vom 7. März ihr letzter Brief: «Haben heute Holz geklaut, auf Kinderwagen geladen. Nun können wir uns wenigstens warmes

Essen machen. Gestern Vati hier, sieht aus wie Gandhi. Bald mehr!» Nichts mehr. Die «Feldpost», die bis dahin funktioniert hatte schlecht und recht, war am Ende.

Am 9. März – wir hatten in Winterswijk keinen Strom und keine Heizung mehr – donnerten uns die «Führerbefehle» auf den Tisch. Auf Fahnenflucht stand ohnehin der Tod; jetzt ging es darum, auch Drückeberger und Versprengte mit der sofortigen Hinrichtung zu bedrohen: Ein Soldat, der seine Einheit verloren hat, hat sich in Richtung des Kampflärms zu begeben; wer sich von ihm entfernt, wird standrechtlich erschossen (de facto von Feldgendarmen an den nächsten Baum gehängt). Tod steht auch auf «Feigheit vor dem Feind». Wer solcher Feigheit überführt ist oder wer sich unverwundet gefangen nehmen lässt, für den haftet «die Sippe» mit Vermögen, Freiheit oder Leben. Jeder Soldat muss unterschreiben, dass er Kenntnis genommen hat.

Aus Berlin dringt der befreiende Witz zu uns: «Eh'ck ma häng' lasse, jloob ick an'n Endsieg.» Und der harmlosere: «Jetzt kannste mit der S-Bahn an die Ostfront fahrn.» Am 18. März aber kommt in Winterswijk eine Ladung von «Wehrmachtshelferinnen» an, zur Ablösung kriegsdiensttauglicher Soldaten in den Stäben, wie ich einer bin; in Marsch gesetzt, als der Feind noch nicht dreißig Kilometer vor Winterswijk stand; dienstverpflichtete Frauen in den Zwanzigern, denen bei den Soldaten die Namen «Hupfdohlen» oder «Steckdosen-Geschwader» voraneilten. Lösten sie noch irgendeinen Soldaten ab? Keinen mehr. Gab es Geknutsche mit den Hübscheren? Hundertfach. Was versicherte mir meine mollige Ingeborg unaufgefordert? Wieviel Mühe sie habe, sich mit ihrer Anständigkeit unter ihren zügellosen Kameradinnen zu behaupten! Auch gab es eine Viertelstunde, in der ich den Weltkrieg ganz erträglich fand.

Am 21. März fallen die Bomben. Sie jaulen, sie donnern, wir stolpern und rennen in den Garten durch ein zusammenkrachendes Treppenhaus, dort große Trichter, zwei von uns bluten und schreien, mein Ein-Mann-Loch ist erreicht, alles vorbei – Sanitäter! Die Mauern stehen noch, wir klettern und tasten uns nach oben, die wichtigsten Akten müssen wir retten. Eine Flasche Schnaps, die mir nicht gehört, erkläre ich zur Kriegsbeute.

Der Bataillonsstab floh in ein Dorf fünf Kilometer weiter, primitives Quartier, die Scheiben klirrten vom Donnergrollen der Artillerie. Ich ersann den Satz «Der ewige Unsinn zieht uns in die Finsternis» und labte mich an ihm. Mein Vater notierte in jenen Tagen, ich las es nach seinem Tod: «Wie lang noch, und der Vorhang fällt vor uns und die versunkene Welt.»

24. März: Englische Luftlandung bei Bocholt südlich von Winterswijk. Stellen wir uns ihr nun entgegen, oder wie lange sollen wir noch Etappe bleiben? 25. März: Aufbruch nach Norden, von Bocholt weg! Es sind wohl unsere Tausende von alten, schlecht ausgebildeten, schlecht bewaffneten Wehrpflichtigen, die uns den Befehl zum Angriff ersparen.

Stattdessen beginnt das, was wir bald den «Wanderzirkus Melodia» nennen, unserm Bataillonschef zuliebe, Hauptmann Melota aus Wien, einem dürren Männchen mit einem Glasauge und einem echten Fallschirmjägersturmabzeichen. Übrigens hat er beim Regimentskommandeur meine Beförderung zum Unteroffizier durchgesetzt – genauer: zum Fallschirmoberjäger, wie es bei «uns Fallschirmjägern» heißt.

Und wohin? Nach Norden! Aus dem Süden rücken britische Panzer nach. In langen, dünnen Kolonnen, der Jabos wegen, zockelt das Bataillon, durch die unablässig nachrückenden Reservisten auf 4000 Mann aufgebläht, nach Unbekannt, vorbei an Autowracks und Pferdekadavern. Eine Brücke über einen Kanal wird zur Sprengung vorbereitet, Pioniere haben zweihundert Meter weiter eine Behelfsbrücke geschlagen, im Sandweg dorthin ist ein Dutzend Kübelwagen von anderen Bataillonen steckengeblieben, drei stehen in Flammen, und immer wieder stürzen die Jabos schräg auf uns hernieder. Uns rettet die Nacht.

Wohin also? Hauptmann Melota vertraut dem Stab die geheime Weisung an: nach Leeuwarden im nördlichsten Teil des holländischen Friesland. Dort soll das Regiment den tauglichen, also kleineren Teil der Reservisten ausbilden (als ob dafür noch Zeit wäre!), den größeren aber nach Munsterlager in der Lüneburger Heide abschieben (ob sie dort noch vor den Alliierten ankommen würden?). Zwei vollkommen weltfremde Befehle also, aber wie von mir erdacht im Rahmen meiner Überlebensstrategie.

Am 1.April – es ist Ostern, die Amis stehen vor Kassel – durchqueren wir die Itterbecker Heide, ein patagonisches Stück Deutschland, das nach Holland hineinragt. Die Kinder winken uns zu, die Erwachsenen grüßen mit «Heil Hitler!» Und was bekommen wir, die vom Bataillonsstab, im hölzernen Gaststübchen? Spiegeleier. Unterm Hitlerbild. Leute!

In Coevorden, wieder Holland, peitschen Schüsse, wir sehen kein Mündungsfeuer, fahren Zickzack, schießen mit der Maschinenpistole aufs Kopfsteinpflaster, das haben wir gelernt: Das gibt Querschläger mit Streuwirkung. Nach zwei Minuten ist es wieder still.

Im nächsten Dorf wird der Stab auf mehrere Bauernhäuser verteilt, irgendjemand schickt mich in eines nur zusammen mit einer der letzten Wehrmachtshelferinnen, die noch bei uns sind, der niedlichen Elfriede. Der Bauer versorgt uns augenzwinkernd, wir schmusen, und entrüstet erzählt Elfriede von einer Freundin, der Ingeborg: Die habe sich dem Leutnant Sowieso in ekelhafter Weise angeschmissen und sei schon morgens sturzbetrunken.

Am 10.April erfahren wir: Bremen ist gefallen. Wir strampeln in einem Sack weit hinter allen Fronten, und nun ist der Sack zu. In einer hübschen Stadt, die Sneek heißt, finde ich auf freier Straße einen Eimer kaltes Wasser, wasche mich und traue mich zum nächsten Friseur: Haare waschen und rasieren, kein Problem.

Am 12. April kurz vor Mitternacht verbreitet ein Obergefreiter von der Telefonvermittlung die Sensation: Roosevelt gestorben! Ich bin elektrisiert, ich kenne mich ja aus mit dem Siebenjährigen Krieg – und hat denn Friedrich der Große in scheinbar aussichtsloser Lage nicht deshalb doch noch gewonnen, weil 1761 die Zarin Elisabeth starb – und ihr Sohn den Preußenkönig bewunderte? Wie soll man da keine Parallele ziehen als belesener Mensch! Und ich bin nicht einmal der Verblendetste: Oberjäger Weber, Rechtsanwalt aus Fulda, 40 Jahre alt, sagt: Vielleicht werden sie ja an Führers Geburtstag «sprechen», am 20. April, «unsere gewaltigen neuen Waffen!»

Uns aber warf irgendeine hilfreiche Hand nun vollends auf den Müll: Das Bataillon wurde über die Zuidersee verschifft, ins *westliche* Holland, möglichst weit weg von der Front! Der Stab fuhr in «Holzgasern» über den Großen Deich – dem letzten Aufgebot der Industrie, angetrieben von den Abgasen der Holzkohle, die in einem senkrechten Kessel am Heck verbrannt wurde. Der Fahrer sprang alle Viertelstunde hinaus und rührte in dem Kessel so heftig, dass der Wagen sich schüttelte, unter nie zuvor gehörten Flüchen in kölnischem Platt. Aber die Jabos, die diesen Deich total kontrollierten, mit Leuchtbomben bei Nacht – sie hatten keine Chance: Waschküchenwetter! Als wollte irgendjemand mich retten, wieder mal.

39

Kriegsbilanz
Hitlers Ende. Der Holocaust

17. April 1945: Die «Heeresgruppe Ruhrgebiet» kapituliert, und wir fahren in die Hafenstadt Ijmuiden ein – näher an der Küste Englands als an der Ruhr! Da also, wo die Lebensader Amsterdams, der Nordsee-Kanal, ins Meer mündet; zur deutschen Festung ausgebaut mit Bunkern, Panzersperren, Minenfeldern, Torpedobooten, 12 000 Mann und gewaltigen Vorräten an Verpflegung und Munition – alles vergeudet im Hinterland des Feindes. Nun lungern auch wir noch da herum, Görings latschende «Fallschirmjäger», die sowieso keiner haben will.

Der Stab bezieht eine vergammelte Prachtvilla am Rand der Stadt, mit Park und Teich, mit drei Mann in einem großen Zimmer, kein Strom. 20. April: Hitlers letzter Geburtstag. Neue Waffen? Natürlich keine. Geschenke: Ungeheuer! Ein Kilo tiefgefrorene Erdbeeren für jeden vom Stab – eine Weltsensation! Goebbels im Radio: «Gott wird Luzifer, wie so oft schon, wenn er vor den Toren der Macht über alle Völker stand, wieder in den Abgrund zurückschleudern, aus dem er gekommen ist.»

Wir lesen Goebbels' letzte Rede in der Frontzeitung *Wacht im Westen*. Ihr Aufmacher: «Abwehrschlacht vor Berlin/Dem Massenansturm standgehalten/Kampf an Ruhr und Rhein beendet/Widerstand in Magdeburg». Am 25. April kommt der Obergefreite Fuchs aus Wien, mein IIb-Assistent, von seinem regelmäßigen Gang zu einem Minensuchboot zurück, das Strom und Radio hat, und berichtet: In Torgau an der Elbe haben Amerikaner und Russen einander die Hand geschüttelt – und aus Berlin: «Kämpfe am Roseneck – die S-Bahn bei Halensee erreicht.» Halensee! Fuchs schwört es. Ich renne in den Park und heule.

Einer aus Berlin hatte uns erzählt, seine Mutter habe ihm im letzten Brief geschrieben, die Frauen im Haus berieten schon die Frage: «Wie schütze ich mich vor Vergewaltigung?» Und dazu hätten sie Tipps aus Ostpreußen verbreitet: Alter hilft nicht, Hässlichkeit auch nicht, also auch nicht aufgeklebte Warzen aus Brotteig mit Borsten aus einer demontierten Zahnbürste darin. Nur eines soll helfen: sich durch geschicktes Schminken den Anschein einer grässlichen Hautkrankheit zu geben. Meine Mutter ist 53, meine jüngere Schwester 25 und sehr hübsch. Im Luftschutzkeller lauern sie auf den Schreckensruf: «Frau, komm!»

Das musste mir noch einmal einfallen am 8. Mai 1985, als Bundespräsident Richard von Weizsäcker in seiner großen, in aller Welt gerühmten Rede zum 40. Jahrestag der deutschen Kapitulation verkündete: «Der 8. Mai war ein Tag der Befreiung. Er hat uns alle befreit von dem menschenverachtenden System der nationalsozialistischen Gewaltherrschaft.» Uns alle! Ist einer «befreit», der aus dem einen Gefängnis befreit wird, um ins nächste zu wandern? Hätte Weizsäcker nicht eine andere Formulierung wählen sollen für jenes Viertel der Deutschen, die unter sowjetische Herrschaft gerieten? War die Hakenkreuzfahne schlimmer als die Plakate: «Von der Sowjetunion lernen heißt siegen lernen» an allen Universitäten, volkseigenen Betrieben und Kindergärten? Rudolf Augstein zog im *Spiegel* (7.1.1985) die Bilanz: «Ein nicht kleiner Teil der Deutschen wurde überhaupt nicht befreit, sondern nur einer neuen Schreckensherrschaft unterworfen.» Die totale Nichterwähnung dieses Umstands in einer Festrede von mehr als einer halben Stunde bleibt erstaunlich.

Ich nehme mir darüber hinaus die Freiheit, Weizsäckers pauschalen Dank rundum in Frage zu stellen – unter drei weiteren

Aspekten: Wollten die Deutschen in ihrer Mehrheit «befreit» werden? Nein. Waren die Sieger eigentlich gekommen, um uns zu befreien? Nein! Schon zwei Kuriosa. Und dann der ganz wunde Punkt der großen Rede, zuerst haben polnische Historiker auf ihn hingewiesen.

Befreit fühlt sich kein Volk auf Erden, in dem fremde Soldaten die Herrschaft übernehmen. Der SPD-Stratege Erhard Eppler stellte fest (*Spiegel* 20/1999): «Was immer die Deutschen später eingesehen haben – die wenigsten haben die Kapitulation als Befreiung erlebt.» Der englische Hitler-Biograph Ian Kershaw im *Stern*-Interview (9/2005): «Die Alliierten waren Sieger und Besatzer. Fast alle Deutschen waren natürlich froh, dass der Krieg vorbei war. Aber als Befreiung sahen sie es nicht.» Einen Satz in Weizsäckers langer Rede, meine ich, wäre das wert gewesen.

Kuriosum 2: Uns zu «befreien» war *nicht* die Absicht der Sieger. Eisenhower verkündete in seiner Direktive vom 4. April 1945 ausdrücklich das Gegenteil: «Deutschland wird nicht besetzt zum Zweck seiner Befreiung, sondern als besiegter Feindstaat.» *Don't fraternize!* war allerorten plakatiert: *This is the home of treachery* – die Heimstatt des Verrats! Weizsäckers Dank an die drei westlichen Alliierten hätte also lauten können: «Vielen Dank für die Wohltaten, die ihr uns ursprünglich *nicht* erweisen wolltet. Auch wir haben sie nicht gleich gewürdigt.»

Nach diesen zwei Kuriosa die handfeste Kritik aus Polen. Wenn der 8. Mai 1945 alle Deutschen von der nationalsozialistischen Gewaltherrschaft «befreit» hat – dann waren die Deutschen also von den Nazis unterdrückt? Das könnte euch so passen, ihr Deutschen: Euch als Hitlers Opfer aufzuspielen! Ihr selber wart die Nazis! Es war euer Hitler! Ihr habt ihn geliebt!

Ja, so war es. Ich habe es miterlebt, ich habe unendlich viel dazu gelesen, mehr als sechzig Jahre lang: Die Polen haben recht.

Und eine rundum gute Rede war die berühmte Rede nicht. Die Deutschen, schrieb Marcel Reich-Ranicki 2005, hätten den 8. Mai 1945 «nicht als Tag der Befreiung, sondern als Zusammenbruch erlebt. Alles andere ist eine unzulässige, wenn nicht *verlogene Beschönigung*» (*Spiegel* 22/2005).

Wir in Ijmuiden, von den künftigen Wohltaten zumal der Amerikaner wahrlich noch nichts ahnend, verbrachten die letzten Tage des Krieges angstvoll und ahnungslos. 26. April, OKW-Bericht: «Schulter an Schulter mit allen waffenfähigen Männern führen unsere Truppen einen heldenhaften Kampf gegen den bolschewistischen Massenansturm.»

Auf der großen Deutschlandkarte, die im Wanderzirkus Melodia stets mitgezogen war, hängte ich verzweifelt deutschen Städtenamen mit Rotstift russische Endungen an: Wienograd, Breslogorsk, Stettinetschensk, Berlinowitsche. Ein Leutnant Kuhn von der 2. Kompanie, der das entdeckte, stellte mich empört zur Rede: Ob ich die Widerstandskraft des deutschen Volkes untergraben wolle? Ob ich etwa nicht davon überzeugt sei, dass wir binnen kurzem die Russen aus diesen Städten vertrieben haben würden? Sofort radieren Sie das aus! Mit Vergnügen, antwortete ich: sobald wir die Russen rausgeworfen hätten, wovon ich nicht weniger überzeugt sei als er. Kuhn trollte sich wütend. Er hätte mich vors Kriegsgericht bringen – und das hätte mich aufhängen können, wie noch oft geschehen in jenen Tagen.

28. April, der OKW-Bericht: «In dem fanatischen Ringen um die Trümmer» (die Trümmer!) «der Reichshauptstadt wird der Welt noch einmal der heroische Kampf des deutschen Volkes gegen den Weltbolschewismus vor Augen geführt.» 29. April: «Zwischen Regierungsviertel und Adolf-Hitler-Platz erwehren sich unsere Truppen, auf engstem Raum zusammengedrängt, verzweifelt der feindlichen Übermacht.» 30. April: Mussolini ermordet. Letzter Widerstand am Zoo und rund ums Brandenburger Tor.

In der Nestorstraße, meine Mutter erzählte es später, müssen alle Wohnungstüren offenstehen, damit die Russen nach Belieben kommen können. Sie nehmen sich, was ihnen gefällt, scherzen mit den Kindern (ihren Enkeln), und in die Suppe spucken sie, wenn nicht Schlimmeres. Daraus entwickelt meine Mutter das Rezept: die Kinder permanent neben dem Kochtopf postieren, das hilft zumeist.

Am 1. Mai um 23.20 Uhr, eine Stunde schon liegen wir schlaflos in den Betten, ruft Unteroffizier Wilhelmi von der Vermittlung an und sagt mit Grabesstimme: «Also pass auf, Schneider. Hitler ist in Berlin – Hitler ist gefallen.» Pause. «Sein Nachfolger ist Dönitz – ja, Dönitz. Der Kampf geht an der Ostfront weiter. Mehr weiß ich nicht.

«Dann ist es also zu Ende, Jupp.»

«Ja, Schneider. Es ist aus. Gute Nacht, Schneider.»

«Gute Nacht, Jupp.»

Für die beiden anderen Betten wiederhole ich das Gespräch. «Mensch, Schneider», stöhnt einer. Es hilft nichts: So war es, so waren wir, nur so kann ich es schreiben.

Durch die Dämmerung unserer Hirne schwirrten nun desto mehr Ängste und Gerüchte. Eines davon enthielt sogar ein Element des Trostes: Vielleicht ließ sich ja gegen das Schlimmste etwas tun, und Tun ist besser als hilflos warten! Es war das Gerücht: Unverheiratete bleiben in Holland zum Minenräumen – Verheiratete werden nach Deutschland geschickt. (Ganz so abstrus wie heute klang das damals nicht: Sie galt ja noch was, die Ehe.) Also – wofür bin ich ein Schreibstubenhengst? Ich habe die Formulare, ich verstehe was davon. Da mache ich mich zwei Jahre älter und habe in meinem Fronturlaub vor einem Jahr geheiratet. Aber viel Umsicht ist nötig: Alle Daten von Versetzungen, Beförderungen, Fronturlauben müssen kreuz und quer zueinanderpassen, die Handschriften müssen variieren, Fuchs und Weber fälschen mit; und lange vor der Kapitulation natürlich muss das Soldbuch entstanden sein und entsprechend alt aussehen: Wasserflecken, Fettflecken, Eselsohren und Sonnenbleichung werden ihm generalstabsmäßig zugefügt. Das macht geradezu Spaß – und vor allem setzt es ein, wenn auch winziges, Handeln an die Stelle des bloßen Hinnehmens. Dazu singen wir:

Kein schöner Land auf dieser Welt
Als unser deutsches Trümmerfeld ...

5. Mai: Die Westfront kapituliert. Waffenruhe in der Festung. Die Jubelschreie der Holländer dringen bis in unseren Park, viermotorige englische Bomber fliegen in hundert Metern Höhe Parade über unseren Köpfen; in uns ist Wut, Wut, Wut. Um 14 Uhr eine groteske Veranstaltung: Nun ohne Angst vor Jabos tritt das Bataillon im Park von Haus Waterland an, um auf «den Führer des Großdeutschen Reiches und Volkes, Großadmiral Dönitz», vereidigt zu werden. Ein großes Hitlerbild, wahrhaftig, steht neben der Rednertribüne, und Hauptmann Melota aus Wien schleudert mit seiner dünnen Stimme noch einmal heroische Worte von Kampf und Sieg in die Menge. Uns war nach Lachen oder Schreien über so viel Dämlichkeit.

Sonntag, 6. Mai: Breslau hat kapituliert. Aber gegen die Rote Armee wird immer noch gekämpft! Montag, 7. Mai: Kapitulation an allen Fronten. Dass und warum dies mich an den Rand des Selbstmords trieb: damit habe ich dieses Buch eröffnet. Der Kabarettist Werner Finck, in den Nazijahren für seine Gratwanderungen berühmt, erzählte vom 8. Mai 1945 ein Jahr später so: «Ich ging auf die Schreibstube und fragte: Ob noch etwas wäre? Nein, antwortete der Hauptfeldwebel: Es wäre nun nichts mehr.»

***

Es bleibt die große Frage, mir hundertmal gestellt: Was wusste ich – wer in Deutschland wusste was seit wann vom Holocaust? Wer mindestens hätte es wissen können oder müssen? Die Antwort ist nicht einfach.

Alle Deutschen wussten seit Hitlers Machtergreifung, dass es den Juden schlecht erging. Die ganze Welt wusste es und kam doch 1936 zu Olympia nach Berlin (Kapitel 32).

Seit der «Reichskristallnacht» vom 9. November 1938 wussten alle Deutschen: Die Juden werden stigmatisiert und malträtiert. Das hat mich, meine Familie und vermutlich Millionen Deutsche verstört (Kapitel 34). Dagegen unternommen haben wir nichts. Das lässt sich als Feigheit einstufen; ich halte es für das menschliche Normalverhalten. Jeder, der öffentlich dagegen aufgestanden wäre, hätte sich und seine Familie aufs Höchste gefährdet. Es gibt kein moralisches Gesetz, dass man ein Märtyrer zu werden habe.

Im Lauf des Jahres 1942 (ich war noch überwiegend in Berlin) verschwanden die Juden aus dem Stadtbild – vermutlich überall in Deutschland. Dies geschah unauffällig und allmählich; einen Transport gesehen habe ich nie (auch keiner, den ich kannte). Demgemäß stellten Verwunderung, Misstrauen, Missbilligung sich erst allmählich ein. Und von weit größeren Aufregungen wurden sie überlagert: Englands Bombenkrieg gegen die deutschen Städte hatte in vollem Umfang eingesetzt, die Wehrmacht stürmte bis in den Kaukasus, nach Günter Grass herrschte «Euphorie in Deutschland nach all den Siegen» (*FAZ* 22.12.2003) – und im Herbst begann das Desaster von Stalingrad sich abzuzeichnen.

Welche Vermutungen wurden in Deutschland über das Schicksal der abtransportierten Juden angestellt? Man hatte sie wohl in Sammellager gesteckt. Heute wird gern vergessen, dass die Konzentrationslager zunächst keineswegs Vernichtungslager waren;

man konnte sie sogar überleben wie Erich Honecker zehn Jahre lang und der spätere SPD-Vorsitzende Kurt Schumacher zwölf Jahre.

Dass sie zu Vernichtungslagern werden würden: Welche Phantasie hätte für einen solchen Wahnsinn gerüstet sein sollen? «Den Deutschen fehlte nicht nur die Information», schrieb Richard von Weizsäcker in seinen «Erinnerungen», «sondern es überstieg einfach ihre Vorstellungskraft, dass so Ungeheuerliches hatte geschehen können.» Helmut Schmidt sagte dem *Spiegel* schlicht (24/2001): «Ich habe von der Judenvernichtung nichts gewusst.» Gerd Bucerius, Verleger der *Zeit*, schrieb in seinem Blatt (15.3.1985): «Das Schlimmste hat fast kein Deutscher gewusst. Auch die ausländischen Sender, von uns sorgfältig abgehört, berichteten nichts darüber. Ich war eigentlich immer gut unterrichtet, aber sogar von einem KZ Neuengamme nahe Hamburg habe ich erst nach Kriegsende gehört.»

Die ausländischen Sender! «Feindsender» hießen sie, aufs Abhören stand der Tod. Ich habe sie 1944/45 mindestens hundertmal gehört: die *Stimme Amerikas*, das deutsche Programm der BBC, auch den «Soldatensender Calais», der scheinheilig mit Ritterkreuzverleihungen begann und dann zu deutschen Niederlagen überging – niemals kamen die Wörter Juden, Auschwitz, Massenmord, Vergasung vor. Die Sieger mussten sich geradezu verschworen haben, die Deutschen über das übelste Verbrechen ihres Adolf Hitler *nicht* zu informieren. Natürlich, zunächst hätten wir gemeint: Jetzt lügen die auch wie Goebbels! Doch hätten wir es zehnmal gehört, wäre Entsetzen in uns aufgestiegen.

Und *warum* enthielten die Sieger den Deutschen die schreckliche Nachricht vor? Diese Frage bewegte mich natürlich in den Nachkriegsjahren, das Wort «Kollektivschuld» war ja in aller Munde, und noch in der Hamburger Journalistenschule, die 1979 ihre Arbeit aufnahm, wurde ich immer wieder bohrend gefragt, sechzehn Jahre lang: Ach, und Sie haben wirklich nichts gewusst vom Holocaust?

Nein!, konnte ich guten Gewissens versichern. *Warum* aber die «Feindsender» allesamt den Deutschen die Wahrheit vorenthielten: Das wollte ich vor diesem Hintergrund nun wirklich wissen. Die Antwort schmerzt.

> Freigegebene Abhörprotokolle der Briten belegen: London wusste schon früh vom Beginn der Judenvernichtung – und schwieg. Mancher Soldat Ihrer Majestät wäre womöglich nur ungern für Juden in den Krieg gezogen. (*Spiegel* 47/1996)
> Die meisten Länder hatten Angst, dass man ihnen die Juden auf den Hals schickt. Da war es ihnen lieber, sie wurden umgebracht. (Gerhart Riegner, Generalsekretär des World Jewish Congress, laut *Spiegel* 50/2001)
> August 1944: The World Jewish Congress in New York asks the War Department to bomb the crematory at Auschwitz. The War Department turns down the request. (*New York Times*, 2.8.2005)
> Der Antisemitismus in den oberen Rängen der Regierung Roosevelt war notorisch. (*FAZ* 30.9.2005, die *New York Times* zitierend)
> Die Alliierten haben weder die Gleise noch die Stätten der Vernichtung bombardiert. *Sie wussten es und taten nichts.* (Der israelische Ministerpräsident Ariel Scharon in Auschwitz zum 60. Jahrestag der Befreiung, laut *Süddeutscher Zeitung*, 27.1.2005)

Sollte damit auch das historische Kuriosum zusammenhängen, dass ausgerechnet die schrecklichste Tat Hitlers und seiner Helfershelfer in Nürnberg *nicht* Gegenstand der Anklage war? Und muss ich mich also zu einer privaten «Vergangenheitsbewältigung» aufgerufen fühlen? Ich war Zeitgenosse, ich war «Volksgenosse», ich war verblendet wie die meisten; und die mich hätten aufklären und beunruhigen können, taten es nicht.

★ ★ ★

Meine ersten zwanzig Lebensjahre sind hiermit nachgetragen. Gibt es denn noch mehr zu erzählen? Von Abenteuern nichts mehr, und auf dem Feld der «Altersweisheit» werde ich keinen Preis gewinnen.

Es bleiben ein paar vielleicht halbwegs interessante Fragen. Ist es «beschissen», alt zu werden, wie Henri Nannens Abschiedsgruß an mich lautete – und sonst nichts? Ist es erstrebenswert, 68 Jahre im Beruf zu stehen – oder ist es Maloche? Träumt man davon, dass das Leben doch irgendwie weitergehe auf geheimnisvolle Weise – fordert man das geradezu wie Goethe – erklärt man, wie Elias Canetti, dem Tod den Krieg? Jedenfalls: Welche Tröstungen hält das Greisenalter noch bereit, außer dem Wein natürlich?

Ein Vergnügen, das mich ein halbes Jahrhundert lang begleitet hat, ist mir treu geblieben: Die Kunst des gegenläufigen Denkens zu kultivieren, Achterbahn zu fahren mit möglichst vielen der schrecklich vielen eingerosteten Vorstellungen über den Lauf der Welt. Als riefe Nietzsche mir aus seinem Nachlass zu: «Bleib mir tapfer zur Seite, spöttischer Leichtsinn!»

Das Spektrum ist breit: von der bisher nicht hinlänglich gewürdigten Begünstigung des Ladendiebstahls durch die Supermärkte bis zum modischen Ideal der Selbstverwirklichung, das ich aus jedem neuen Anlass mit Lust vom Sockel stoße.

NACHLESE

40

Ein Herz für Ladendiebe
Von der Tugend, Vorurteile zu zerstückeln

Als leidenschaftlicher Journalist und engagierter Sachbuchautor habe ich es mehr als ein halbes Jahrhundert lang ganz natürlich zu meinen Aufgaben gezählt, «Aufklärung» zu betreiben, also, nach Immanuel Kant, «das Joch der Unmündigkeit abzuwerfen» – obwohl es so bequem sei, unmündig zu sein, sagt der Philosoph! Das mir Mögliche habe ich getan, um eingleisige Denkvorgaben durch die Schule, die Medien, die Philosophie, sogar durch die Justiz für den Gegenverkehr zu öffnen. Die *Neue Zürcher Zeitung*, das Magazin der *Süddeutschen Zeitung*, die *FAZ*, das *Handelsblatt* haben mich damit gedruckt.

Ermutigt hat mich auf diesem Weg die Unbefangenheit, mit der der englische Philosoph und Nobelpreisträger Bertrand Russell Denkschablonen zerbrochen hat: Was, zum Beispiel, empfahl er für Wiederholungstäter unter den Exhibitionisten? Eben nicht, sie wieder und wieder zu bestrafen, sondern sie zum Tragen von Hosen zu zwingen, die die Knöpfe hinten haben («An Outline of Intellectual Rubbish», 1950).

Straftatbestände abzuschaffen wäre kein Novum. Gotteslästerung? Majestätsbeleidigung? Erschleichung des außerehelichen Beischlafs? All das war strafbar, und der Ladendiebstahl ist es immer noch. Für Verdunkelungsvergehen kam man bis 1945 ins Gefängnis, für Ehebruch, Homosexualität und Unzucht mit Tieren bis 1969, und bis 1973 riskierten Eltern fünf Jahre Freiheitsentzug, wenn sie ihrer erwachsenen Tochter erlaubten, in der gemeinsamen Wohnung ihren Freund mit ins Zimmer zu nehmen.

Welch ein Fortschritt an Vernunft und Liberalität! Und welch radikale, ja geniale Entlastung der Kriminalstatistik: nicht durch Umerziehung und Polizeigewalt, sondern durch einen bloßen Willensakt. «Macht weiter!», sprach der Bundestag. «Aufhören muss die Polizei! Der Straftatbestand ist abgeschafft, Millionen Bundesbürger sind entkriminalisiert.»

Sollte das Schicksal der Majestätsbeleidigung nicht bald der *Ladendiebstahl* teilen? Niemand bestreitet, dass das unbewachte Angebot begehrenswerter Waren eine Versuchung zum Diebstahl in die Welt gesetzt hat, die es bis dahin nicht gab. Das Geschäftsmodell «Selbstbedienung» macht Diebe. Es sind die *Betreiber*, die man damit juristisch belangen könnte – falls man sich den Paragraphen 38a der Straßenverkehrszulassungsordnung zum Vorbild nähme: Demnach müssen sämtliche Kraftfahrzeuge mit einer «Sicherheitseinrichtung gegen unbefugte Benutzung» versehen sein – weil, so die Begründung von 1960, ihr Fehlen den Diebstahl erleichtere. War es nicht von Anfang an klar, dass das Klauen die Kehrseite der Selbstbedienung ist? Stand der Betreiber nicht einfach vor einem betriebswirtschaftlichen Problem von mäßiger Schwierigkeit: Wie verhalten sich die Nachteile der Selbstbedienung zu ihren Vorzügen für mich?

Von denen hat sie ja zwei: Sie erspart mir erhebliche Personalkosten – und gleichzeitig erhöht sie den Umsatz: Der beiläufige Zugriff auf die appetitlich angebotene Ware verführt den Kunden, mehr zu kaufen, als es ursprünglich seine Absicht war, und durch Lockangebote, zumal vor der Kasse, steigere ich diese Tendenz planmäßig und oft mit raffiniert ausgeklügelten Mitteln. Überdies könnte ich jederzeit die Rechnung anstellen: Wie viel Aufsichtspersonal dürfte ich beschäftigen, damit dessen Löhne nicht mehr kosten als das, was durch sie an Diebstahl verhindert wird? Und nun kommt die Justiz und verschönert meine Bilanz noch mehr, indem sie den klassischen Nachteil der Selbstbedienung auf ihre Kosten, zu meinen Gunsten vermindert!

Aber würde eine Entkriminalisierung des Ladendiebstahls nicht zu einer dramatischen Zunahme der Diebstähle führen? Natürlich nicht: Die meisten Deutschen stehlen einfach nicht. Wenn aber doch, braucht der Betreiber ja nur neu zu kalkulieren: Ab wann wäre es billiger, mehr Wachpersonal einzustellen? Und hätte er nicht jede Freiheit, zur *Bedienung* zurückzukehren? Das ist Marktwirtschaft.

Wenn schon eine scheinbar so rationale Instanz wie die Justiz zu sauberer Begriffsbestimmung nicht fähig ist – was können wir dann von der Politik erwarten? In ihr gehören Beschönigung und Irreführung zum Geschäft, und in der magischen Beleuchtung wabernder Wortblasen ist ihr keiner über.

Nehmen wir die allgegenwärtige Forderung nach, ja das Versprechen von *Chancengleichheit* in Bildung und sozialem Aufstieg. Entweder die Politiker haben keine Ahnung, wovon sie da reden – oder sie geben ein Versprechen, von dem sie wissen, mindestens wissen müssten, dass sie es nicht halten können.

Schon das Wort *Gleichheit* ist ein Polyp mit achtzehn Armen. In der populären Vorstellung heißt Gleichheit totale Übereinstimmung, Austauschbarkeit. Doch wo gibt es die? Ja: bei Büroklammern, auch bei Zahnpastatuben, solange sie unbenutzt sind. Aber ab wann darf man, soll man zwei *Autos* als «gleich» bezeichnen? Genügen derselbe Typ, dieselbe Farbe, dieselbe Innenausstattung? Wie ist es denn mit dem Kilometerstand, den Rostflecken, der Abnutzung der Bremsbeläge? Zwei total gleiche Autos gibt es nicht.

Es ist also unrealistisch, dass Brockhaus und Wahrig die Gleichheit als «völlige Übereinstimmung» und «das Fehlen von Unterschiedsmerkmalen» definieren. Der Duden spricht realistisch, aber zugleich entmutigend von «Übereinstimmung in *bestimmten*

Merkmalen, große Ähnlichkeit». Wenn das so ist, dann wäre es linguistisch, philosophisch, politisch, juristisch geboten, das Wort «Gleichheit» als eine institutionalisierte Irreführung aus dem Verkehr zu ziehen: Denn so verstehen es die Leute *nicht*.

Die Mathematik verschlimmert das Durcheinander nur: *Körper* heißen ja schon «gleich», wenn sie zwar verschiedene Formen, aber dasselbe Volumen haben, und *Dreiecke*, wenn sie bei verschiedenen Winkeln die gleiche Fläche bedecken; Dreiecke von gleicher Größe *und* gleichen Winkeln heißen *kongruent* – eine Steigerung der «Gleichheit», von der noch kein Politiker jemals gesprochen hat.

Und mit diesem nach allen Seiten ausfransenden, von den wenigsten Bürgern richtig verstandenen Begriff wird große Politik gemacht! Parteien verwenden ihn heute zumeist für ihre Forderung nach «gleichen Ausbildungs- und Aufstiegsmöglichkeiten für alle, ohne Rücksicht auf Herkunft und soziale Verhältnisse». Gleiche – also bloß ähnliche? Darüber wird gar nicht erst debattiert; vermutlich, weil mehr als eine Annäherung der Bildungschancen nicht erreichbar ist, unsere Politiker es so genau aber lieber nicht sagen wollen.

Es sind nicht nur die unstreitigen Unterschiede in der angeborenen Begabung, die der Gleichheit oder Ähnlichkeit im Wege stehen – Umwelteinflüsse kommen hinzu: Kann der liebevolle Umgang gescheiter Eltern mit ihren Kindern denen nicht Startvorteile schaffen, die sich durch keinen staatlichen Zugriff egalisieren lassen? Eben dies war vielen Utopisten und Sozialdemokraten immer ein Dorn im Auge. Wenn sie schon an der Erbmasse nichts verändern können – sollten dann nicht wenigstens die Eltern entmachtet werden? Entreißt ihnen die Kinder und erzieht sie in Gemeinschaftshäusern! Das forderte Platon in seiner grässlichen «Politeia», ebenso Tommaso Campanella in seinem widerlichen «Sonnenstaat» von 1602, und durch deutsche

Kinderzimmer strich ein Eishauch, als der Generalsekretär der SPD 2002 für seine Partei die «Lufthoheit über den Kinderbetten» beanspruchte.

Gleiche Umwelt für alle! Dann kommt uns nur noch das Erbgut in die Quere, schlimm genug. Also: «Die Ungerechtigkeit der Natur korrigieren!», fordern die schwedischen Sozialdemokraten – die Gleichheit der Chancen genügt nicht, für die Gleichheit des Erfolgs müssen wir sorgen! Und das Wort «Gleichheit» ist geduldig und gibt sich für jeden Unsinn her.

Mein Liebling unter den tanzenden Begriffsgötzen aber ist seit Jahrzehnten die *Selbstverwirklichung*. Die wird nicht nur von Parteien gefordert und feilgeboten, sondern auch von Künstlern, Intellektuellen, Aussteigern angepriesen oder eingeklagt. Dabei ist der Drang nach «Selbstverwirklichung» immer eine Anmaßung, meistens ein Missverständnis, für die Gesellschaft ein Risiko und manchmal eine Katastrophe.

Eine Anmaßung: Unsere bäuerlichen Ahnen, lebenslang eingebunden in die Sippe und die Plage, hatten natürlich niemals die geringste Chance, sich ihre individuellen Wünsche zu erfüllen oder gar ihre Talente zu entfalten, und ebenso ergeht es noch heute den armen Teufeln in aller Welt, der halben Menschheit ungefähr. Einen Lebensweg nach eigener Wahl einzuschlagen – das konnte und kann sich nur jene Minderheit leisten, die viel Zeit, genügend Geld und dazu das Glück hat, in einem ziemlich freien Land zu leben.

Ein Missverständnis? Das ist die Selbstverwirklichung aus zwei Gründen. Zum Ersten: Was ist denn das, unser *Selbst*? «Werde, wer du bist!», rief Seneca. Aber wer bin ich? «Zwei Seelen wohnen, ach ...», das ist doch nicht auf Faust beschränkt! Johann Strauß gierte nach der Oper und nannte seine Operetten «gemeine Dudelei»; Wilhelm Busch fand es «peinlich und ekelhaft», dass nicht seine Gemälde ihm den Ruhm eintrugen, sondern seine

Bildergeschichten. Und als was hat sich der Rabbi Saulus verwirklicht, der als der Apostel Paulus starb?

Die *Zeit* widmete dem Modethema 2014 unter dem schönen Titel «Wann bin ich wirklich ich?» vier volle Seiten – für eine Frage, die sie irgendwo in dem uferlosen Text selbst als töricht entlarvte: «Es gibt gar keinen echten, unwandelbaren Kern der eigenen Person.» Nicht einmal Goethe kannte ihn ja: Seine eigentliche Lebensleistung, sprach er zu Eckermann (am 19. Februar 1829), sei seine «Farbenlehre»; auf seine Leistung als Poet bilde er sich gar nichts ein.

Und ein zweites Missverständnis: Das etwa vorhandene «Selbst» zu verwirklichen finde jedermann erstrebenswert. Mozart neigte zur Faulheit und arbeitete oft nur unter dem Druck seiner Finanzen oder seines Fürstbischofs; Paganini wurde von seinem Vater zum Geigen regelrecht gezwungen. Es ist nämlich anstrengend, sein Selbst auszuleben – jedenfalls wenn es sich um eines handelt, das die Verwirklichung lohnt. Viele der großartigsten Menschenwerke sind in schierer Plackerei entstanden. Als was empfand Michelangelo die sieben Jahre, in denen er, auf haushohen, farbbekleckerten Gerüsten stehend, sitzend, kniend, liegend, das 19 Meter hohe «Jüngste Gericht» an die Altarwand der Sixtinischen Kapelle pinselte?

Selbstverwirklichung heißt eben gerade nicht: allen Launen nachgehen oder im Schilf mit den Lämmerwölkchen plaudern. Als modische Münze ist sie entweder ein Irrtum oder ein Tarn- und Schmeichelwort für Faulheit, Egozentrik, Nabelschau und den Hass auf alle Pflichten. «Fit for Fun» wollen wir sein, nach dem entlarvenden Titel einer deutschen Zeitschrift; Spaß ist unser Lebenszweck.

Ein *Risiko* für die Gesellschaft wäre die gelungene Selbstverwirklichung von Millionen Bürgern auch. Was geschähe denn, wenn aus der Summe aller Selbstverwirklichungen eines Landes nicht nur zu wenig Alten- und Krankenpfleger hervorgingen (wie weithin schon heute), sondern auch zu wenig Lehrer, Feuerwehrmänner, Polizisten? Überdies trägt das schräge Ideal vermutlich zur Kinderarmut bei – das ahnen viele: Selbstverständlich mindert jedes Kind die Chancen der Erwachsenen, *ihre* Persönlichkeit zu entwickeln. Und müssten gute Eltern im Konfliktfall (und der wäre fast der normale) der Selbstverwirklichung ihrer Kinder nicht den Vorzug vor ihrer eigenen geben?

Eine Katastrophe schließlich ist die Selbstverwirklichung von Kriminellen. Betreibt sie nicht der Lustmörder, auf seine Art? Kann man den Napoleons, den Hitlers einen Extremfall von Selbstverwirklichung absprechen? Sie ist ein missverstandenes, gefährliches, verschrobenes Ideal.

Von Freunden gelegentlich dennoch mit der Frage nach *meinem* «eigentlichen» Selbst behelligt, antworte ich mit der mir zu Recht oder zu Unrecht nachgesagten Arroganz: Mein «Selbst» kenne ich so wenig wie ihr das eure; es ist mir auch völlig egal. Ihr unterstellt offenbar, beim Abtauchen ins eigene Ich würdet ihr eine kostbare Praline finden! Vielleicht aber fändet ihr ja einen Schweinehund, der nur durch glückliche Umstände und eine gute Erziehung an seiner Verwirklichung gehindert worden ist? Ich versuche mich einfach an den Rat zu halten, den ich auch meinen Kindern und meinen Schülern mitgegeben habe: Pflückt die Früchte, die euch entgegenwachsen, und lasst eure Talente nicht verkümmern, falls ihr welche habt.

41

Mit Goethe und *Bild* im Bunde
Der mühsame Weg zu lesbarem Deutsch

Wie kam einer, der mit 5 noch «Dadao» gesagt hatte, dazu, sich in die deutsche Sprache zu verlieben, ihren Meisterwerken nachzuspüren, sie schließlich lehr- und fernsehtauglich zu beherrschen und sich gar den Titel «der deutsche Sprachpapst» einzuhandeln? (Dass etliche Kollegen mich so getauft haben, freut mich nur mäßig: Mit Päpsten habe ich nichts im Sinn, und an *einem* Papst hat die Welt genug.) Immerhin: Zwei Verlage haben mich zum meistgelesenen Stillehrer deutscher Sprache ausgerufen. Und so könnte mein Weg dorthin andere Freunde des Deutschen interessieren.

Am Anfang stand eine glückliche Konstellation, die keiner herbeiführen kann: ein sprachverliebter Vater, hochbelesen, lebhaft erzählend, feurig deklamierend. Sein Forum war (es klingt exotisch) das Sonntagsfrühstück: die Familie komplett beisammen, zwei Stunden tafelnd und plaudernd – und dazu höchst modern: Sonntags sollte sich die Hausfrau das Kochen fürs Mittagessen sparen. In den großen Jahren dieser schönen Sitte war ich 9 bis 12. Vor allem drei Großmeister des Deutschen lernte ich dabei kennen: Heinrich Heine, Wilhelm Busch und Christian Morgenstern. Von dem trug mein Vater genüsslich zum Beispiel das Wortgetänzel vor:

> Und er fragte, ob sie sei,
> Die aus Kräuterschaum Planeten bliese,
> Ob sie sei die Fei,
> Sei die Fei von Odeladelise?

Und wie lernt man besser, was korrektes Deutsch ist, als mit Morgensterns Satz: «Korf erfindet eine Mittagszeitung, welche, wenn man sie gelesen hat, ist man satt»? Heine zitierte mein Vater mit vielen frechen, federnden Versen – aber auch, des großen Schlusses wegen, mit seinem «Asra»: dem Sklaven, der die schöne Sultanstochter anbetet und, von ihr angeherrscht, erwidert:

> Ich heiße Mohammed, ich bin aus Jemen,
> Und mein Stamm sind jene Asra,
> Welche sterben, wenn sie lieben.

Mehr als in dieser letzten Zeile, meinte mein Vater, meine ich, kann man mit fünf Wörtern nicht sagen. Einem Maximum an Handlung in einem Minimum an Worten galt überhaupt seine Liebe – so bei Goethe:

> Der König sprach's, der Page lief,
> Der Knabe kam, der König rief:
> Lasst mir herein den Alten!

Oder in dem Heiratsantrag, den Wilhelm Busch seinen Tobias Knopp machen lässt:

> Mädchen, sprach er, sagt mir, ob ...
> Und sie lächelt: Ja, Herr Knopp.

Auch ich selber habe solchen Sätzen nachgespürt. Ein königlicher in Psalm 23: «Der Herr ist mein Hirte, mir wird nichts mangeln» – und eben nicht: Im Vertrauen auf die fürsorgliche Allgegenwart des Allmächtigen darf ich mich meiner Zukunft sicher fühlen. Auch wenn es nicht Stilwille ist, der die Wucht des Wortes produziert, sondern eine unwiederholbare Situation – selbst dann kann man sich an dieser Kraft erfreuen; ich meine den Halbsatz, den Bundesaußenminister Genscher am 30. September 1989 auf dem Balkon der Deutschen Botschaft in Prag zu den Tausenden von Eingepferchten sprach: «Liebe Landsleute, ich bin zu Ihnen gekommen, um Ihnen mitzuteilen, dass heute Ihre Ausreise ...» Der Rest ertrank im Jubelschrei.

Dass mein Vater meine Schulaufsätze lesen wollte, versteht sich: jener Schwächen wegen, die der Lehrer ungerügt gelassen habe, und mit Anregungen, was ich hätte besser machen können – selbst wenn ich dafür eine Eins bekommen hatte. Noch über die Poesie ging ihm die Korrektheit. Brachte da 1936 meine ältere Schwester einen Leutnant mit nach Hause, um ihn den Eltern vorzustellen; mein Vater fand an dem nichts auszusetzen, außer, dass er «meines Erachtens nach» gesagt hatte (da es doch entweder «meines Erachtens» oder «nach meinem Erachten» heißen müsse).

Meinen ersten eigenen Ausflug in die Welt der Sprache unternahm ich 1944, mit 19 Jahren. In meinem letzten Fronturlaub, im Mai 1944 in Berlin, war ich auf Ernst Jüngers Essay «Die Farbe der Vokale» gestoßen: Mutmaßungen und Geschmacksurteile über Farbempfindungen beim Hören und Lesen und über die Kraft der Vokale, Stimmungen vorzugeben.

Alles nicht sehr dringend – aber Anregung genug, um mir auf meiner qualvollen viertägigen Rückreise nach Frankreich die Zeit zu verkürzen, indem ich viele hundert Wörter notierte, nach ihren tragenden Vokalen sortiert. Und dann, im Château Estrouvalle, schrieb ich in zwei Wochen 32 Seiten über die Farbe der Vokale voll. Ja, die Invasion hatte begonnen, aber die Prioritäten setzt man am besten selbst!

Und um es klar genug zu sagen: Das A ist natürlich blau! Nicht purpurrot, wie es Ernst Jünger, nicht schwarz, wie es Arthur Rimbaud beschrieb, den Jünger zitierte. Immerhin: Dass das spanische *nada* mit seinen zwei glasklaren, knallharten A ausdrucksstärker ist als das deutsche *nichts*, hat es ja auch im deutschen Sprachraum populär gemacht. Und so viel wurde mir klar: Ein Text, in dem das E und das I dominieren, ist grau und kalt; es sind das A, das O, das U und die Diphthonge, die die Farbe und die Wärme bringen.

1946, nun Dolmetscher bei der US Army im BMW-Werk München-Allach, verlegte ich mich für zwei Jahre auf die Produktion tiefschürfender Essays für die Schublade – in einem Stil, der mich heute peinlich berührt: behängt mit baumelnden Nebensatzgirlanden und noch dazu mit Floskeln wie «... in der Hoffnung, dass sich hierauf eine Diskussion aufbauen lasse» (lasse!), «die geeignet wäre, das hier nur eingegrenzte Problem einer Lösung zuzuführen».

So viel Vorsicht lag freilich nahe bei einem heiklen Thema: «Die Demokratie und ein paar Fragezeichen» – einem Versuch, dem von den Amis veranstalteten Getöse über die richtige Staatsform ein bisschen dazwischenzupfeifen. «Hat der deutsche Wähler», schrieb ich, «der so viel dümmer als der nichtdeutsche doch gewiss nicht war, nicht, als er Hitler auf legalem Weg zur Macht verhalf, bewiesen, dass unter Umständen ein ganzes Volk nicht in der Lage ist, seinen Nutzen einzusehen?»

Auch formulierte ich letzte Weisheiten über das Wesen der Dichtung und über den Nihilismus als solchen, und natürlich schrieb ich einen Roman (den zweiten; den ersten hatte ich mit 16 aufs Papier geschleudert). Die Flausen wurden mir schon 1949 in der *Neuen Zeitung* ausgetrieben (Kapitel 4), mehr noch durch die klaren Vorgaben der *Associated Press*, vollends durch die Sprachkultur, die in der *Süddeutschen Zeitung* gepflegt und von den «Streiflicht»-Autoren geradezu verlangt wurde.

Dass ich 1952 die Prosa Heinrich Heines entdeckte, brachte mich weiter voran; zehn Bände antiquarisch. Plastisch schrieb er und frech, dieser Heine: «Ich stand im Zenith meines Fettes und war so übermütig wie Kaiser Nebukadnezar vor seinem Sturze.» Auch beeindruckte mich seine Polemik gegen den «Packpapierstil», für den er Immanuel Kant tadelte, und gegen den Aberglauben, «dass man kein Philosoph sei, wenn man gut schriebe». Den Gegenbeweis führte er selber, zum Beispiel so:

> Hat Kant eben dadurch, dass er alle Beweise für das Dasein Gottes zerstörte, uns recht zeigen wollen, wie misslich es ist, wenn wir nichts von der Existenz Gottes wissen können? Er handelte da fast ebenso weise wie mein westfälischer Freund, welcher alle Laternen auf der Grohnderstraße zu Göttingen zerschlagen hatte und uns nun dort, im Dunkeln stehend, eine lange Rede hielt über die praktische Notwendigkeit der Laternen, welche er nur deshalb zerschlagen habe, um uns zu zeigen, wie wir ohne dieselben nichts sehen können.

Und ich forsche weiter nach großen Schreibern, die die Kraft mit der Einfachheit verbanden: 1959 entdeckte ich Franz Kafka für mich, 1961 Sigmund Freud, 1963, spät genug, Georg Büchner; und 1972 las ich die kompletten «Sudelbücher» des Georg Christoph Lichtenberg, aus denen etliche Verlage verschiedene Auswahlen unter dem Titel «Aphorismen» getroffen haben (die hatten mich schon mit 17 begeistert) – nun aber das Original, laut Elias Canetti «das reichste Buch der Weltliteratur», 1500 Seiten Sprachwitz und Denkwitz, von der Art: «Es gibt jetzt der Vorschriften, was man sein soll, so mancherlei Arten, dass es kein Wunder wäre, wenn die Menge auf den Gedanken geriete, zu bleiben, was sie ist.» Oder: «Die Ärzte sollten nicht sagen: Den habe ich geheilt – sondern: Der ist mir nicht gestorben.»

1971, als ich für Axel Springer den «Anti-Spiegel» konzipierte (Kapitel 13), hatte ich ja als wichtigen Punkt herausgestellt, dem

Krampf des Augstein-Jargons klares, federndes Deutsch entgegenzusetzen; und 1973, als designierter Chefredakteur der *Welt* im Wartestand, mich erstmals an einer Systematisierung der Stilvorgaben versucht: «Schneider-Bibel» wurde der Schnellhefter in der Redaktion genannt (Kapitel 15) oder «Das blaue Buch der Blähungen» (weil es gegen solche kämpfte).

Blähungen in den *Wörtern*: «steuerbilanzielle Transparenz» bekam ich später bei meinen Seminaren in der Wirtschaft zu lesen oder «kundenorientierte Marketingaktivitäten» – diese mit der zusätzlichen Feinheit, dass das Adjektiv total tautologisch ist, doppelt gemoppelt, wie die «wichtigen Meilensteine», von denen es in PR-Texten nur so wimmelt, oder die «gezielten Maßnahmen», obwohl ungezielte doch nur von Kindern und Besoffenen ergriffen werden. Für die Wortwahl gab ich die Faustregel aus:

> Benutzen Sie nie ein Wort, das diese drei Kriterien allesamt *nicht* erfüllt: Es steht nicht bei Goethe (und Sie können sich auch kaum vorstellen, dass es bei ihm stünde) – es hat noch nie in der *Bildzeitung* gestanden – und Sie selbst haben es zu Hause noch nie verwendet; und wenn doch, dann mit einem «Hä?» als Reaktion.

Für den Bau von *Sätzen*, wenn sie leicht verständlich und angenehm zu lesen sein sollen, gilt von jeher: transparent müssen sie sein, linear, wie ein Pfeil nur vorwärtsstrebend; in «Wörter machen Leute» zitierte und verspottete ich unsägliche Satzgebilde von Walter Jens und Peter Handke. Und dringend forderte ich die Seminarteilnehmer auf, jene Tücke der deutschen Grammatik zu überlisten, die die Leser oft verwirrt und Simultandolmetscher in Panik versetzt: dass die zweite Hälfte eines zweiteiligen Verbums (ich werde ... kommen) ans Ende des Satzes geschoben wird. Mark Twain, der den «Struwwelpeter» aus dem Deutschen übersetzte, seufzte darüber: Wenn doch der sinnstiftende Teil des Verbums so weit vorn stünde, «that one it without a telescope discover can!» Die Deutschlehrer sollten zur Kenntnis nehmen, dass man mit völlig korrektem Deutsch einen Leser verscheuchenden, Leser ohrfeigenden Unfug treiben kann.

Dem grandiosen Deutsch, das sich nicht primär um Leichtverständlichkeit bemüht, lässt das seinen Ehrenplatz über der Alltagsprosa: den Satzperioden Thomas Manns beispielsweise, für mich über allem der Prosa Kleists. Nichts gewaltiger in der deutschen Sprache als der «Donnerkeil des Mirabeau» in seinem Essay «Über die allmähliche Verfertigung der Gedanken beim Reden», auch Passagen aus der wüsten Novelle «Die heilige Cäcilie oder die Gewalt der Musik» – wie diese: «Es war ihr, als ob das ganze Schrecken der Tonkunst, das ihre Söhne verderbt hatte, über ihrem Haupte rauschend daherzöge.» Und im «Findling» schreit der Priester dem Mörder die Schrecknisse der Hölle «mit der Lunge der letzten Posaune» entgegen.

Aber, sagte ich meinen Schülern – wenn ihr nicht Weltliteratur produzieren, sondern Hörer und Leser informieren wollt, dann haltet euch an den Satz von Ludwig Wittgenstein: «Wer's nicht einfach und klar sagen kann, der soll schweigen und weiterarbeiten, bis er's klar sagen kann.» Dass ich damit offenbar Erfolg hatte, erwies sich 1985 beim Hamburger Intermedia-Kongress. Der Veranstalter hatte ihn angekündigt mit dem Text:

> Im Mittelpunkt stehen drei Problemkreise: die technische Realisierbarkeit neuer Kommunikationsmittel in ihrer jeweiligen Relation zur wirtschaftlichen Praktikabilität und zur kundenseitigen Akzeptanz.

Der 5. Lehrgang der Journalistenschule, der über den Kongress berichten sollte, bastelte daraus den Text:

Der Kongress will für die neuen Medien klären, was die Technik *kann*, was die Wirtschaft *will* und was die Kunden *mögen*.

Darauf waren wir stolz, und ich bin es noch heute. Auch freut es mich natürlich, als Schreiber und Lehrer gelegentlich gewürdigt zu werden, wie 2006 in der *Frankfurter Allgemeinen Sonntagszeitung*:

«Wolf Schneider, der große Sprachkritiker der vergangenen Jahrzehnte, ein Mann, dessen Stil immer so sicher, so präzise und anschaulich war, dass man schon aus Schneiders Sätzen die Regeln für ein gutes Deutsch hätte ableiten können ... Und wenn er sein Publikum ermuntert, sich von der Prosa des jungen Marx und des Doktors Freud, von den Erzählungen Franz Kafkas und der Zeichensetzung Friedrich Nietzsches inspirieren zu lassen, auch da, wo es nur um einen Brief ans Finanzamt geht: Dann spürt man, was für ein hohes Ethos die Sprachkritik haben kann.»

Ich habe einen Traum

Rosa Luxemburg steht mir politisch verhältnismäßig fern. Aber ich träume von Menschen, die noch heute die Kraft hätten, Sätze zu meißeln wie den, womit sie im Ersten Weltkrieg die Profite der Rüstungsindustrie attackierte: «Die Dividenden steigen – die Proletarier fallen.» Da war jedes Wort mit mehr Kilowatt aufgeladen als heute ein ganzer Fernsehabend. «Stell dir vor, es ist Krieg, und keiner geht hin!» Auch so eines. Einsam ragen solche Monumente großer Sprache aus einem anschwellenden Meer des Geschwätzes.

Die Sätze müssen nicht aus Marmor sein. Aus Spott können sie bestehen wie bei Heine: «Der Knecht singt gern ein Freiheitslied des Abends in der Schänke: Das fördert die Verdauungskraft und würzet die Getränke.» Vibrierende Stimmung können sie schaffen wie Clemens von Brentano in den Zeilen: «Mond! Mond! Wie die Wellen kühlen, wie die Winde wühlen in den dunklen Mähnen der Nacht!»

Vielleicht gibt es noch Menschen, die solche Wörter zu Feuerkugeln ballen können. Doch ihre Chance, beachtet zu werden, sinkt Jahr um Jahr. Es geht bergab mit der Sprache, machen wir uns nichts vor: Die Fernsehschwätzer beherrschen die Szene, die Bücherleser sind eine bedrohte Gattung, die Grammatik ist unter jungen Leuten unpopulär, ihr Wortschatz schrumpft, und viele Siebzehnjährige betreiben das Sprechen so, als ob es ein Nebenprodukt des Gummikauens wäre.

Und so träume ich: Sie könnten noch einmal wiederkehren, die Kraft und die Herrlichkeit der Sprache, der Respekt vor ihr, die Bewunderung für sie, der Höhenflug auf den Flügeln des Gesangs. Doch dem Boden verhaftet, wie ich es auch in Träumen bleibe, beginne ich mit einem kleinen Schritt: Ich lade die Fernsehintendanten ein, sie möchten anordnen, dass keuchenden Sportlern nie mehr ein Mikrophon entgegengestreckt werden darf. Das wäre mal ein Anfang und kein ganz kleiner, bei der Beschaffenheit der damit verhinderten Sprachprodukte – und bei der Millionenschar derer, denen sie dann vorenthalten würden.

Was geschieht auf den Sportstätten? Ein gedemütigter Torwart, der früher zwischen ein paar Umstehenden einfach «Scheiße» geschrien hätte, sieht sich jetzt genötigt, dieses allein sinnstiftende Wort zu einem Geschwafel aufzublasen, das er für Hochdeutsch und für fernsehkompatibel hält – ein Graus; und Millionen hören zu. Und da die meisten von denen keine Bücher lesen, ist das Torwart-Gestammel für sie ein Sprachmodell geworden.

Alle Sportler in ihrer Atemnot in Ruhe lassen, Herr Intendant! Haben die denn jemals etwas zu sagen? Entweder sie freuen sich, oder sie haben wenigstens ihr Bestes gegeben. Auch hat der liebe Gott seine Gaben nicht so ungerecht über die Menschen ausgeschüttet, dass eine Meisterin im Biathlon, die ohnehin schon zweierlei können muss, nämlich laufen und schießen, auch noch ein Drittes beherrsche: halbwegs schlüssig zu erzählen – wie umgekehrt solche Leute, die im Reden glänzen, sich nur selten im Hammerwerfen hervortun.

Schreiben können eher jene Menschen wie dieser, der, mit dicker Brille, lesend und für niemanden ansprechbar, durch die Straßen von Odessa schlenderte: Isaak Babel hieß er, und eine Köchin, die für die Jesuiten kochte, lobte er so: «Ihre Biskuits dufteten wie Kruzifixe, betörender Saft war darin und der wohlriechende Zorn des Vatikans.» Doch wer liest noch solche Bücher – Bücher überhaupt? Das Fernsehen labert uns die Ohren voll.

So träume ich: von Kindern und Heranwachsenden, die sich mit Hilfe von Eltern und Lehrern noch andere Sprachvorbilder suchen als die Heißluftplauderer von der Mattscheibe, die Sportplatz-Keucher, die Diskjockeys, die Hooligans, die Soziologie-Pro-

fessoren – ja, auch die: Denn ohne sie würde es nicht jene Studenten geben, die von ihrem Selbsteinbringungskauderwelsch auch dann nicht lassen können, wenn sie auf der Parkbank schmusen.
Die Zeit, 4. 5. 2005

42

Von Emotionen gepudert
Der Anglomanie auf den Fersen –
bis nach Schanghai

Ja, immer wollte ich die Erde kennenlernen – lieber aber Kanada, Patagonien, Australien als China und Indien, lieber die Weite, die Leere, die Größe als das Gedränge, Gestampfe und Gewühle. Dass ich 2010 kostenlos nach Schanghai eingeflogen wurde, war natürlich ein schönes Abenteuer, und fasziniert waren wir beide vom «Bund» mit seiner grandiosen Wolkenkratzer-Silhouette.

Während sich Lilo aber begeistert ins Gewimmel stürzte, fand ich das meiste nur bedrückend: die Tausende von Einheitswohnhäusern mit zwanzig, dreißig Stockwerken, schrecklich dicht beieinander wie Spargel im Kochtopf; das Museum, an dessen Eingang ich die mitgeführte Trinkwasserflasche entleeren, hilfsweise einen Schluck aus ihr nehmen musste, sie könnte ja Gift enthalten. Sogar die chinesische Küche, die ich in Deutschland durchaus akzeptiere, missfiel mir hier: «Schwarze Nudeln in grünem Schleim», so kamen sie mir vor. Es muss einem ja nicht alles schmecken.

Warum Schanghai? Hier fand diesmal der vierjährliche Weltkongress der 150 deutschen Auslandsschulen statt, und ich war als *Keynote Speaker* eingeladen: «Zustand und Zukunft der deutschen Sprache» hieß mein Thema.

«In Ihren Händen», begrüßte ich die rund dreihundert Lehrer und Direktoren, «liegt es großenteils, wie es mit der bedrohten Weltgeltung der deutschen Sprache weitergeht – und inwieweit Sie es bei der Leisetreterei, Liebedienerei, Hasenherzigkeit belassen wollen» (schon jetzt Beifall und Gelächter), «die die deutsche Kulturpolitik im Ausland seit Jahrzehnten kennzeichnet ... Wie heißt in Ihrem Jahrbuch» (vom Auswärtigen Amt herausgegeben) «der einzige Satz, der dafür wirbt, die Weltsprache Deutsch zu erlernen? *Wer Deutsch spricht, weiß mehr über Deutschland.* Ja doch! Und wer Dänisch spricht, weiß mehr über Dänemark.»

Und was könnte, was müsste in einem solchen Jahrbuch alles stehen! Zum Beispiel: Deutsch ist die Muttersprache dreier Weltbewegungen: des Protestantismus, des Marxismus und der Psychoanalyse. Im 19. Jahrhundert war Deutsch die Weltsprache der Naturwissenschaften und der Philosophie. Heute ist Deutsch die Nummer 4 unter allen Sprachen, die im Ausland gelernt werden (nach Englisch, Spanisch und Chinesisch – vor Französisch, Russisch, Arabisch, Japanisch!) Die Nummer 3 ist Deutsch unter allen Sprachen, *aus denen* in andere Sprachen übersetzt wird (nach Englisch und Französisch) – die Nummer 2 unter allen, *in die* übersetzt wird: das andere Esperanto der Weltliteratur. Die Nummer 1 ist Deutschland schließlich als Schauplatz und Gastgeber der höchsten Konzentration von Theatern, Opern, Orchestern und Museen auf Erden. Wann endlich werden Sie Ihren Schülern in Ecuador oder auf den Philippinen *das* erzählen?

Ich zitierte den großen Argentinier Jorge Luis Borges: «Die spanische Sprache war mein Schicksal – dich aber, süße Sprache Deutsch, habe ich erwählt.» Und ein paar Höhepunkte des Deutschen las ich vor, wie man sie in den Auslandsschulen anbieten könnte, zur Verführung: von Lichtenberg, Schiller, Büchner, Kafka, Freud und Stefan George; von Goethe den schwungvollen Satz über Byron: «Zu seinen Sachen kam er wie die Weiber zu schönen Kindern: sie denken nicht daran und sie wissen nicht wie». Von Brecht das wüste Satzgebilde: «Lobet den Baum, der aus Aas aufwächst jauchzend zum Himmel! Lobet das Aas – lobet den Baum, der es fraß – aber auch lobet den Himmel!»

Was den Zustand der deutschen Sprache anging, musste ich natürlich von den *Anglizismen* reden – oder vielmehr, da sie ja ein ungeeigneter Oberbegriff für alle Importe aus dem Englischen sind, einschließlich der guten und selbstverständlichen wie Sport und Spurt: von der *Anglomanie*. Haben sie vielleicht denselben psychologischen Hintergrund, die Duckmäuserei Ihres Ministeriums und die Neigung der Deutschen, sich jeden Schwachsinn gefallen zu lassen, wenn er nur aus dem Englischen kommt?

Warum muss in Ihrem eigenen Jahrbuch stehen «Wie sieht das Timing der Implementierung aus?» Warum heißt in deutschen Unternehmen die soziale Verantwortung *Corporate Social Responsibility*? Warum hat *SAT 1* zehn Jahre lang mit dem Spruch *Powered by Emotion* geworben – bis der Sender 2003 ermittelte, dass zwei Drittel der Deutschen keine Ahnung hatten, was das heißen sollte, während aus dem restlichen Drittel immer noch Übersetzungen kamen wie «Kraft durch Freude» oder «Von Emotionen gepudert»? Haben diese kalifornisch lackierten deutschen Werber es einfach nicht ertragen, sich ihrer Muttersprache zu bedienen?

Der Beifall war lebhaft, um die Anglizismen drehte sich ein großer Teil der Diskussion. Natürlich: Kein Wort ist deshalb *schlecht*, weil es aus einer anderen Sprache stammt. Die Wörter Fenster, Balkon und Schokolade haben wir aus Rom, Paris und Mexiko importiert, und um nichts wären sie uns willkommener, wenn wir sie von den alten Germanen geerbt hätten. Zum Zweiten: Auch *gut* ist ein Wort nicht schon deshalb, weil wir es aus dem Englischen übernommen haben. Dieser zweiten Wahrheit aber bläst in Deutschland der Wind ins Gesicht, da waren wir uns einig.

Wie also wäre es, wenn wir alle uns aufrafften, abzuwägen, zu unterscheiden zwischen schönen, praktischen Importen, vor allem den knackigen Einsilbern wie Job, Team, Sex – und solchen, die ein pseudo-kosmopolitisches Imponiergefasel sind? Welche Vorteile bringt das *Human Resources Department*, das in vielen deutschen Unternehmen die Personalabteilung abgelöst hat? Warum muss die Deutsche Post einen *Content Management Code System Administrator* haben? Manchmal könnte man doch einfach übersetzen! Geniestreiche der Übersetzungskunst finden sich ja selbst im Computerjargon: «Maus» schreiben wir, obwohl es doch *mouse* heißen könnte.

Wie und warum sich in Deutschland das *Public Viewing* ausgebreitet hat, wusste keiner; viele aber wussten, dass es in Amerika die Freigabe des Leichnams zur öffentlichen Besichtigung bedeutet, also unter allen Importen der unsinnigste und peinlichste ist. Wer hat das importiert? Warum wird es sogar im Fernsehen verbreitet und damit unserem Alltagswortschatz einverleibt? Sind die Deutschen schon so weit, dass sie für etwas bis dahin Unbenanntes keinen deutschen Einfall mehr haben? *Fernseh-Forum* wurde vorgeschlagen, auch *Schau-Arena* gebilligt.

Die waren ein Angebot der «Aktion Lebendiges Deutsch», die von 2006 bis 2008 mehr als vierzig Vorschläge für die Übersetzung überflüssiger, törichter Anglizismen machte. Der Präsident des Deutschen Lehrerverbandes, der Vorsitzende des Vereins Deutsche Sprache, ein ehemaliger deutscher Botschafter in vielen Ländern und ich hatten das gemeinsam betrieben, öffentlich um Vorschläge gebeten – und zum Beispiel fürs *Fast Food* den «Eilmampf» vorgeschlagen und fürs *Brainstorming* die «Denkrunde», begeistert über 4400 Einsendungen, darunter so phantasievolle wie Bullshit-Bingo, Synapsen-Tango oder Gedankenkotzen.

Deutsch lebt! Sie alle, sagte ich, könnten und sollten einen Beitrag dazu leisten. Ja, der Tag in Schanghai machte Spaß. Mir wurden sogar vier Einladungen an die deutschen Schulen in London, New York, São Paulo und Quito in Aussicht gestellt. Bei der Aussicht blieb es dann.

Die Anglomanie jedoch blieb ein zentrales Thema in meinen hundert Sprachseminaren für Öffentlichkeitsarbeiter, Werbetexter, Redenschreiber, die ich seit 1998 (und noch bis 2013) veranstaltete. Eines ihrer schrillsten Kinder waren und sind die *Aktivitäten* (die Nicht- oder Fehlübersetzung der in Amerika allgegenwärtigen *activities* also). Falsches Deutsch zunächst: Denn natürlich ist *Aktivität* ein Singularetantum, ein Wort ohne Plural, wie Passivität oder Mobilität, und entweder ein Oberbegriff für zwanzig *Aktionen* (meistens meinen sie die) oder für Tätigkeit, Tatkraft. Faust hat nicht übersetzt: «Im Anfang waren die Aktivitäten», sondern «Im Anfang war die Tat».

Viel schlimmer aber: Oft sind die Aktivitäten bloßes Geschwätz. *Marketing* zum Beispiel ist die Summe von hundert Aktionen, die nötig sind, um ein Produkt in den Markt zu drücken. Wer ans Marketing noch -aktivitäten drankleistert (und das tun Sie!), hört sich beim Sprechen offenbar nicht zu, oder er hatte noch fünf hohle Silben auf der Zunge und leider nicht die Charakterstärke, sie runterzuschlucken.

Dies war in den Seminaren mein Umgangston, nicht nur gegenüber Journalistenschülern (Kapitel 21). «Ich will nicht nett zu Ihnen sein», sagte ich, «sondern ich will etwas bewirken. Und merken können Sie sich am besten das, worüber Sie sich geärgert haben.» In den schriftlichen Beurteilungen der Teilnehmer wurde ich vier- oder fünfmal der Arroganz bezichtigt (zu Recht natürlich), ganz überwiegend aber gelobt und oft mit Beifall verabschiedet. «Nie war es so unterhaltsam, abgewatscht zu werden», hieß mein Lieblingskompliment.

Über die Anglizismen, die Gesetze der Verständlichkeit und die Regeln der Attraktivität hinaus hatte ich es in der Wirtschaft regelmäßig mit einem Problem zu tun, das ich polemisch als «Eierkuchen-Syndrom» bezeichnete: Wer «Friede, Freude» hört, ergänzt überall im deutschen Sprachraum fast zwanghaft «Eierkuchen». Der ist der Inbegriff einer Floskel aus dem Leierkasten: Aufmerksamkeit null. «Von solchen Versatzstücken benutzen Sie, lustvoll und ahnungslos, ein Dutzend, *Eierkuchen* nenne ich sie alle: außer den Aktivitäten vor allem die Innovationen und Herausforderungen, dazu Kreativität, Palette, Portfolio, Potenzial, Prozess und Synergie. *Innovative Aktivitäten* sind der Gipfel der Silbendrescherei: Denn tätig sind wir alle, und neu ist jede Tat.»

Gern ärgerte ich die Teilnehmer schließlich mit ihrer Affenliebe zum *Segment*, vom «Premiumsegment» der Autofirmen bis zu den Problemen der Landwirtschaft im «Milchsegment». Das ist die schiere Blamage! Jedem, der mal zwei Stunden in Geometrie aufgepasst hat, teilen Sie mit: Leider habe ich keine Ahnung, dass das Segment ein von außen abgesäbeltes Stück der Torte ist, also meine Firma ruinieren würde. *Sektor* meinen Sie natürlich.

Es kam auch vor, dass ich lobte – einen Teilnehmer zum Beispiel für den Text: «Dieser neue Roboter ist noch nicht ganz so schlau wie ein Toaströster – aber doppelt so folgsam wie ein Hund.» Und gern stellte ich, als Maßstab und zur Ermunterung, die schönsten Sätze der Weltliteratur vor, die ich, auch außerhalb des Deutschen, gefunden hatte – so die Anrede, die der französische Philosoph der Tafelfreuden, Brillat-Savarin, nachträglich an Adam und Eva richtete: «Ihr, das erste Elternpaar der Menschheit, die ihr euch und uns alle für einen Apfel ruiniert habt – was erst würdet ihr für einen getrüffelten Truthahn getan haben?»

Und manchmal dazu das böseste Argument der Geschichte, mein unerreichtes Vorbild, es fiel in Oxford 1860 bei einer turbulenten Debatte über Charles Darwins gerade verkündete Lehre, vereinfacht zu dem Schlagwort «Der Mensch stammt vom Affen ab». Der anglikanische Bischof Samuel Wilberforce provozierte den Zoologen Thomas Huxley, einen Parteigänger Darwins, mit der Frage: «Und Sie, Sir – stammen Sie großväterlicherseits oder großmütterlicherseits von einem Affen ab?» Worauf Huxley erwiderte: «Wenn ich mir meine Vorfahren aussuchen und dabei wählen könnte zwischen einem Affen und einem gelehrten Mann, der so unter seiner Würde argumentiert – ich würde mich für den Affen entscheiden.»

43

Ein Vater
Porträt eines Gescheiterten

Warum denn auch der noch! Weil er ein ziemlich interessanter Mensch mit einem typischen, nämlich ziemlich traurigen Leben war. Als reicher Leute Kind trat er in die Welt, er war gescheit, hochgebildet, mit Humor begabt – eine Karriere schien ihm vorgezeichnet. Doch in der Mitte seines Lebens stürzte er ab, und drei Jahrzehnte lang verhagelte das Schicksal ihm jeden Versuch, seine Talente noch einmal in Erfolge umzusetzen.

In den letzten dieser dürren Jahre tröstete er sich damit, die Erinnerungen an den reichen Teil seines Lebens aufzuschreiben: Wie 1912 in Danzig der deutsche Kronprinz mit ihm plauderte, der Erbe des Kaiserreichs mit ihm, dem Leutnant bei den «Leibhusaren»! («Es interessierte mich aufs Höchste, mit einer so allem Normalen entrückten Daseinsform in Berührung zu kommen.») Und wie er sich in Bremen als Vertreter des Norddeutschen Lloyds nach Buenos Aires einschiffen sollte mit seiner schönen jungen Frau, Passage schon gebucht – für den 1. September 1914!

Geschrieben hatte er das 1962 in der Wohnung der älteren Tochter und ihres Mannes, des Ingenieurs, wo die Eltern 1960 Quartier genommen hatten: ein Zimmer, eine Couch, ein Klappbett, Tisch, Stuhl, Kleiderschrank. Gern hätte ich ihnen solche Dürftigkeit erspart, aber da waren drei kleine Kinder – und das bekannte schäbige Gehalt eines Redakteurs der *Süddeutschen Zeitung*. Und so interessant der Stoff, so lebendig weithin die Darstellung war: Die Zahl der Menschen, die die Erinnerungen lasen, belief sich auf vier, und drucken wollte sie keiner. Das war für ihn die finale Niederlage, und lange hat er sie nicht überlebt.

In St. Petersburg 1886 als eines von acht Kindern eines erfolgreichen deutschen Fabrikanten geboren – mit acht Jahren am Newski-Prospekt überwältigt vom Pomp beim Begräbnis des Zaren Alexander III.: Vor dem Sarg schwarz verhüllte Pferde, hinter ihm Könige, Großfürsten und eine gewaltige Kavallerie. Als Greis, schrieb er dazu, fühle er sich «im Grimm über die Armseligkeit der neuen Menschenwelt gedrängt, jenem Glanzstück der versunkenen Welt ein Denkmal zu setzen».

Wie er 1897 in Erfurt ankam, 11 Jahre alt, erzählte mein Vater: Der Großvater, der Fabrikherr, wünschte, dass seine acht Kinder in Deutschland aufwüchsen. Und warum durfte er nicht das humanistische Gymnasium besuchen, wie er es wollte? Seine Mutter, die Schwedin, hatte es verworfen – allein deshalb, weil ihr beim Gang zur Anmeldung des Sohnes aus dem Tor eine dicke Staubwolke entgegengewirbelt war, und «Staub!» blieb ihr Entsetzen ihr Leben lang. So musste der Sohn aufs Realgymnasium. Dort, unter lauter «Ärrfortern», erregte er Aufsehen mit seinem reinen Petersburger Deutsch.

1900 nahm der Großvater ihn und drei seiner sieben Geschwister mit zur Weltausstellung nach Paris; 14 war er. Ohne rechte Begeisterung entschloss er sich später zu einem Jurastudium. Zum 20. Geburtstag luden die Eltern ihn ein, die Semesterferien am Genfer See zu verbringen, «um meinen Gesichtskreis zu erweitern und mein Schulfranzösisch zu verbessern». Spätere Ferien verbrachte er in London und in Edinburgh, des Englischen wegen.

1912 heiratete er; seiner Frau, meiner Mutter, hat er in seinen Erinnerungen ein anrührendes Denkmal gesetzt. 1913, zum Referendarexamen, lud das junge Paar Freunde ins Hotel Esplanade in Berlin – und dazu schrieb er 1962 von der «unerhörten Pracht, als vom Kaiserschloss her die Hofgesellschaft herüberkam», mit Diademen und Ordensbändern, «und später wurde mir bewusst, dass wir da einen letzten Glanz von der Herrlichkeit des Kaiserreichs erlebt hatten ... Die Wirtschaft blühte, sprunghaft stieg der Reichtum an, Berlin war auf dem Weg zur luxuriösesten Metropole der Welt.»

Anschließend reiste das Paar nach Nizza, Genua, Rapallo, Portofino, Venedig, Wien und Budapest. Das Familienvermögen wuchs auch 1913 um mehrere Millionen Goldmark an. Anfang 1914 begann mein Vater, gerade Dr.jur., ein «Vorbereitungsjahr» beim Norddeutschen Lloyd in Bremen – und was tat man am Nachmittag in seinen Kreisen? «Wir stiegen auf unsere Pferde» (sie besaßen zwei, natürlich) und unternahmen Spazierritte in die Bremer Heide.

Welch selbstverständlicher Überfluss! Davon erzählte er mit Wehmut – und mit dem Wortschatz eines Bildungsbürgers, in schön fließendem Deutsch, zuweilen freilich mit altväterlichen Schnörkeln, die ich ihm ausgeredet haben würde, wäre ich sein Lektor gewesen: «Wie könnte ich es mir hier verkneifen, daran zu erinnern, dass ...» oder «Doch muss ich hier noch eines Umstands gedenken, der ...» Immer wieder aber mit Farbe und mit Kraft.

So über den 28. Juni 1914. Aus Bremen waren die Eltern nach Hamburg gefahren, um das klassische Derby-Rennen zu besuchen. «Während es gelaufen wurde, mitten darin, gingen plötzlich alle Fahnen auf Halbmast, die Musik verstummte jäh. Wie Blei senkte sich etwas auf den Rennplatz herab, alle Stimmen verstummten. Angstvoll horchten wir: Mord in Sarajevo! Ergriff uns ein Ahnen von der Weltenwende, die er heraufbeschwor?» Und mein Vater, der Gelegenheitsdichter zu Familienfesten, hängte die Verse an:

Gott befahl zwei Weltenzeiten,
Sich zum Kampfe zu bereiten.
Und sie grollten: «Herr, es gilt!
Gib uns frei ein Kampfgefild –
Überreif, mit Frucht beladen
Unter deinen Sternmyriaden!»
Und, dem Erdball zugewandt,
Wies Er auf sein Abendland.

Am 31. Juli eilte er nach Danzig zu den Leibhusaren. Nun trugen sie feldgraue Uniformen, zunächst aber noch die Pelzmütze mit dem Totenkopf. Er wurde Adjutant des Bataillonskommandeurs; ein Pferdebursche und ein Bursche zur persönlichen Bedienung standen ihm zu. «Alles, was sich tat», schrieb er 1963 über jene Tage, «nahmen wir in einem rauschhaft gesteigerten Lebensgefühl wahr, dem Augenblick hingegeben und auf das Schlimmste gefasst.»

In viele Gefechte wurde er an der Ostfront verwickelt, er blieb unverletzt, bekam das Eiserne Kreuz I. Klasse, wurde zum Oberleutnant befördert. Als 1917 in seinem alten Petersburg die Revolution losbrach, war er entsetzt. Noch mehr, als 1918 ein Trupp deutscher Soldaten «ihm keine Ehrenbezeigung erwies» und sich noch dazu brüstete, sich gestern mit russischen Soldaten verbrüdert zu haben. Die Aufzeichnungen meines Vater schlossen (auf Seite 347) so:

Von Wilna gelangten wir nach Wirrballen, dem alten russisch-preußischen Grenzort. Hier habe ich mehr oder weniger eigenmächtig für meine Person abgerüstet und einen Zug bestiegen, der zufällig nach Erfurt fuhr – zum Aufbruch in ein neues Zeitalter, in dem bald vergessen sein würde, dass einmal so das Leben war.

In Erfurt aber fasste er rasch Fuß als Rechtsanwalt. 1924 zog er für die Deutschnationale Volkspartei in den Reichstag ein. 1931 kam der Absturz, über den ich in Kapitel 32 kurz berichtet habe. Ungefähr ab 1937, als Justitiar in der Wirtschaft, konnte er der Familie noch einmal einen bürgerlichen Lebensstandard sichern.

Auch in den schlimmen Jahren aber war bei ihm immer wieder mal ein Hauch von Humor und Lebenslust zu spüren: Gerade in denen geschah es ja, dass er mich beim Sonntagsfrühstück mit Feuer für Sprache und Literatur erwärmte (wie in Kapitel 41 beschrieben); eine gelegentliche Flasche Rotwein zelebrierte er; im Witzeerzählen war er Meister.

Ja es geschah, dass er zusammen mit mir den Schmachtfetzen sang «Ich tanze mit dir in den Himmel hinein» – 1940 bei einem Spaziergang im Riesengebirge als belebendes Mittel der Fortbewegung: Im Takt des langsamen Walzers machten wir beim Bergabgehen eine rhythmische Kniebeuge. Vater und Sohn amüsierten sich – meine Mutter machte allenfalls zur Hälfte mit und lächelte ein wenig: Denn eigentlich war das ja albern, aber wiederum sollte keiner sie unter dieser Einsicht leiden sehen. Sie lebte überhaupt, ein würdigeres Bild fällt mir nicht ein, ein bisschen wie mit angezogener Handbremse. Wein trank sie, wenn überhaupt, aus Schnapsgläsern. Meine Schwestern behaupteten, sie sei eine kalte Frau gewesen – ich habe sie nicht so erlebt und liebte sie.

Dass mein Vater 1943 als Hauptmann der Reserve zum Wehrmachtsführungsstab einberufen worden war, wurde ihm im September 1945 zum Verhängnis: Damit fiel er unter den «automatischen Arrest» der US Army, war eine Zeitlang verschollen und meldete sich im November aus einem Internierungslager bei Schongau im Allgäu. Am 18. Dezember war dort «Besuchstag»: Am Stacheldrahtzaun durfte man sich begegnen, nach zwei Minuten schoss ein Militärpolizist in die Luft und schrie «Go back!» Ich sah einen erschreckend mageren Mann mit gelbem Gesicht, sage und schreibe in einer abgewetzten SA-Uniform.

Aus dem Lager schrieb er mir später: «Nach unserer Trennung drückte mir ein Ami eine Rolle Stacheldraht in die Hand, zusammen mit einem Regierungspräsidenten und einem Mann vom Kabarett verlegte ich sie mit blutenden Händen.» Entlassen wurde er nach vierzehn Monaten, als *Former Security Threat* gekennzeichnet: 60 Jahre alt, ohne Geld, ohne Chancen.

Er verschlimmerte das Gedränge in dem Einfamilienhaus bei Dachau, das die Amis zugunsten meines Schwagers, des Ingenieurs, beschlagnahmt hatten (Kapitel 2). Hinter einer Schrankwand in unser aller Wohnküche bekam er ein Bett. Ein Preuße in Bayern, ohne Freunde, ohne Beziehungen, ohne Zulassung als Rechtsanwalt – so blieb er zwanzig Jahre lang auf eine ärmliche Existenz zurückgeworfen; bis ich es mir leisten konnte, meinen Eltern für seine letzten drei Jahre eine hübsche Bleibe in Starnberg zu bieten. Meine Mutter hatte noch bis in ihre Sechziger ein bisschen Geld herangeschafft, indem sie auf Messen die zahnärztlichen Geräte anbot, die ihr Schwager aus der Schweiz vertrieb.

Als im Herbst 1960 mein erstes Buch, «Überall ist Babylon», in Hamburg eintraf, gratulierte mein Vater mir zu einer «imponierenden Leistung» und zitierte den Spruch von Hans Sachs: «Erst mach dein Sach, dann trink und lach.»

Im Sommer 1961 ließ er mich wissen, dass er eigentlich seine Erinnerungen schreiben wolle – aber leider fehle ihm ein geeigneter Arbeitsraum. Ich ermunterte ihn nachdrücklich, das schöne Vorhaben daran nicht scheitern zu lassen. Im September 1962 schrieb er mir, er habe sich aufgerafft, und schickte mir schon ein erstes Kapitel. Ich konnte es ehrlich loben – das habe ihn «beeindruckt und beglückt», schrieb meine Mutter, «wenn es auch für mich nicht gerade gemütlich ist, weil er gern ungestört arbeitet und ich oft nicht weiß, wo ich mich rumdrücken soll. Aber die Arbeit erleichtert und verschönt ihm sein Alter.»

1963 schickte er die ersten Kapitel an seine Schwestern – sie waren doch mit ihm in St. Petersburg aufgewachsen! Aber die bestätigten nur den Empfang. Und seine Tochter, die Herrin der Wohnung? «Sie hat, wie ich nicht anders erwartet habe, überhaupt keine Notiz davon genommen.» 1964, zu meinem 39. Geburtstag, schrieb er mir: Genau in dem Alter sei er in den Reichstag eingezogen. «Wie verheißungsvoll schien noch mal mein Leben vor mir zu liegen! Mehr *fortune*, das wünsche ich Dir von ganzem Herzen!» Meine Mutter bedankte sich jedes Mal für meine jüngsten lobenden Worte zu Vaters Werk. «Er ist nun wieder mit Eifer dabei. Die Erinnerung an die Studentenzeit macht ihm viel Spaß. Es füllt ihn aus und mindert die Einsamkeit.»

Nach fünfjähriger Arbeit, 1967, riskierte er es, seine Erinnerungen einem renommierten Verlag anzubieten; unter dem Titel «Dass einmal so das Leben war!» Der Verlag bekundete durchaus Interesse, stellte jedoch die Bedingung: Seine Zeit im Reichstag gehöre unbedingt hinein! Eben das aber behagte ihm nicht. Er habe ein Bild des Lebens gemalt, schrieb er, «wie es sich in einer nie wiederkehrenden geschichtlichen Periode hat entfalten können. Diese Periode war mit dem Ausgang des Ersten Weltkriegs abgeschlossen.» Das schließe nicht aus, dass er sich auf einen zweiten Teil einlassen werde – der aber müsse unter einem eigenen Titel erscheinen. «Denn der Bericht über mein Leben darf nicht mit seinem kümmerlichen Ende, er soll mit rühmlicheren Erinnerungen abgeschlossen werden.»

Es wurde also nichts mit einem Buch. In Starnberg verlebten die Eltern in der eigenen Wohnung drei friedliche Jahre; in den ersten beiden bummelten sie noch fast täglich an den schönen See. «Unser Lebensabend», schrieb er mir, «geht ruhig und idyllisch dahin.» Dann ging es mit dem Herzen bergab. Er war 83.

Seine Rede wurde schwer, er bevorzugte es, sich mit Gesten zu verständigen, und ob er noch alles verstand, wussten wir nicht immer. Aber gern trank er einen halben Liter dunkles Bier am Abend. Auch in seinen letzten Wochen hatte er noch ein paar Notizen gemacht: «Welche Sünden habe ich in meinem Leben begangen, dass es mir jetzt so ...? Ich finde nichts.» Und: «Soll ich jetzt mit Hebbel klagen: ‹Der ich bin, grüßt trauernd den, der ich hätte sein können›?» Bis zuletzt lobte er Karl Jaspers für dessen «Philosophie des Scheiterns».

Meine Mutter überlebte ihn um siebzehn Jahre – zehn davon in einer eigenen kleinen Wohnung im Haus einer wohlhabenden Enkelin aufgenommen und glücklich über die Chance, deren Kinder zu betreuen. Zu ihrem 90. Geburtstag reisten wir aus Hamburg an. Dann nahm ihre ältere Tochter sie auf: Mit ihrem Mann, der das Jagen und Fischen liebte, war sie nach Oberwössen im Chiemgau gezogen; nun verwitwet, kinderlos. Sie war eine perfekte, wenn auch strenge Pflegerin.

Unsere Mutter verlor die Lust zu leben, als sie bei dem täglichen Spaziergang, den sie sich schuldig zu sein glaubte, dreimal gestürzt war. Sie sagte es mir auch, dass sie nicht mehr wolle; ich sagte das dem Arzt und bat ihn, das ihm Mögliche zu tun. Sie starb mit 94. Wir fanden ein Kuvert mit vermischten Notizen, undatiert; eine davon hat mich erschüttert. Es war eine Erinnerung an das Jahr 1899, die sie offenbar gehegt und gepflegt hatte 86 Jahre lang: Die Kaiserin Auguste Victoria hatte ihre Schule in Magdeburg besucht – «und welcher Schülerin gab sie zuerst die Hand? Mir! Mir!»

44

Zwei Schwestern
Vom Schicksal gebeutelt

Ach, die Geschwister! Bemerkenswert für mich vor allem unter dem Aspekt: Mit unseren Eltern zusammen haben sie demonstriert, dass offenbar sechs Menschen ins Leben treten mussten, damit einer sagen konnte: Es hat sich gelohnt! Was für eine traurige Welt.

Einen Bruder hatte ich auch. Als er 16 war, stach er sich einen Dolch ins Herz. Ich, 8 Jahre alt, war es, der ihn fand. Nach seinen Motiven geforscht habe ich nicht. Ob die Eltern sie kannten oder ahnten, weiß ich nicht.

Die Schwestern waren vier Jahre auseinander, und Neid prägte die Ältere ihr Leben lang – obwohl auch sie ganz hübsch und dazu die deutlich Begabtere war. Dass erste Kinder sich durch kleine Geschwister aus der Mitte der Familie gedrängt fühlen, ist ja nicht selten; warum sich aber hier die Eifersucht so quälend festfraß, dafür fand die Familie keine Erklärung.

Die Jüngere, eine Turnerin, die auf Händen spazieren ging, eine Tänzerin, der die Männer nachliefen: Sie tat der Älteren den Tort an, mit 19 von einem 30-jährigen, gut aussehenden Regierungsrat im Reichswirtschaftsministerium zum Traualtar geführt zu werden. Wir feierten im berühmten Kranzler am Kurfürstendamm – mir, dem 14-jährigen, unvergesslich schon durch den ersten Gang des Festmenüs: «Kalter Lachs mit Kräutertunke». Dergleichen hatte ich noch nie gegessen und nie auch nur gehört («Tunke» hieß es in der Nazizeit, man schrieb den Juli 1939).

Noch vor dem Dessert geschah es, dass die Ältere zu schluchzen begann – lange, unbremsbar, wie die Hochzeitsgesellschaft entsetzt registrierte. Endlich lief sie hinaus, unsere Mutter hinterher; ich war vermutlich der Einzige, der vor einem Rätsel stand. Nach ziemlich langer Zeit kehrte sie zurück mit roten Augen und verquollenem Gesicht. Aber war nicht sie es, die die Balalaika-Kapelle organisiert hatte zum Familienfest? Zur Musik entspannte sich die Stimmung, der kleine Bruder war begeistert.

Mehr als fünfzig – fünfzig! – Jahre später erzählte mir die Ältere aufgebracht: Da habe sie sich ja mal wieder aufgeführt, die Jüngere, neulich, als sie sich immerhin zum Essen verabredet hatten, die zwei Witwen, schließlich war man Familie! Die Beschuldigung hörte sich annähernd wörtlich so an: «Muss sie natürlich Bohnen bestellen zum Schnitzel, Spinat stand auf der Speisekarte, alles bringt sie durcheinander! Und weißt du, was sie mit den Bohnen gemacht hat? Liegen lassen hat sie sie! Erst bestellt sie extra Bohnen – und dann isst sie sie nicht! *Aber so war sie ja immer.*» Immer! Mit Bohnen!

Natürlich hatte sie ebenfalls geheiratet, die Ältere, anderthalb Jahre danach. Als sie für Weihnachten 1940 einen Skiurlaub in Garmisch buchte, wurde in der Familie bedeutungsvoll getuschelt, und in der Tat: Schon im März 1941 (Deutschland rüstete sich gerade zum Überfall auf Norwegen und Dänemark) führte meine große Schwester einen Mann zum Standesamt, einen dreizehn Jahre älteren Ingenieur bei BMW in München, später jeweils in leitender Position und daher vor dem Kriegsdienst geschützt bis zum letzten Tag. Auch er sah gut aus und führte eine gepflegte Sprache; an seinem westfälischen Dickschädel freilich zerschellten zuweilen unsere Maßstäbe von Rücksicht und Höflichkeit.

Als ich mich fünf Monate nach Kriegsende bei Schwester und Schwager nahe Dachau einquartierte (Kapitel 2), wurde ich Zeuge, wie meine Schwester und ihr Mann sich anbrüllten und ankeiften fünfmal in der Woche in ihrem fünften Ehejahr, zwei Alphatiere auf zu engem Raum. Es muss zwei, drei Jahre später gewesen sein, dass meine kluge, tüchtige, schwierige große Schwester sich unterwarf: Es wurde leiser in der Wohnung, sie zitierte ihren Mann vor Dritten und benutzte seine typischen Redewendungen, ja zuweilen übernahm sie seinen westfälischen Zungenschlag.

Im Grunde war sie ja ein herzensguter Mensch. 1935, als sie die kaufmännische Lehre bei einem Wirtschaftsprüfer absolviert und in der Firma rasch Karriere gemacht hatte, spendierte sie mir, dem Zehnjährigen, etwas, was ich noch nie gehabt hatte: ein Taschengeld – drei Mark im Monat! Wahrscheinlich wäre sie eine gute, jedenfalls eine engagierte Mutter geworden; aber Kinder bekam sie nicht – vermutlich, weil sie als Vierzehnjährige an einer Nierenentzündung gelitten hatte, die sich, in Ermangelung von Antibiotika, vier Monate lang hinzog; auch dies wohl ein Beitrag zum Hass auf die jüngere Schwester, der immer alles zuzufliegen schien: mit 19 ein stattlicher Mann, dann zwei Kinder.

Die Jüngere erhielt 1944, als sie 24 war, die Nachricht eines Oberst Graf Vietinghoff, ihr Mann, Hauptmann der Reserve, werde seit einem Rückzug im Gewitter an der Ostfront vermisst. «Die Wahrscheinlichkeit, dass Ihr Gatte durch eine MG-Garbe einen schnellen Tod gefunden hat, ist groß. Ich bedaure aber, die schwere Ungewissheit des Vermisstseins nicht verbergen zu können, und bitte Sie auf der anderen Seite, noch einen Funken Hoffnung zu bewahren.»

Die junge Witwe mit zwei kleinen Kindern, in Berlin vergewaltigt, verschaffte sich dann einen Job als Kellnerin in einem britischen Offiziersklub und kam so legal und illegal zu kostbaren Speiseresten für die Kinder. Später besorgte sie ihnen einen Aufenthalt bei den Schwestern meiner Mutter in Fronhausen an der Lahn und in Zürich. Ja, sie brachte ihre Kinder tapfer durch; deren Dankbarkeit hielt sich in Grenzen, bis zuletzt.

Die letzten 30 ihrer 52 Witwenjahre verlebte sie in einer hübschen, im Sommer freilich schrecklich heißen Mansardenwohnung, die sie in Bad Wiessee gemietet hatte; für kleine Firmen besorgte sie die Buchhaltung und konnte so, zusammen mit ihrer Pension als Beamten- und Kriegerwitwe, leidlich leben; für ein Auto reichte es. Sie klagte nie, sie war gut zu leiden bis an ihr Lebensende, sie trank. Mit 76 starb sie an Leberkrebs.

Die Ältere verlor ihren Mann, als sie 66 war. Bald darauf nahm sie unsere Mutter auf. Nach deren Tod blieben ihr 16 Jahre Einsamkeit. Zunächst machte sie noch Bildungsreisen, nach Malta, nach Jerusalem, sogar nach Samarkand, und zweimal im Monat sammelte ein Taxi-Unternehmer ein paar Witwen aus Oberwössen zu einer Fahrt ins Blaue ein.

Dann wurde sie schwächer, stürzte zu Hause, wütete gegen ihr Schicksal und hatte doch noch drei oder vier Jahre zu leben: zehn Stunden des Tages im Bett, die anderen vierzehn auf der Couch sitzend oder liegend – gebettet, gewaschen, gefüttert von einem Pfleger viermal täglich; zwei-, dreimal im Jahr im Krankenhaus, jedes Mal mit einem Kreislaufkollaps, weil ihr, der Kettenraucherin, als Erstes das Nikotin entzogen worden war. Unterhalten wurde sie von nichts als dem Fernseher – einem Segen für die Einsamen. Schon im November aber graute ihr vor den Weihnachtstagen, weil es dann kein Entrinnen gab auf allen Kanälen vor strahlenden Kinderaugen und frommem Gesäusel. Dieser Beitrag des Freudenfestes zum Leid der Verlassenen ist zu selten gewürdigt worden.

Ein Neffe, eine Nichte aus München besuchten sie zuweilen, Lilo flog einmal jährlich aus Mallorca ein, um ihre Papiere zu ordnen – ich drei- bis viermal, mindestens zu ihrem Geburtstag und am zweiten Weihnachtsfeiertag. Noch fast drei Jahre lang erlebten wir die Liegende wie eh und je: interessiert, streitlustig, trinkend, rauchend – mehr und mehr aber mit einem Satz, dem schwer zu widersprechen war: «Mein Leben ist so sinnlos.» Im Krankenhaus von Ruhpolding hauchte sie es schließlich aus, mit 86 Jahren.

Das Dutzend Fotoalben, die ich in ihrem Nachlass fand, blätterte ich durch; auf vielen Bildern sah ich sie so lebenslustig, wie ich sie früher nicht oft und seit zwanzig Jahren gar nicht mehr erlebt hatte. Ein paar Fotos hob ich auf. Wenn ich sie noch betrachte hin und wieder, weiß ich: Nach mir tut das keiner mehr. Keine Spur wird sie hinterlassen auf der alten Erde.

45

Vier Kinder
Wer keine hat, verpasst das halbe Leben

Vor den Kindern kam, ganz altmodisch, die Ehe. Meine erste schloss ich 1949, mit 24. Eine hübsche, fröhliche, temperamentvolle Frau, ein Sonnenschein in jenen grauen Jahren; die Liebe war groß, zwei schöne Zimmer in Untermiete hatten wir in Schwabing aufgetan (ein Glücksfall und eine gewisse Leistung, 1949), und geheiratet musste werden: Das war noch so üblich, und ausdrücklich verlangte es die Hauptmieterin, eine Baronin – sonst hätte sie damals in der Tat der Kuppelei bezichtigt werden können. Die frühe Ehe, die kargen Zeiten, das knappe Geld: Nichts also habe ich erlebt von all dem Nacht-, Disco-, Hippie-Leben der nächsten Generation.

1954 kam der erste Sohn zur Welt: Stolz, Entzücken – und das merkwürdig erhebende Gefühl, dass es nun drei Menschen gab, wo vorher zwei gewesen waren. Vier Vornamen bekam er, zur späteren Selbstauswahl: unter dem Eindruck der Krämpfe nämlich, mit denen die unglücklichen Träger des Vornamens «Adolf» den nach 1945 zu tarnen versuchten. Der eine nannte sich Olf, der andere Dolf, der Dritte Addi, der Vierte A., der Fünfte überhaupt ganz anders. Aber unser Horst wählte nicht – so wenig wie später seine Geschwister. Sie blieben bei ihren ersten Namen, Susanne und Curt. Ein Freund, immerhin, lobte mich für meine Umsicht: «Clemens» beim Ersten, das sei richtig gut, falls er zum Beispiel Papst werden sollte.

Drei Kinder, erst in einer Neubauwohnung nahe am Friedensengel, dann in einem schönen gemieteten Haus in Pullach bei

München. Das war eine Strapaze, ein Segen, eine Lust – und vor allem: dieses Lachen, dieses Ausgeliefertsein an den Augenblick, dieses neugierige Hineintapsen in die große fremde Welt! Und das Eintauchen in die Sprache zumal: vom Gelalle zur Wortbildung, vom Gestammel zur begrifflichen Bewältigung!

Als die ersten Sätze kamen, begann ich sie aufzuschreiben – eine geringe Mühe, ein ungeheurer Gewinn. Die Vorstellung, all das Putzige und Verblüffende des Spracherwerbs werde den Eltern einfallen dreißig Jahre später, ist ein populärer Unsinn, und Kinder haben später sowieso keine Ahnung, wie schlau oder wie komisch sie mal waren. Unsere haben's uns gedankt, als wir ihnen zum 18. Geburtstag ihre frühen Geistesblitze überreichten.

Liebling aller drei war der Großvater mütterlicherseits, der Opa schlechthin. Ein gewaltiger Mann, als achtes Kind eines Bauern aufgewachsen, mit dem Schalk in den Augen und einer herrlich selbstverständlichen Art, mit den Enkeln wie mit Kumpeln umzugehen. Er wurde 92 Jahre alt.

Und dann kam Lilo. Zunächst war sie einfach «die Neue» in der *Süddeutschen Zeitung*, groß, schlank, lebhaft und alsbald in eine Art rhetorischen Wettstreit mit mir verwickelt. In Berlin-Pankow hatte sie das Abitur gemacht und war dann über das Auffanglager Marienfelde (Berlin West) nach Frankfurt ausgeflogen worden – ihr Vater, im Osten enteignet, hatte das seinen drei Kindern dringend geraten: keine Chancen in der DDR! In Frankfurt begann sie ein Jurastudium, in München war es zu Ende.

Es dauerte mehr als zwei Jahre, bis wir es spürten: Mein Gott, wir lieben uns! Eine Affäre? Nein! Welche Verwandtschaft der Interessen, der Temperamente, der Lebensziele! Doch kein Weg führte zueinander: drei Kinder! Nie kann ich die verlassen – nie darfst du sie verlassen! Ehe? Die sei ohnehin nicht ihr Ziel, sagte Lilo. Zweimal schlug sie vor, auszuwandern, nach Amerika. Aber ich warnte sie: Ich komme nach!

Eine ganz normale Ehe hatten wir geführt, meine erste Frau und ich. Eine gute Mutter war sie sowieso. Und die Fassade hielten wir aufrecht, vier Jahre lang, den Kindern zuliebe. Ich hatte halt beruflich überwiegend andernorts zu tun. Alle Spiele, alle Ausflüge mit den Kindern fanden statt, wir musizierten mit Gitarre, Blockflöte, Schlagzeug und Gesang, Musik aus Radio oder von Schallplatten gab es viel, die beiden Kleinen tanzten zu Ländlern aus Tirol ebenso wie zu Beethovens 7. Sinfonie (durchaus angemessen: Hatte Richard Wagner sie nicht als «Apotheose des Tanzes» bezeichnet?).

Dann also die Scheidung, einvernehmlich. Den Kindern musste man das gar nicht erzählen. Meine zweite Ehe schloss ich in Berlin: unserer gemeinsamen Heimatstadt zuliebe. Nun stand das Tor offen für einen kühneren Lebensentwurf – für die Bauchaufschwünge im Beruf, die ich in Hamburg riskierte, für die herrliche Verrücktheit, nach Mallorca auszuwandern, bis heute für die Lust am Abenteuer.

Mir blieb der Trost: Den Kindern ging es gut. Ihre nun alleinerziehende Mutter vollbrachte ihre große Lebensleistung, sie wohlgerüstet in die Welt zu schicken. Und ich bemühte mich, unter allen geschiedenen Vätern der treusorgendste zu sein. 1966 nach Hamburg gezogen, fuhr ich alle vier Wochen am Freitagabend mit dem Schlafwagen nach München und Sonntagabend wieder zurück, sieben Jahre lang. Heiligabend war ich sowieso bei den Kindern, und Lilo feierte mit der eigenen Familie. In Pullach ging es an den vielen Wochenenden so hoch her, dass Curt, der Jüngste, mir 1968, acht Jahre alt, zum Abschied sagte: «Eigentlich ist es ganz gut, dass du nicht jeden Tag da bist. Weißt, man gewöhnt sich ja schnell ab.»

Und es kamen die Jahre, in denen alle drei Kinder zu uns stießen, eines nach dem anderen, und in die neue Familie wuchsen sie fröhlich hinein. Bald verbrachten die beiden Kleineren Ostern und Silvester bei uns in Großhansdorf, zweimal sogar Heiligabend. Ihre Mutter ließ sie stets gewähren. Zu meinem vierten, zu Lilos Kind, gratulierte sie.

Noch einmal sah ich ein Menschlein ins Leben purzeln, das Mäxchen zum Max werden, und noch einmal hielt ich begeistert die schrägen Sprüche fest, mit denen ein Kind sich im verwirrenden Riesenreich der Sprache etabliert. Seine Spezialität waren Aphorismen von der Art «Das alte Sprichwort lautet: Tu lieber, was du willst!» (da war er 5) und kluge Beobachtungen: «Papi, du hast mal wieder fein, rein und gebügelt gequatscht» (da war er 8). Kein Wunder, dass er Journalist geworden ist, wie Susanne; die ist bis heute meine zusätzliche Gegenleserin für heikle Texte.

Maxi spielte Fußball im HSV, für den schwärmte er seit Jahren. Mit 10 durfte er allein mit der U-Bahn zu den Heimspielen des HSV fahren, sein HSV-Schal hing ihm bis zu den Füßen; und natürlich schlief er in HSV-Bettwäsche. Damals lächelten wir; heute leiden wir ein bisschen mit, wenn der HSV wieder mal verloren hat.

Weihnachten 1973, Susanne und Curt waren 15 und 13, lachten und staunten sie mit mir in Großhansdorf über ein Stück Weltliteratur: Aus Kafkas Briefen an Milena hatte ich für sie seine exzentrischen Begründungen zusammengestellt, warum er Milenas Einladung, sie endlich in Wien zu besuchen, unmöglich folgen könne, und am Kamin las ich sie ihnen vor – darunter diese: «Ich fürchte erstens die Kosten, zweitens fürchte ich Himmel und Hölle. Abgesehen davon steht mir die Welt offen», hatte er geschrieben, und: «Sollte ich doch noch zu meiner schrecklichen Überraschung in Wien sein, dann brauche ich weder Frühstück noch Abendessen, sondern eher eine Bahre.» Susanne gab ihrer Tochter, als zweiten Vornamen, die Milena mit auf den Weg.

Spielerischen, phantasievollen Umgang mit Sprache trieben wir auch bei gemeinsamen Autofahrten: Wenn wir die Buchstaben auf den Nummernschildern als Anfang von Wörtern betrachten – wem fallen da die hübschesten Sätze ein? Unsere Sieger aus vielen Versuchen: BGL-E = «Bärtige Genossen lesen Engels», SL-AN = «Säe Leben, auch nachts.» Gern konjugierten wir meine Sammlung von Palindromen durch, Vor- und Rückwärts-Sätzen: «Leben Sie mit im Eisnebel!» oder «Madam, I'm Adam» und «Risotto, Sir?» oder «Liese, tu Gutes, eil!», und Curt hatte die Namen chinesischer Minister gesammelt: Um-lei-tung (der Verkehrsminister), Plei-te (der Finanzminister) – Wat-schon-zu? (der Minister für den Ladenschluss).

Mehrfach waren dann alle vier Kinder mit uns in den Ferien, in Grindelwald, in Zermatt, im Oberengadin. Als der Älteste mit dem Motorrad kam, lud er Lilo zu einer Spazierfahrt auf dem Sozius ein – Lilo lehnte sich nach rechts, als er sich nach ihrem Gefühl zu weit nach links in die Kurve gelegt hatte; beide haben diese Fahrt bis heute nicht vergessen. Später brachten die beiden Großen sogar Freund und Freundin mit, und ich sehe Lilo noch das Frühstück anrichten mit dreißig Brötchen und zwölf Spiegeleiern.

Im Juli 2010 luden wir alle Kinder, Schwiegerkinder, Enkel, Schwiegerenkel und die erste Urenkelin an den Starnberger See, um «unsern 160.» zu feiern – da waren wir 23.

Kinder, ach ja: Dieser ungeheure Zuwachs an Lebenserfahrung und Lebensglück! Wie man Zeuge und Helfer wird bei dieser aufregenden, fidelen Weltbewältigung! Welch wechselseitige Bereicherung! Gegen ein Zuviel an Wonne hat der liebe Gott in seiner Weisheit und Güte die Pubertät gesetzt. Doch auf sie folgten viermal Zuwendung und Hochachtung ein Leben lang.

So halte ich es mit dem alten Satz: Wer Kinder hat, ist nicht ganz tot, wenn er tot ist. Näher lässt sich dem krausen Ideal der Unsterblichkeit nicht kommen.

46

Abenddämmerung
Der Tunnel am Ende des Lichts

«Ich habe keine Angst zu sterben», sprach Woody Allen: «Ich möchte nur nicht dabei sein, wenn's passiert.» Der Stuttgarter Kabarettist Willy Reichert, ein Liebling der Adenauer-Jahre, brillierte mit der Einsicht: «Wenn man die Geburt überlebt hat, wird oim der Tod auch net umbringe.» Schabernack trieb sogar Luther: «Wenn ich wieder heim gen Wittenberg komm», schrieb er 1546 in Eisleben, zwei Tage vor seinem Tod, «so will ich mich alsdann in Sarg legen und den Maden einen feisten Doktor zu essen geben.»

Ich selbst kann mit Nestroy sagen: «Ich hör' schon das Gras wachsen, in welches ich beißen werd'.» Für die Viren bin ich offenbar längst tot – seit fünf Jahren verschmähen sie mich: Den schweren Schnupfen, der mich jahrzehntelang mindestens einmal jährlich plagte, kriege ich nicht mehr.

Dass ich jedenfalls ziemlich alt bin, spüre ich auf dreierlei Weise. Zum Ersten: Die Zahl meiner *Schüler*, die in Rente gehen, wächst. Zum Zweiten: Täglich behelligt mich der Faktor 9 – dreimal so oft wie früher fällt mir etwas runter (der Schlüsselbund, eine Münze, ein Blatt Papier), und dreimal so mühsam ist es geworden, mich danach zu bücken; der Wert der Münze, für die ich diesen Aufwand nicht mehr treiben möchte, steigt allmählich; zur Zeit liegt er bei 20 Cent. Zum Dritten: die ruinierten Knie. Gerade, dass ich noch gehen kann. Aber der Krückstock zwinkert mir zu.

Überhaupt nicht, Gott sei Dank, zeigt sich das Alter darin, dass ich gelassen geworden wäre. Ungeduld war mein Lebenselixier achtzig Jahre lang, ihre Reste pflege ich mit Liebe, und dass ein Buch zum Lobe der «Gelassenheit» 2014 zum Verkaufsschlager werden konnte, erfüllt mich mit Staunen.

Hat da also ein langjähriger philosophischer Seelsorger an einem Schweizer Krankenhaus, Wilhelm Schmid, aus der «Gelasssenheit» einen veritablen Bestseller gebastelt: Gelassen sollen wir im Alter sein, «gefasst» also nach den Wörterbüchern, beherrscht, gleichmütig, unerschütterlich, ohne Leidenschaften – in Anlehnung an die *Ataraxie*, die Epikur gepredigt hat: Freiheit von Schmerz, Freiheit von Angst (das lässt sich hören); dazu keine Sinnenlust, keine Schwelgerei, «Seelenruhe». Trostlos!

Auch drängt sich die Frage auf: Sollte «Gelassenheit» wirklich lehrbar sein – noch dazu durch bloße Lektüre? Vielleicht hat solch weiser Rat nur eine ähnliche Funktion wie das «Nach-Schopenhauer-Greifen», das *Bild am Sonntag* während der Ölkrise von 1973 seinen Leser für den autofreien Sonntag empfahl: Das eine tat keiner – das andere schafft keiner – aber lesen tun sie's gern. Misstrauisch gegenüber dem Schweizer Seelsorger wurde ich überdies, als ich las, was er in einem Interview bekannte: Auf die Gelassenheit sei er «aus Wut» gekommen. «Mein 60. Geburtstag war für mich ein gewaltiges, beunruhigendes Weckerklingeln.» Sein sechzigster!

Ich also freue mich nach wie vor ganz ungeduldig auf ein gutes Essen – und ärgere mich selbstverständlich weiter über jede Dämlichkeit, von der ich höre, ob sie in Starnberg, in Deutschland oder sonstwo auf Erden geschieht; und wo einer in meiner Gegenwart für die kämpft, öffne ich das Fass meiner Argumente mit Vergnügen.

Als geradezu töricht aber empfinde ich den Rat, gelassen zu sein, wenn ich an die Welt denke, in der meine Enkel leben werden: Auf einem unrettbar begrenzten Planeten tummeln sich immer mehr Menschen mit immer höheren Ansprüchen und einer unablässig steigenden Produktion an Gift und Müll. Dass dies *nicht ewig* gutgehen kann, ist sonnenklar. Die Frage lautet nur: *Wann* wird die Erde überfüllt, versaut und ausgeplündert sein? Darüber findet ja nicht einmal eine öffentliche Debatte statt. Der Klimawandel spreizt sich, als ob er das größte, das vordringlichste Problem wäre – aber etliche nördliche Regionen freuen sich auf ihn, viel schlimmer als die Erwärmung ist die Verpestung der Erde – und der drohende Endkampf um Platz, Wasser und Ressourcen. Wer dem «gelassen» entgegensieht, hat entweder kein Hirn oder keine Enkel.

Beten hilft nicht. «Es wäre ja sehr schön», sagt Sigmund Freud, «wenn es einen Gott gäbe als Weltenschöpfer und gütige Vorsehung, eine sittliche Weltordnung und ein jenseitiges Leben; aber es ist doch sehr auffällig, dass dies alles so ist, wie wir es uns wünschen müssen. Und es wäre noch sonderbarer, dass unsern armen, unwissenden Vorvätern die Lösung all dieser Weltprobleme geglückt sein sollte ... Das Ganze ist so offenkundig infantil, dass es einer menschenfreundlichen Gesinnung schmerzlich wird, zu denken, die große Mehrheit der Sterblichen werde sich niemals über diese Auffassung des Lebens erheben können.»

Und ein «lieber» Gott – wieso das denn! Tomi Ungerer, der elsässische Zeichner satirischer Tier- und Kinderbücher, erzählte mir in einer Talkshow von dem Schock, den er auf seinem Bauernhof in Irland erlitten habe: Er sah, wie sich auf dem Kopf eines Lammes eine Krähe niedersetzte. Erst hackte sie dem Lämmchen das linke Auge aus und verspeiste es – für Krähen eine Delikatesse! Dann das rechte. Und zufrieden flatterte sie davon. Seinen Bauernhof, sagte Ungerer, habe er seither gemieden. Der Theologe Albert Schweitzer, Träger des Friedensnobelpreises, hat «die sinnlose Grausamkeit der Natur» beklagt. Charles Darwin fand es tröstlich, dass er das Leiden der Welt eben nicht dem Eingreifen eines gütigen Gottes zuschreiben müsse; «ein Kaplan des Teufels» könnte ein Buch schreiben «über das stümperhafte, niedrige, schrecklich grausame Wirken der Natur». Das des Menschen ebenso.

Mit den eigenen bescheidenen Mitteln die Erde ein bisschen weniger brutal zu machen, darin könnte man eine Lebensaufgabe sehen; ein bisschen bunter vielleicht auch. Zum Zweiten habe ich, behaupte ich, das mir Mögliche beigetragen. Durch einen glücklichen Zufall auf der Sonnenseite des Planeten angesiedelt und auch sonst immer wieder vom Glück begünstigt, habe ich vier Kinder ins Leben begleitet, ein paar gar nicht dumme Bücher geschrieben und im Leben von etlichen ehrgeizigen jungen Menschen offenbar eine ganz nützlich Rolle gespielt.

Wenn ich es riskiere, mir auf die Schulter zu klopfen, zitiere ich, was der französische Schriftsteller Georges Roditi 1975 in seinem «L'Esprit de perfection» geschrieben hat: «Die Nomaden schaffen nichts, und die Sesshaften sind allzu weise. Ein großes Werk erfordert einen Abenteurer, der zu Hause bleibt.» Mindestens traue ich mich, mit Jean Paul zu sagen: «Ich habe aus mir so viel gemacht, als aus einem solchen Stoffe nur zu machen war; und mehr wird man nicht verlangen.»

Der Tod selbst wäre ja nichts Schlimmes – ginge ihm nicht diese elende Sterberei voraus. Für die Angehörigen ist sie schrecklich genug: Auf die Plage mit dem Hinfälligen folgt für sie die Qual mit dem Sterbenden und die Scherei mit dem Toten – ehe sie Zeit für den großen Kummer haben und manchmal für die Erleichterung.

Den eigenen Tod gar nicht zu «erleben», ist den wenigsten vergönnt: denen, die den jähen Herztod sterben, nicht mehr aus dem Schlaf erwachen oder nicht aus einer zuversichtlich hingenommenen Narkose. Die meisten sterben lange und widerlich. Die Palliativmedizin kann ihnen die Schmerzen ersparen – nicht das oft viel Schlimmere: «Daliegen und sich anscheißen und gewaschen werden und die Letzte Ölung kriegen – das heißt sterben», sagt Ernst Jandl, und er hat recht.

Sehr alt werden *und nicht sterben* hat ebenfalls seine Nachteile. Winston Churchill, mit 80 Jahren als Premierminister zurückgetreten, lebte noch fast zehn Jahre lang – zufrieden im Rückblick auf ein turbulentes, triumphales Leben? Nein: schwerhörig, übellaunig, mehr und mehr in Apathie verfallend. «Von diesen zehn Jahren ist nichts mehr zu berichten», schreibt sein Biograph Sebastian Haffner. «Sie begannen in Bitterkeit, die Bitterkeit ging über in Schwermut und Langeweile; und die Langeweile in langsames Erlöschen. Allmählich, als die Jahre vergingen, fiel es auf, dass er nicht starb.»

So blinzle ich ihm denn halbwegs gefasst und leidlich zufrieden zu, dem Tunnel am Ende des langen, schönen Lichts. Ich danke allen, die mich geliebt, mir geholfen und mein Leben bereichert haben. Und den Göttern danke ich für den erstaunlichen Zufall, dass der wichtigste Mensch in meinem Leben da wohnte, wo ich ihm begegnen konnte: in München! Wir haben einander begleitet, geleitet, gestützt, geärgert, geliebt, beflügelt ein halbes Jahrhundert lang. Welche Chancen hätten wir denn gehabt, hätte dieser Mensch an einem Ort gelebt, in dem ich nie gewesen bin – in Mannheim zum Beispiel oder in Invercargill auf Neuseeland?

Register
der Personen und Publikationen

Abendzeitung 63, 72, 157, 218
Adenauer, Konrad 41, 44, 48, 55 f., 61, 232, 295 f.
Albach-Retty, Wolf 367
Albrecht, Ernst 227
Alexander III. (Zar) 415
Allen, Woody 432
Allende, Salvador 149
Alten, Jürgen von 311, 327
Andersch, Alfred 72
Annabelle 267 f.
Antoine, Lucie 326
Arafat, Jasir 143
Aristoteles 254, 333
Arndt, Ernst Moritz 357
Associated Press 45–53, 147, 159, 399
Augstein, Rudolf 38, 41, 44, 125 f., 216, 242, 377 s. auch *Spiegel*
Auguste Victoria (Kaiserin) 421
Aust, Stefan 127

Babel, Isaak 405
Bachér, Peter 142
Badische Zeitung 269
Balzac, Honoré de 333
Barnard, Christiaan 112 f.
Barschel, Uwe 227
Barzel, Rainer 258
Baudelaire, Charles 73, 257
Baum, Gerhart 227
Bayerisches Fernsehen 226
Beckenbauer, Franz 228
Becker, Boris 265
Becker, Kurt 230
Beethoven, Ludwig van 429
Beobachter (Zürich) 269

Berghoff, Dagmar 230
Berliner Illustrirte 156 f.
Berliner Zeitung 259, 269
Bieler, Kay 222 f.
Bild 56, 111, 140, 150, 242 f., 401
Bild am Sonntag 142, 231 f., 433
Bismarck, Otto von 255
Bismarck, Sandra von 130
Bissinger, Manfred 117
Bluhm, Hans 155
Boenisch, Peter 150 f.
Böhme, Erich 216
Böll, Heinrich 254
Bonhoeffer, Dietrich 311
Borges, Jorge Luis 408
Brandt, Willy 96, 109, 130, 133, 135, 145 f., 150, 243, 246, 258
Brauchitsch, Eberhard von 129
Brecht, Bertolt 408
Breit, Ernst 230
Bremer, Heiner 111, 247
Brentano, Clemens von 404
Brigitte 208, 267
Brillat-Savarin, Anthelme 412
Bucerius, Gerd 114, 167, 206, 208, 282
Büchner, Georg 400, 408
Bulganin, Nikolai 54
Bund (Bern) 269
Burckhardt, Jacob 252 f., 333
Busch, Wilhelm 393, 396 f.
Byrnes, James 37
Byron, George Gordon Noel 408

Campanella, Tommaso 392
Canetti, Elias 75, 385, 400

Capital 206, 213
Caprivi, Alexander von 311
Carstens, Karl 142
Casanova, Giacomo 290
Cervantes, Miguel de 333
Chamberlain, Neville 318
Chaplin, Charlie 357
Chopin, Frédéric 263
Christ und Welt 134
Chruschtschow, Nikita 61
Churchill, Winston 38, 64f., 97, 371, 436
Clemenceau, Georges 133
Clinton, Bill 295
Conrad, Joseph 145
Cramer, Ernst J. 43f., 123–125, 129–131, 134–136, 140, 151f., 241, 290
Cronkite, Walter 76, 83

Daladier, Edouard 318
Dalí, Salvador 256
Dante Alighieri 254, 256
Darwin, Charles 107, 193, 196, 200f., 412, 434
Deiring, Hugo 99
Der Monat 126
Deutscher, Drafi 113
Deutsche Welle 269
Dialog 131–135, 137, 142
Diaz, Cameron 191
Dickens, Charles 333
Ditfurth, Hoimar von 228
Dohnanyi, Hans von 311
Domarus, Max 204
Dönhoff, Marion Gräfin 112, 167
Dönitz, Karl 380f.
Donoso Cortés, Juan 241
Döpfner, Mathias 259
Dostojewski, Fjodor 69, 73, 252, 285, 333, 337f.
dpa 61, 139, 205

Dumas, Alexandre 333
Duncker, Erwin 143
Dutschke, Rudi 111f.

Eduard VIII., Herzog von Windsor 8
Eisenhower, Dwight D. 47, 97, 147, 378
Eisenstein, Sergej 48f.
Elstner, Frank 116
Engels, Friedrich 340, 430
Enzensberger, Hans Magnus 127
Epikur 433
Eppler, Erhard 378
Erhard, Ludwig 44, 48
Essen und Trinken 108, 169

Falin, Valentin 239
FAZ-Magazin 210
Fest, Joachim 40, 127, 319
Finck, Werner 45, 381
Finck von Finckenstein, Hans-Werner Graf von 113
Fischer, Georg 193–195, 203
Fischer, Manfred 155f., 165–167
Fit for Fun 394
Fitzgerald, Ella 116
Flaubert, Gustave 333
Fleischhauer, Jan 173f.
Flick, Friedrich Karl 311
Ford, Henry 293
Foster, Jodie 48
Franco, Francisco 144
Franke, Henning 235
Frankfurter Allgemeine 45, 68, 99, 119, 182, 206, 237, 259, 293, 382, 384, 389
Frankfurter Neue Presse 56, 86
Frankfurter Rundschau 134, 152, 158, 214
Freud, Sigmund 253, 400, 408, 434

Freyggang, Jorge 202
Freytag, Gustav 71
Friedmann, Anneliese 157
Friedmann, Werner 54–64
Friedrich der Große 252, 375
Frings, Josef 39
Fritzsche, Hans 363
Frohner, Jürgen 168
Funk, Werner 216

Gallagher, Wes 46
Garbo, Greta 67, 256
Gates, Bill 293
Geislhöringer, August 49f.
Genscher, Hans-Dietrich 398
Geo 58, 169, 175, 178f., 181–183, 195, 216, 219, 269–278
George, Stefan 408
Gerold, Karl 247
Gide, André 164, 337
Gillhausen, Rolf 99
Goebbels, Joseph 20, 25, 172, 314f., 320–322, 335, 346, 362f., 369f., 376, 383
Goethe, Johann Wolfgang von 65, 163, 228, 238, 254, 257, 333, 343, 385, 393f., 397, 408
Gogol, Nikolai 333
Goodman, Benny 355
Gorbatschow, Michail 250, 258
Göring, Hermann 320, 356, 368
Grass, Günter 206, 254, 335, 382
Gresmann, Hans 126
Gröning, Bruno 51
Gross, Johannes 167, 205–208, 210, 219, 259f.
Gründler, Gerhard 103
Gruner, Richard 113
Guevara, Che 111, 258

Gundlach, Alida 230, 263
Gusinde, Martin 195

Habe, Hans 36f., 43, 45, 72, 135f., 140, 143, 155
Habsburg, Otto von 230
Haffner, Sebastian 118, 319, 436
Hallervorden, Didi 227
Hamburger Abendblatt 166, 242
Hamburger Morgenpost 233
Hammerschmidt, Helmut 152
Hamsun, Knut 333
Handelsblatt 217, 290, 389
Handke, Peter 401
Harell, Marthe 367
Hartmann, Nicolai 331
Hauser, Fridolin 178–180
Hebbel, Friedrich 421
Heine, Heinrich 396f., 399f., 404
Heinemann, Gustav 142
Heinrich der Seefahrer 219
Hensche, Detlef 208
Herbers, Rudolf 209f.
Herlyn, Wilm 139
Herodot 71
Herzl, Theodor 9
Herzog, Wilhelm 130, 247
Hessischer Rundfunk 70
Heydrich, Reinhard 344
Hildebrandt, Dieter 227
Hitler, Adolf
– Machtergreifung 40, 382
– Russlandfeldzug 252, 327, 329, 335
– 20. Juli 1944: 365
– Holocaust 316, 382–384
– geliebt und bewundert 252, 318f., 321, 324f., 331, 370, 376, 380f.
– erwähnt 7, 25, 34, 38, 48, 50, 77, 127, 303, 312f., 320, 322,

441

329, 340, 348, 369, 395, 427
– die «Tagebücher» 204–211
Höcherl, Hermann 227
Ho Chi Minh 111
Homer 254
Honecker, Erich 232, 383
Horaz 371
Hörzu 155, 242
Huizinga, Johan 257
Hume, David 331
Huseinovič, Fatima 273
Huxley, Thomas 412

Ibsen, Henrik 333
Impulse 206
International Herald Tribune 260

Jacobi, Claus 155
Jaesrich, Hellmut 126
Jahr, Angelika 108 f.
Jahr, John 108, 119, 206
Jamieson, Henry George 193 f.
Jandl, Ernst 436
Jaspers, Karl 39, 421
Jean Paul 435
Jens, Walter 401
Jesenská, Milena 430
Johnson, Lyndon B. 77–79, 81–83, 98
Journalist 269
Juckel, Jürgen 130
Jung, C. G. 253
Jünger, Ernst 75, 398
Jürgens, Udo 116
Jürgs, Michael 172

Kabel, Heidi 228
Kafka, Franz 73, 299, 328, 338, 400, 403, 408, 430
Kant, Immanuel 254 f., 333, 389, 400
Kästner, Erich 36

Keaton, Buster 347
Kennedy, John F. 67, 79, 84, 243
Kennedy, Robert 85, 101
Kerenski, Alexander 51–53, 256
Kershaw, Ian 378
King, Martin Luther 85
Kleist, Heinrich von 160, 402
Knef, Hildegard 228
Koch, Peter 204
Kohl, Helmut 233, 244, 250 f.
Köhler, Horst 294
Kolb, Ingrid 261, 282
Kölner Stadt-Anzeiger 259
Kolumbus, Christoph 285
Konkret 117 f.
Kontakter 262
Kremp, Herbert 113, 119, 129–131, 134–137, 139, 141, 144, 150–153
Kress-Report 113, 123 f., 152–154, 157 f., 166
Krupp, Alfred 74
Krupp, Friedrich Alfred 74
Kuby, Erich 99, 117
Kujau, Konrad 205, 211

Lange, Friedrich Albert 351
Larass, Claus 139 f.
Last, James 116
La Stampa (Turin) 146
Lawrence, D. H. 72
Leipziger Volkszeitung 290
Lemay, Curtis 97
Le Monde 146, 260
Lenin, Wladimir Iljitsch 51 f., 112, 256
Lichtenberg, Georg Christoph 400, 408
Life 108
Lincoln, Abraham 94
Lindenberg, Udo 206
Liszt, Franz 335 f., 353

Lollobrigida, Gina 8, 47, 60
Lombroso, Cesare 253
López, Francisco Solano 183
Löwenthal, Gerhard 120–122
Lukács, Georg 171
Luns, Joseph 227
Luther, Martin 254, 303, 432
Luxemburg, Rosa 404

Machiavelli, Niccolò 333
Maeder, Herbert 178
Mahlein, Leonhard 157
Mahler-Werfel, Alma 72
Maier, Sepp 227 f.
Mallorca Magazin 288
Manger, Jürgen von 368
Mangold, Guido 182, 195
Mann, Golo 38
Mann, Heinrich 258
Mann, Thomas 43, 57, 69, 160, 252 f., 258, 322, 327 f., 337, 402
Marco Polo 71
Marcuse, Herbert 111
Maria Stuart 285
Mark Twain 401 f.
Marquardt, Werner 139 f., 155
Martin, Dean 92
Marx, Karl 111 f., 117, 172, 340, 403
Mascolo, Georg 296
Matthies, Bernd 217
Mauthner, Fritz 159 f.
Maximilian von Mexiko 257
May, Karl 158, 327
Meedia 295
Meitner, Lise 258
Menge, Wolfgang 226
Merkel, Angela 229, 233 f.
Messner, Reinhold 175, 206
Michelangelo 254, 257, 394
Miller, Glenn 355

Mitchell, Margaret 26
Mladič, Ratko 277–279
Mohn, Liz 293–295
Mohn, Reinhard 155 f., 206, 293 f.
Molière 295
Mommsen, Theodor 71
Monroe, Marilyn 67, 358
Montaigne, Michel de 163, 253
Morgan, Janet 236
Morgenstern, Christian 396 f.
Mozart 212, 255, 303, 394
Müller von Blumencron, Matthias 296
Münchner Illustrierte 60
Musil, Robert 163
Mussolini, Benito 319, 379

Naisbitt, John 235
Nannen, Henri 8, 63, 99–123, 125 f., 135, 155–157, 160 f., 165 f., 205–210, 256, 269, 281, 385 s. auch *Stern*
Napoleon I. 93, 254 f., 395
Naß, Matthias 217
Naumann, Ernst 118
Nelson, Horatio 255
Nestroy, Johann Nepomuk 432
Netzer, Hans-Joachim 42
Neuber, Manfred 149
Neues Deutschland 222
Neue Zeitung 35–46, 56, 123, 135, 399
Neue Zürcher Zeitung 164, 293, 296, 389
Neutra, Richard 72 f.
Neven DuMont, Alfred 157
New York Herald Tribune 50
New York Times 73, 76, 83, 85, 96, 384
Niemann, Renate 281
Nietzsche, Friedrich 69, 159 f., 252, 336–338, 403

443

Nikolič, Tomislav 279 f.
Nixon, Richard 47, 147
Nürnberger, Christian 217
Odermann, Heinz 220–224
Ofarim, Esther 101
Ortega y Gasset, José 50
Osama bin Laden 320
Ovid 163 f.
Owens, Jesse 316

Pabel, Hilmar 104
Paganini, Niccolò 212, 394
Paris Match 108
Paulus (Apostel) 172
Peck, Gregory 47
Peres, Shimon 241
Peter der Große 285
Pinochet, Augusto 144, 149, 152 f., 187
Platon 254, 331, 333, 392
Plebst, Gerardo 192 f., 327 f.
Plüschow, Günter 202
Poe, Edgar Allan 257
Poppe, Rolf 119, 125
Prinz, Günter 242
Proebst, Hermann 62 f., 66 f., 99

Quant, Mary 282
Quick 99

Rakič, Stanislaw 275
Rau, Johannes 295
Reader's Digest 32
Rees-Mogg, William 145
Reich, Wilhelm 117
Reichert, Willy 432
Reich-Ranicki, Marcel 379
Reist, Dölf 178
Remarque, Erich Maria 344
Renner, Karl 318
Reski, Petra 283

Reuter, Ernst 41
Rheinische Post 56, 80, 113
Ribbentrop, Joachim von 50
Riefenstahl, Leni 8, 48 f., 317, 320
Rieger, Gerhart 384
Riehl-Heyse, Herbert 110
Rimbaud, Arthur 398
Robespierre, Maximilien de 290
Roditi, Georges 435
Rohde, Hubert 158
Rökk, Marika 371
Rommel, Erwin 335, 338
Roosevelt, Franklin D. 65, 79, 375
Russell, Bertrand 389

Saarländischer Rundfunk 158
Sachs, Hans 419
Sächsische Zeitung 259
Saint-Laurent, Yves 61
Salazar, Antonio 144
Scharlau, Winfried 226
Scharon, Ariel 384
Scheel, Walter 109, 142, 260
Schewe, Heinz 260
Schiller, Friedrich 333, 408
Schirrmacher, Frank 259
Schmid, Wilhelm 433
Schmidt, Helmut 38, 115, 145 f., 150, 383
Schnibben, Cordt 191
Scholl-Latour, Peter 206 f.
Schöner Wohnen 108
Schopenhauer, Arthur 253, 333, 433
Schreiber, Hermann 121 f., 230, 233
Schröder, Gerhard (CDU) 115
Schröder, Gerhard (SPD) 229, 232
Schuller, Victor 103 f., 123

Schulte-Hillen, Gerd 205–210, 216, 240, 259, 281
Schumacher, Kurt 41, 43 f., 47, 383
Schwarz, Hans-Peter 135, 151
Schweitzer, Albert 55, 434
Schweitzer-Dienst 115, 120
Scott, Walter 333
Seelmann-Eggebert, Rolf 232 f.
Seneca 393
Shakespeare, William 254, 327, 338
Shaw, George Bernard 162, 366
Simmel, Georg 333
Simon, Sven 242
Simoneit, Ferdinand 213
Söderbaum, Kristina 320
Sombart, Nikolaus 159, 311
Sommer, Siegfried 61 f.
Sommer, Theo 246
Soraya (Kaiserin) 49
Speer, Albert 335
Spiegel
– Kritik am 44, 112, 126 f., 239 f., 296
– der Jargon 127, 216, 401
– Konkurrenz zum 125–130, 132 f., 135, 155, 400
– Henri-Nannen-Schule 216
– zitiert 38, 62, 72, 112, 152–154, 159, 184, 231, 256 f., 377–379
s. auch Augstein, Rudolf
Spinola, Antonio de 150
Springer, Axel 8, 111, 123–126, 128 f., 133 f., 139 f., 143 f., 148–154, 156 f., 167, 241 f., 297, 400
Springer, Friede 242
Stalin, Jossip Wissarionowitsch 21, 38, 40, 65, 321, 366, 371
Stein, Kurt 42

Steiner, Klaus 247
Steiner, Michael 274 f.
Stern
– Image, Charakter 99, 108, 110, 112, 116, 140, 204, 207, 223
– mein Weg zum 99–103
– Chef vom Dienst 103–112, 305
– Verlagsleiter 113–125
– späte Kontakte 156, 166, 171–173, 238
– zitiert 242, 247, 378
– die «Hitler-Tagebücher» 204–211, 217 f.
Stimme Amerikas 383
Stimpel, Roland 235
Stoiber, Edmund 229
Strauß, Franz Josef 68, 96, 101, 126, 130, 141, 229
Strauß, Johann 187, 258, 393
Strauss, Richard 187
Strindberg, August 333
Struck, Karin 233 f.
Stücklen, Richard 66 f.
Stuttgarter Zeitung 259
Süddeutsche Zeitung
– Redakteur bei 53–101, 414
– Korrespondent in Washington 75–99
– Sonderseiten 57, 68, 292
– zitiert 45, 64 f., 72, 132, 134, 241, 297, 384, 389
– Image 119, 166, 216, 399
Süskind, W. E. 57

Tagesanzeiger (Zürich) 267
Tagesspiegel 297
Tägliche Rundschau 310
Tamm, Peter 128 f., 131, 134–137, 148, 150, 154, 242
Tarantino, Quentin 48

taz 215, 241, 269
Teissier, Elizabeth 227
text intern 132, 155
Thatcher, Margaret 244
Thomä, Dieter 295
Thorn, Gaston 227
Thukydides 71
Times (London) 145 f.
Tolstoi, Leo 333
Tremper, Will 157
Trotzki, Leo 51 f., 285
Tschechne, Martin 217
Tschechow, Anton 333
Tucholsky, Kurt 16
Turgenjew, Iwan 333
Turing, Alan 258
Twain, Mark s. Mark Twain

Ultima Hora (Mallorca) 286 f.
Ungerer, Tomi 434
Unruh, Walter von 369

Vacek, Egon 107 f.
Valentin, Karl 101, 207
Vivaldi, Antonio 212
Vogel, Hans-Jochen 71
Vogel, Paul O. 237
Völkischer Beobachter 36, 204
Vorwärts 74, 103

Wacht im Westen 376
Wagner, Richard 187, 256, 321, 429
Wallenberg, Hans 45 f., 54, 136
Wall Street Journal 134, 260
Walser, Martin 206
Washington, George 84
Washington Post 76 f., 83 f.
Wayne, John 159
Weck, Roger de 269

Wedekind, Hans-Joachim 126, 326
Wedekind, Marion 126
Weekly News (Neuseeland) 73
Wehner, Herbert 103
Wehrenalp, Erwin Barth von 70–74
Weidemann, Hans 120 f.
Weizsäcker, Richard von 15, 142, 377 f., 383
Welt
– Image 113, 119, 130, 134–136, 151–154, 156
– der Weg zum Chefredakteur 61, 68, 112 f., 115, 119, 129–131, 133–138
– Chefredakteur 93, 135, *137–153*, 160, 231
Welt am Sonntag 131, 155, 267
Weltwoche (Zürich) 290
Wessel, Horst 328
White, Edward 86
Wilberforce, Samuel 412
Wilde, Oscar 333
Wilder, Billy 67
Winnemuth, Meike 174
Winter, Rolf 175, 182 f., 239
Wirth, Fritz 145
Wittgenstein, Ludwig 402
Wochenpost 249 f.
Wolfers, Andreas 282

Zeit
– kritisiert 167 f., 189, 246, 394
– zitiert 72, 112, 152, 241, 247, 262, 383, 404–406
– Sprachglossen in 269
Ziesemer, Bernd 217
Zurbriggen, Cesar 176
Zweig, Stefan 71, 337

Bildnachweis

Alle Fotos stammen aus dem Privatarchiv von Wolf Schneider, außer den folgenden:
Tafel 1: Jörg Wagner
Tafel 3 oben: Jürgen Vordemann
Tafel 3 unten: Axel Springer Unternehmensarchiv
Tafel 6/7: Herbert Maeder
Tafel 8 unten: Peter Thormann/Stern/Picture Press

Bücher von Wolf Schneider

Überall ist Babylon – Weltgeschichte der Städte (Econ 1960). *Zeit*-Bestseller. 12 Übersetzungen.

Wörter machen Leute – Magie und Macht der Sprache (Piper 1976, Serie Piper 1986, 20. Auflage 2013)

Unsere tägliche Desinformation – Wie die Massenmedien uns in die Irre führen (Stern-Buch 1984, 5. Auflage 1992), zusammen mit fünf Absolventen der *Henri-Nannen-Schule*

Deutsch für Kenner (*Stern*-Buch 1987, Serie Piper 1996, 21. Auflage 2011)

Die Sieger – Wodurch Genies, Phantasten und Verbrecher berühmt geworden sind (*Stern*-Buch 1992, Serie Piper 1996, 8. Auflage 2001)

Große Verlierer von Goliath bis Gorbatschow (Rowohlt 2004, 7. Auflage 2008)

Wörter waschen – 26 gute Gründe, politischen Begriffen zu misstrauen (NZZ-Verlag 2005, Rowohlt-TB 2006, 3. Auflage 2010)

Deutsch! Das Handbuch für attraktive Texte (Rowohlt 2005, 5. Auflage 2013)

Glück! – Eine etwas andere Gebrauchsanweisung (Rowohlt 2007. *Spiegel*-Bestseller. 5. Auflage 2011)

Der Mensch – eine Karriere (Rowohlt 2008, TB 2010)

Die Wahrheit über die Lüge – Warum wir den Irrtum brauchen und die Lüge lieben (Rowohlt 2012)

Der Soldat – Ein Nachruf. Eine Weltgeschichte von Helden, Opfern und Bestien (Rowohlt 2014)